MATERIELLES VERWALTUNGSRECHT IN DER ASSESSORKLAUSUR

2019

Dr. Martin Stuttmann
Vorsitzender Richter am Verwaltungsgericht
Lehrbeauftragter an der Universität Münster

ALPMANN UND SCHMIDT Juristische Lehrgänge Verlagsges. mbH & Co. KG
48143 Münster, Alter Fischmarkt 8, 48001 Postfach 1169, Telefon (0251) 98109-0
AS-Online: www.alpmann-schmidt.de

Zitiervorschlag: Stuttmann, Materielles Verwaltungsrecht in der Assessorklausur, Rn.

Dr. Stuttmann, Martin
Materielles Verwaltungsrecht in der Assessorklausur
3., überarbeitete Auflage 2019
ISBN: 978-3-86752-638-8

Verlag Alpmann und Schmidt Juristische Lehrgänge
Verlagsgesellschaft mbH & Co. KG, Münster

INHALTSVERZEICHNIS

„In den Examensklausuren dient Prozessuales im Regelfall lediglich zur Einkleidung der überwiegend im materiellen Recht liegenden Problemfelder."

Herber/Bomhard, Mit bestem Erfolg zum zweiten Juristischen Staatsexamen, BayVBl. 2015, 765 (767).

Einleitung

Zweck dieses Skripts

Dieses Skript dient nur **einem Zweck**: Ihnen als Referendar die Teile des materiellen öffentlichen Rechts zu vermitteln, die Sie im Assessorexamen (Klausuren, Aktenvortrag, mündliche Prüfung) zwingend benötigen. Dazu ist das uferlose öffentliche Recht auf das Examenswesentliche verdichtet, sodass Sie es **umfangsmäßig** bewältigen können. Zugleich ist es **prüfungspraktisch aufbereitet**, um Ihnen unmittelbar im Examen zu nutzen. Hierzu weicht das Skript von den üblichen Lehrbuchdarstellungen ab. Es wird nicht nur das jeweilige materielle Rechtsgebiet erläutert, sondern die Einzelprobleme sind in ihren **klausurtypischen Zusammenhang** eingebettet. Sie finden neben zahlreichen **Formulierungshilfen** immer auch die zugehörigen prozessualen Falleinkleidungen – schließlich werden Sie im Examen auch nicht aufgefordert, eine materielle Rechtsfrage isoliert zu beantworten, sondern Sie müssen einen konkreten Aktenfall lösen, und zwar mit allem, was dazu gehört. 1

Die **Prüfungsaufgaben** im öffentlichen Recht stammen fast ausschließlich aus dem Verwaltungsrecht BT, Verwaltungsrecht AT findet sich kaum. Anders als im Zivil- und Strafrecht, in denen die Kommentare *Palandt* und *Fischer* das materielle Recht erschließen, enthält der *Kopp/Ramsauer* zum VwVfG in der öffentlich-rechtlichen Prüfung deswegen das nötige materielle Wissen kaum. Sie müssen sich vor dem Examen Überblickwissen in verschiedenen **BT-Rechtsgebieten** verschaffen. Dabei hilft Ihnen dieses Skript. Auswahl, Umfang und Darstellungsweise beschränkten sich dabei strikt auf das Prüfungsnotwendige. 2

Ihr Standort

Sie sollten spätestens zur **Mitte des Referendariats** damit beginnen, sich ernsthaft auf das Assessorexamen vorzubereiten. Seit dem ersten Examen liegt die letzte systematische Befassung mit dem materiellen öffentlichen Recht dann ungefähr ein- bis eineinhalb Jahre zurück. In dieser Zeit sind bei Ihnen a) alte Wissenslücken bestehen geblieben, haben Sie b) gehabtes Wissen vergessen und haben Sie c) die Erfahrung gemacht, dass das materielle Recht in der Praxis nicht ganz so heiß gegessen wird, wie die Universität es kocht. Aus den Originalklausuren, die in den Arbeitsgemeinschaften besprochen worden sind, wissen Sie zudem, dass die Ihnen bevorstehenden Examensklausuren praktisch **ohne Eingrenzung** allen Teilgebieten des öffentlichen Rechts entnommen werden. 3

In der **ersten Phase** der praktischen Ausbildung haben Sie Ihr Hauptaugenmerk naturgemäß auf das gelegt, was die Referendar- von der Universitätszeit unterscheidet („endlich erwachsen"). Sie haben die Verfügungs- und Urteilstechnik erlernt, beherrschen die nötigen äußeren Formen einigermaßen und wissen, welche Schriftsätze vom (Klausur-)Anwalt gefordert werden. In der **zweiten Phase**, also etwa nach dem ersten Jahr, erkennen Sie jedoch, dass Ihre anfängliche Konzentration auf das Assessortypische, nämlich die Formalia, die Arbeitstechnik der Akte und das Prozessrecht, nicht genügen wird, um im Examen die gewünschten Ergebnisse zu erzielen. Ihnen wird klar, dass in allen Rechtsgebieten das **materielle Recht** auch im Assessorexamen im Vordergrund steht. Sie haben jedoch auch realisiert, dass Sie sich für das Assessorexamen im materiellen Recht nicht wie noch zum ersten Examen flächende- 4 ckend und überall gleich intensiv vorbereiten müssen. Sie müssen von vielem etwas und nur in wenigen Bereichen etwas mehr wissen.

■ Stoffauswahl und Darstellung

5 Hier setzt das materiell-rechtliche Assessorskript an. Aus einer Unzahl von Echtklausuren und -kurzvorträgen hat *Alpmann Schmidt* über die Jahre die Themen und Falleinkleidungen destilliert, die **im Assessorexamen typischerweise** gestellt werden. Auch sind die typischen „Fallen" berücksichtigt, die die Prüfungsämter bei bestimmten materiellen Problemen immer wieder stellen.

6 Dieses Skript ist nach folgenden **Grundsätzen** abgefasst:

- **Sie** haben wenig Zeit → Das Skript ist auf das für die Klausuren Unerlässliche beschränkt (schadloses Weglassen).
- **Sie** haben bereits ein Examen → Das Skript wendet sich nicht an den Anfänger, sondern geht von vorhandenem Grundwissen aus („Verwaltungsakt ist bekannt").
- **Sie** benötigen nur examensrelevantes Wissen → Das Skript ist streng an der Rspr. orientiert, der die Prüfungsämter immer folgen; Literaturansichten werden selten relevant.
- **Sie** brauchen eine passgenaue Examensvorbereitung → Das Skript beruht in Stoffauswahl, Gliederung, Reihenfolge und Schwerpunktsetzung auf der Prüfungsrealität der zurückliegenden Jahre.
- **Sie** wollen das Potenzial der zugelassenen Kommentare voll ausschöpfen → Das Skript weist auf die oft versteckten Fundgruben in den Kommentaren hin.
- **Sie** wollen Ihr Wissen umsetzen können → Das Skript stellt Formulierungsbeispiele, Prüf- und Aufbauhinweise zur Verfügung.

In grau unterlegten Kästen werden Ihnen zahlreiche unmittelbar einsetzbare Formulierungsbeispiele gegeben. Lesen Sie diese auch inhaltlich, also in materiellrechtlicher Hinsicht, aufmerksam durch. Denn sie zeigen Ihnen nicht nur, wie Sie formulieren können, sondern ergänzen das jeweilige Thema um inhaltlich Neues.

■ Das öffentliche Recht im Assessorexamen

7 Das öffentliche Recht unterscheidet sich im Assessorexamen vom Zivil- und Strafrecht einerseits dadurch, dass die **verfahrensrechtliche Seite** der Fallbearbeitung nicht als Neuerung hinzutritt, sondern bereits Teil der universitären Ausbildung war. Bis auf die spezielle äußere Form von gerichtlichen Entscheidungen, behördlichen Handlungsweisen und anwaltlichen Schriftsätzen kommt **in prozessualer Hinsicht** im Assessorexamen praktisch nichts Unbekanntes auf Sie zu.

8 Andererseits beherrscht gänzlich **unbekanntes und ungewohntes materielles Recht** die Klausuren viel stärker als in den anderen beiden Rechtsgebieten. Gut ein Drittel aller Klausuren wird Sachgebieten entnommen, in denen Sie noch nie gearbeitet haben, ein weiteres Drittel entfällt auf Gesetze, die Ihnen grundsätzlich bekannt, aber nicht im Einzelnen geläufig sind, und das letzte Drittel rekrutiert sich aus den Gebieten, die bereits an der Universität zum Kernbereich des öffentlichen Rechts gehört haben.

9 Verdeutlichen lässt sich dies am Bild einer **Pyramide**, die aus drei Bausteinen zusammengesetzt ist: Das breite **Fundament** besteht aus VwGO, Baurecht, Polizei- und Ordnungsrecht (inkl. Vollstreckungsrecht) sowie Kommunalrecht, ausschnittsweise auch aus dem VwVfG. Auf der **mittleren Ebene** liegen das öffentliche Wirtschafts-

recht (z.B. GewO, GaststG, BImSchG), das Recht der öffentlichen Straßen und das Staatshaftungsrecht. Die sich verjüngende **Spitze** bildet das übrige prüfungsnotorische öffentliche Recht (Straßenverkehrsrecht, Waffen- und Jagdrecht, Schulrecht, Ausländerrecht, Informationsfreiheitsrecht, Beamtenrecht). Die **Fundamentebene** müssen Sie in jedem Fall beherrschen. In Rechtsgebieten, die auf der zweiten Stufe angesiedelt sind, müssen Sie nur die wenigen immer wiederkehrenden **gesetzlichen Strukturen** beispielhaft erfassen. Daneben sollten Sie die dortigen Kernbegriffe lernen, weil sie immer wieder auftauchen.

Beispiel: Wie funktioniert es, wenn die Behörde eine genehmigte Betätigung unterbinden will? Wer ist unzuverlässig? – Beides lässt sich beispielhaft im Gewerberecht darstellen. Das Gelernte ist dann im GaststG, PBefG, WaffG oder im LuftsicherheitsG problemlos auch dann anwendbar, wenn man diese Gesetze erstmals aufschlägt.

Im Bereich der Pyramidenspitze sollten Sie über **punktuelles Wissen** verfügen. Die 10
punktuellere Darstellungsweise in den oberen Bereichen der Pyramide beruht genauso wie die kurze Zusammenfassung aktueller, prüfungsgeeigneter Rspr. auf der Erkenntnis, dass Sie im zweiten Examen (viel mehr als im ersten) schon einen deutlichen **Vorsprung** herausholen, wenn Sie zu dem Klausurthema ein bis zwei Stichworte parat haben, um die Klausur in die richtige Richtung lenken zu können. Anders als im ersten Examen sind Aufbaufragen und Subsumtionstechnik nicht mehr so überragend wichtig, weil die Praxis mehr Wert auf die Sachfrage als die juristische Technik legt. Selbstverständlich wird aber weiter von Ihnen erwartet, dass Sie auch unbekannte Gesetze **sauber subsumieren.**

■ Ihr Weg zum Erfolg

Ihr Weg zum Erfolg in den öffentlich-rechtlichen Klausuren setzt voraus, dass Sie die- 11
ses Skript sorgfältig **durcharbeiten.** Ihr Bemühen wird übrigens viel größeren Erfolg haben, wenn Sie währenddessen Ihr Smartphone weit weglegen und das Notebook aus bleibt. Nehmen Sie sich das für das gesamte Skript vor. Um nicht zu doppeln, sind wiederkehrende Problemstellungen nur einmal dargestellt. Daher vermittelt erst der Gesamtzusammenhang des Skripts ein ausreichend vollständiges Bild. Zusammenfassen oder verkürzen lässt sich der Text eigentlich nicht mehr.

Vergessen Sie darüber aber nicht, dass Ihnen nur das Wissen Punkte bescheren wird, 12
das Sie auch in eine **Falllösung** umsetzen können. Das müssen Sie üben. Sie glauben doch auch nicht, dass Sie nach der Lektüre des Buches „Technik der Geige" anschließend Geige spielen können. Für öffentlich-rechtliche Fälle gilt nichts anderes. In einer Art Zangenbewegung müssen Sie materielles Wissen aufbauen und das Fällelösen üben. Schreiben Sie daher möglichst viele Assessorklausuren, z.B. im AS-Assessorklausurenkurs. Vollziehen Sie auch die schulmäßigen Lösungen der aktuellen Fälle aus der AS-RechtsprechungsÜbersicht (RÜ) und der speziell für Referendare konzipierten RÜ2 nach. Die Abschnitte „Wissenswerte Einzelheiten" in den „kleineren" BT-Gebieten halten Sie auf dem Laufenden darüber, was gegenwärtig diskutiert wird.

1. Teil: Baurecht

13 Die langjährige Auswertung der Assessorklausuren erweist, dass sich das öffentliche Baurecht **besonderer Beliebtheit** erfreut. Das ist verständlich: Es hat große praktische Bedeutung und die Prüfungsämter dürfen das Rechtsgebiet aus dem Studium als recht gut vertraut voraussetzen. Das macht es möglich, mehr als nur die einfachsten Grundkonstellationen abzuprüfen. Darüber hinaus ist das Baurecht als Paradedisziplin für die prozessual anspruchsvolleren **Drittbeteiligungsfälle** („Nachbaranfechtung") attraktiv. Nicht von ungefähr haben die meisten Problemstellungen in anderen Rechtsgebieten, die sich um Drittbetroffenheit drehen, ihr Vorbild im Baurecht.

14 Sie stehen nicht allein, wenn Ihnen baurechtliche Grundbegriffe einigermaßen vertraut sind (Baugenehmigung, Innen-/Außenbereich, Nutzungsuntersagung usw.), Sie aber einer Baurechtsklausur nicht gelassen gegenübertreten können. Lange Lehrbücher sind aus Zeitgründen ausgeschlossen. Das schadet aber nicht, weil das **prüfungsrelevante Baurecht** schlanker ausfällt als gemeinhin angenommen. Es umfasst zwar drei Gesetze, nämlich das BauGB, die LBauO und die BauNVO, aber nur **wenige Normen** sind wirklich examenswichtig. Auf diese konzentriert sich dieser Teil. Tiefergehendes Wissen findet sich im *AS-Skript Öffentliches Baurecht.*

Klausuren im Baurecht

- Der Bauherr verlangt eine Baugenehmigung bzw. eine solche ohne belastende Nebenbestimmungen.
- Der Nachbar greift die Baugenehmigung an, die dem Bauherrn bereits erteilt ist oder noch erteilt werden soll.
- Der Bauherr wehrt sich gegen eine Stilllegungs-, Nutzungsuntersagungs- oder Abrissverfügung (Bauordnungsverfügung).
- Der Nachbar verlangt, dass die Bauaufsichtsbehörde gegen das Vorhaben des Bauherrn oder gegen die Nutzung vorgeht.

15 **Klausurhinweis:** Im Baurecht gibt es viele wertungsoffene Tatbestandsmerkmale, auf die Sie auch in Klausuren treffen. Tatbestandsmerkmale wie „einfügen" oder „rücksichtslos" lassen sich nicht so eindeutig definieren, wie die fremde bewegliche Sache beim Diebstahl. Das macht es Ihnen aber sogar einfacher. Klausurtechnisch müssen Sie lediglich die abstrakte (nichtssagende?) Definition der Rspr. niederschreiben und können anschließend die konkrete Subsumtion mithilfe Ihres „gesunden Menschenverstands" vornehmen. Solange Sie den Sachverhalt ausschöpfen und keine Absurditäten postulieren, dürfte alles vertretbar sein.

1. Abschnitt: Überblick über die klausurrelevanten Vorschriften

Unabhängig von dem Begehren und unabhängig davon, ob der Fall aus der Sicht des Gerichts, des Anwalts oder der Behörde zu bearbeiten ist, spielt immer wieder dieselbe Handvoll **Normen** die entscheidende Rolle.

16 Im Zentrum steht das **Bauplanungsrecht**. Nach ihm richtet sich die Frage, ob das Bauvorhaben an der vorgesehenen Stelle seiner **Art nach** zulässig ist (z.B. als Wohngebäude, Laden, Gaststätte, Gewerbebetrieb usw.). Diese Frage ist auch bei bauordnungsrechtlich eingekleideten Aufgabenstellungen (z.B. Nutzungsuntersagung) meistens entscheidend. Das Bauplanungsrecht findet sich im **BauGB** und in der **BauNVO**. Von den rund 250 Paragrafen des BauGB müssen Sie aber nur die Folgenden beherrschen (nachlesen!):

BauGB	Inhalt
§ 29 Abs. 1	Einstiegsnorm für die bau**planungs**rechtliche Prüfung, also für §§ 30, 34, 35 BauGB
§ 30 Abs. 1 u. 3	Bauplanungsrechtliche Zulässigkeit in einem **BPlan-Gebiet**
§ 31	**Ausnahmen** und **Befreiungen** von BPlan-Festsetzungen
§ 34 Abs. 1 u. 2	Bauplanungsrechtliche Zulässigkeit im **unbeplanten Innenbereich**, insb. in einem Bereich, der einem der Baugebiete der **BauNVO** entspricht
§ 35 Abs. 1–3	Bauplanungsrechtliche Zulässigkeit im **Außenbereich**
§ 212a Abs. 1	**Keine aufschiebende Wirkung** von Nachbarrechtsbehelfen gegen eine erteilte Baugenehmigung

Weiterhin sind auch die folgenden Normen noch bedeutsam: 17

BauGB	Inhalt
§ 36	**Einvernehmen der Gemeinde**, wenn sie nicht selbst Bauaufsichtsbehörde ist
§ 201	Legaldefinition von **Landwirtschaft**
§§ 214, 215	Voraussetzungen für die Geltendmachung von **Fehlern** bei der **Aufstellung von BPlänen**

Im Assessorexamen nimmt auch die **BauNVO** eine hervorgehobene Stellung ein, obwohl es sich nur um eine Verordnung handelt. Es ist wichtig, das **Zusammenspiel** der BauNVO mit dem **BauGB** und die (immer gleiche) Methode ihrer Anwendung zu beherrschen. Auch aus der BauNVO sind nur einige Vorschriften examensrelevant. 18

BauNVO	Inhalt
§ 1 Abs. 3	**Einbeziehung** der BauNVO in den BPlan
§§ 3–11	**Baugebiete:** Reine und Allgemeine Wohngebiete, Dorf-, Misch-, Urbane-, Kern-, Gewerbe-, Industriegebiete etc.
§§ 12–14	Stellplätze, freie Berufe, Nebenanlagen
§ 15	Einschränkungen im Einzelfall aus Gründen der **Rücksichtnahme**

Das **Bauordnungsrecht** der jeweiligen LBauO tritt in seiner Bedeutung hinter dem Bauplanungsrecht zurück. Es taucht allerdings in fast allen Baurechtsklausuren auf, weil es das **bauaufsichtliche Verwaltungsverfahren** regelt. Es stellt die Instrumente zur Verfügung, mit denen das materielle Baurecht verwirklicht, notfalls durchgesetzt wird: Baugenehmigung, Vorbescheid, Bauordnungsverfügungen. Die LBauO enthalten nur wenige klausurrelevante Vorschriften darüber, wie zu bauen ist, die überwiegend **gefahrenabwehrrechtlich** motiviert sind (die vielfältigen praxisrelevanten Vorschriften müssen Sie erst in der Praxis interessieren). 19

Zuständigkeit der Bauaufsichtsbehörden

46–48	53	1 AG-BauGB*	57	57, 58	58*	60	57 f.	57 I	57	58, 60	57-59	57 I	56	58	57

***Berlin**: i.V.m. § 4 AZG, § 2 IV ASOG, § 58 BauO Bln; **Hamburg**: i.V.m. BauO, § 2 BezVG i.V.m. Anordn. ü. Zust. im Bauordnungswesen und Anordn. z. Durchf. des BauGB und des BauleitplanfeststellungsG.

Baugenehmigung

58	68	71	72	72	72	74	72	70	74	70	73	72	71	73	71

Ermächtigungsgrundlagen Bauordnungsverfügung

Baueinstellung/Stilllegung (1. Zeile), Nutzungsuntersagung (2.), Beseitigung/Abriss (3.)

64	75	79	73 I	78	75	81	79	79 I 2 Nr. 1	81	80 I	81	79	78	59 II Nr. 1	78
65 S. 2	76 S. 2	80 S. 2	73 III	79 I 2	76 I 2	82 I 2	80 II	79 I 2 Nr. 5	82 S. 2	81 S. 1	82 II	80 S. 2	79 S. 2	59 II Nr. 4	79 I 2
65 S. 1	76 S. 1	80 S. 1	74	§79 I 1, II	76 I 1	82 I 1	80 I	79 I 2 Nr. 4	82 S. 1	81 S. 1	82 I	80 S. 1	79 S. 1	59 II Nr. 3	79 I 1, II

20 Erfahrungsgemäß haben viele Baurechtsklausuren **Drittkonstellationen** zum Gegenstand. Sie können aus Gerichts-, Anwalts- oder Behördensicht gestellt werden und wahlweise im Klageverfahren oder Eilrechtsschutz eine Rolle spielen. Hier sind zahlreiche Varianten möglich:

- Der Nachbar wehrt sich gegen die Baugenehmigung, die dem Bauherrn erteilt ist.
- Der Nachbar will, dass die Baubehörde die ihn störende Nutzung eines Bauwerks unterbindet.
- Die benachbarte Baustelle soll stillgelegt werden, bis eine rechtmäßige Baugenehmigung erteilt ist.
- Der Nachbar will, dass ein „Schwarzbau" (Bau ohne Baugenehmigung) beseitigt (abgerissen) wird.

> **Hinweis:** Das Baurecht ist das „Muttergebiet" aller Drittbeteiligungsfälle. Das Wissen, das Sie dazu im Baurecht erwerben, können Sie in allen anderen Bereichen des öffentlichen Rechts mit Drittkonstellationen verwenden.

21 Rechtsbehelfe, die das Zwei-Personen-Verhältnis von Bauherr und Bauaufsichtsbehörde verlassen und von Dritten eingelegt werden, sind für die Prüfungsämter besonders reizvoll. Das liegt sowohl an den prozessualen Besonderheiten (vgl. § 80a VwGO, Beiladung gemäß § 65 VwGO) als auch daran, dass sich in der Begründetheit **Prüfungsumfang** und **Prüfungsaufbau ändern**. Diese Eigentümlichkeiten können Sie jedoch erst vollständig erfassen, wenn Sie sich mit dem Normalfall auskennen. Und der besteht in der Erteilung der Baugenehmigung an den Bauherrn.

> **Beachte:** Um für baurechtliche Assessorklausuren gerüstet zu sein, müssen Sie unbedingt den gesamten Baurechtsteil durcharbeiten, auch wenn die besonders klausurrelevanten Drittbeteiligungsfälle aus Gründen der Verständlichkeit erst im Schlussdrittel erläutert werden können.

2. Abschnitt: Bauplanungs- und bauordnungsrechtliche Rechtmäßigkeit

Unabhängig davon, ob die Klausur eine Baugenehmigungserteilung, Baunachbarklage oder Bauordnungsverfügung zum Gegenstand hat, steht die Frage im Zentrum, ob das **Vorhaben bauplanungs- und bauordnungsrechtlich rechtmäßig** ist. Ob der Bauherr eine Baugenehmigung erstrebt, der Nachbar sich gegen eine Baugenehmigung wendet oder der Bauherr eine ihn belastende Bauordnungsverfügung abwehren will: alles läuft auf die immer gleiche Frage hinaus, ob der Bauherr so bauen bzw. nutzen darf, wie es geschieht oder geplant ist. Sie müssen also nur **ein einziges Prüfungsschema** für alle Baurechtsfälle beherrschen. 22

A. Bauplanungsrecht

Ob ein Bauvorhaben materiell baurechtmäßig ist, richtet sich in der Klausur vorwiegend nach dem Bauplanungsrecht, also den wenigen Vorschriften der §§ 29–35 BauGB und der BauNVO. Nach welcher genau richtet sich danach, ob das Vorhaben im Bereich eines wirksamen **Bebauungsplans** (BPlan) liegt (dann § 30 BauGB), im **unbeplanten Innenbereich** (dann § 34 BauGB) oder im **Außenbereich** (dann § 35 BauGB). Sie müssen die Prüfung der bauplanungsrechtlichen Zulässigkeit daher immer damit beginnen, das Baugrundstück einem dieser drei Gebiete zuzuordnen. 23

An der planungsrechtlichen Weichenstellung, ob das Vorhaben im Innen- oder Außenbereich liegt, fallen **Klausur und Praxis** weit auseinander. 24

In der **Praxis** wird viel darüber gestritten, in welchem Gebiet das Vorhaben liegt. Stehen beispielsweise die Festsetzungen eines BPlans einem Bauvorhaben entgegen, werden Bauherr und Rechtsanwalt zunächst versuchen, eine Ausnahme oder Befreiung von den Festsetzungen nach § 31 BauGB zu erreichen. Schlägt das fehl, greifen sie die Wirksamkeit des BPlans an, wenn sich das Vorhaben nach § 34 BauGB verwirklichen lässt; denn nach ihm richtet sich die planungsrechtliche Zulässigkeit bei einem unwirksamen BPlan. Ähnlich heftig wird oft darum gestritten, ob ein Grundstück noch im bebaubaren Innenbereich liegt („34er-Gebiet") oder schon im Außenbereich („35er-Gebiet"), der grundsätzlich von der Bebauung freizuhalten ist.

Solche Streitigkeiten werden Sie in der **Klausur** kaum antreffen. Anders als in der Praxis kann sich eine Klausur nicht darum drehen, ob ein Grundstück gerade noch innerhalb eines „im Zusammenhang bebauten Ortsteils" (§ 34 Abs. 1 BauGB) liegt oder schon knapp außerhalb. Diese Frage beantworten nämlich auch die Gerichte erst nach einem **Ortstermin**, der in der Klausur ausgeschlossen ist. Außerdem verläuft die Grenze zwischen Innen- und Außenbereich nicht trennscharf. Die Tatbestandsmerkmale des Innenbereichs sind wertungsoffen. Ob ein „Bebauungskomplex nach der Zahl der vorhandenen Bauten ein gewisses Gewicht besitzt und Ausdruck einer organischen Siedlungsstruktur", also ein „Ortsteil" i.S.v. § 34 Abs. 1 BauGB ist, kann der eine Bearbeiter mit guten Gründen bejahen, der andere mit ebenso guten verneinen.[1] Ein Klausursachverhalt muss dagegen eindeutig sein, damit die Lösungen vergleichbar bleiben und gleichmäßig (und gerichtsfest) bewertet werden können. Denn prüfungsrechtlich darf bekanntlich keine Lösung als falsch gewertet werden, die noch vertretbar ist. 25

Ganz ähnlich verhält es sich mit der Frage der **Wirksamkeit von BPlänen**. Einen BPlan auf seine Wirksamkeit zu überprüfen, also sämtliche Festsetzungen der komplexen Planzeichnung nebst textlichen Festsetzungen rechtlich zu bewerten, gehört zur hohen Schule des Baurechts. Sie bleibt in der Praxis regelmäßig dem OVG/VGH bzw. dem BVerwG vorbehalten. Es gehört jedenfalls nicht zu den im Assessorexamen verlangten Kenntnissen, einen BPlan inhaltlich auf seine Wirksamkeit untersuchen zu können. Denkbar sind deswegen allenfalls **Formalverstöße** bei der Beschlussfas- 26

1 BVerwGE 152, 275; BVerwG BauR 2018, 647; BRS 79 Nr. 113.

sung, die sich in der Klausur zumeist aber nach §§ 214, 215 BauGB eindeutig abhandeln lassen.

Merke: Baurechtliche **Assessorklausuren** sind in aller Regel ganz eindeutig konzipiert, was die Frage BPlan-Gebiet, Innenbereich oder Außenbereich angeht.

27 ■ Soll sich der Fall in einem **BPlan-Gebiet** abspielen, wird dieses samt der einschlägigen Festsetzungen entweder im Sachverhalt mitgeteilt oder es wird ein vereinfachter Planausschnitt abgedruckt, in den die gängigen Abkürzungen eingetragen sind, z.B. die Buchstabenkombinationen der Gebietsfestsetzungen (§ 1 Abs. 2 BauNVO wie „WR“, „WA“, „MD“, „MI“ usw.). Der „Praxisanteil“, der eine Assessor- von einer Erstexamensklausur unterscheidet, liegt also nicht selten nur darin, die planerischen Festsetzungen in den Planzeichen zu erkennen.

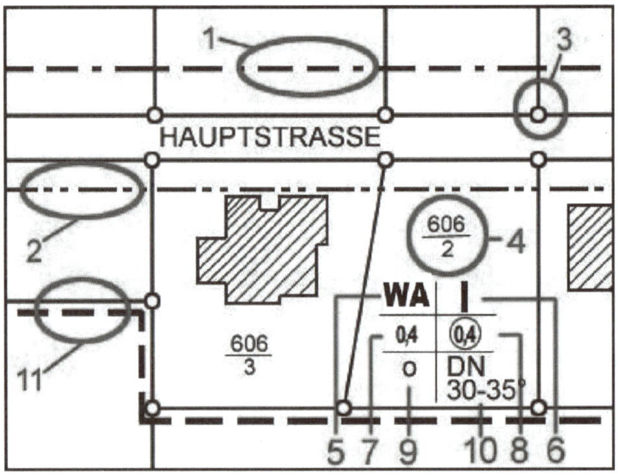

1 Baugrenze, 2 Baulinie, 3 Grundstücksgrenze, 4 Flurstücknummer, 5 Art der baulichen Nutzung, 6 Anzahl der Vollgeschosse, 7 Grundflächenzahl, 8 Geschossflächenzahl, 9 Bauweise, 10 Dachneigung, 11 Grenze des Bebauungsplans (vgl. PlanzeichenVO).

28 ■ Dass ein Vorhaben im unbeplanten **Innenbereich** liegt, ergibt sich zumeist ohne Weiteres aus dem Aktenauszug. Entweder wird mitgeteilt, dass das Vorhaben im Innenbereich liegt oder dieser wird unzweifelhaft umschrieben („mitten in einer Wohnsiedlung“, „im Ortskern“). Der Sachverhalt schweigt dagegen vielfach zu der Frage, um welches **Baugebiet (Gebietsart)** es sich handelt. Geht es – wie meist – um die Zulässigkeit der Art der Nutzung, bleibt die Klausur für das Prüfungsamt nur handhabbar, wenn das Gebiet eindeutig einem der Baugebiete zugeordnet werden kann, die die BauNVO vorsieht. Dann richtet sich das von § 34 Abs. 1 BauGB verlangte „Einfügen“ der Art der Nutzung ausschließlich nach **§ 34 Abs. 2 BauGB i.V.m. der BauNVO.** Die BauNVO führt in ihren §§ 2 ff. die regelmäßig und ausnahmsweise zulässigen Nutzungen in subsumierbarer Form (normativ) auf.

Läge **kein Baugebiet** nach den §§ 2 ff. BauNVO vor (Industrie- und Sondergebiete, §§ 9–11 BauNVO, kommen in Klausuren kaum vor), würde sich das „Einfügen“ nur nach § 34 Abs. 1 BauGB richten, was wiederum einen Ortstermin nötig machen würde; die Klausur würde dadurch praktisch unkorrigierbar werden.

29 Die Gebietsart ist im Sachverhalt typischerweise **verschlüsselt** mitgeteilt, indem die vorhandenen Gebäude- und Nutzungsarten aufgezählt werden. Um Eindeutigkeit zu erzielen, beschreibt das Prüfungsamt typischerweise nur solche Bauten, die sich einem der **Absätze 2** der §§ 2 ff. BauNVO (Regelbebauung) zuordnen lassen. Gehen Sie daher die jeweiligen Absätze 2 systematisch durch, bis sie auf ein Gebiet stoßen, zu dem (fast) alle Grundstücksnutzungen passen.

Beispiel: Ein **allgemeines Wohngebiet** (§ 4 BauNVO) könnte im Klausurtext, der die Niederschrift über einen Ortstermin abdruckt, so erscheinen: „Die Blumenstraße wurde abgeschritten.

Dort findet sich beiderseits der Straße zurückspringende ein- und zweigeschossige Wohnbebauung. Außerdem ist dort: eine Pizzeria (Hausnr. 15), ein Blumenladen (Nr. 17) und eine Änderungsschneiderei (Nr. 19a). Im Karree, das von der Blumenstraße, dem Ginsterweg, dem Ligusterweg und der Lilienstraße gebildet wird, befinden sich neben maximal zweigeschossigen Wohnhäusern ein kleiner Lebensmittelmarkt mit 15 Stellplätzen (Lilienstraße 3), ein Kiosk/Paketannahme (Ginsterweg 10) und ein Malerbetrieb (Ginsterweg 6). Im Ligusterweg 12 sind eine Sparkassenfiliale mit eingeschränkten Öffnungszeiten sowie darüber eine Zahnarzt- und eine Physiotherapiepraxis untergebracht."

- Spielt der Fall im **Außenbereich** gemäß § 35 BauGB (= alles, was nicht BPlan-Gebiet oder Innenbereich ist), wird dieser Umstand entweder unumwunden mitgeteilt oder eindeutig umschrieben („umgeben von Feldern", „weit hinter dem letzten Haus", „im Wald").   **30**

I. Prüfungsreihenfolge

Die Prüfungsreihenfolge der **materiellen Baurechtmäßigkeit** ist immer gleich.   **31**

Prüfungsfolge materielle Baurechtmäßigkeit
■ § 29 Abs. 1 BauGB, der die §§ 30 ff. BauGB für anwendbar erklärt
■ **bauplanungsrechtliche Zulässigkeit** nach § 30 *oder* § 34 Abs. 1 und 2 (einschl. BauNVO und Rücksichtnahmegebot) *oder* § 35 BauGB
■ **bauordnungsrechtliche Zulässigkeit**, z.B. Abstandsflächen, Stellplätze usw.
■ sofern nicht landesrechtlich ausgeschlossen: weitere öffentlich-rechtliche Fachgesetze, z.B. BImSchG, DenkmalSchG, BNatSchG, FStrG usw.

II. Eintrittspforte zum Bauplanungsrecht: § 29 Abs. 1 BauGB

Den Zugang zu den §§ 30 ff. BauGB eröffnet **§ 29 Abs. 1 BauGB**. Deswegen beginnt die Prüfung der bauplanungsrechtlichen Rechtmäßigkeit stets mit ihm. Die bauplanungsrechtlichen Vorschriften sind nämlich nur anwendbar, wenn eine **bauliche Anlage** zu errichten oder in ihrer baulichen Substanz oder Nutzung zu ändern ist.   **32**

1. Bauliche Anlage

Die **bauliche Anlage** ist gekennzeichnet durch die Merkmale des „Bauens" und der „möglichen bodenrechtlichen Relevanz". Das Merkmal des **„Bauens"** entspricht dem bau*ordnungs*rechtlichen Begriff der baulichen Anlage (§ 2 aller LBauO). Es erfasst alle Anlagen, die **dauerhaft mit dem Erdboden künstlich verbunden** sind. Da der Bundesgesetzgeber nur für das Bau*planungs*recht gesetzgebungsbefugt ist (Art. 74 Abs. 1 Nr. 18 GG), ist der Anlagenbegriff des § 29 Abs. 1 BauGB einschränkend dahingehend auszulegen, dass nur solche erfasst sind, die eine **mögliche bodenrechtliche** (= bauplanerische/städtebauliche) **Relevanz** besitzen. Diese ist gegeben, wenn das Vorhaben – träte es gehäuft auf – Belange berührte, die in **§ 1 Abs. 5 und 6 BauGB** aufgeführt sind. Denn dann müssen die widerstreitenden Interessen durch verbindliche Planung ausgeglichen werden.[2]   **33**

vgl. Rn. 91

Def.

> **Hinweis:** Breite Ausführungen zu dem Unterschied zwischen dem bauordnungs- und bauplanungsrechtlichen Anlagenbegriff sind fast immer überflüssig, weil fast alle baulichen Anlagen i.S.d. LBauO zugleich bauplanerische Relevanz besitzen. Beide Anlagenbegriffe sind fast immer deckungsgleich.[3]

---

[2]   Grundlegend BVerwGE 44, 59 (62); aus jüngerer Zeit: BVerwGE 114, 206; 144, 82.

[3]   BVerwG BauR 2001, 227, 230.

Nur z.B. bei kleineren Werbeanlagen an der Stätte der Leistung (= Nebenanlagen i.S.v. § 14 Abs. 1 BauNVO) fehlt die bodenrechtliche Relevanz.

„Die beantragte Nutzungsänderung des Schützen-Tanzsaales, einer Anlage, die dauerhaft mit dem Erdboden künstlich verbunden ist, hat die bodenrechtliche Relevanz, die § 29 Abs. 1 BauGB voraussetzt. Die Nutzung als Diskothek stellt andere öffentlich-rechtliche Anforderungen als der Tanzsaal eines Schützenvereins. Denn die neue Nutzung bringt wegen ihres gesamten Zuschnitts (öffentliches Lokal, regelmäßiger Betrieb, Nutzerkreis junger Erwachsener, lautere Musik, größerer An- und Abfahrtsverkehr) eine erhöhte Immissionsbelastung der Nachbarschaft mit sich. Sie berührt folglich zahlreiche Belange, die in § 1 Abs. 6 BauGB aufgeführt sind, und löst so ein Planungsbedürfnis aus."

2. Errichtung, Änderung oder Nutzungsänderung

34 Ein „Vorhaben" i.S.v. § 29 Abs. 1 BauGB liegt nur vor, wenn es sich um die Errichtung, Änderung oder Nutzungsänderung einer baulichen Anlage handelt. Unproblematisch sind **Errichtung** (= Neubau) und **Änderung** (= städtebaulich relevante Umgestaltung der Bausubstanz[4]). Diese stellt man in der Klausur nur mit einem Satz fest. Der **Abriss** (Beseitigung) ist kein Vorhaben i.S.v. § 29 Abs. 1 BauGB.[5]

35 Eingehendere Erörterungen können bei der **Nutzungsänderung** nötig werden. Eine Nutzungsänderung liegt vor, wenn durch die Verwirklichung eines Vorhabens die Variationsbreite verlassen wird, die jeder genehmigten Nutzung eigen ist, sodass sich die **Genehmigungsfrage** unter bodenrechtlichen Aspekten **neu** stellt.[6] Die qualitative Zweckänderung muss **bodenrechtliche Belange** i.S.v. § 1 Abs. 5 und Abs. 6 BauGB berühren.[7] Das ist etwa der Fall, wenn das Vorhaben nach der BauNVO neu zugeordnet werden müsste oder erhebliche Verkehrsveränderungen (Emissionen) hervorgerufen werden (*Ja:* Gewerbe statt Wohnen, Groß- statt Einzelhandel; *Nein:* Modeboutique statt Blumenladen). Mitunter ergibt sich die baurechtliche Relevanz allein durch einen höheren Stellplatzbedarf. Davon ist die bloße **Nutzungsintensivierung** abzugrenzen (z.B. Verlängerung der Öffnungszeiten eines Lokals; Einbau einer Kegelbahn in den Keller einer Gastwirtschaft[8]); sie geht allerdings häufig mit einer baulichen Änderung einher und unterfällt schon deswegen § 29 Abs. 1 BauGB (z.B. Aufteilung eines großen Hauses in mehrere Eigentumswohnungen;[9] Erhöhung der Bettenzahl eines Ferienhauses;[10] Verdreifachung der Kabinen im Sexshop[11]).

Hinweis: Folgen Sie im Zweifelsfall klausurtaktischen Erwägungen. Wenn die Klausur offensichtlich einen planungsrechtlichen Schwerpunkt aufweist oder sonst ein jähes Ende fände, sollten Sie ein Bauvorhaben i.S.d. § 29 Abs. 1 BauGB sicherheitshalber bejahen.

4 BVerwG BRS 69 Nr. 114.
5 Battis/Krautzberger/Löhr, BauGB, § 29 Rn. 19.
6 BVerwGE 138, 166; BVerwG BRS 50 Nr. 166; OVG BB NVwZ-RR 2016, 650; NdsOVG BauR 2015, 1317.
7 HessVGH BauR 2018, 1384; VGH BW NVwZ-RR 2014, 752; OVG NRW ZfWG 2013, 106.
8 BVerwG BRS 60 Nr. 68; 64 Nr. 73; HessVGH NVwZ-RR 2017, 177.
9 OVG MV NordÖR 2009, 179.
10 NdsOVG NVwZ-RR 2014, 255.
11 BayVGH ZfBR 2017, 379.

III. Bauen im BPlan-Gebiet und im unbeplanten Innenbereich

Ob sich das „Klausurvorhaben" im Bereich eines BPlans oder des unbeplanten Innen- 36
bereichs befindet, macht für die Falllösung kaum einen Unterschied. Es verändert sich in aller Regel nur die **Einstiegsnorm**. In BPlan-Gebieten wird über § 30 Abs. 1 BauGB und im unbeplanten Innenbereich über § 34 Abs. 1 und 2 BauGB geprüft. Anschließend muss in beiden Varianten unter die Baugebietsnormen der BauNVO einschließlich des Gebots der Rücksichtnahme subsumiert werden.

1. BPlan-Gebiete

BPlan-Gebiet und unbeplanter Innenbereich

- Wirksamer BPlan, § 30 Abs. 1 BauGB
  - Vorhaben entspricht den Planfestsetzungen
  - Vorhaben genügt dem Gebot der Gebietsverträglichkeit
    - generell
    - konkret, § 15 Abs. 1 BauNVO
- Unwirksamer BPlan oder unbeplanter Innenbereich, § 34 Abs. 1 u. 2 BauGB
  - im Zusammenhang bebaut
  - Ortsteil
  - zulässige Art der Nutzung nach § 34 Abs. 2 BauGB i.V.m. §§ 2 ff. BauNVO
- Gebot der Rücksichtnahme

a) Wirksamer BPlan

Liegt das Vorhaben im Geltungsbereich eines **qualifizierten BPlans** i.S.v. § 30 Abs. 1 37
BauGB, ist es zulässig, wenn es den **Festsetzungen des BPlans nicht widerspricht** und die Erschließung[12] gesichert ist. Darüber hinaus muss es generell und konkret **gebietsverträglich** sein.

aa) Das Vorhaben muss dem **Gebot der Gebietsverträglichkeit**[13] genügen. Dieses 38
lässt sich aus dem typisierenden Ansatz der Baugebietsvorschriften ableiten, die im jeweiligen Absatz 1 der §§ 2 ff. BauNVO zum Ausdruck kommen, und in denen der Zweck des Baugebiets allgemein umschrieben wird. Dieser Zweck ist bei der Auslegung der jeweiligen Absätze 2 und 3 zu berücksichtigen.[14] Auch wenn das Vorhaben den Festsetzungen des BPlans nicht widerspricht, darf es bei **typisierender Betrachtung** die vorherrschende Nutzungsart in dem jeweiligen Gebiet nicht stören oder von ihr gestört werden. Dabei ist unerheblich, ob es regelmäßig oder ausnahmsweise (§ 31 Abs. 1 BauGB) genehmigungsfähig ist. Dazu ist zunächst zu prüfen, ob ein **typisches** Vorhaben der fraglichen Art **generell** geeignet ist (also nicht: das konkrete Vorhaben selbst), im festgesetzten Baugebiet zu stören.

„Gebietsprägungs-erhaltungsanspruch"

→ deshalb greift hier der Gebietserhaltungsanspruch nicht ein

→ bei generell-typisierender Betrachtungsweise gebietsunverträglich, weil es den prägenden Charakter des Baugebiets konterkariert

↔ § 15 I BauNVO: Bauvorhaben widerspricht zwar nach abstrakt-typisierender Anschauung dem Gebietscharakter nicht, ist aber dennoch im konkreten Einzelfall gebietsunverträglich

} der Gebietsprägungserhaltungsanspruch ist der Regelung des § 15 I 1 BauNVO also logisch vorgeschaltet

12 Mit Erschließung ist die Anbindung an das öffentliche Straßen-, Elektrizitäts- und Wasser-/Abwassernetz gemeint.

13 BVerwGE 138, 166; 116, 155; Fickert/Fieseler, BauNVO, Vorbem. §§ 2–9 Rn. 9.2.

14 BVerwGE 142, 1; BVerwG NVwZ 2002, 1384.

„Ein Krematorium mit Abschiedsraum ist in dem durch den BPlan festgesetzten Gewerbegebiet (GE) unzulässig. Es handelt sich zwar um eine Anlage für kulturelle Zwecke i.S.d. § 8 Abs. 3 Nr. 2 BauNVO. Ein Krematorium mit Abschiedsraum verträgt sich aber nicht mit der allgemeinen Zweckbestimmung eines Gewerbegebiets, das geprägt ist von werktätiger Geschäftigkeit. Nach dem Leitbild der BauNVO ist ein Gewerbegebiet den produzierenden und artverwandten Nutzungen vorbehalten. Das geplante Vorhaben ist hingegen besonders störempfindlich. Ähnlich wie ein Friedhof stellt es einen Ort der Ruhe, des Friedens und des Gedenkens dar. Das Vorhaben kann auch nicht mittels einer Befreiung gemäß § 31 Abs. 2 BauGB genehmigt werden …"

§ 15 I 1 setzt zwar keine unzumutbare Betroffenheit voraus, gewährt aber anders als § 15 I 2 keinen planübergreifenden Nachbarschutz vgl. Rn. 116

39 **bb)** Ist das typisiert betrachtete Vorhaben *generell* gebietsverträglich, muss das darüber hinaus auch *konkret*, also **im Einzelfall**, gelten. Im zweiten Schritt ist daher anhand von § 15 Abs. 1 BauNVO zu prüfen, ob das Vorhaben im Einzelfall an Ort und Stelle der Eigenart des Baugebietes widerspricht oder in der Umgebung unzumutbare Belästigungen hervorruft oder solchen ausgesetzt wird.[15]

„Ein Zustellstützpunkt der Deutschen Post AG mag zwar als Anlage für Verwaltungen im allgemeinen Wohngebiet nach § 4 Abs. 3 Nr. 3 BauNVO ausnahmsweise zulässig und bei typisierender Betrachtung nicht generell gebietsunverträglich sein. Angesichts der Größe des Vorhabens mit seinen vorgesehenen 15 Stellplätzen für Auslieferungsfahrzeuge ist es in seiner konkreten Ausgestaltung jedoch wohngebietsunverträglich. Es verstößt gegen § 15 Abs. 1 S. 2 BauNVO, weil es die grundsätzlich einzuhaltende gebietsbezogene Wohnruhe stört. Auch eine Befreiung nach § 31 Abs. 2 BauGB ist ausgeschlossen, weil …"

Beachte: Liegt ein qualifizierter Bebauungsplan vor, ist der Rückgriff auf §§ 34, 35 BauGB vollständig versperrt.

40 Anderes **Beispiel**: Die Haltung von Hühnern nebst Zucht ist im allg. Wohngebiet (WA) nach § 4 BauNVO bei typisierter Betrachtung keine zulässige Hauptnutzung. Werden nur wenige Hühner gehalten, kann das als untergeordnete Nebenanlage nach § 14 Abs. 1 BauNVO zulässig sein.[16]

41 Wird im Klausurtext nicht ausdrücklich vorgegeben, dass es sich um einen „qualifizierten" BPlan handelt, müssen Sie anhand der mitgeteilten Festsetzungen nach § 30 Abs. 1 BauGB prüfen, ob der BPlan **qualifiziert** oder nur **einfach** ist. Suchen Sie nach scheinbar nebensächlichen Details im Klausurtext. Aus der BauNVO ergibt sich, worauf Sie Ihr Augenmerk vor allem richten müssen, nämlich auf die verschiedenen Festsetzungsmöglichkeiten.

Qualifikationsmerkmal	Planerische Festsetzungen im Klausurtext
Art der baulichen Nutzung	Baugebietsbezeichnungen wie Allgemeines Wohngebiet, Dorfgebiet, Gewerbegebiet usw. **(§§ 2–11 BauNVO)**
Maß der baulichen Nutzung	Zahl der Vollgeschosse, Geschossflächenzahl, Baumassenzahl, Grundflächenzahl usw. **(§§ 16–21a BauNVO)**
Überbaubare Grundstücksflächen	Baulinien, Baugrenzen, Bebauungstiefen **(§ 23 BauNVO)**
Örtliche **Verkehrsflächen**	Straßen, Schienenwege usw.

15 BVerwGE 116, 155; BVerwG NVwZ 2008, 786, 787 f.

16 BayVGH NVwZ-RR 2016, 572.

Falls der BPlan nicht qualifiziert ist, handelt es sich um einen **„einfachen" BPlan**. Das 42
ist in Klausuren **selten**; prüfen Sie deswegen kritisch, ob Ihnen kein Festsetzungselement entgangen ist. Die Zulässigkeit des Vorhabens richtet sich beim einfachen BPlan nach § 30 Abs. 3 BauGB, also nach §§ 34, 35 BauGB. Der wichtigste Ausdruck dort ist „im Übrigen", denn soweit der BPlan Festsetzungen trifft, gelten diese. Nur wo der einfache BPlan schweigt, ist auf §§ 34, 35 BauGB zurückzugreifen.[17] Über diesen „Umweg" können Sie also auch in einem einfachen BPlan-Gebiet über § 34 Abs. 2 BauGB wiederum in der BauNVO oder sogar in § 35 BauGB landen.

Richtet sich die Zulässigkeit des Vorhabens nach einem qualifizierten oder einfachen BPlan, steht zumeist die **Art der baulichen Nutzung** im Zentrum der Klausur. Der nächste Schritt besteht dann in der Anwendung der BauNVO (s.u. Rn. 53).

b) Unwirksamer BPlan

Ein **BPlan** führt nicht zu § 30 BauGB, sondern zu §§ 34, 35 BauGB, wenn er **unwirk-** 43
sam ist. Deswegen kann es sein, dass Sie die **Wirksamkeit des BPlans inzident** prüfen müssen. Für Examensklausuren typisch sind Fehler bei der Beschlussfassung, die nach Kommunalrecht zu beurteilen sind. Daneben kommt nur eine pauschal feststellbare Unwirksamkeit des BPlans in Betracht, die offensichtlich auf der Hand liegen muss. Das ist z.B. der Fall, wenn sich Realität und Planung so sehr unterscheiden, dass der BPlan **funktionslos** geworden ist.[18] In der Klausur ist damit zu rechnen, dass sich die Planung zur Realität gleichsam absurd ausnimmt.

> *„Obwohl das Vorhabengrundstück im Geltungsbereich des qualifizierten Bebauungsplans ‚Obermühltal' liegt, richtet sich die planungsrechtliche Zulässigkeit nach § 34 Abs. 1 und 2 BauGB. Denn der Bebauungsplan ist inzwischen funktionslos geworden und damit außer Kraft getreten. Die tatsächlichen Verhältnisse im Plangebiet haben sich durch die Ausweitung des Gewerbezentrums so grundlegend verändert, dass es ausgeschlossen erscheint, die planerischen Festsetzungen (Altenheim) auf absehbare Zeit zu verwirklichen. Da dies für jedermann offensichtlich ist, genießt ein evtl. noch vorhandenes Vertrauen in die Fortgeltung des BPlans keinen Schutz mehr."*

Ein **wiederkehrendes Argumentationsmuster**, und zwar sowohl von Anwalts- als 44
auch von Gerichtsseite, besteht darin, den BPlan (hilfsweise) für unwirksam zu halten und das Vorhaben anschließend anhand der gesetzlichen Planungsvorschriften durchzuprüfen.[19] Führt die Prüfung an dem unterstellt wirksamen BPlan zum selben Ergebnis wie die Prüfung anhand der §§ 34 bzw. 35 BauGB, kann die gerügte Unwirksamkeit des BPlans **offen bleiben**.

Mitunter stellen die Prüfungsämter auch **Verfahrensfehler** bei der Beschlussfassung 45
des BPlans zur Bearbeitung. Werden im Aufgabentext solche Fehler gerügt, müssen Sie zunächst immer die §§ 214, 215 BauGB prüfen. Deren Anliegen besteht in der Planerhaltung. Denn einen Normenkontrollantrag kann man nach § 47 Abs. 2 VwGO zwar nur ein Jahr nach Bekanntmachung (§ 10 Abs. 3 BauGB) anbringen, die Nichtigkeit des BPlans kann man inzident aber grundsätzlich **zeitlich unbegrenzt** rügen (z.B. in einer Klage auf Baugenehmigungserteilung), weil es sich um eine Rechtsnorm handelt und nicht um einen Verwaltungsakt, der bestandskräftig wird.

Die §§ 214, 215 BauGB differenzieren zwischen beachtlichen und unbeachtlichen 46
Verfahrensfehlern. Nur die **beachtlichen Verfahrensfehler** führen zur Nichtigkeit.

---

17 BVerwG NVwZ 2018, 507; BVerwGE 55, 369, 380; 84, 322, 326 f.

18 Grundlegend: BVerwGE 54, 5; BVerwG NVwZ 2015, 1542; NVwZ 2016, 1481 (Normenkontrolle).

19 Beispiel: BVerwG NVwZ 2017, 1761.

Die in § 214 Abs. 1 Nr. 1–3 BauGB angeführten Fehler werden nach § 215 Abs. 1 Nr. 1 BauGB **unbeachtlich**, wenn sie nicht innerhalb eines Jahres gegenüber der planaufstellenden Gemeinde gerügt worden sind. Nur die Fehler, die in § 214 Abs. 1 Nr. 4 BauGB genannt sind, können dauerhaft gerügt werden (näher: *AS-Skript Öffentliches Baurecht*).

Beachte: Da eine inhaltliche BPlan-Prüfung in der Klausur kaum je verlangt werden wird, liegt es näher, dass Verstöße gegen kommunalrechtliche Vorschriften vorliegen (Mitwirkung befangener Ratsmitglieder, fehlerhafte Tagesordnung usw.). Hierbei ist insbes. streitig, ob jede Mitwirkung eines Befangenen an der Planung schädlich ist oder nur die am eigentlichen Satzungsbeschluss. Wer die Realitäten kennt, wird der ersten Ansicht zuneigen (vgl. hierzu auch die speziellen kommunalrechtlichen Heilungsvorschriften, z.B. § 5 Abs. 4, § 25 Abs. 6 HGO, § 7 Abs. 6, § 31 Abs. 6 GO NRW).

2. Unbeplanter Innenbereich

47 Liegt das Vorhaben nicht im Bereich eines BPlans oder ist dieser unwirksam, kann es nur im unbeplanten Innenbereich (§ 34 BauGB) oder im Außenbereich (§ 35 BauGB) liegen. In Assessorklausuren dürften Sie kaum dazu genötigt sein, zwischen Innen- und Außenbereich abzugrenzen. Allenfalls „glasklare" Fälle sind prüfungsgeeignet. Unabhängig davon handelt es sich bei § 34 BauGB um die **Kernnorm** des (Klausur-) Bauplanungsrechts. In dessen Zentrum steht das Tatbestandsmerkmal „im Zusammenhang bebauter Ortsteil". Es besteht aus zwei kumulativen Elementen.[20]

48 ▪ **Im Zusammenhang bebaut (Bebauungszusammenhang):** Eine tatsächlich aufeinander folgende Bebauung, die den Eindruck der Geschlossenheit (= Zusammengehörigkeit) vermittelt.[21] Zur Bebauung gehören nur wahrnehmbare Bauwerke, die dem ständigen Aufenthalt von Menschen dienen;[22] Wochenendhäuser reichen beispielsweise nicht aus.[23]

Def.!

Evtl. vorhandene unbebaute, aber bebaubare Grundstücke („Baulücken" mit bis zu vier Bauplätzen[24]) und unbebaubare Flächen, die aus natürlichen Gründen (Gewässer) oder wegen Zweckgebundenheit (öff. Grünflächen) nicht bebaubar sind, lassen den Zusammenhang nicht entfallen. Anders: Geländehindernisse, Erhebungen, Gräben, Flüsse, Eisenbahnlinien.[25]

Merken Sie sich nur: Der Bebauungszusammenhang endet regelmäßig mit dem letzten Haus; hinter dessen Rückwand beginnt der Außenbereich.[26]

49 ▪ **Ortsteil:** Jeder Bebauungszusammenhang (Häuser) im Gemeindegebiet, der nach der Zahl der vorhandenen Bauten (mind. sechs[27]) ein gewisses Gewicht besitzt und Ausdruck einer **organischen Siedlungsstruktur** ist.[28]

Def.!

„Ortsteil" ist nur als Gegenbegriff zur **„Splittersiedlung"** (merken!) zu verstehen.[29] Splittersiedlungen sollen nämlich verhindert werden, wie § 35 Abs. 3 S. 1 Nr. 7 BauGB zeigt, um eine „Zersiedelung" (Fachbegriff) der Landschaft zu vermeiden.

20 BVerwG NVwZ 2015, 1767; BRS 84 Nr. 82.

21 BVerwG ZfBR 2016, 799; NVwZ 2015, 1767; 2012, 1631.

22 BVerwG ZfBR 2017, 471 (nicht: Gewächshäuser); BRS 71 Nr. 81.

23 BVerwG BRS 84 Nr. 82.

24 BVerwGE 31, 20; 41, 227; VGH BW NVwZ-RR 2000, 481.

25 BVerwG BRS 79 Nr. 113.

26 BVerwG ZfBR 2016, 67 (auch zu Ausnahmen); BauR 2007, 1383.

27 BVerwG BRS 22 Nr. 76; die Zahlen schwanken, teilweise werden auch 10–12 gefordert (BVerwG BauR 2000, 1310; 1994, 495). Es kommt letztlich auf die Umgebung an. In sehr ländlich geprägter Umgebung können wenige Häuser reichen, im städtischen Bereich nicht.

28 BVerwG DVBl. 2017, 504; grundlegend: BVerwGE 31, 22, 26; 152, 275; BVerwG NVwZ 2012, 1631.

29 BVerwG BRS 84 Nr. 82.

Allerdings ist auch das BVerwG um eine exakte Definition verlegen und beschreibt die Splittersiedlung als „bloße Anhäufung von Gebäuden" bzw. „unorganische Streubebauung", der das für einen Ortsteil notwendige Gewicht fehlt (Einzelfallprüfung).[30]

> **Hinweis:** In der Klausur werden Sie sehr schnell erkennen, ob ein „im Zusammenhang bebauter Ortsteil" vorliegen soll. Versuchen Sie, über die definitorische Untiefe schadlos hinwegzukommen, indem Sie die Definitionen aufschreiben und für den Ihnen gestellten Fall schlicht bejahen (selten: verneinen).

Liegt das Vorhaben im Innenbereich, muss es sich hinsichtlich der Merkmale, die § 34 Abs. 1 BauGB aufzählt, nämlich Art und Maß der baulichen Nutzung, Bauweise und überbauter Grundstücksfläche, in die **Eigenart der näheren Umgebung einfügen**. **50**

In Klausuren geht es praktisch immer nur darum, ob sich die **Art der Nutzung** einfügt, das Maß spielt selten eine Rolle.[31] An dieser Stelle greift normalerweise die Spezialvorschrift des § 34 Abs. 2 BauGB ein, weil die „Eigenart der näheren Umgebung" von Klausur-Vorhaben typischerweise „einem der Baugebiete" entspricht, die in der BauNVO (= Verordnung nach § 9a BauGB) bezeichnet sind. Bei Innenbereichsvorhaben müssen Sie zur näheren Prüfung der bauplanungsrechtlichen Zulässigkeit also die **BauNVO anwenden**. **51**

„Das im Innenbereich liegende Bauvorhaben ist bauplanungsrechtlich zulässig. Insbesondere fügt es sich nach der Art der Nutzung in die Eigenart der näheren Umgebung ein. Nach § 34 Abs. 2 BauGB beurteilt sich die Zulässigkeit der Ausflugsgaststätte nach ihrer Art allein nach der BauNVO. Denn die Eigenart der näheren Umgebung entspricht einem allgemeinen Wohngebiet (WA), also einem Baugebiet, das in der BauNVO (der aufgrund des § 9a BauGB erlassenen Verordnung) bezeichnet ist. Die Ausflugsgaststätte kann allerdings nicht als Regelbebauung i.S.v. § 4 Abs. 2 Nr. 2 BauNVO eingeordnet werden. Denn in allgemeinen Wohngebieten sind nur Schank- und Speisewirtschaften zulässig, die der Versorgung des Gebiets dienen. Dazu gehört eine Ausflugsgaststätte nicht. …"

Sollte § 34 Abs. 2 BauGB nicht einschlägig sein, weil eine Gemengelage gegeben ist, die keinem der Baugebiete der BauNVO entspricht, muss nach **§ 34 Abs. 1 BauGB** geprüft werden, ob das Vorhaben sich in die Eigenart der näheren Umgebung einfügt. Der die **nähere Umgebung** bildende Bereich reicht so weit, wie sich das Vorhaben auswirken kann und wie die Umgebung ihrerseits das Baugrundstück bodenrechtlich prägt oder beeinflusst; abzustellen ist auf das tatsächlich Vorhandene,[32] Fremdkörper bleiben außen vor.[33] Das Vorhaben **fügt sich ein**, wenn es sich innerhalb des Umgebungsrahmens hält. Es darf den vorgegebenen Rahmen nicht verlassen, um keine negative Vorbildwirkung auszulösen.[34] **52**

Def!

3. Anwendung der BauNVO

> **Hinweis:** Oft ist die BauNVO klausurentscheidend, obwohl es sich nur um eine Rechtsverordnung handelt. Machen Sie sich unbedingt mit ihr vertraut.

Die BauNVO richtet sich in erster Linie an die **planenden Gemeinden** bei der Aufstellung von Flächennutzungs- und BPlänen. Die Gemeinden dürfen nicht selbst allgemeine Bebauungsgrundsätze

30 BVerwG UPR 2015, 312.

31 BVerwG NVwZ 2017, 717 (zum Einfügen nach dem Maß).

32 BVerwG ZfBR 2018, 479.

33 BVerwG NVwZ 2017, 717.

34 BVerwG NVwZ 2017, 717; BRS 56 Nr. 61; BRS 55 Nr. 72.

aufstellen, sondern müssen sich der Instrumente bedienen, die die BauNVO bereitstellt, vgl. § 1 BauNVO. Diese eigentliche Funktion muss Sie in Klausuren aber nicht interessieren.

§ 1 III 2 BauNVO

53 Für Prüfungsaufgaben ist wichtig, dass die BauNVO entweder Teil des (qualifizierten) BPlans ist oder die §§ 2 ff. BauNVO über § 34 Abs. 2 BauGB anwendbar sind.

Prüfungsfolge BauNVO
■ **Anwendbarkeit** der BauNVO
■ **Allgemein** zulässige Nutzung: **Absatz 2** der jeweiligen Baugebietsnorm (§§ 2–9 BauNVO)
■ **Ausnahmsweise** zulässige Nutzung: **Absatz 3** der jeweiligen Baugebietsnorm (§§ 2–9 BauNVO i.V.m. § 31 Abs. 1 BauGB)
■ Allgemein oder ausnahmsweise zulässige Nutzung nach **§§ 12–14 BauNVO**
■ Im konkreten Einzelfall **trotzdem** unzulässig wegen Verstoßes gegen das **Gebot der Rücksichtnahme**, § 15 Abs. 1 S. 1 und/oder S. 2 BauNVO

a) Anwendbarkeit der BauNVO

54 Bewegen Sie sich in einem **BPlan-Gebiet**, müssen Sie zunächst knapp die **Anwendbarkeit** der §§ 2 ff. BauNVO feststellen. § 1 Abs. 3 S. 2 BauNVO erklärt die entsprechenden Vorschriften der BauNVO zum Bestandteil des BPlans (Inkorporation).[35]

„Maßgeblich für die planungsrechtliche Beurteilung des Vorhabens ist die BauNVO in der Fassung vom 21.11.2017 (BGBl. I S. 3786). Dies ergibt sich aus § 1 Abs. 3 S. 2 BauNVO. Die Verweisung auf die jeweils einschlägigen Zulässigkeitsregelungen der BauNVO ist statisch und nicht dynamisch. Danach werden die einschlägigen Regelungen der BauNVO jeweils in der Fassung Bestandteil des Bebauungsplans, die in dem Zeitpunkt des Inkrafttretens des Plans gültig ist. Diese Fassung bleibt auch dann Bestandteil des Plans, wenn die Baunutzungsverordnung später geändert wird. Spätere Änderungen der BauNVO werden zum Inhalt des Plans, wenn eine Planänderung erfolgt und der Plan dadurch auf die neue Fassung der BauNVO umgestellt wird."

b) Die Absätze 2 und 3 der §§ 2–9 BauNVO

55 **Prüfungsfolge:** Um zu prüfen, ob die beabsichtigte Art der baulichen Nutzung zulässig ist, prüfen Sie bei den §§ 2–9 BauNVO immer zunächst den **Absatz 2.** Dort ist die **Regelbebauung** beschrieben, die allgemein (immer/ohne besondere Voraussetzungen) zulässig ist. Liegt keine Regelbebauung vor, kann das Vorhaben nach dem jeweiligen Absatz 3 ausnahmsweise zulässig sein. Die Baugenehmigung steht dann jedoch gemäß § 31 Abs. 1 BauGB im Ermessen der Bauaufsichtsbehörde.

56 Einige **Tatbestandsmerkmale (Begriffe) der BauNVO** tauchen in Prüfungsaufgaben immer wieder auf. Sie sollten wissen, wie die baurechtliche Rspr. sie definiert.

Achten Sie bei gleichartigen Nutzungen, die in verschiedenen Baugebieten grds. zulässig sind, darauf, dass die erforderliche Baugebietsbezogenheit („den Bewohnern des Gebiets dienende") mit zunehmendem Paragrafenwert abnimmt, während die Störungsintensität zunehmen darf (entsprechend der abnehmenden Schutzbedürftigkeit der Baugebiete).

35 BVerwG NVwZ 2018, 836 Rn. 10.

Nutzung	Definition
„Wohngebäude" (§§ 2–6 BauNVO)	Bauliche Anlagen, die zum dauernden Wohnen geeignet und bestimmt sind. Wohnen ist gekennzeichnet durch eine auf Dauer angelegte Häuslichkeit, Eigengestaltung der Haushaltsführung sowie Freiwilligkeit des Aufenthalts. *Ja:* Altenheime, Studentenheime; *Nein:* Beherbergung (Hotel), Jugendheime, Jugendherbergen, Obdachlosenunterkünfte, Wohnungsprostitution, Asylbewerberunterkünfte
„nicht störende Handwerksbetriebe" (§§ 2–4 BauNVO, § 5 BauNVO: alle)	Handwerksbetrieb: übereinstimmend mit dem Begriff der HandwO (s.u. Rn. 475) nicht störend: wenn er keine nachteiligen Immissionen für seine Umgebung verursacht (einschl. Verkehr) *Ja:* Friseur, Bäcker, Metzger; *Nein:* Tischlerei/Schreinerei, Metallverarbeiter
„Gebiet" (§§ 2–5 BauNVO)	festgesetztes Baugebiet (nicht: nur Wohnblock)
„Anlagen für soziale Zwecke" (§§ 2–7 BauNVO)	Dienen i.w.S. der sozialen Fürsorge und der öff. Wohlfahrt *Ja:* Kindergarten, Seniorentreff, ambul. Pflegedienst, Frauenhaus, Asylbewerberunterkünfte
„Gewerbe" (§§ 3–9 BauNVO)	nicht identisch mit dem Begriff der GewO, sondern städtebaulicher Begriff; nicht alle Einzelmerkmale der Gewerbedefinition müssen erfüllt sein *Ja:* Bordell (BVerwG ZfBR 2014, 574), auch einzelne Prostituierte (obwohl kein „Betrieb")
„Vergnügungsstätten" (§§ 4a–8 BauNVO)	Gewerbeart, die sich unter Ansprache/Ausnutzung des menschlichen Sexual-, Spiel- oder Geselligkeitstriebes einer bestimmten gewinnbringenden Freizeitunterhaltung widmet *Ja:* Nachtlokale (nur mit Vorführungen), Diskotheken, Spielhallen, Wettbüros, Swinger-Clubs; *Nein:* Bordelle (= Gewerbe), Theater, Kinos, Jahrmarkt
„Bewohnern des Gebiets dienen", „Versorgung des Gebiets dienen" (§§ 2–4a, 14 Abs. 2 BauNVO)	zur Befriedigung der Lebensbedürfnisse bei gewöhnlicher Lebensführung; Bewohner anderer Gebiete dürfen die Einrichtungen auch nutzen

c) Erweiterte Nutzungsmöglichkeiten: §§ 12–14 BauNVO

Merksatz: Die jeweiligen Absätze 3 der §§ 2 ff. BauNVO und die §§ 12–14 BauNVO **erweitern** die bauplanungsrechtliche Zulässigkeit im Einzelfall, § 15 BauNVO **schränkt** sie umgekehrt im Einzelfall (wieder) ein.

Die BauNVO erweitert **baugebietsübergreifend** die Zulässigkeit bestimmter bauli- 57
cher Anlagen in **§§ 12–14 BauNVO**. Es handelt sich um Querschnittsnormen, die sämtliche Zulässigkeitsvorschriften der §§ 2 ff. BauNVO ergänzen. Sie weiten die allgemeine und ausnahmsweise Zulässigkeit aus.[36]

- **Stellplätze:** Wo und in welchem Umfang Kfz-Stellplätze und Garagen auf Privat- 58
grundstücken zulässig sind, richtet sich bau*planungs*rechtlich nach **§ 12 BauNVO**. Dagegen gibt die LBauO bau*ordnungs*rechtlich vor, wer wie viele Stellplätze und Garagen herzustellen hat bzw. welche Ablöse zu entrichten ist (Stellplatzpflicht).

37	47	49	49	49	48, 49	52	49	46-48	48	47	47	49	48	50	49

36 BVerwGE 144, 82.

59 ■ **Freie Berufe:** § 13 BauNVO privilegiert die freien Berufe und artgleiche Gewerbe. Sie werden **„wohnartig"** (Fachbegriff) ausgeübt, stellen also keine besonderen räumlichen Ansprüche.[37] Für ihre Berufstätigkeit sind in praktisch allen Baugebieten Räume und Gebäude generell zulässig. Zwar ist der „freie Beruf" kein eindeutiger Rechtsbegriff.[38] Hilfreich ist es aber, sich an der Aufzählung in **§ 18 Abs. 1 S. 2 EStG** (er wird irgendwo im Klausurtext angesprochen werden) zu orientieren.

§ 18 Abs. 1 S. 2 EStG: „Zu der freiberuflichen Tätigkeit gehören die selbständig ausgeübte wissenschaftliche, künstlerische, schriftstellerische, unterrichtende oder erzieherische Tätigkeit, die selbständige Berufstätigkeit der Ärzte, Zahnärzte, Tierärzte, Rechtsanwälte, Notare, Patentanwälte, Vermessungsingenieure, Ingenieure, Architekten, Handelschemiker, Wirtschaftsprüfer, Steuerberater, beratenden Volks- und Betriebswirte, vereidigten Buchprüfer, Steuerbevollmächtigten, Heilpraktiker, Dentisten, Krankengymnasten, Journalisten, Bildberichterstatter, Dolmetscher, Übersetzer, Lotsen und ähnlicher Berufe."

60 § 13 BauNVO privilegiert gleichermaßen „Gewerbetreibende, die ihren Beruf in **ähnlicher Art** ausüben", wie z.B. Fußpfleger, Hebammen, Hausverwalter. Zusammenfassend ist für die Privilegierung nötig, dass eine persönliche Dienstleistung erbracht wird, die auf individuellen geistigen Leistungen oder sonstigen persönlichen Fertigkeiten beruhen;[39] dazu gehören nicht: Pudelsalon, Bräunungsstudio, Wohnungsprostitution.

61 ■ **Nebenanlagen:** Nebenanlagen i.S.v. § 14 BauNVO sind bauliche Anlagen, die nicht zum Hauptgebäude gehören, und dem primären Nutzungszweck der Grundstücke im Baugebiet dienen und ihnen sowohl in der Funktion als auch räumlich-gegenständlich („optisch") zu- und untergeordnet sind.[40] Sie sind bauplanungsrechtlich grundsätzlich zulässig, wenn sie der Eigenart des Baugebiets nicht widersprechen, § 14 Abs. 1 S. 1 BauNVO. Sie sind unzulässig, wenn von ihnen Belästigungen oder Störungen i.S.v. § 15 Abs. 1 S. 2 BauNVO ausgehen können. Generell richtet sich die Zulässigkeit v.a. danach, in welcher Art Baugebiet sich die Nebenanlage befindet.

- Eine **Mobilfunksendeanlage** (Antenne) hat bezogen auf das gesamte Mobilfunknetz eine untergeordnete Funktion. Sie ist daher Nebenanlage i.S.v. § 14 Abs. 2 S. 2 BauNVO.[41]
- **Ställe** u.ä. zur **Kleintierhaltung** sind typischerweise Nebenanlagen, § 14 Abs. 1 S. 2 BauNVO.
- **Private Windräder** (Windenergieanlagen, Windkraftanlagen) für den *Eigenbedarf* des Hauses können in aufgelockerter Bauweise zulässig sein, müssen aber so ausgeführt werden, dass die Nachbarn ebenfalls Windräder aufstellen können.[42] **Solaranlagen** sind nach § 14 Abs. 3 BauNVO auch zulässig, wenn sie den erzeugten Strom vollständig in öffentliche Netze einspeisen.[43]
- **Werbeanlagen** (Schilder, Beschriftungen, Lichtwerbungen usw.) – sofern sie dem Anlagenbegriff des § 29 BauGB unterfallen (s.o.) – an der **Stätte der Leistung** sind Nebenanlagen, soweit sie der Hauptnutzung dienen. Dagegen ist funktionsfremde **Suggestiv- und Erinnerungswerbung** z.B. eine Plakattafel an der Giebelwand, eine eigene Hauptnutzung, und zwar eine gewerbliche.[44]

---

37 BVerwG BRS 44 Nr. 47; OVG NRW BauR 2014, 96; BRS 78 Nr. 95.
38 BVerfGE 10, 354, 364.
39 BVerwGE 68, 324.
40 BVerwG BauR 2018, 647; ZfBR 2017, 587; BRS 74 Nr. 83.
41 BVerwG NVwZ 2012, 579.
42 BVerwGE 67, 23.
43 BVerwG BRS 82 Nr. 81.
44 BVerwGE 91, 234.

4. Gebot der Rücksichtnahme

> Verstehen Sie das **Gebot der Rücksichtnahme** richtig: Das Rücksichtnahmegebot
>
> - schwebt nicht als allgemeiner (Verfassungs-)Grundsatz über dem einfachrechtlichen Baurecht,
> - ist keine allgemeine Härteregelung die über den baurechtlichen Normen steht,
> - ist kein „Abladeplatz" für alles, was irgendwie wichtig erscheint, im Prüfungsschema aber nicht unterzubringen ist,
> - ist keine „Zauberformel", mit deren Hilfe das gewünschte Ergebnis „herbeigedreht" werden kann,
> - ist kein unerklärlicher, in seinen Auswirkungen unvorhersehbarer „Geheimgrundsatz".

An keiner Stelle ist das Gebot der Rücksichtnahme im öffentlichen Baurecht ausdrücklich normiert (auch nicht in § 15 Abs. 1 BauNVO). Das **„Gebot der Rücksichtnahme"** fasst lediglich in einem Begriff zusammen, was das Gesetz an verschiedenen Stellen in unterschiedlich formulierten Tatbestandsmerkmalen von einem Bauvorhaben an Zurücknahme eigener Interessen verlangt, damit die Interessen von Nachbarschaft und Umgebung gewahrt bleiben.[45] **62**

In der Norm …	steckt das Gebot der Rücksichtnahme im TBM …
§ 34 Abs. 1 S. 1 BauGB	„einfügen"
§ 15 Abs. 1 S. 1 BauNVO	„der Eigenart des Baugebiets widersprechen" *Arztpraxen sind im reinen Wohngebiet zwar zulässig, aber keine Großpraxis mit zehn Ärzten.*
§ 15 Abs. 1 S. 2 BauNVO	„von ihnen Belästigungen oder Störungen ausgehen" bzw. „sie Belästigungen oder Störungen ausgesetzt werden" *Ein Wohnhaus ist in einem allg. Wohngebiet zwar zulässig, aber nicht direkt neben einem großen Sportplatz (weil es selbst gestört würde und der Bauherr dann gegen den Sportplatz vorgehen könnte).*

In der Norm …	steckt das Gebot der Rücksichtnahme im TBM …
§ 35 Abs. 3 S. 1 Nr. 3 BauGB	„schädliche Umwelteinwirkungen hervorrufen kann oder ihnen ausgesetzt wird"
§ 35 Abs. 3 S. 1 BauGB	„öffentlicher Belange", und zwar als ungeschriebener öffentlicher Belang, wenn es nicht um Immissionen geht
§ 31 Abs. 2 BauGB	„unter Würdigung nachbarlicher Interessen"

Hieraus folgt für die Falllösung: Machen Sie stets deutlich, aus welchem gesetzlichen Tatbestandsmerkmal sich das Gebot der Rücksichtnahme im konkreten Fall ergibt. Beginnen Sie also *nie* mit: „~~Außerdem darf das Vorhaben das allgemein im Baurecht geltende Gebot der Rücksichtnahme nicht verletzten. Es verlangt, dass …~~" Formulieren Sie unbedingt folgendermaßen: **63**

45 Grundlegend: BVerwGE 52, 122; BVerwG NVwZ 2018, 509; Fallgruppen: Uechtritz DVBl. 2016, 90.

„Das Wohnbauvorhaben ist nach § 34 Abs. 2 BauGB i.V.m. § 4 Abs. 2 Nr. 1 BauNVO der Art der Nutzung nach in einem allgemeinen Wohngebiet grundsätzlich zulässig. Die Verweisung in § 34 Abs. 2 BauGB erstreckt sich allerdings auch auf § 15 Abs. 1 S. 2 Alt. 2 BauNVO. Diese Vorschrift ist eine besondere Ausprägung des Gebots der Rücksichtnahme. Ebenso wie die übrigen Tatbestandsalternativen von § 15 Abs. 1 BauNVO soll sie gewährleisten, Nutzungen, die geeignet sind, Spannungen und Störungen hervorzurufen, einander so zuzuordnen, dass Konflikte möglichst vermieden werden. Welche Anforderungen sich hieraus im Einzelnen ergeben, folgt aus den konkreten Umständen. …"

64 Das Gebot der Rücksichtnahme soll **Spannungen und Störungen**, die durch unverträgliche Nutzungsinteressen benachbarter Grundstückseigentümer entstehen können, möglichst vermeiden. Es soll einen **Ausgleich** schaffen, der dem einen das ermöglicht, was für ihn unabweisbar ist, und den anderen vor unzumutbaren Belästigungen oder Benachteiligungen schützt.

65 Welche Anforderungen das in den aufgezählten Normen zum Ausdruck kommende Rücksichtnahmegebot aufstellt, ist durch Abwägung im Einzelfall zu ermitteln. Dabei gilt der Grundsatz: **Der Nachbar kann umso mehr an Rücksichtnahme verlangen, je empfindlicher und schutzwürdiger seine Stellung im gegebenen Zusammenhang ist. Der Bauherr muss umso weniger Rücksicht nehmen, je verständlicher und unabweisbarer die mit dem Vorhaben verfolgten Interessen sind.**[46]

Beispiel: Ein kleiner Sanitärbetrieb ist im allgemeinen Wohngebiet zulässig (§ 4 Abs. 2 Nr. 2 BauNVO), aus Gründen der Rücksichtnahme auf die Wohnbebauung darf der Firmen-Lkw aber nur bei geschlossenem Hallentor be- und entladen werden. Der benachbarte Wohneigentümer muss insofern Rücksicht nehmen, dass er Ladearbeiten werktags ab 7.00 Uhr morgens duldet.

66 Ob das Gebot der Rücksichtnahme eingehalten ist, können die **Gerichte voll nachprüfen**. Die Bauaufsichtsbehörde hat keinen Beurteilungsspielraum (kein „planerisches Gestaltungsermessen"). Es bietet sich folgender **Prüfungsaufbau**[47] bei der Abwägung der gegenläufigen Interessen an:

- ***schutzwürdige Nutzungsinteressen***, also rechtlich zulässige, genehmigte oder genehmigungsfähige Nutzungen (nur grundstücks-, nicht personenbezogen),
- ***schutzbedürftige Interessen***, also rechtliche, nicht ideelle („schöne Aussicht"[48]) oder wirtschaftliche Interessen („Wert des eigenen Hauses sinkt"),
- ***Zumutbarkeit*** der Auswirkungen am Maßstab der Billigkeit (nicht nötig: schwer und unerträglich), v.a. die rechtliche und/oder tatsächliche Vorbelastung des Grundstücks hebt die Zumutbarkeitsschwelle (benachbarter Bauernhof aus alter Zeit; BPlan lässt grundsätzlich Einzelhandel zu).

Hinweis: Das Gebot der Rücksichtnahme ist wenig klausurgeeignet. Die Auswirkungen eines einzelnen Bauvorhabens auf Nachbarschaft und nähere Umgebung sind in Klausursachverhalten schwer abzubilden oder nur so plakativ, dass der Prüfungszweck verfehlt wird. Möglich ist natürlich, den Abwägungsvorgang als solchen zum Klausurthema zu machen: Achten Sie also darauf, ob der Klausurtext auffällig viele Elemente enthält, die sich nach dem „einerseits – andererseits"-Schema gegeneinander stellen lassen.

---

46 Grundlegend: BVerwGE 52, 122, 126 f.; BBVerwGE 101, 364.

47 Voßkuhle/Kaufhold JuS 2010, 497, 498.

48 HessVGH NJW 2018, 596.

Das Gebot der Rücksichtnahme ist „klausurgeeigneter", wenn man es mit standardisierten Lärmschutzvorschriften, etwa mit einer der zahlreichen speziellen **Immissionsschutz-Verordnungen** verknüpft.[49] Allgemeine technische oder immissionsschutzrechtliche Regelwerke mit Höchst- und Richtwerten sind abstrakt (typisierend) zusammengefasster Sachverstand (s.u. Rn. 126 f. zum Immissionsschutzrecht). Sie müssen im ersten Schritt angewendet werden. Anschließend folgt ein zweiter Prüfungsschritt: Denn das Gebot der Rücksichtnahme, v.a. wie es in § 15 Abs. 1 S. 2 BauNVO Ausdruck gefunden hat, verlangt eine echte Einzelfallbetrachtung, die in der Klausur zu leisten ist. Deshalb kann z.B. auch bei einer **Überschreitung der Grenzwerte** ein Verstoß gegen das Rücksichtnahmegebot verneint werden. Insbesondere sind Vorbelastungen des gestörten Grundstücks zu berücksichtigen.[50] 67

TA Luft, etc.

„Das BImSchG legt die Grenze der Zumutbarkeit von Umwelteinwirkungen für Nachbarn und damit das Maß der gebotenen Rücksichtnahme grundsätzlich allgemein, also auch mit baurechtlicher Wirkung fest. Das gilt auch für das in § 15 Abs. 1 BauNVO konkretisierte Rücksichtnahmegebot. Als nicht genehmigungsbedürftige Anlage i.S.v. § 22 Abs. 1 Nr. 1 BImSchG ist das BImSchG auf das Bauvorhaben anwendbar. Der Begriff der erheblichen Belästigungen, vor denen das Immissionsschutzrecht die Nachbarschaft in ihren §§ 3 Abs. 1, 5 Abs. 1 Nr. 1 BImSchG schützt, wird in der Sportanlagenlärmschutz-VO baugebietsspezifisch konkretisiert. Die dort genannten Richtwerte überschreitet das Vorhaben nicht …

Die Immissionsrichtwerte der SportanlagenlärmschutzVO sind allerdings gebietsbezogen und damit typisierend. Das in § 15 Abs. 1 S. 2 BauNVO konkretisierte Rücksichtnahmegebot verlangt demgegenüber eine einzelfallbezogene Sichtweise. Deswegen …"

!

Abgesehen davon berufen sich in Examensfällen Beteiligte oft **nur pauschal** auf das Gebot der Rücksichtnahme oder führen Gründe an, die vom Rücksichtnahmegebot eben nicht gedeckt sind (s.o. Prüfungsfolge). In einem solchen Fall besteht Ihre Leistung darin, das zu erkennen. Bedeutsam wird es im Nachbarschutz (s.u. Rn. 110 ff.). 68

Typische Begründungen, warum ein Vorhaben rücksichtslos sein soll:[51]

- **„Erdrückende" Wirkung:** Soweit ein BPlan existiert, hat dessen planerische Abwägungsentscheidung das Rücksichtnahmegebot „aufgezehrt".[52] Sind die Abstandsflächenvorschriften eingehalten, ist in aller Regel auch das in § 34 Abs. 1 BauGB enthaltene Rücksichtnahmegebot nicht verletzt (auch bzgl. Verschattung, Einsichtsmöglichkeiten).[53] 69
- **Stellplätze:** Zu wenige Stellplätze für ein Vorhaben können in Ausnahmefällen rücksichtslos sein (Stadion, Universität).[54] Die nach LBauO notwendigen Stellplätze sind nicht rücksichtslos. Vorgaben der LBauO zu ihrer Lage (straßennah/rückwärtig) bestimmen zusammen mit § 15 Abs. 1 BauNVO die Zumutbarkeit. Ein BPlan zehrt auch hier die Vorschriften der LBauO und des Bauplanungsrechts auf.
- **Immissionen:** Die Zumutbarkeit von Lärm-, Geruchs- und Lichtemissionen richtet sich nach dem BImSchG. Das bauplanungsrechtliche Schutzniveau stimmt mit dem Schutz vor schädlichen Umwelteinwirkungen nach § 3 BImSchG überein.

49 BVerwGE 109, 314.

50 BVerwG NVwZ 2018, 509; BVerwGE 59, 253, 260; 71, 150, 155 ff.; 77, 285, 292 ff.; 88, 210; 145, 145.

51 Uechtritz DVBl. 2016, 90, 91.

52 BVerwG BauR 2014, 210; OVG NRW BauR 2015, 948.

53 Grundlegend: BVerwG BRS 62 Nr. 102; BVerwGE 94, 151, 159 f.; BVerwG BauR 2018, 1096; BRS 84 Nr. 123.

54 OVG NRW NVwZ-RR 2006, 306; VGH BW NVwZ-RR 2008, 600; OVG Bremen NVwZ-RR 2003, 549.

Rücksichtnahmeanforderungen und § 5 Abs. 1 Nr. 1 BImSchG laufen parallel.[55] Es gelten die immissionsschutzrechtlichen Vorgaben (z.B. TA Lärm, s. Rn. 498 ff.).

5. Nebenbestimmungen und Auflagen

70 Die Baugenehmigung kann mit Nebenbestimmungen und Auflagen versehen werden, vgl. § 36 VwVfG. Alle Nebenbestimmungen sind prozessrechtlich **isoliert anfechtbar**, das gilt allerdings nicht für die sog. modifizierende Auflage („Satteldach statt Flachdach"). Die Klage ist nach h.Rspr. aber **unbegründet**, wenn die bestehen bleibende Baugenehmigung rechtswidrig wäre.

Alles hierzu Wissenswerte finden Sie bei Kopp/Schenke, VwGO, § 42 Rn. 22-26.

6. Ausnahmen und Befreiungen

71 Ausnahmen und Befreiungen nach § 31 BauGB sind in BPlan-Gebieten und in faktischen Baugebieten nach § 34 Abs. 2 Hs. 2 BauGB möglich. Bei Gemengelagen nach § 34 Abs. 1 BauGB und im Außenbereich (§ 35 BauGB) ist § 31 BauGB nicht anwendbar. Ausnahmen und Befreiungen dienen der **Einzelfallgerechtigkeit**, die bei der typisierenden Bauleitplanung notwendig zurückstehen muss.[56] Die Ausnahme ist Teil des BPlans, die Befreiung löst den Bauherrn von der Planung. Beide Instrumente haben auch nachbarrechtliche Bedeutung (Rn. 120).

a) Ausnahme, § 31 Abs. 1 BauGB

72 **Ausnahmen** nach § 31 Abs. 1 BauGB von den Festsetzungen eines BPlans bzw. von den gemäß § 34 Abs. 2 BauGB anwendbaren Vorschriften der BauNVO werden in der bauplanungsrechtlichen Zulässigkeit in einem zweiten Schritt geprüft, wenn das Vorhaben nicht als Regelbebauung zulässig ist. Es muss kein gesonderter Antrag gestellt werden, er ist im Bauantrag enthalten. Ausnahmen sind nämlich als „ausnahmsweise" erlaubte Abweichungen von der allgemein zulässigen Regelbebauung entweder im BPlan selbst vorgesehen oder sie ergeben sich ohne Weiteres aus den jeweiligen Absätzen 3 der §§ 2–9 BauNVO.

§ 31 BauGB erlaubt nur Ausnahmen vom Bauplanungsrecht. Die LBauO sehen für Abweichungen vom Bauordnungsrecht eigene Normen vor.

73 Ist ein Vorhaben nur ausnahmsweise zulässig, hat das v.a. **verfahrensrechtliche** Konsequenzen:

- Der gebundene Anspruch auf Erteilung der Baugenehmigung wird herabgestuft zu einem Anspruch auf **ermessensfehlerfreie Entscheidung**. Ermessensleitend (vgl. § 40 VwVfG) ist der **Zweck des Baugebiets** (Absätze 1 der §§ 2 ff. BauNVO). Weil der Plangeber die Ausnahme selbst vorgesehen hat, ist das Ermessen im Regelfall auf Null reduziert, es besteht also ein Anspruch auf Erteilung der Ausnahmegenehmigung.[57] Nur städtebauliche Gründe dürfen entgegengehalten werden (nicht: sozial- oder wettbewerbspolitische).[58]
- Fallen Bauaufsichtsbehörde und Gemeinde auseinander, muss die **Gemeinde** nach § 36 Abs. 1 S. 1 BauGB ihr **Einvernehmen** erteilen (s.u. Rn. 94 f.).
- Die Baugenehmigung kann nach § 36 Abs. 2 VwVfG mit einer **Nebenbestimmung** (insbes. Bedingung und Auflage) verbunden werden, um die Ausnahme zu ermöglichen.

---

55 BVerwGE 68, 58.

56 BVerwGE 142, 1; Hebeler JA 2015, 401.

57 BayVGH NVwZ-RR 2007, 736; VGH BW BauR 2004, 1909.

58 Hebeler JA 2015, 401 (403).

b) Befreiung, § 31 Abs. 2 BauGB

Im Gegensatz zur Ausnahme ist die **Befreiung** nach § 31 Abs. 2 BauGB („Dispens") eine Möglichkeit, ein Vorhaben planungsrechtlich zuzulassen, das vom Plangeber nicht geregelt worden ist. Deswegen kann nur unter besonderen Voraussetzungen befreit werden (Nr. 1–3). Die Befreiung soll in **atypischen Fällen** verhindern, dass es zu einer **grundstücksbezogenen** unbeabsichtigten Härte beim Betroffenen kommt. Allgemeingültige Maßstäbe gibt es dafür nicht.[59] Die ebenfalls stets mit dem Bauantrag konkludent mitbeantragte Befreiung steht im Ermessen. Wegen der engen Tatbestandsvoraussetzungen des § 31 Abs. 2 BauGB ist dieses rgm. auf Null reduziert[60] und muss in der Klausur nur kurz erwähnt werden. 74

Drängt sich im **Klausursachverhalt** die Befreiung nicht auf, sollten Sie lediglich kurz feststellen, dass eine solche nicht in Betracht kommt (etwa weil keiner der tatbestandlichen Voraussetzungen des § 31 Abs. 2 BauGB gegeben ist). In der **Anwaltsklausur** müssen Sie am Schluss stets die Befreiung prüfen, wenn das Vorhaben des Mandanten weder allgemein noch ausnahmsweise zulässig ist. Unabhängig davon dürfte es aus den bereits in anderem Zusammenhang dargelegten Gründen nur schwer möglich sein, eine Assessorklausur mit dem Schwerpunkt „Befreiung" zu stellen.

IV. Vorhaben im Außenbereich, § 35 BauGB

Außenbereichsvorhaben richten sich nach **§ 35 BauGB**. Von dieser langen Norm müssen Sie für die Klausuren Teile der Absätze 1–3, mit Einschränkungen auch des Absatzes 4 kennen. **Außenbereich ist alles, was nicht im Gebiet eines qualifizierten BPlans (§ 30 Abs. 1 und 2 BauGB) oder im unbeplanten Innenbereich i.S.v. § 34 BauGB liegt** (Negativdefinition). 75

Da Grund und Boden nicht vermehrbar sind, soll der **Außenbereich** grundsätzlich von Bebauung **freigehalten** werden (Erholungsfunktion). Allein Vorhaben, die ihrer Natur nach zwingend nur im Außenbereich möglich sind, können dort nach § 35 Abs. 1 BauGB zulässig sein (**„privilegierte Vorhaben"** wie Land- und Forstwirtschaft). Alle übrigen Vorhaben sind „sonstige Vorhaben" i.S.v. § 35 Abs. 2 BauGB. Entgegen dem missverständlichen Wortlaut („können im Einzelfall zugelassen werden") besteht für die sonstigen Vorhaben praktisch ein Bauverbot. 76

Hinweis: Handelt es sich nicht um ein Vorhaben, das offensichtlich nur im Außenbereich angesiedelt werden kann (z.B. Putenmaststall), sind Außenbereichsfälle immer unter „Umgehungsgesichtspunkten" zu betrachten. Im Außenbereich liegen die schönsten und billigsten Bauplätze. Bedauerlicherweise ist das Bauen dort verboten. Also wird – in Klausur und Praxis – viel unternommen, um die Voraussetzungen eines privilegierten Vorhabens (oft: scheinbar) zu erfüllen.

Beginnen Sie die **Prüfung** eines **Außenbereichsvorhabens** mit § 29 Abs. 1 BauGB und definieren Sie den Außenbereich. Stellen Sie anschließend abweichend von der Reihenfolge in § 35 BauGB fest, ob es sich um ein privilegiertes Vorhaben i.S.d. Nummern 1–8 handelt. Die Prüfung beginnt mit **Absatz 1,** dessen Nummern im Einzelnen durchzugehen sind. Allerdings darf Nr. 4 als Auffangtatbestand der sonstigen privilegierten (außenbereichsadäquaten) Vorhaben erst ganz zum Schluss untersucht werden, obwohl er in der Mitte der Nummern steht. Ist Absatz 1 einschlägig, liegt also ein „privilegiertes Vorhaben" vor, dürfen die im Einleitungssatz genannten **öffentlichen Belange** nicht entgegenstehen (*stehen nur selten entgegen!*). Diese zählt beispielhaft **Absatz 3** auf. Schließlich muss es eine **ausreichende** Erschließung (Basisanforderun- 77

59 BVerwGE 142, 1; 117, 50.

60 BVerwGE 117, 50 (55); OVG RP NVwZ-RR 2015, 888; Battis, in: Krautzberger/Löhr, BauGB § 31 Rn. 43.

gen) geben und der künftige Rückbau muss – außer in der Landwirtschaft – gesichert sein, **Absatz 5**.

Unterfällt das Vorhaben Absatz 1 nicht, stellt es immer ein „sonstiges Vorhaben" nach **Absatz 2** dar. Als solches darf es öffentliche Belange nicht beeinträchtigen (*sind fast immer beeinträchtigt, faktisches Bauverbot!*) – achten Sie auf die unterschiedliche gesetzliche Wortwahl: „nicht entgegenstehen" (Abs. 1) und „nicht beeinträchtigen" (Abs. 2). Die öffentlichen Belange beschreibt zwar grundsätzlich **Absatz 3**, jedoch ist bei jeder Nummer zuerst zu prüfen, ob dem sonstigen Vorhaben die Beeinträchtigung nach einer der Nummern des **Absatz 4** ausnahmsweise nicht entgegengehalten werden darf („Teilprivilegierung").[61] Liegt keine Beeinträchtigung vor, ist das Vorhaben zu genehmigen, wenn die Erschließung **gesichert** ist (höhere Anforderungen), auch wenn das Gesetz irreführend von „können" spricht.[62]

78 Insgesamt sind Zweifelsfragen im Zusammenhang mit § 35 BauGB nach dem Grundsatz der **größtmöglichen Schonung** des Außenbereichs auszulegen.[63] Die nachfolgend angeführten Grundbegriffe helfen Ihnen bei Außenbereichsklausuren.

- **Landwirtschaft, § 35 Abs. 1 Nr. 1 BauGB:** In § 201 BauGB (nicht abschließend, „insbesondere") legal definiert. Landwirtschaft ist auch der Verkauf eigener Feldfrüchte in einem Hofladen.[64]
  - **Massentierhaltung:** Es liegt nur dann eine landwirtschaftliche, keine gewerbliche Tierhaltung vor, wenn sie auf **„überwiegend eigener Futtergrundlage"** (merken!) erfolgt.[65] Landwirtschaft setzt die „unmittelbare Bodenertragsnutzung" voraus. Das Tierfutter muss zu mind. 51% von eigenen Feldern kommen. Andernfalls liegt eine **gewerbliche Tierhaltung** vor, die allerdings wegen der Geruchsintensität nach § 35 Abs. 1 Nr. 4 BauGB privilegiert sein kann.[66]
  - **Betrieb:** Der Außenbereich soll nur zu ernsthafter und dauerhaft **betriebener Landwirtschaft** genutzt werden (Gewinnerzielung, Anlage auf Generationen, große Flächen, persönliche Eignung).[67] Nebenerwerbslandwirte gehören dazu,[68] Freizeitlandwirte scheiden aus.

    So wird v.a. verhindert, dass sich wohlhabende Städter „pro forma" ein paar Schafe zulegen, um im reizvollen Außenbereich ein sonst verbotenes Landhaus errichten zu können.
  - **Dienen:** Um Missbräuche zu verhindern, muss das Vorhaben dem landwirtschaftlichen Betrieb dienen. Dienen bedeutet „landwirtschaftlich unentbehrlich sein" (streng). Es ist zu fragen, ob ein **vernünftiger Landwirt** das Bauvorhaben mit demselben Verwendungszweck mit etwa gleicher Ausstattung für einen vergleichbaren landwirtschaftlichen Betrieb errichten würde.[69]

    Ja: Stall, Scheune, Silo, eignes Wohnhaus, konkret benötigtes Altenteilerhaus[70].
    Nein: Windenergieanlage, die ins allgemeine Stromnetz einspeist,[71] „Gerätehaus" mit Wohnzimmer, Küche und zwei Schlafzimmern.

---

61 BVerwGE 139, 21.

62 BVerwGE 18, 247; OVG NRW NVwZ-RR 2008, 682.

63 BVerwGE 147, 37; 144, 341; BVerwG BRS 52 Nr. 78; Stollmann § 17 Rn. 1.

64 BVerwG NVwZ 2007, 224.

65 BVerwG BRS 59 Nr. 85; VGH BW RdL 2014, 133; OVG NRW BauR 2009, 1565.

66 BVerwGE 117, 287.

67 BVerwGE 122, 308, 310; 41, 138, 140 f.

68 BVerwGE 122, 308.

69 BVerwGE 41, 138, 141; BVerwG BRS 59 Nr. 85; 52 Nr. 78.

70 BVerwG BRS 56 Nr. 70; OVG NRW AUR 2014, 70; NdsOVG BRS 79 Nr. 12.

71 BVerwGE 96, 93, 103 f.

- **Nutzungsänderung:** Fällt die einstmals privilegierte Nutzung weg, indem sie sich in eine nicht privilegierte Nutzung ändert, entfällt der Bestandsschutz.[72]

  Beispiel: Wird eine Almschutzhütte für Ziegenhirten zur Ferienhütte umgenutzt, kann ihr Abbruch angeordnet werden.[73]

- **Notwendigerweise im Außenbereich, § 35 Abs. 1 Nr. 4 BauGB** (Auffangtatbestand – grds. eng auslegen): Das Vorhaben darf nur im Außenbereich zu verwirklichen sein, dass es dort sinnvoll/vernünftig ist, reicht nicht.[74] Die Verwirklichung im Außenbereich muss auch im allgemeinen Interesse liegen und darf nicht nur individuellen Bedürfnissen dienen.[75]

  Nein: Wochenendhaus (keine wesentliche Unterscheidung zum „normalen" Wohnen),[76] Campingplatz,[77] FKK-Anlage.[78] *Ja:* Jagdhütte,[79] Aussichtstürme, Berghütten, Almgaststätten zur Grundversorgung[80].

Die **öffentlichen Belange,** die nicht entgegenstehen (privilegierte Vorhaben) bzw. **79**
nicht beeinträchtigt (sonstige Vorhaben) werden dürfen, sind in § 35 Abs. 3 BauGB aufgezählt. In Assessorklausuren sind im Wesentlichen dessen Nr. 3 und 7 relevant.

- **Schädliche Umwelteinwirkungen, Nr. 3:** Dieser Begriff verweist auf **§ 3 BImSchG,** der immissionsschutzrechtlich voll durchzuprüfen ist (dazu Rn. 126 f.).[81] In diesem Tatbestandsmerkmal erblickt die Rspr. auch das **Gebot der Rücksichtnahme** für den Außenbereich. Es erfasst neben den schädlichen Umwelteinwirkungen weitergehend auch sonstige nachteilige Wirkungen.[82] Handelt es sich nicht um Immissionsabwehr, ist das Gebot der Rücksichtnahme ein ungeschriebener öffentlicher Belang i.S.v. § 35 Abs. 3 S. 1 Einls. BauGB.[83]

  Häufig ist im Aufgabentext die TA Lärm oder die TA Luft auszugsweise abgedruckt. Ihre Leistung besteht in der Assessorklausur darin, diese unbekannten Normwerke anzuwenden.

- **Splittersiedlung, Nr. 7:** Der Außenbereich soll nicht von Wohngebäuden zersiedelt werden. Ein Haus kann für die Entstehung einer Splittersiedlung (zu diesem Begriff s.o. Rn. 49) genügen. Existiert bereits eine Splittersiedlung, führt jedes Vorhaben, das zur Besiedelung beiträgt (Neubau, Erweiterung, Nutzungsänderung), zur verbotenen Verfestigung i.S.d. Auffüllens des bereits in Anspruch genommenen Bereichs.[84]

Ob die öffentlichen Belange **entgegenstehen,** ist in einer **nachvollziehenden Ab-** **80**
wägung zu entscheiden, die die gesetzlichen Wertungen und Vorgaben für den Einzelfall konkretisiert (Vorgang der Rechtsanwendung).[85]

V. Bestandsschutz

Ein einmal errichtetes Gebäude stellt einen Vermögenswert dar, der von Art. 14 GG **81**
geschützt wird. Während der langen Lebensdauer eines Gebäudes ändert sich seine

72 BVerwGE 47, 185, 189; BVerwG BRS 79 Nr. 113.
73 BVerwG BRS 56 Nr. 76.
74 BVerwGE 48, 109, 112 ff.
75 BVerwG BRS 78 Nr. 115.
76 BVerwGE 55, 118; 48, 109.
77 BVerwGE 48, 109.
78 BVerwG BRS 33 Nr. 64 und 65.
79 BVerwG BRS 39 Nr. 80.
80 BVerwG BRS 76 Nr. 97.
81 BVerwG NVwZ 2018, 509; BVerwGE 129, 209, 210.
82 BVerwG BRS 67 Nr. 107.
83 BVerwG NVwZ 2018, 509; BRS 63 Nr. 107.
84 Grundlegend: BRS 79 Nr. 113; BVerwG BRS 84 Nr. 82.
85 BVerwG NVwZ 2017, 160.

Umgebung und die Rechtslage. Soll ein lange bestehendes Gebäude erweitert/verändert werden, widerspricht das Vorhaben aber der aktuellen Rechtslage, stellt sich die Frage nach dem **Bestandsschutz**. Während der Bestandsschutz früher aus Art. 14 GG hergeleitet wurde[86], kann er heute ausschließlich auf **einfaches Recht** gestützt werden. Bestandsschutz bezeichnet die Rechte, die das einfache Baurecht dem Bauherrn einräumt; ein Rückgriff unmittelbar auf Art. 14 GG ist ausgeschlossen.[87] Für den Außenbereich ist der Bestandsschutz ausdrücklich und **abschließend** in **§ 35 Abs. 4 BauGB geregelt**.[88]

Bestandsschutz

Bestandsschutz leitet die Rspr. nur noch aus **einfachem Recht** ab, das Art. 14 GG sperrt. Die Baugenehmigung (= LBauO) entfaltet Tatbestands- und Feststellungswirkung bzgl. der Baurechtmäßigkeit (formelle Legalität), selbst wenn sie rechtswidrig sein sollte. §§ 34a Abs. 3a, 35 Abs. 4 BauGB regeln den Bestandsschutz ebenfalls abschließend.

vgl. im Verhältnis zum BImSchG Rn. 504

vgl. Rn. 150

Formen des Bestandsschutzes

- **Formell:** Die (ggf. rechtswidrige) Baugenehmigung legalisiert das Gebäude und die genehmigte Nutzung selbst wenn die Rechtslage sich später ändert.
- **Materiell:** Die Anlage war irgendwann über 3 Monate bauplanungsrechtlich rechtmäßig, auch wenn keine Baugenehmigung eingeholt worden ist.
- **Aktiv:** Anspruch auf Genehmigung von eigentlich nicht genehmigungsfähigen Erweiterungen/Änderungen, soweit sie der Aufrechterhaltung der Funktionsfähigkeit des genehmigten Gebäudes dienen.
- **Passiv:** Abwehr von Ordnungsverfügungen, die auf geänderten Anforderungen beruhen, soweit die genehmigte Nutzung fortgeführt wird.

B. Bauordnungsrecht

In Klausurfällen spielt das Bauordnungsrecht (LBauO) für die Frage der Baurechtmäßigkeit des Bauvorhabens typischerweise nur eine Nebenrolle. Die LBauO findet hier in erster Linie bei Verfahrensfragen (Behördenzuständigkeit, Baugenehmigungspflicht, Baugenehmigung, Bauvorbescheid, Bauordnungsverfügungen) Anwendung. Verschiedentlich kommt es aber auf Folgendes an:

82 ■ **Abstandsflächen:** Flächen vor Gebäuden, die von einer Bebauung freizuhalten sind (nachbarschützend). Ihre Ausdehnung richtet sich v.a. nach der Gebäudehöhe. Zwecke: Belichtung, Belüftung, Besonnung, Brandschutz, Wahrung des Sozialabstands (Bauherr); Schutz vor Beengung und Einsicht (Nachbar).

5–7	6	6, 6a	6	6	6, 7	6	6	5	6	8, 9	7, 8	6	6	6	6

Garagen (Carports) und Nebenanlagen, die nicht zum Aufenthalt von Menschen bestimmt sind, können in Abstandsflächen zulässig sein; unüberdachte Stellplätze sind immer zulässig. In Klausuren wird nicht erwartet, dass Sie Abstandsflächen ausrechnen können.

83 ■ **Stellplätze:** Der Bauherr muss für jedes Bauvorhaben (auch: Nutzungsänderung) die erforderlichen Stellplätze auf dem Baugrundstück oder in der Nähe errichten, um den öffentlichen Verkehrsraum zu entlasten. Die Stellplatzpflicht kann nach

86 BVerwGE 50, 49; 26, 111, zusammenfassend BVerwGE 47, 126.

87 Normgeprägter Eigentumsbegriff: BVerfGE 58, 300 („Nassauskiesung"); für das BauR: BVerwGE 106, 228; HessVGH NVwZ-RR 2017, 177, 178 f m.w.N.

88 BVerwGE 139, 21; 106, 228.

LBauO i.V.m. einer Rechts-VO oder gemeindlichen Satzung auch durch zweckgebundene Geldzahlung erfüllt werden („Ablösung"), v.a. wenn die Herstellung der Stellplätze aus tatsächlichen Gründen schwierig ist. Die Ablösung steht im Ermessen der Bauaufsichtsbehörde. Die bauordnungsrechtliche Stellplatzpflicht ist nicht nachbarschützend, sondern besteht nur im öffentlichen Interesse.

37	47	49	49	49	48, 49	52	49	46-48	48	47	47	49	48	50	49

3. Abschnitt: Anspruch auf Erteilung einer Baugenehmigung

Die Baugenehmigung hat einen **feststellenden** und einen **verfügenden** Teil. Sie stellt fest, dass die zu prüfenden öffentlich-rechtlichen Vorschriften dem Bauvorhaben nicht entgegenstehen. In ihrem verfügenden Teil hebt sie das präventive Bauverbot auf und erteilt die **Erlaubnis**, das Bauvorhaben zu verwirklichen. 84

Anspruch auf Baugenehmigung

- Baugenehmigung **erforderlich** (genehmigungsfrei? nur Anzeigepflicht?)
- **Anspruchsgrundlage** aus LBauO
- **formelle** Voraussetzungen
  - sachliche, örtliche Zuständigkeit der Bauaufsichtsbehörde
  - ggf. gemeindliches Einvernehmen, § 36 Abs. 1 BauGB
- entgegenstehende öffentlich-rechtliche (Bau-)Vorschriften
  - **Bauplanungsrecht**
    - § 30 Abs. 1 BauGB i.V.m. BauNVO
    - § 34 Abs. 1 und 2 BauGB i.V.m. BauNVO
    - § 35 BauGB
    - ggf. bindender Bauvorbescheid (Bebauungsgenehmigung) Rn. 98
  - **Bauordnungsrecht** (LBauO)
  - weiteres öffentliches Fachrecht (ImSchR, DenkmalschutzR, StraßenR u.a.)
- Rechtsfolge
  - Anspruch auf Erteilung der Baugenehmigung
  - Ermessensfehlerfreie Entscheidung bei Ausnahme und Befreiung (§ 31 BauGB)

A. Grundstruktur

Wird eine Baugenehmigung verlangt, liegt stets eine **Verpflichtungssituation** vor. Die Ausgangsfrage lautet daher, ob ein **Anspruch** auf die Erteilung der Baugenehmigung besteht. Falls ja, ist ein ablehnender Bescheid rechtswidrig, vgl. § 113 Abs. 5 S. 1 VwGO. Sie sollten daher immer im **Anspruchsaufbau** prüfen, den Sie aus dem Zivilrecht gewohnt sind. **Anspruchsgrundlage** ist die Vorschrift der LBauO über die Baugenehmigung. 85

58	68	71	72	72	72	74	72	70	74	70	73	72	71	73	71

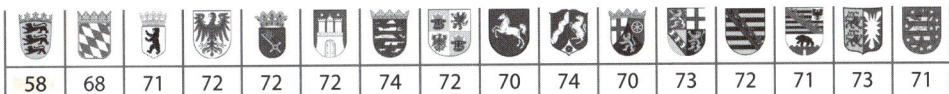

Die Baugenehmigungsnorm gibt das **Prüfprogramm** vor: Die Baugenehmigung ist zu erteilen, wenn dem Vorhaben öffentlich-rechtliche Vorschriften (in manchen Ländern: Bauvorschriften) nicht entgegenstehen. Das Vorhaben muss also formell und 86

materiell (bau-) rechtmäßig sein. Dann hat der Bauherr einen unbedingten Anspruch auf Erteilung der Genehmigung.

Gemeint sind nur solche öffentlich-rechtlichen Vorschriften, die im Baugenehmigungsverfahren geprüft werden. Verschiedentlich gibt die LBauO für jede Verfahrensart im Einzelnen vor, welche Normen zu prüfen sind (vgl. §§ 64, 65 BauO NRW). Für Klausuren sind das vor allem solche des BauGB, der BauNVO und der LBauO.

„Die Klage ist begründet, weil der Kläger einen Anspruch auf Erteilung der beantragten Baugenehmigung hat; der Ablehnungsbescheid der Beklagten vom ... ist rechtswidrig und verletzt ihn in seinen Rechten, § 113 Abs. 5 S. 1 VwGO. Anspruchsgrundlage ist § ... LBauO. Danach ist die Baugenehmigung zu erteilen, wenn dem Vorhaben öffentlich-rechtliche Vorschriften nicht entgegenstehen. Das ist der Fall, weil das Vorhaben formell und materiell baurechtmäßig ist."

B. Genehmigungsbedürftigkeit

Grundsätzlich stehen alle Bauvorhaben unter **Genehmigungsvorbehalt**.

49	55	59	59	59 I	59 I	62	59 I	59	60 I	61	60	59	58 I	62	59

87 Der Bauherr darf also erst mit der Verwirklichung des Bauvorhabens beginnen, wenn er über eine **Baugenehmigung** verfügt (präventives Verbot mit Erlaubnisvorbehalt). Solange er keinen **Bauschein** (= Ausfertigung der Genehmigung) in den Händen hält, der als sog. „Baufreigabe" wirkt, ist das Vorhaben formell illegal. Die Bauaufsicht kann es ohne Weiteres stilllegen (s.u. Rn. 140 ff.).

88 **Grüneintragungen:** In der Praxis besteht die Baugenehmigung aus einem meist kurzen schriftlichen Bescheid („Bauschein") und den eingereichten Bauvorlagen (Baupläne und -beschreibung) des Bauherrn, die die Bauaufsichtsbehörde förmlich zum Bestandteil der Baugenehmigung gemacht hat (durch sog. „Grünstempeln"). Daneben gibt es noch den „Grüneintrag" und den „Grünvermerk". Sie sind mit grüner Tinte vorgenommene Korrekturen und geringfügige Änderungen der Bauvorlagen, die in der Baugenehmigung (Bauschein) für verbindlich erklärt werden. Dieses nicht geregelte, aber bundesweit bewährte Instrument dient dem Zweck, mit vermuteter Zustimmung der Bauherrschaft den Bauantrag dem zu prüfenden materiellen Recht anzupassen und damit eine – im konkreten Einzelfall unverhältnismäßige – Versagung der Baugenehmigung zu vermeiden.

89 Die **Baugenehmigungspflicht hemmt** den Bauherrn bei der Umsetzung seines Vorhabens, weil das Baugenehmigungsverfahren Zeit in Anspruch nimmt. Auf der anderen Seite verschafft ihm die Baugenehmigung **Rechtssicherheit**: Ist ein Bauvorhaben (bestandskräftig) genehmigt, können weder Nachbarn noch Baubehörde dagegen etwas unternehmen, mag sich die Baugenehmigung auch im Nachhinein als rechtswidrig herausstellen oder sich die Rechtslage ändern. Der genehmigte Bau ist und bleibt materiell legal (Bestandsschutz, s.o. Rn. 81).

Beachte: In Anwaltsklausuren müssen Sie immer darauf hinweisen, dass der Träger der Bauaufsichtsbehörde gemäß § 839 BGB/Art. 34 S. 1 GG gegenüber den geschädigten Nachbarn amtshaftungspflichtig sein kann, wenn eine rechtswidrige Baugenehmigung erlassen wird.

90 Zur Beschleunigung der Verfahren und zur Entlastung der Bauaufsichtsbehörden sind zahlreiche Vorhaben baugenehmigungsfrei. Sie sind nur noch **anzeigepflichtig** oder es kommt ein **vereinfachtes Genehmigungsverfahren** mit reduziertem Prüfungsumfang zur Anwendung. Unabhängig davon, ob gar kein oder nur ein eingeschränktes Baugenehmigungsverfahren durchgeführt wird, ist der Bauherr weiterhin verpflichtet, alle baurechtlichen Vorschriften einzuhalten (vgl. § 60 Abs. 2 BauO NRW). Bei einem nur anzeigepflichtigen Vorhaben trägt er mithin allein das **volle Risiko** der

Baurechtmäßigkeit, weil gar keine Baugenehmigung ergeht. Bauaufsicht, Nachbarschaft oder Gerichte können – evtl. nach Jahren – einen baurechtlichen Verstoß entdecken und gegen das Vorhaben vorgehen. Dasselbe gilt, soweit bestimmte Bauvorschriften im vereinfachten Genehmigungsverfahren nicht geprüft werden. Die Baugenehmigung legalisiert nur in dem Umfang, in dem die Bauvorschriften geprüft worden sind.

> **Beachte:** In Bauherrnmandats-Klausuren sollten Sie auf diese Vorteile und Risiken hinweisen. Legen Sie dem Mandanten offen, dass es bei bestimmten Vorhaben besser sein kann, freiwillig ein (vollständiges) Baugenehmigungsverfahren durchführen zu lassen, auch wenn das etwas Zeit kostet.

Bevor Sie den Anspruch auf Erteilung einer Baugenehmigung prüfen, müssen Sie daher zuerst feststellen, ob das jeweilige Vorhaben überhaupt genehmigungsbedürftig ist. Der **Begriff der baulichen Anlage** (§ 2 aller LBauO) entspricht dem planungsrechtlichen Anlagenbegriff (s.o. Rn. 33), lediglich erweitert um die dort genannten Erweiterungen und bodenrechtlich unbedeutete Anlagen wie kleine Werbeanlagen. Dasselbe gilt für den Begriff des **Vorhabens**, der bauordnungsrechtlich um den Abriss (Beseitigung) erweitert ist. 91

Die **genehmigungsfreien** Vorhaben sind in allen LBauO nach der Vorschrift über die Baugenehmigungspflicht aufgezählt. Lesen Sie unbedingt alle Nummern, denn die Ausnahmevorschriften besitzen keine innere Logik. Lesen Sie weiterhin die Einleitungssätze sorgfältig, denn nicht alle Vorhaben sind freigestellt. Vielfach wird zwischen Errichtung, Änderung, Nutzungsänderung und Abriss unterschieden. 92

50 f.	57 f.	61	60, 61	61 f.	60*	63 f.	61 f.	60, 62	62	62, 67	61-63	61 f., 76	60 f.	63	60, 61

* i.V.m. Anlage 2 zur HBauO.

Daneben gibt es noch **freigestellte Vorhaben.** Das sind in erster Linie Wohngebäude einschl. Nebenanlagen und -gebäuden, die im BPlan-Gebiet liegen. Teilweise wird nach dem Ablauf einer bestimmten Frist eine **Baugenehmigung fingiert**. 93

52	59	63	63	63	61	65	63	63	63	66	64	63	62	69	62

C. Formelle Voraussetzungen für die Genehmigungserteilung

Ist das Vorhaben baugenehmigungsbedürftig, müssen Sie lediglich **kurz** feststellen, dass die formellen Voraussetzungen für die Erteilung der Baugenehmigung erfüllt sind. Nur wenn die Aufgabenstellung eine formelle Voraussetzung erkennbar problematisiert, sind längere Ausführungen angezeigt. 94

1. **Sachliche** Zuständigkeit der Bauaufsichtsbehörde

   Sachlich zuständig sind die unteren Bauaufsichtsbehörden, meist die Kreise und kreisfreien Städte (zum Landesrecht s.o. Rn. 19).

2. **Örtliche** Zuständigkeit der Bauaufsichtsbehörde

   Die örtliche Zuständigkeit folgt regelmäßig nicht aus der LBauO, sondern entweder aus dem allgemeinen Ordnungsrecht (z.B. §§ 12, 4 OBG NRW i.V.m. § 57 Abs. 1 BauO NRW) oder aus § 3 LVwVfG.

3. Der schriftliche **Antrag** eines Bauvorlageberechtigten (z.B. Architekt) ist in der Klausur nie problematisch.

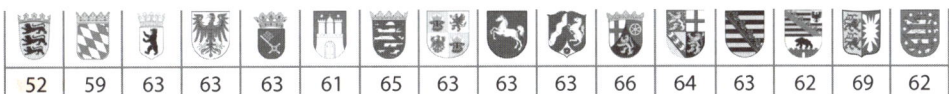

4. Ggf. **Einvernehmen** der Gemeinde, § 36 BauGB: Um die gemeindliche **Planungshoheit** (Art. 28 Abs. 2 S. 1 GG) zu schützen,[89] muss die Gemeinde einem Bauvorhaben zustimmen,[90] wenn sie in bestimmten Fällen nicht selbst Bauaufsichtsbehörde ist. Das betrifft nur Vorhaben in kleineren kreisangehörigen Städten und Gemeinden, für die der Landrat (Kreis) die Bauaufsicht ausübt. Bei Untätigkeit der Gemeinde gilt das Einvernehmen nach zwei Monaten[91] unwiderruflich[92] als erteilt (§ 36 Abs. 2 S. 2 BauGB).

95 Zum **gemeindlichen Einvernehmen** muss man Folgendes wissen:

- Die Gemeinde darf ihr Einvernehmen nicht aus beliebigen Gründen verweigern, sondern § 36 Abs. 2 S. 1 BauGB erlaubt ihr nur, die **Verletzung von §§ 31, 33–35 BauGB** einzuwenden. Sie kann damit aber – entsprechend ihrer Planungshoheit aus Art. 28 GG – das gesamte Bauplanungsrecht durchsetzen.[93]

  In der Klausur wird die Gemeinde verschiedene Einwände erheben, die teilweise nicht unter §§ 31, 33–35 BauGB fallen. Stellen Sie zu diesen Einwänden kurz fest, dass sie unbeachtlich sind, prüfen sie diese aber keinesfalls inhaltlich.

- Hat die Gemeinde ihr Einvernehmen – zu Recht oder Unrecht – versagt, darf die Bauaufsichtsbehörde die Baugenehmigung nicht erteilen. Der Bauherr kann die Bauaufsichtsbehörde gleichwohl auf Erteilung der Baugenehmigung verklagen. Das Gericht **lädt** die Gemeinde notwendig **bei** (§ 65 Abs. 2 VwGO) und prüft, ob sie das Einvernehmen aus den gesetzlich zugelassenen Gründen verweigert hat. Falls nicht, **ersetzt** das **Urteil** das fehlende gemeindliche **Einvernehmen**, weil sich die Rechtskraft des Urteils nach § 121 VwGO auch auf die beigeladene Gemeinde erstreckt.[94]

  Daneben kann die Baugenehmigungsbehörde bzw. eine (höhere) Behörde das rechtswidrig versagte Einvernehmen gemäß § 36 Abs. 2 S. 2 BauGB ersetzen, wenn das Landesrecht dieses erlaubt.

54 III, IV	67	–	71	–	–	22 III DVO-BauGB	71	2 DVO-BauGB	73	71	72	71	70	1 II LVO*	70

*SH: Landesverordnung zur Übertragung von Zuständigkeiten auf nachgeordnete Behörden.

- Hat die Baugenehmigungsbehörde das gemeindliche Einvernehmen gar **nicht beantragt**, kann die Gemeinde die Baugenehmigung unabhängig von allen materiell-rechtlichen Fragen anfechten, weil sie in ihrer Planungshoheit verletzt ist; § 46 VwVfG greift nicht ein (§ 36 BauGB ist ein „absolutes Verfahrensrecht“).[95] Denn ein Hauptzweck der Beteiligung der Gemeinde nach § 36 BauGB liegt darin, dass sie von dem Bauvorhaben überhaupt erfährt. Läuft es ihren Planungsabsichten zuwider, kann sie es nach §§ 15, 16 BauGB (Zurückstellung, Veränderungssperre, s.u. Rn. 105, 106) zumindest **zeitweise aufhalten**. Die Gemeinde hat sogar einen Anspruch auf ermessensfehlerfreie Entscheidung der Bauaufsicht über die Beseitigung der errichteten Anlage.[96]

89 BVerwGE 121, 339.
90 BVerwG NVwZ-RR 2015, 685 (Einvernehmen = Zustimmen).
91 Zum Fristlauf bei unvollständigen Bauvorlagen: BVerwG 122, 13; NdsOVG NVwZ-RR 2016, 488.
92 OVG BB NVwZ-RR 2017, 583, 584.
93 BVerwGE 155, 390; 137, 247; BVerwG BRS 76 Nr. 107.
94 BVerwG BRS 66 Nr. 157; VGH BW BauR 2012, 484; OVG MV NordÖR 2011, 85.
95 BVerwG BauR 2008, 1844; BVerwGE 22, 342, 345.
96 BVerwG BRS 82 Nr. 163; 52 Nr. 136.

- Hat die Bauaufsicht das gemeindliche Einvernehmen ersetzt (Baugenehmigung, Bauvorbescheid) kann die **Gemeinde die Baugenehmigung anfechten**. Maßgeblicher Zeitpunkt ist der Genehmigungserlass. Spätere Rechtsänderungen sind unbeachtlich, etwa wenn die Gemeinde nachträglich eine Veränderungssperre (§ 14 BauGB) beschließt.[97]

Hinweis: In der Anwaltsklausur müssen Sie im Rahmen der Zweckmäßigkeitserwägungen beide Möglichkeiten zur Einvernehmenserlangung ansprechen. Regelmäßig ist die Klage der erfolgversprechendere Weg. In der Beratung sollten Sie die Möglichkeit erwägen, gegen die Bauaufsicht einen Amtshaftungsanspruch aus § 839 BGB/Art. 34 S. 1 GG wegen des Verzögerungsschadens geltend zu machen. Da die Einvernehmenspflicht nicht drittgerichtet ist, besteht der Anspruch nur gegen den Träger der Baugenehmigungsbehörde (BGHZ 187, 51). Daneben kann ein Anspruch aus enteignungsgleichem Eingriff bzw. der entsprechenden Spezialnorm des Landesordnungsrechts (z.B. § 39 OBG NRW) bestehen.

D. Materielle Genehmigungsvoraussetzungen

Die materiellen Genehmigungsvoraussetzungen sind erfüllt, wenn das Vorhaben den bauplanungs- und bauordnungsrechtlichen Vorschriften entspricht. Ob darüber hinaus noch weitere öffentlich-rechtliche Vorschriften, für die (eigentlich) andere Behörden in gesonderten Genehmigungsverfahren zuständig sind (z.B. § 22 BImSchG, § 9 FStrG, § 4 GaststG, §§ 8, 42 Abs. 1 Nr. 1 BNatSchG, DenkmalSchG) im Baugenehmigungsverfahren zu prüfen sind, richtet sich nach der jeweiligen LBauO.[98] Teilweise ist der Prüfungsumfang ausdrücklich geregelt. 96

Beispiele: §§ 52, 58 BauO BW;[99] Art. 68 BayBauO; §§ 64, 64 BauO NRW; § 57 HessBauO.[100] Weitergehend bestimmt Bbg,[101] dass die Baugenehmigung alle erforderlichen weiteren Entscheidungen einschließt. Nach § 65 Abs. 5 S. 1 BauO RP gilt die „Schlusspunkttheorie", d.h. die Baugenehmigung darf erst erteilt werden, wenn alle anderen öffentlich-rechtlichen Genehmigungen vorliegen.[102] In der HmbBauO wird die Aufzählung der zu prüfenden öffentlich-rechtlichen Vorschriften verlangt.[103] MV, Sachsen und Bayern zählen neben dem Baurecht im engeren Sinne das öffentliche Recht zum Prüfungsumfang, das per gesetzlicher Anordnung im Baugenehmigungsverfahren zu beachten ist. In SH holt die Baugenehmigungsbehörde alle anderen Genehmigungen und Erlaubnisse ein und händigt sie zusammen mit der Baugenehmigung aus (§ 67 Abs. 5 BauO SH). Das Problem des Prüfungs- und damit Entscheidungsumfangs ist bislang nicht hinreichend gelöst.[104]

Hinweis: In der Anwaltsklausur ist der Mandant darauf hinzuweisen, dass die Baugenehmigung nur legalisiert und damit Investitionssicherheit verleiht, soweit die Bauaufsicht geprüft hat. Andere Behörden können trotz der Freigabewirkung der Baugenehmigung – vor Baubeginn oder nach der Fertigstellung – die Einhaltung der Vorschriften verlangen, für die sie zuständig sind.

E. Bauvoranfrage/Bauvorbescheid

Will der Bauherr verbindliche Aussagen der Baugenehmigungsbehörde über bestimmte (umstrittene) Einzelfragen erhalten, die sonst erst im Baugenehmigungsver- 97

97 BVerwGE 156, 1.
98 Näher AS-Skript Öffentliches Baurecht (2016), Rn. 18.
99 VGH BW NVwZ-RR 2018, 136, 138 (Zustimmungsfiktion anderer Behörden wirkt nur verwaltungsintern).
100 Beispielhaft mit Vergleichen der LBauO in Nds, BW und BY: HessVGH NVwZ-RR 2018, 384, 385 f.
101 Dazu Hecker BauR 2006, 629.
102 Grundlegend: OVG RP BRS 71 Nr 150 ; OVG RP NVwZ-RR 2017, 906, 907.
103 Zu den komplizierten Konkurrenzfolgen: Wittreck VerwArch 100 (2009), 71.
104 Vgl. zu den Länderregelungen im Einzelnen: Finkelnburg/Ortloff/Kment S. 107 ff.

fahren zu erreichen wären, kann er eine Bauvoranfrage stellen. Bauvoranfragen sind Instrumente zur Abschichtung des aufwändigen Baugenehmigungsverfahrens.

57	71	75	75	75	63	76	75	73	77	72	76	75	74	66	74

98 Die Bauvoranfrage ist auf den Erlass eines **Bauvorbescheids** gerichtet. Sie eignet sich besonders, um z.B. baubehördlich feststellen zu lassen, ob ein Vorhaben bauplanungsrechtlich nach den §§ 29 ff. BauGB zulässig ist (sog. „*Bebauungs*genehmigung“). Die Bauvoranfrage schafft preisgünstig Klarheit (wenn die Fragen richtig gestellt sind), weil für sie noch keine teuren Pläne gezeichnet werden müssen.

99 Der Bauvorbescheid ist ein **Ausschnitt aus der Baugenehmigung**.[105] Soweit er reicht (z.B. über die planungsrechtliche Zulässigkeit), entfaltet er über zwei bis sechs Jahre[106] **Bindungswirkung** für das Baugenehmigungsverfahren. Er setzt sich gegenüber späteren Rechtsänderungen (z.B. Veränderungssperre) durch.[107] Der Bauvorbescheid beinhaltet aber **keine Baufreigabe**; auf seiner Grundlage darf das Vorhaben nicht verwirklicht werden (§ 212a BauGB ist deshalb unanwendbar, str.).

100 **Prozessual** ergeben sich **zwei Besonderheiten**: Der Bauvorbescheid bindet im Baugenehmigungsverfahren nur dann endgültig, wenn er **bestandskräftig** geworden ist. Wird die Baugenehmigung vor der Bestandskraft des Bauvorbescheids erlassen, nimmt sie die dort bereits entschiedenen Punkte in sich auf und macht sie erneut anfechtbar. Für einen **angreifenden Nachbarn** heißt das: Er muss (auch) die Baugenehmigung anfechten, damit diese nicht bestandskräftig wird, und er muss den Bauvorbescheid anfechten bzw. die bereits anhängige Anfechtungsklage fortführen, damit der Vorbescheid nicht (im Laufe des Prozesses) bestandskräftig wird und im Baugenehmigungsverfahren bindet.[108]

F. Prozessuale Besonderheiten

101 Die Erteilung einer Baugenehmigung kann nur im Klage-, also im Hauptsacheverfahren verlangt werden. Eine vorläufige Baugenehmigung ist wegen des Verbots der Vorwegnahme der Hauptsache im **einstweiligen Rechtsschutz** nach § 123 Abs. 1 VwGO nicht erreichbar.[109]

I. Zulässigkeit einer Baugenehmigungsklage

102 Die Baugenehmigung, ein VA, wird mit einer **Verpflichtungsklage** nach § 42 Abs. 1 Alt. 2 VwGO erstritten. Die **Klagebefugnis** des Bauherrn, § 42 Abs. 2 VwGO, ergibt sich unproblematisch aus der Genehmigungsnorm der LBauO. Muss die Gemeinde nach § 36 BauGB ihr Einvernehmen erteilen, ist sie nach § 65 Abs. 2 VwGO **notwendig beizuladen** (erscheint als dritter Beteiligter im Rubrum; in Anwaltsklausuren ist die Beiladung in der Klageschrift anzuregen). Ob ein Bauvorhaben genehmigungsfrei ist oder eine erteilte Baugenehmigung fortgilt, kann durch eine allgemeine Feststellungsklage nach § 43 VwGO geklärt werden.[110]

105 BVerwGE 69, 1 (und zwar aus dem feststellenden Teil der Baugenehmigung).

106 Je nach Ausgestaltung in der LBauO.

107 BVerwGE 69, 1; allerdings nicht in Hamburg: § 71 Abs. 1 S. 3 BauO Hmb.

108 BVerwG BRS 57 Nr. 206; 69 Nr. 168. Darstellung des Problems bei Kopp/Schenke, VwGO, § 42 Rn. 53, die allerdings a.A. sind.

109 SächsOVG, Beschl. v. 16.02.2017 – 1 B 225/16; OVG NRW BRS 66 Nr. 163; HessVGH NVwZ-RR 2003, 814.

110 BayVGH, Beschl. v. 13.06.2017 – 1 ZB 14.1286; VGH BW NVwZ 2014, 1597; NdsOVG BauR 2003, 681.

II. Begründetheit einer Baugenehmigungsklage

Die Klage ist nach **§ 113 Abs. 5 S. 1 VwGO** begründet, soweit der Kläger einen Anspruch auf die begehrte Baugenehmigung hat, weil die im Baugenehmigungsverfahren zu prüfenden öffentlich-rechtlichen Vorschriften seinem Bauvorhaben nicht entgegenstehen. 103

Auch wenn eine Ausnahme oder Befreiung (§ 31 Abs. 2 BauGB – Ermessen) in Frage steht, sollte in der Klausur kein Bescheidungsantrag nach § 113 Abs. 5 S. 2 VwGO, sondern ein unbeschränkter Verpflichtungsantrag gestellt werden, schon weil das Ermessen i.d.R. auf Null reduziert ist.

Entscheidungserheblicher Zeitpunkt ist die letzte mündliche Verhandlung, denn das materielle Baurecht sieht keinen anderen Zeitpunkt vor. Ein Bauantrag kann bei der Antragstellung noch zu genehmigen gewesen sein, bei der letzten mündlichen Verhandlung ist er es wegen einer zwischenzeitlich eingetretenen Rechts- oder Tatsachenänderung aber nicht mehr. Die Behörde kann nicht zur Erteilung einer rechtswidrigen Baugenehmigung verpflichtet werden.[111] Solche Änderungen kommen in Bauprozessen oft vor, weil die betroffene Gemeinde sie selbst herbeiführen kann. 104

- **Veränderungssperre:** Wird beispielsweise ein „missliebiger" Bauantrag gestellt, dem derzeit aber stattzugeben wäre, kann die Gemeinde die Aufstellung eines BPlans beschließen, dessen Gebiet das Vorhabengrundstück umfasst, und anschließend durch Satzung (§ 16 Abs. 1 BauGB) eine Veränderungssperre erlassen, die das Vorhaben unzulässig macht (§ 14 Abs. 1 BauGB) und zwei Jahre wirkt (§ 17 Abs. 1 S. 1 BauGB).[112] 105

  In der **Anwaltsklausur** müssen Sie den Bauherrn auf Folgendes hinweisen: Mit dem Erlass der (wirksamen) Veränderungssperre **erledigt** sich die Verpflichtungsklage. Sie kann auf eine **Fortsetzungsfeststellungsklage** nach § 113 Abs. 1 S. 4 VwGO analog umgestellt werden (Interesse: Vorbereitung einer Amtshaftungsklage). Alternativ kann die Verpflichtungsklage fortgesetzt werden. Der Bauherr muss dann vortragen, die Veränderungssperre sei **unwirksam**, der Rechtsstreit sei nicht in der Hauptsache erledigt. Der Vortrag führt zu einer **Inzidentprüfung** der Veränderungssperre, bei der in Klausuren sowohl die kommunalrechtlich ordnungsgemäße Beschlussfassung untersucht als auch geprüft wird, ob ein **Mindestmaß** an sinnvoller **Planung** beim Aufstellungsbeschluss erkennbar war. Eine reine „Verhinderungsplanung" ist unzulässig.[113]

- **Zurückstellung:** Hat die Gemeinde keine Veränderungssperre beschlossen, obwohl sie einen wirksamen Aufstellungsbeschluss für einen BPlan gefasst hat, oder ist die Veränderungssperre noch nicht in Kraft, kann sie zur Überbrückung die Baugenehmigungsbehörde veranlassen, die Entscheidung über alle Bauanträge im Plangebiet für 12 Monate zurückzustellen (§ 15 Abs. 1 S. 1 BauGB) und so das Genehmigungsverfahren offen halten.[114] 106

  Rechtsschutz wird entweder durch eine Anfechtungsklage gegen die Zurückstellung (Problem: § 44a VwGO) oder eine Verpflichtungsklage auf Erteilung der Baugenehmigung gewährt, in der die Zurückstellung inzident geprüft wird (str.).

---

111 BVerwGE 133, 98; 61, 128.

112 BayVGH NVwZ-RR 2018, 219, 222.

113 Grundlegend: BVerwG BRS 50 Nr. 9; NVwZ-RR 2017, 717; BRS 84 Nr. 52; BRS 67 Nr. 118.

114 BVerwG BauR 2015, 244.

> **Hinweis:** Denken Sie v.a. in der Anwaltsrolle immer an Amtshaftungsansprüche. Die Bauaufsichtsbehörde muss einen Antrag zügig bescheiden, wenn er entscheidungsreif ist. Eine sich künftig ändernde Rechtslage (neuer BPlan) hindert die Entscheidungsreife nicht. Für die Erteilung einer Baugenehmigung setzen die Zivilgerichte in der Regel eine Frist von etwa acht Wochen an, bleiben also unter den drei Monaten des § 75 VwGO. Noch schneller ist ein Bauvorbescheid zu erteilen, dessen Beantragung ratsam sein kann, wenn die Rechtsänderung absehbar ist.

III. Die angegriffene Baugenehmigung

107 Wie jeder andere Verwaltungsakt wird die Baugenehmigung bereits mit ihrem Erlass wirksam (§ 43 Abs. 1 VwVfG). Die sog. **„Baufreigabe"**, die sie ausspricht, erlaubt dem Bauherrn, mit der Ausführung des Bauvorhabens tatsächlich zu beginnen. Auch ein Nachbarwiderspruch oder eine Nachbaranfechtungsklage haben – abweichend von § 80 Abs. 1 S. 2 VwGO – **keine aufschiebende Wirkung**. Das ergibt sich aus **§ 212a Abs. 1 BauGB** i.V.m. § 80 Abs. 2 S. 1 Nr. 3 VwGO.

108 Die Bauaufsichtsbehörde muss den Bauherrn von einem Angriff des Nachbarn unverzüglich **informieren**.[115] Der Bauherr kann sein Bauvorhaben zwar trotzdem fortsetzen, muss aber jederzeit mit einer **Rücknahme** rechnen, die nach § 50 VwVfG nicht durch die Vorbehalte des § 48 Abs. 1 S. 2, Abs. 2 VwVfG eingeschränkt ist.

109 Erweist sich die Baugenehmigung als rechtswidrig und wird aufgehoben, kann der Bauherr allerdings **Amtshaftungsansprüche** nach § 839 BGB/Art. 34 GG geltend machen, denn die Bauaufsichtsbehörde hat dann gegen ihre drittgerichtete Amtspflicht verstoßen, keine rechtswidrigen Baugenehmigungen zu erteilen.[116] Dieselben Ansprüche stehen auch dem beeinträchtigten Nachbarn zu, soweit nachbarschützende Normen verletzt sind.[117] Wird die Baugenehmigung zu Unrecht versagt, hat der Bauherr ebenfalls Amtshaftungsansprüche.[118]

> **Hinweis:** Amtshaftungsansprüche spielen im öffentlichen Baurecht eine bedeutende Rolle. Insbesondere in der Position als Anwalt des Bauherrn müssen Sie hierauf achten, und zwar sowohl bei der Beratung als auch bei der Argumentation gegenüber der Behörde im Baugenehmigungsverfahren. In der Klausur ziehen Sie hierzu den **Palandt**, BGB, § 839 Rn. 98 ff. heran; dort ist alles Wichtige zu finden.

4. Abschnitt: Der Angriff des Nachbarn auf die Baugenehmigung

110 Viele Baurechtsklausuren stammen aus dem Nachbarrecht: Ein Nachbar wehrt sich gegen eine Baugenehmigung, die dem Bauherrn bereits erteilt ist bzw. noch erteilt werden soll oder der Bauherr baut ohne bzw. abweichend von der Baugenehmigung. Als Rechtsschutzformen kommen sowohl die **Anfechtungsklage** als auch das Verfahren auf Gewährung vorläufigen Rechtsschutzes (§§ 80a Abs. 3 S. 1 Hs. 1, 80 Abs. 5 VwGO) gegen die Baugenehmigung in Betracht. Soll die Bauaufsicht einschreiten, handelt es sich rgm. um ein Verfahren nach § 123 VwGO. Die Klausur kann den Bearbeiter in die Rolle des Bauherrn, der Bauaufsichtsbehörde oder – überwiegend – in die des Nachbarn stellen.

---

115 BGH BRS 69 Nr. 121; 66 Nr. 166.

116 BGH BRS 74 Nr. 172; 66 Nr. 165; 64 Nr. 172.

117 BGHZ 86, 356.

118 BGH BauR 2008, 494.

Bearbeitung von Baunachbarklausuren

Die Baunachbarklausuren stellen Sie im Assessorexamen vor die immer gleiche **Abweichung vom „Normalfall“,** in dem das gesamte objektive Baurecht geprüft wird. Aus der Vielzahl der möglichen bzw. behaupteten Gesetzesverstöße müssen Sie die Vorschriften isolieren, deren Verletzung der Nachbar überhaupt rügen kann (**nachbarschützende Vorschriften**). Hierdurch ändert sich das Prüfprogramm in Zulässigkeit und Begründetheit:

- In der **Zulässigkeit** müssen Sie bereits in der Klage- bzw. Antragsbefugnis im Einzelnen erörtern, welche der infrage kommenden Vorschriften überhaupt nachbarschützend wirken. Ob sie tatsächlich einschlägig sind, wird erst in der Begründetheit geprüft. In der Zulässigkeit sollten Sie alle Vorschriften ausdrücklich als unerheblich ausscheiden, die zwar im Aufgabentext angesprochen, die aber nicht nachbarschützend sind.
- In der **Begründetheit** dürfen Sie nur die Normen prüfen, die Sie in der Zulässigkeit als nachbarschützend erkannt haben. Die Begründetheit bauen Sie nicht so auf, als ob Sie einen Anspruch auf Erteilung einer Baugenehmigung prüfen würden. Vielmehr müssen Sie das gewohnte Schema von Anspruchs-/Ermächtigungsgrundlage, formeller und materieller Rechtmäßigkeit verlassen. Gehen Sie ausschließlich die nachbarschützenden Vorschriften nacheinander durch und stellen fest, ob ein Verstoß vorliegt.

man kann auch alle Vorschriften prüfen und anschließend Rechtsverletzung verneinen

Beachte: Der auf die nachbarschützenden Normen konzentrierte Prüfungsumfang ist das A und O von Drittrechtsbehelfen. Das führt meist dazu, dass Sie Teile des Vortrags des Anfechtenden nicht oder nur kurz ansprechen, nämlich soweit er nicht nachbarschützende Normen betrifft. Lassen Sie sich davon nicht verunsichern. Das Prüfungsamt „überlädt“ den Sachverhalt absichtlich, um festzustellen, Sie mit dieser praktisch wichtigen Problemstellung prozessual umgehen können.

„Der Mandant ist für die Drittanfechtungsklage nach § 42 Abs. 2 VwGO klagebefugt, soweit er die Verletzung der Vorschriften über die Abstandsflächen rügt. Abstandsflächen nach § … haben nachbarschützende Wirkung, weil … Soweit der Mandant geltend macht, die Baugenehmigung weise eine zu geringe Zahl an Stellplätzen auf dem Baugrundstück auf, mit der Folge, dass er künftig nicht mehr in der Nähe seines Hauses werde parken können, verleiht ihm das keine Klagebefugnis. Die bauordnungsrechtliche Stellplatzpflicht nach § … besteht ausschließlich im öffentlichen Interesse. Soweit bisherige Straßenanwohner davon profitieren, handelt es sich lediglich um tatsächliche Lagevorteile, die rechtlich nicht geschützt sind (Rechtsreflex). …

Die Klage ist nur begründet, wenn die Baugenehmigung des Nachbarn wegen eines Abstandflächenverstoßes rechtswidrig ist und den Mandanten dadurch in seinen Rechten verletzt, vgl. § 113 Abs. 1 S. 1 VwGO. Die auch zum Schutz des Mandanten, dessen Grundstück an das Vorhabengrundstück westlich angrenzt, erlassene Abstandflächenvorschrift des § … verlangt, dass …“

(Kein Wort zu Stellplätzen in der Begründetheit!)

In einer **Anwaltsklausur**, in der die **Baugenehmigung noch nicht erlassen** ist, kann 111
dem Nachbarn als Mandanten im Rahmen des zweckmäßigen Vorgehens durchaus auch dazu geraten werden, gegenüber der Bauaufsicht nicht nur die verletzten nachbarschützenden, sondern auch die verletzten objektiv-rechtlichen Normen vorzutragen. Denn die Behörde muss (und will) unabhängig von Nachbarrechten gesetz- und

rechtmäßig verwalten, kann also auch rein objektive Rechtsverstöße aufgreifen.[119] Ähnliches kann sich im Widerspruchsverfahren anbieten. Ein solches Vorgehen verbietet sich naturgemäß, wenn gerichtliche Schritte eingeleitet werden sollen. Der gerichtliche Prüfungsumfang ist auf nachbarschützende Normen beschränkt.

Nachbarschutz

- **Nachbar:** Angrenzer oder Grundstück im Einwirkungsbereich
- Nachbarschutz im **Bauplanungsrecht**
  - **Gebietserhaltungsanspruch:** jeder Eigentümer im Gebiet kann artfremde Bebauung abwehren, auch wenn er nicht unmittelbar betroffen ist
  - **Unbeplanter Innenbereich:**
    – „einfügen" (§ 34 Abs. 1 BauGB) vgl. Rn. 118
    – Rücksichtnahmegebot
  - **Außenbereich:** Verbot schädlicher Umwelteinwirkungen, § 35 Abs. 3 S. 1 Nr. 3 BauGB i.V.m. § 3 Abs. 1 BImSchG, Rücksichtnahmegebot als öffentl. Belang (§ 35 Abs. 3 S. 1 BauGB)
- Nachbarschutz im **Bauordnungsrecht**
  - Abstandsflächen, Standsicherheit, äußerst hilfsweise: bauordnungsrechtliche Generalklausel
  - nicht: Stellplatzvorschriften und Gestaltungsvorschriften (nur städtebauliches = öffentliches Interesse)
- BImSchG, v. a. § 22 BImSchG
- nicht Art. 14 GG (abschließende einfachgesetzliche Ordnung des Baurechts)
- Vorläufiger Rechtsschutz gegen Baugenehmigung nach § 80a VwGO, § 212a BauGB, auf bauaufsichtliches Einschreiten nach § 123 VwGO

A. Nachbar

112 **„Nachbar"** im baurechtlichen Sinne sind die unmittelbaren **Angrenzer** an das Baugrundstück und die Grundstücke, die sich im **Einwirkungsbereich** des Bauvorhabens befinden; auf die unmittelbare räumliche Nähe kommt es nicht an.[120] Das Abwehrrecht ist dinglich, nicht personenbezogen. Deswegen sind nur **Eigentümer** und sonst **dinglich Berechtigte** Nachbarn, nicht schuldrechtlich Berechtigte wie Mieter. Diese können allerdings in schwerwiegenden Fällen die Gefährdung ihrer Gesundheit rügen (Art. 2 Abs. 2 S. 1 GG).[121]

„Anders als seine Ehefrau, die Klägerin zu 1), die Eigentümerin des Grundstücks ist, fehlt dem Kläger zu 2) die Klagebefugnis i.S.v. § 42 Abs. 2 VwGO. Aus der Grundstücksbezogenheit des Baurechts folgt, dass bei einem Nutzungskonflikt die benachbarten Grundstücke durch ihre Eigentümer repräsentiert werden. Ehe- oder familienrechtliche Bindungen vermitteln jedoch keine grundstücksbezogenen Rechte, auch wenn Eheleute typischerweise dasselbe Grundstück bewohnen."

---

119 Finkelnburg/Ortloff/Otto, Öffentliches Baurecht II, S. 217.
120 BVerwGE 78, 85.
121 BVerwGE 82, 61; 54, 211.

B. Nachbarschützende baurechtliche Normen

Ob eine Norm Drittschutz vermittelt, richtet sich nach der zu § 42 Abs. 2 VwGO entwickelten Schutznormtheorie. Die als verletzt gerügte Norm darf also nicht nur den Interessen der Allgemeinheit dienen und dem Betroffenen rein faktisch zugute kommen, sondern sie muss nach ihrer Zweckbestimmung zumindest auch auf den Schutz gerade der Einzelinteressen des Nachbarn gerichtet sein. Ob das der Fall ist, muss mit den klassischen Auslegungsmethoden festgestellt werden. **113**

Beachte: In der Klagebefugnis müssen Sie eingehend prüfen, ob die jeweilige Norm an sich rechtlich drittschützend ist. Die Möglichkeitstheorie hilft ihnen dabei nicht. Schreiben Sie nicht unter Berufung auf sie über die genaue Prüfung des Drittschutzes hinweg. Die Möglichkeitstheorie mit ihrer Negativformel kommt in der Klagebefugnis erst zum Einsatz, wenn Sie die drittschützende Wirkung festgestellt haben und zu der Frage kommen, ob die Norm auch nach den tatsächlichen Umständen verletzt sein kann.

FALSCH: ~~„Der Kläger ist klagebefugt. Es ist nicht schlechthin und nach jeder denkbaren Betrachtungsweise ausgeschlossen, dass die bauordnungsrechtlichen Stellplatzvorschriften auch seinen Interessen zu dienen bestimmt sind (Möglichkeitstheorie).“~~

RICHTIG: „Der Kläger ist klagebefugt, weil er durch die dem Beigeladenen erteilte Baugenehmigung möglicherweise in seinem Gebietserhaltungsanspruch verletzt ist. Die Festsetzungen in einem BPlan über die Art der baulichen Nutzung dienen dem Nachbarschutz. Denn alle Grundstücke im Gebiet eines BPlans … Ob die dem Beigeladenen erteilte Baugenehmigung trotz des zu erwartenden Ziel- und Quellverkehrs der festgesetzten Nutzungsart entspricht, erscheint zumindest zweifelhaft. Jedenfalls ist nicht nach jeder denkbaren Betrachtungsweise ausgeschlossen, dass sie angesichts der zu erwartenden Verkehrsbelastung den zulässigen Rahmen eines nicht störenden Gewerbes überschreitet (Möglichkeitstheorie).“

In der Rspr. ist inzwischen weitgehend geklärt, welche baurechtlichen Normen Nachbarschutz vermitteln. Da der Prüfervermerk der Rspr. folgt, sollten Sie deren Einordnung kennen. **114**

Klausurhinweis: Sie sollten nicht platt mitteilen, nach ständiger Rspr. sei § … nachbarschützend. Leiten Sie dieses Ergebnis mithilfe der üblichen **Auslegungsmethoden** her (Wortlaut, Sinn und Zweck). Da Sie das Ergebnis kennen, dürfte Ihnen das nicht schwerfallen. Der Korrektor will schließlich nicht wissen, was Sie auswendig gelernt haben, sondern sehen, dass Sie die juristische Methode beherrschen.

I. Nachbarschützende Normen des Bauplanungsrechts

1. Gebietserhaltungsanspruch (Art der Nutzung)

Die Festsetzungen über die **Art der baulichen Nutzung** eines Baugebiets (§§ 2 ff. und § 14 BauNVO) in einem BPlan sind für alle überplanten Grundstücke desselben Baugebiets nachbarschützend.[122] Dasselbe gilt für ein faktisches Plangebiet nach § 34 Abs. 2 BauGB i.V.m. §§ 2 ff. BauNVO,[123] hier allerdings nur für die Grundstücke in der maßstabsbildenden näheren Umgebung des Baugrundstücks (i.S.v. § 34 Abs. 2 S. 1 BauGB).[124] Die in einem festgesetzten Baugebiet bzw. in der näheren Umgebung **115**

122 BVerwGE 94, 151, 155; 101, 364, 374.

123 BVerwG ZfBR 2012, 378; NVwZ 2004, 1244.

124 BVerwG BRS 67 Nr. 68; NdsOVG NVwZ-RR 2017, 683, 684; BayVGH BauR 2012, 1925.

liegenden Grundstücke bilden eine **„rechtliche Schicksalsgemeinschaft“**. Sie stehen in einem wechselseitigen Austauschverhältnis zueinander, denn jeder muss die öffentlich-rechtlichen Einschränkungen seiner Baufreiheit v.a. mit Rücksicht auf die anderen Grundstücke in dem Baugebiet hinnehmen.[125] Hieraus folgt der von der Rspr. entwickelte sog. **Gebietserhaltungsanspruch** (auch Gebietsgewährleistungsanspruch): Der Nachbar kann sich innerhalb des Baugebiets gegen jede **artfremde** Bebauung wehren, unabhängig davon, ob sie ihn tatsächlich beeinträchtigt. Er hat ein eigenes subjektiv-öffentliches Recht (Anspruch) darauf, dass die **Art** der Nutzung im Baugebiet erhalten bleibt. Damit kann er die (schleichende) Umwandlung des Baugebiets verhindern, dessen Restriktionen er sich unterworfen hat.[126]

In einem großen allgemeinen Wohngebiet, das ein BPlan festsetzt, kann jeder gegen die Baugenehmigung für einen störenden Gewerbebetrieb vorgehen. Das gilt auch wenn sein Grundstück so weit weg liegt, dass er etwaige Immissionen keinesfalls wahrnehmen kann.

> **Hinweis:** Der Gebietserhaltungsanspruch gehört zu den Prüfungsfavoriten. Er ist nicht aus dem Gesetzestext abzuleiten. Lernen Sie ihn auswendig.

vgl. Rn. 39

116 Es gibt **keinen baugebietsüberschreitenden** Gebietserhaltungsanspruch, weil es insofern am wechselseitigen Austauschverhältnis fehlt.[127] Baugebietsübergreifend kann nur § 15 Abs. 1 S. 2 BauNVO gerügt werden.[128]

> *„Die dem Beigeladenen erteilte Baugenehmigung für die 26 Meter lange und vier Meter hohe Mauer ist rechtswidrig. Sie ist in einem reinen Wohngebiet nicht nach § 30 Abs. 1 BauGB i.V.m. §§ 1 Abs. 3 S. 2, 14 Abs. 1 S. 1 BauNVO als Nebenanlage zulässig, denn … Der Kläger wird durch die rechtswidrige Baugenehmigung auch in eigenen Rechten verletzt. Insbesondere gewährt § 14 BauNVO als Vorschrift zur Art der baulichen Nutzung in gleicher Weise Nachbarschutz wie die Baugebietsvorschriften der §§ 2 ff. BauNVO. Dem Kläger steht somit ein nachbarlicher Abwehranspruch zu, der sich nach den Grundsätzen über den Gebietserhaltungsanspruch richtet. Danach wird ein Nachbar in seinen Rechten verletzt, wenn in einem durch BPlan festgesetzten oder in einem faktischen Baugebiet ein Vorhaben zugelassen wird, das seiner Art nach gebietsuntypisch ist. Begründet wird dieser ungeschriebene Anspruch damit, dass …“*

2. Weitere Vorschriften der BauNVO

117 Festsetzungen über das **Maß der baulichen Nutzung** (§§ 16–21a BauNVO) dienen in der Regel nur dem öffentlichen Interesse (städtebauliche Ordnung).[129] Nur die Festsetzung der **offenen Bauweise** (§ 22 BauNVO) ist drittschützend (Brandschutz, Belichtung, Belüftung), geschlossene Bauweise dient nur städtebaulichen Gründen.[130] Bei den **überbaubaren Grundstücksflächen** (§ 23 BauNVO) kommt es auf den Zweck an, den der Plangeber ihnen beigelegt hat.[131] § 15 Abs. 1 S. 1[132] und § 15 Abs. 1 S. 2[133] BauNVO haben nachbarschützende Wirkung, soweit in ihnen das **Gebot der Rücksichtnahme** verankert ist.

---

125 BVerwGE 82, 61, 75.
126 BVerwGE 94, 151; 82, 61, 75.
127 BVerwG BauR 2013, 934; BRS 71 Nr. 68.
128 BVerwG BRS 71 Nr. 68; 63 Nr. 190.
129 BVerwG BRS 67 Nr. 68; 57 Nr. 209.
130 BVerwG NVwZ 2015, 1769; BVerwGE 110, 355.
131 BVerwG BRS 57 Nr. 219; VGH BW NVwZ-RR 2015, 807; OVG NRW BauR 2014, 969.
132 BVerwG BRS 65 Nr. 66.
133 BVerwGE 67, 334.

3. § 34 Abs. 1 BauGB, § 35 BauGB

§ 34 Abs. 1 BauGB ist nur bzgl. des Tatbestandsmerkmals **„einfügen"** nachbarschützend. Denn einfügen kann sich ein Vorhaben nur, wenn es Rücksicht auf die Nachbargrundstücke nimmt. Es muss dazu den Rahmen wahren, den die Bebauung der Umgebung vorgibt und zusätzlich Rücksicht auf die in unmittelbarer Nähe vorhandene Bebauung nehmen.[134] 118

Beispiel: Wird eine kleine Doppelhaushälfte (DHH) durch einen massiven Baukörper ersetzt, sodass beide DHH zusammen kein Doppelhaus mehr bilden, ist der Eigentümer der unveränderten DHH in seinem Anspruch auf Rücksichtnahme verletzt.

Ebenso ist **§ 35 BauGB** nur in dem Umfang nachbarschützend, wie das Gebot der Rücksichtnahme zu den **öffentlichen Belangen** i.S.v. § 35 Abs. 3 BauGB zählt. Das ist insbesondere bei § 35 Abs. 3 S. 1 Nr. 3 BauGB i.V.m. § 3 BImSchG der Fall.[135] 119

4. Ausnahmen und Befreiungen, § 31 BauGB

Vermittelt die Festsetzung, von der eine **Ausnahme** gemacht wird, Drittschutz, wirkt insoweit auch § 31 Abs. 1 BauGB drittschützend.[136] Wird von drittschützenden Vorschriften nach § 31 Abs. 2 BauGB **befreit**, kann der Nachbar Fehler bei der Ermessensausübung rügen; zusätzlich kann er die rein objektiven Tatbestandsmerkmale des § 31 Abs. 2 BauGB rügen, z.B. die fehlende „städtebauliche Vertretbarkeit".[137] § 31 Abs. 2 BauGB ist selbst drittschützend, denn er erwähnt ausdrücklich die „nachbarlichen Interessen". Wird von nicht nachbarschützenden Anforderungen befreit, kann der Nachbar geltend machen, das Befreiungsermessen sei fehlerhaft betätigt, weil das genehmigte Vorhaben ihm gegenüber rücksichtslos sei.[138] 120

5. Gebot der Rücksichtnahme

Das in den einzelnen gesetzlichen Tatbestandsmerkmalen enthaltene Gebot der Rücksichtnahme (s. oben Seite 19) selbst ist zunächst einmal ein objektiv-rechtliches Gebot. Ihm kommt jedoch auch subjektive, also **nachbarschützende** Wirkung zu, aber nur soweit in **qualifizierter und zugleich individualisierter Weise auf schutzwürdige Interessen eines erkennbar abgegrenzten Kreises Dritter Rücksicht zu nehmen ist.**[139] „Qualifiziert" bedeutet, dass der Eingriff hinreichend schwer und gewichtig ist (vgl. Strafrecht: qualifizierte Straftatbestände). „Individualisiert" meint, dass der Kreis der Betroffenen hinreichend von der Allgemeinheit bzw. den lediglich Interessierten abgegrenzt werden kann. Zum Prüfungsinhalt: Rn. 65. 121

Die rechtsdogmatische Differenzierung zwischen dem objektiven Rücksichtnahmegebot und seiner (grundsätzlich beschränkten) subjektiven Wirkung, darf **nicht überbewertet** werden. In Klausur und Praxis fällt beides in aller Regel zusammen. Eine zweistufige Prüfung i.e.S. erübrigt sich; in der Klausur sollten Sie den obigen Satz („qualifiziert/individualisiert") einfach niederschreiben und feststellen, dass seine Voraussetzungen erfüllt sind.[140] 122

II. Nachbarschützende Normen des Bauordnungsrechts

Die bauordnungsrechtlichen Vorschriften der LBauO dienen grundsätzlich nur dem öffentlichen Interesse und vermitteln keinen Nachbarschutz. Ausnahmen bestehen 123

134 BVerwG NVwZ 2015, 1769; BVerwGE 148, 290.

135 BayVGH NVwZ 2013, 613.

136 BVerwG BRS 39 Nr. 175.

137 BVerwG BRS 81 Nr 181.

138 Grundlegend: BVerwG BRS 46 Nr. 173; BRS 60 Nr. 183.

139 BVerwGE 148, 290; 67, 334; Battis/Krautzberger/Löhr, BauGB, § 31 Rn. 65.

140 VGH BW BauR 2012, 1147 (LS).

nur dort, wo auch Individualinteressen geschützt werden sollen. **Nachbarschützend** sind aus der LBauO im Wesentlichen die Vorschriften über

- **Abstandsflächen** (Brandschutz, Belichtung, Belüftung, Besonnung, Sozialabstand),
- **Standsicherheit**, Brandschutz (Leben, Gesundheit, Eigentum)
- und die **bauordnungsrechtliche Generalklausel** (§ 3 bzw. Art. 3 in allen LBauO), soweit Individualinteressen gefährdet sind und sie nicht durch abschließende speziellere Normen verdrängt wird.

  Gehen Sie mit der bauordnungsrechtlichen Generalklausel sparsam um. Obwohl der polizei- und ordnungsrechtlichen Generalklausel sehr ähnlich, spielt sie im Baurecht kaum eine Rolle. Anders als im POR können Sie nicht hilfsweise alles über diese Generalklausel lösen.

124 **Keinen Nachbarschutz** vermitteln

- **Stellplatzvorschriften**, die lediglich dem Allgemeininteresse an der Entlastung des öffentlichen Verkehrsraumes dienen (Ausnahme: soweit vorgeschrieben wird, wie die Stellplätze zum Schutz der Umgebung anzuordnen sind).[141]

  In krassen Fällen kommt allerdings bei gravierendem Stellplatzmangel eine Verletzung des planungsrechtlichen Rücksichtnahmegebots in Betracht (Grundstück nicht mehr zugänglich, unerträglicher Parksuchverkehr [Immissionen]).[142]

- **Gestaltungsvorschriften**, v.a. zum Schutz vor Verunstaltungen, dienen grundsätzlich nur dem öffentlichen Interesse.[143] Schützt die Landesnorm eindeutig auch die Umgebung vor Verunstaltung, kann ein Nachbar in besonderer Nähe auch in eigenen Rechten verletzt sein.[144]

III. Sonstige nachbarschützende Vorschriften

1. Eigentumsgrundrecht, Art. 14 GG

125 Wegen der einfachgesetzlichen Ordnung des Baurechts, können unmittelbar aus Art. 14 GG heute keine eigenständigen Nachbarrechte mehr hergeleitet werden.[145]

Bei einer Rüge genügt in der Klausur eine entsprechende Feststellung. Der Vortrag kann auch auf eine einfachrechtliche Norm abzielen, die prüfungsbedingt nicht richtig benannt werden soll.

2. BImSchG

126 Geht es um die Abwehr von Lärm-, Licht- oder Geruchsimmissionen, die von einer baulichen Anlage ausgehen, ist regelmäßig das BImSchG zu beachten. Die (klausurtypischen) baulichen Anlagen sind nämlich in der Regel zugleich **nicht genehmigungsbedürftige Anlagen** i.S.v. § 22 BImSchG. Die Baugenehmigung ist also nur rechtmäßig, wenn sie auch die Anforderungen des BImSchG (ggf. auch der Regelwerke der TA Lärm und TA Luft, vgl. § 48 BImSchG) einhält.

127 Geht es um **Immissionen**, wird die baurechtliche Rücksichtnahmepflicht vom BImSchG konkretisiert. Das bauplanungsrechtliche **Rücksichtnahmegebot** verlangt genau das, was auch das BImSchG verlangt.[146]

---

141 VGH BW BRS 73 Nr. 136; BayVGH, Beschl.. v. 23.12.2013 – 15 CS 13.1445, BeckRS 2014, 46015; NdsOVG BRS 79 Nr. 151.
142 OVG LSA NVwZ-RR 2017, 283, 285; HessVGH BRS 66 Nr. 190; OVG Bremen BRS 65 Nr. 144.
143 OVG NRW BRS 71 Nr. 139; BayVGH, Beschl. v. 21.05.2014 – 9 ZB 12.2081, BeckRS 2014, 52186; HessVGH BRS 82 Nr. 62.
144 VGH BW BRS 79 Nr. 142.
145 BVerwGE 101, 364.
146 BVerwGE 109, 314; 68, 58.

Nach welchen Maßstäben eine Verletzung des bauplanungsrechtlichen Rücksichtnahmegebots anzunehmen ist, beurteilt sich bei Immissionen nach den Regelungen des BImSchG. Eine Anlage, deren Emissionen sich in den Grenzen halten, die § 22 Abs. 1 S. 1 BImSchG der Nachbarschaft zumutet, erweist sich auch in bauplanungsrechtlicher Hinsicht nicht als rücksichtslos. Das BImSchG bestimmt allgemein, also auch mit Wirkung für das Baurecht, wo die Grenze der Zumutbarkeit für Umwelteinwirkungen für die Nachbarschaft verläuft.

C. Die prozessualen Angriffsmittel des Nachbarn

I. Vorläufiger Rechtsschutz nach § 80a VwGO

In aller Regel erfährt der (Klausur-)Nachbar von dem Bauvorhaben, das er verhindern will, erst dadurch, dass mit den Bauarbeiten begonnen wird. Diesen darf er nicht tatenlos zusehen. Denn auch wenn er die Baugenehmigung im Nachhinein durch eine Anfechtungsklage beseitigen kann, wird er auf absehbare Zeit keinen Abriss des Gebäudes erreichen, wenn es erst einmal errichtet ist. Das Ziel des Nachbarn muss also darin bestehen, von vornherein (weitere) **Bauarbeiten zu unterbinden**. Da Widerspruch und Anfechtungsklage gegen die Baugenehmigung keine aufschiebende Wirkung entfalten (§ 212a Abs. 1 BauGB), der Bauherr trotz Widerspruch/Anfechtungsklage also weiterbauen darf, und die Bauarbeiten bis zur Rechtskraft eines obsiegenden Anfechtungsurteils wahrscheinlich abgeschlossen sein werden, muss der Nachbar den Fortgang der Bauarbeiten im **Eilrechtsschutz** verhindern. **128**

Gleichermaßen ist das **Investitionsinteresse** des Bauherrn zu berücksichtigen, das ebenfalls erheblich Schaden nehmen kann, wenn der Bau sich zu Unrecht verzögert.[147] Schadensersatz kann der Bauherr wegen eines unbegründeten Nachbarantrags nach § 80a VwGO nicht geltend machen, weil § 945 ZPO in diesem Verfahren nicht gilt. Da § 212a BGB dem Vollzug grds. den Vorzug einräumt, ist dieser nur auszusetzen, wenn der Nachbar wahrscheinlich in seinen Rechten verletzt ist. Zweifel allein genügen nicht.[148] **129**

Merke für Anwaltsklausuren: Nachbarrechtsschutz ist vor allem vorläufiger Rechtsschutz.

Der Nachbar muss also **Widerspruch/Anfechtungsklage** (je nach Landesrecht) gegen die Baugenehmigung erheben, um deren Bestandskraft zu verhindern bzw. einer Verwirkung seines Klagerechts zu begegnen. Gleichzeitig muss er bei Gericht einen Antrag auf Gewährung **vorläufigen Rechtsschutzes** nach § 80a Abs. 3 S. 1 Var. 3 VwGO stellen (vgl. im Einzelnen AS-Skript Die verwaltungsgerichtliche Assessorklausur [2016], Rn. 721 ff.). Der Bauherr ist in diesem Verfahren notwendig **beizuladen**, § 65 Abs. 2 VwGO. Das Aussetzungsinteresse des Nachbarn überwiegt das Vollzugsinteresse des Bauherrn (Antrag ist begründet), wenn die Baugenehmigung (offensichtlich – hat in der Klausur keine Bedeutung) wegen eines Verstoßes gegen nachbarschützende Vorschriften rechtswidrig ist.[149] Gleichzeitig sollte stets ein Antrag auf **Einstellung** der laufenden Bauarbeiten als „einstweilige Maßnahme zur Sicherung der Rechte des Dritten" gemäß § 80a Abs. 3 S. 1 i.V.m. Abs. 2 Nr. 2 VwGO gestellt werden (§ 123 Abs. 1 bis 3 VwGO wird insofern gemäß § 123 Abs. 5 VwGO verdrängt). **130**

---

147 BVerfGE 35, 263.

148 NdsOVG NVwZ-RR 2017, 807, 808.

149 In Niedersachsen und im Saarland wird aus der Wertung des § 212a BauGB hergeleitet, dass nur in Fällen ganz eindeutiger Rechtswidrigkeit die aufschiebende Wirkung angeordnet werden kann.

Die Rspr. der Obergerichte (OVG/VGH) zur einstweiligen Baueinstellung unterscheidet sich. Teilweise wird die Einstellung durch das Gericht selbst angeordnet, teilweise gibt das Gericht der Bauaufsichtsbehörde auf, eine sofort vollziehbaren Stilllegungsverfügung zu erlassen.

„...*beantrage ich namens und in Vollmacht des Antragstellers* (= Nachbar),

1. die Vollziehung der vom Antragsgegner (= Bauaufsichtsbehörde) *dem Beizuladenden* (= Bauherrn) *erteilten Baugenehmigung vom ... auszusetzen (NRW, SH, Berlin, Nds, teilw. BW, RP) ODER*

die aufschiebende Wirkung des Widerspruchs des Antragstellers gegen die dem Beizuladenden erteilte Baugenehmigung vom ... anzuordnen (BY, teilw. BW),

2. dem Antragsgegner aufzugeben, die vom Beizuladenden begonnen Arbeiten zur Errichtung eines Wohnhauses mit einer für sofort vollziehbar erklärten Verfügung stillzulegen ODER

dem Beizuladenden einstweilen aufzugeben, die Bauarbeiten sofort einzustellen und fortan alle Maßnahmen zur Ausführung des genehmigten Vorhabens zu unterlassen."

131 Der **Antrag auf einstweilige Einstellung** der Bauarbeiten (Nutzungsuntersagung bei Nutzungsänderung) unterfällt als prozessuale Sicherungsmaßnahme denselben Voraussetzungen des § 80a VwGO wie der eigentliche Hauptantrag.

„... Aus diesen Gründen erweist sich der Antrag auf Anordnung der aufschiebenden Wirkung als begründet.

2. Für den darüber hinaus gestellten Antrag auf Einstellung der Bauarbeiten gelten als Sicherungsmaßnahme nach § 80a Abs. 1 Nr. 2 Hs. 2 VwGO dieselben Zulässigkeits- und Begründetheitsvoraussetzungen. Insofern kann das Gericht nach oben verweisen. Die Anordnung der Einstellung der Bauarbeiten ist erforderlich, weil der Beigeladene nicht glaubhaft erklärt hat, im Falle des Obsiegens des Antragstellers weitere Bauarbeiten freiwillig zu unterlassen."

132 **Maßgeblicher Zeitpunkt** ist der Erlass der Baugenehmigung oder – bei Änderungen zugunsten des Bauherrn – der Zeitpunkt des gerichtlichen Beschlusses.

In der Hauptsache, also im **Klageverfahren**, kann der Nachbar seine Anfechtungsklage gegen die Baugenehmigung mit einem **Annexantrag** auf Erlass einer Abrissverfügung nach § 113 Abs. 1 S. 2 VwGO verbinden. Zur Stellung eines solchen Antrags ist immer zu raten, weil der Kläger im Obsiegensfall sofort einen vollstreckbaren Titel auf Abriss erhält; er erspart sich dadurch viel Zeit und einen zweiten Prozess. Auf diese Möglichkeit können Sie v.a. in Anwaltsklausuren hinweisen.

II. Einstweiliger Rechtsschutz nach § 123 VwGO

133 Ist das Bauvorhaben **genehmigungsfrei**, fehlt es an der angreifbaren Baugenehmigung, sodass auch der vorläufige Rechtsschutz nach § 80a VwGO ausscheidet. Vielmehr muss der Nachbar zunächst bei der Bauaufsichtsbehörde eine Stilllegungsverfügung beantragen. Wird der Antrag abgelehnt, muss der Nachbar Verpflichtungsklage auf Stilllegung erheben und gleichzeitig einen Antrag nach § 123 VwGO (Regelungsanordnung) auf Erlass einer einstweiligen Anordnung in Form einer sofort vollziehbaren vorläufigen Stilllegungsverfügung stellen (dazu unten Rn. 140 ff.). Dasselbe gilt, wenn der Bauherr gegen Vorschriften verstößt, die **außerhalb des Prüfungsrahmens** der Baugenehmigungsbehörde liegen und von der Baugenehmigung nicht erfasst sind.

III. Verwirkung des Nachbarrechtsschutzes

Die aus dem ersten Examen bekannten Probleme mit der Einhaltung der **Widerspruchs- bzw. Klagefrist** kehren auch im Assessorexamen wieder. Nur wenn die Behörde dem Nachbarn die Baugenehmigung bekannt gegeben hat, läuft die Monatsfrist (§§ 70 Abs. 1 S. 1, 74 Abs. 1 S. 1 VwGO). 134

Beachten Sie, dass die Behörde einen **verfristeten** Nachbarwiderspruch als unzulässig zurückweisen muss und nicht – wie in anderen Rechtsgebieten – trotzdem in der Sache entscheiden darf. Die Baugenehmigung hat dem Bauherrn nämlich schon eine von Art. 14 GG gesicherte Rechtsposition verschafft, die nicht ohne gesetzliche Grundlage entzogen werden darf.[150]

Ohne Bekanntgabe an den Nachbarn läuft gar keine Frist (§ 58 Abs. 2 VwGO gilt nur bei fehlerhafter Rechtsbehelfsbelehrung). Allerdings **verwirkt** der Nachbar sein prozessuales Anfechtungsrecht ein Jahr nach Beginn der Bauarbeiten, sofern er sie wahrnehmen konnte (Wertung des § 58 Abs. 2 VwGO).[151] Bei **genehmigungsfreien** Bauvorhaben gilt gleiches für die Verwirkung des materiellen Nachbarrechts.[152] 135

5. Abschnitt: Ordnungsverfügungen gegen den Bauherrn

Neben den Drittbeteiligungsfällen stellen die **baurechtlichen Ordnungsverfügungen** eine weitere große Gruppe der Baurechtsklausuren. Sie spielen sich typischerweise im Zweier-Verhältnis zwischen Bauaufsichtsbehörde und Bauherrn ab. Auch hier sind jedoch Drittkonstellationen möglich, etwa wenn der Nachbar von der Behörde verlangt, gegen einen Bau einzuschreiten (s.u. Rn. 161 f.). 136

Fehlt das Dreiecksverhältnis, fällt eine wesentliche Schwierigkeit weg. Die Klausur weist dann andere anspruchsvolle Elemente auf. Diese finden sich entweder im spezifischen Baurecht selbst oder – häufiger – im allgemeinen Verwaltungsvollstreckungsrecht, das gerne mit einem baurechtlichen Aufhänger versehen wird.

Die **klausurwichtigen Bauordnungsverfügungen** sind: 137

- **Stilllegungsverfügung** – Einstellung rechtswidriger Bauarbeiten,
- **Nutzungsuntersagung** – Verbot einer bestimmten (geänderten) Nutzung,
- **Beseitigungsanordnung** – Abriss einer rechtswidrigen baulichen Anlage.

In den LBauO wird für alle drei Verfügungsarten lediglich der **Verstoß gegen (baurechtliche) öffentlich-rechtliche Vorschriften** vorausgesetzt (fehlende Baugenehmigung würde stets genügen). Da die drei Ordnungsmaßnahmen aber unterschiedlich intensiv eingreifen, wird das Tatbestandsmerkmal des Verstoßes gegen öffentlich-rechtliche Vorschriften je nach Maßnahme aus Gründen der Verhältnismäßigkeit unterschiedlich ausgelegt. Während die Stilllegung den Adressaten nicht so stark belastet, hat eine durchgesetzte Abriss-/Beseitigungsverfügung unumkehrbare Folgen. Die Nutzungsuntersagung liegt zwischen beiden.

Es hebt die Qualität Ihrer Klausur, wenn Sie die unterschiedlichen Tatbestandsvoraussetzungen der verschiedenen Ordnungsmaßnahmen **kurz herleiten**. Denn die Begriffe „formelle und materielle Baurechtmäßigkeit" sind in der gesetzlichen Ermächtigungsgrundlage nicht zu finden.

Die **materielle Rechtmäßigkeit** von Bauordnungsverfügungen richtet sich im Wesentlichen nach der formellen und materiellen, also der bauordnungs- und bauplanungsrechtlichen Rechtmäßigkeit des Vorhabens. Als baurechtliche Besonderheit kommt vielfach auch der Bestandsschutz (s.o. Rn. 81) hinzu, der eine in anderen Rechtsgebieten unbekannte Sonderrolle spielt. 138

---

150 St. Rspr. seit BVerwG DÖV 1969, 142; BRS 76 Nr. 167; Kopp/Schenke, VwGO, § 70 Rn. 9 mit a.A.

151 BVerwG BRS 63 Nr. 202.

152 BVerwG BRS 59, 170; OVG BRS 79 Nr. 197; HessVGH ESVGH 65, 53.

A. Formelle Rechtmäßigkeit von Bauordnungsverfügungen

139 Der Prüfungsaufbau der formellen Rechtmäßigkeit einer Bauordnungsverfügung entspricht dem bei sonstigen Ordnungsverfügungen (Zuständigkeit, Verfahren = Anhörung gem. § 28 VwVfG, ggf. Form, z.B. §§ 20 Abs. 1 S. 1, 12 OBG NRW).

B. Stilllegung einer Baustelle

140 Am einfachsten lässt sich eine Baustelle stilllegen. Grundsätzlich ist eine **Stilllegungsverfügung** schon materiell rechtmäßig, wenn einem **baugenehmigungspflichtigen** Bauvorhaben die (vollziehbare) **Baugenehmigung fehlt**.

64	75	79	79	78	75	81	79	79 I 2 Nr. 1	81	80	81	79	78	59 II Nr. 1	78

Die Bauaufsichtsbehörde kann ohne Weiteres (also ohne eingehende Begründung) die **sofortige Vollziehung** einer Stilllegungsverfügung anordnen (§ 80 Abs. 2 S. 1 Nr. 4 VwGO). Die Stilllegung dient nämlich in erster Linie dazu, das förmliche Baugenehmigungsverfahren zu schützen. Es gilt folgender **Grundgedanke**: Zur Förderung der Verfahrenstreue aller Bürger soll die sofort vollziehbare Stilllegung der Baustelle dem Bauherrn den unredlich verschafften zeitlichen Vorsprung nehmen, den er dadurch erzielt, dass er den Abschluss des Baugenehmigungsverfahrens nicht abwartet, sondern sofort mit dem Bau beginnt. Gleichrangig soll die Stilllegung im Allgemeininteresse verhindern, dass (rechtswidrig) Fakten geschaffen werden, die schwer zu beseitigen sind.

Ordnungsrechtlich ausgedrückt stört ein nicht (vollziehbar) genehmigtes Bauvorhaben bereits die öffentliche Sicherheit. Die Störung unterbindet die Stilllegung. Daher ist unerheblich, ob das Vorhaben materiell rechtmäßig ist. In tatsächlicher Hinsicht genügt ein „Anfangsverdacht“.[153]

141 Eine **Ausnahme** kommt nur in Betracht, wenn der erforderliche Bauantrag gestellt, nach Rechtsauffassung der Behörde genehmigungsfähig ist und der Erteilung der Baugenehmigung auch sonst nichts im Wege steht.[154]

> **Beachte:** Nur die Genehmigungsbedürftigkeit (= *Baurecht*) und der Fortbestand/die Wirksamkeit/die Rechtsnachfolge in die Baugenehmigung (= *allg. Verwaltungsrecht*) sind für die Rechtmäßigkeit der Stilllegungsverfügung bedeutsam . Wenn der Klausurtext gleichwohl Ausführungen zur materiellen Baurechtmäßigkeit enthält, müssen diese anderswo bedeutsam sein oder Sie sollen zeigen, dass Sie Unerhebliches weglassen (seltener).

142 Ist ein Bauvorhaben dagegen **nicht genehmigungsbedürftig**, kommt selbst eine Stilllegungsverfügung/Baueinstellung nur in Betracht, wenn das Vorhaben **materiell baurechtswidrig** ist.[155] Dies ist im Einzelnen festzustellen.

> *„Die Voraussetzungen einer Stilllegungsverfügung sind erfüllt. Die dem Kläger erteilte Baugenehmigung erfasst das Bauvorhaben, das er derzeit errichtet, nicht. Denn die Doppelgarage ist 40 cm höher als genehmigt errichtet worden. Damit weicht sie erheblich von dem genehmigten Bauvorhaben ab und stellt sich der Sache nach als ungenehmigtes Bauvorhaben dar.*

---

153 OVG NRW, Beschl. v. 12.10.2012 – 2 B 1135/12, BeckRS 2012, 60653.
154 OVG NRW, Urt. v. 16.10.2008 – 7 A 696/07; BRS 63 Nr. 215.
155 Anders ausdrücklich: Art. 55 Abs. 2 BauO BY.

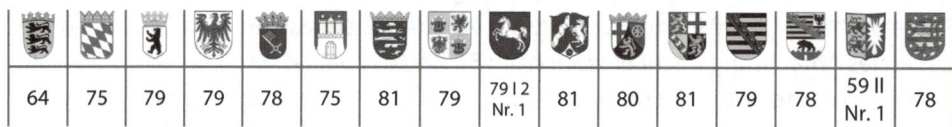

Ebenfalls ist der vom Kläger gerügte Ermessensnichtgebrauch nicht ersichtlich. Bei formell rechtswidriger Bauausführung ist die Einstellung der Bauarbeiten eine pflichtgemäße Ausübung des Ermessens, da hierdurch gerade die Einhaltung der Genehmigungspflicht gesichert werden soll, vgl. § … LBauO. Bauen ohne Beachtung der formellen Voraussetzungen, insbesondere ohne oder in Abweichung von einer erteilten Baugenehmigung, stellt eine Störung der öffentlichen Sicherheit dar, die von der Bauaufsichtsbehörde zu unterbinden ist. Bestandteil der öffentlichen Sicherheit ist ganz allgemein die Unversehrtheit der Rechtsordnung. Sie ist gestört, wenn gegen formelles oder materielles Baurecht verstoßen wird.

Zwar kann eine Baueinstellung gegen den Grundsatz der Verhältnismäßigkeit verstoßen, wenn eine nur geringfügige Abweichung von der Baugenehmigung gegeben ist. Der Kläger hat die Doppelgarage jedoch etwa 40 cm höher als genehmigt errichtet und ist dadurch erheblich von der Baugenehmigung abgewichen. Es besteht ein öffentliches Interesse, die Fortführung unzulässiger Bauarbeiten zu unterbinden. Die Ermessensausübung bedarf daher keiner besonderen Begründung."

Die Stilllegungsverfügung wird mittels **Versiegelung** durchgesetzt. Die Versiegelung ist entweder speziell in der LBauO (Art. 75 Abs. 2 Bay BauO; § 78 Abs. 2 Bln BauO; § 81 Abs. 2 BauO NRW) vorgesehen oder unterfällt den allgemeinen Vorschriften zu Hilfsmitteln des unmittelbaren Zwangs. Handelt es sich nicht um eine Maßnahme des allgemeinen Verwaltungszwangsrechts, gegen die Rechtsbehelfe landesrechtlich generell keine aufschiebende Wirkung haben, muss aus Behördensicht stets an die Anordnung der sofortigen Vollziehung gedacht werden. **143**

Grundsätzlich sind die amtlichen Siegel so anzubringen, dass die Bauarbeiten nicht ohne ihre Zerstörung (Straftat nach § 136 StGB) fortgesetzt werden können, z.B. am Tor des Bauzauns. Ein gesiegeltes DIN-A-4-Blatt an einem sichtbaren Pfosten auf dem Bauplatz genügt aber auch.[156] Die Versiegelung kann im Einzelfall durchaus im Sofortvollzug einer hypothetischen Stilllegungsverfügung (ggf. als unmittelbare Ausführung) erfolgen.

C. Abriss/Abbruch/Beseitigung eines Gebäudes

I. Voraussetzungen der Abrissverfügung

Ist ein Bauvorhaben ohne die erforderliche oder (teilweise[157]) abweichend von einer erteilten Baugenehmigung errichtet worden (**„Schwarzbau"**), kann die Bauaufsichtsbehörde eine Abriss- bzw. Beseitigungsverfügung erlassen, wenn das Vorhaben nicht genehmigungsfähig ist. Maßgeblich ist ausnahmsweise der Zeitpunkt der mündlichen Verhandlung, denn der Abriss eines Gebäudes, dessen Wiedererrichtung sofort genehmigt werden müsste, wäre widersinnig.[158] **144**

Merke: Abriss nur bei formeller und materieller Baurechtswidrigkeit.

65 S.1	76 S. 1	80 S. 1	80 I 1	79 I 1, II	76 I 1	82 I 1	80 I	79 I 2 Nr. 4	82 I 1	81 S. 1	82 I	80 S. 1	79 S. 1	59 II Nr. 3	79 I 1, II

Die **materielle Genehmigungsfähigkeit** gibt in diesen Fällen allerdings den Ausschlag. Es wäre mit der Baufreiheit (Art. 14 GG) und den Grundsätzen der Verhältnis- **145**

156 OVG NRW BauR 2000, 1859.

157 OVG NRW BRS 47 Nr. 193.

158 Grundlegend: BVerwGE 5, 351; BVerwG BRS 44 Nr. 193.

mäßigkeit nicht zu vereinbaren, den Abriss eines Gebäudes zu verlangen, das in gleicher Weise und an gleicher Stelle sofort wieder genehmigt werden müsste.

Ausnahme: Wenn der Abriss keine schwerwiegenden Folgen hat, genügt die formelle Illegalität der fehlenden Baugenehmigung, z.B. aus wenigen Fertigteilen zusammengeschraubtes Bauwerk.[159]

146 Dagegen schützt die formelle **Baugenehmigung**, an die der Bauherr sich (einschl. der Nutzung) hält, auch ein materiell (eklatant) rechtswidrig errichtetes Gebäude vor dem Abriss, wenn sie nur bestandskräftig ist **(formelle Legalisierung)**. Will die Bauaufsicht trotzdem abreißen, muss sie die Baugenehmigung zurücknehmen, was nach § 48 Abs. 3 VwVfG nur gegen Ersatzleistung möglich ist.

147 Eine Abrissverfügung darf wegen der irreversiblen Folgen nur ganz ausnahmsweise für **sofort vollziehbar** erklärt werden (z.B. negative Vorbildwirkung, die Nachahmer bereits animiert hat[160]).

II. Einwände gegen den Abriss

Die nachfolgenden Standard-Einwände werden nicht nur beim Abriss, sondern auch bei Stilllegung und Nutzungsuntersagung vorgetragen. Dadurch ändert sich an ihrer Behandlung nichts.

1. Ermessensfehlerhaft

148 Die Anforderungen an die **Ermessensbetätigung** sind nicht hoch. Regelmäßig genügt es, wenn die Bauaufsicht auf die formelle und materielle Baurechtswidrigkeit verweist und anführt, dass kein Präzedenz-/Berufungsfall geschaffen werden soll.[161]

2. Unverhältnismäßig

§ 65 I 1 LBO

149 Die in vielen LBauO gemachte Einschränkung, dass nicht anders als durch Abriss rechtmäßige Zustände hergestellt werden können, ist lediglich ein Verweis auf den allgemeinen Grundsatz der **Verhältnismäßigkeit**. Die typischerweise in diesem Zusammenhang erhobenen Einwände, der Abriss sei unverhältnismäßig, weil volkswirtschaftlich bedeutsame Werte bzw. dringend benötigter Wohnraum vernichtet würden, greifen nicht durch. Wer schwarz baut, handelt auf eigenes Risiko.[162]

vgl. Rn. 81

3. Bestandsschutz

150 In Abriss-Fällen spielt vielfach der **Bestandsschutz** eine Rolle. Denn ein Abriss darf nicht verfügt werden, wenn das Gebäude in der **Vergangenheit** irgendwann (!) einmal für eine gewisse Zeit (etwa drei Monate, str.) **materiell baurechtmäßig** war.[163] Hinzu kommen muss noch, dass das Bauwerk fertig errichtet (Rohbau reicht nicht[164]) und derzeit auch **funktionsgerecht genutzt** wird. Der Bestandsschutz gibt kein Recht auf Erweiterung oder Nutzungsänderung.[165]

Klausurhinweis: Die Klausur wird Sie auf die maßgeblichen Umstände in der Vergangenheit hinweisen, weil die Praxis nicht simulierbar ist. Es sind nämlich alle das Grundstück betreffenden baurechtlichen Änderungen von der Errichtung bis zum Verfügungserlass nachzuvollziehen.

---

159 OVG NRW BRS 70 Nr. 142; BRS 69 Nr. 188; HessVGH BRS 52 Nr. 239.

160 OVG Bln-Bbg KommJur 2015, 436; ThürOVG BRS 76 Nr. 207; Muckel JA 2015, 956.

161 OVG NRW NVwZ-RR 2016, 529 f.

162 BVerwG BRS 58 Nr. 90.

163 BVerfG NVwZ 2001, 424; BVerfG BRS 57 Nr. 246; BVerwG BRS 65 Nr. 92; OVG NRW BRS 74 Nr. 147; 65 Nr. 174; OVG NRW, Urt. v. 16.03.2012 – 2 A 760/10, BeckRS 2013, 58701.

164 HessVGH UPR 1992, 118.

165 BVerwGE 72, 363; 68, 360; 61, 285.

4. Verstoß gegen das Gleichbehandlungsgebot

Das Gleichbehandlungsgebot wird gerügt, wenn die Bauaufsicht bei gleichartigen Schwarzbauten zunächst nur gegen einige und nicht gegen alle auf einmal vorgeht. **151**

Beispielsweise: Illegale Wochenendhaussiedlung im Außenbereich; Abriss von Gartenlauben oder Terrassenüberdachungen in einer größeren Siedlung.

Die Bauaufsicht muss das **Ermessen**, das ihr beim Erlass von Abrissverfügungen eröffnet ist, gleichmäßig ausüben, also gleichgelagerte Fälle gleich behandeln, um nicht gegen **Art. 3 GG** zu verstoßen.[166] Sie darf aus sachlichen Gründen (personelle Kapazität, Rechtsunsicherheiten) mit einzelnen (Pilot-)Abrissen beginnen,[167] wenn sie ein sinnvolles Gesamtkonzept verfolgt.[168] **152**

5. Verwirkung wegen langer Untätigkeit

Schreitet die Behörde geraume Zeit nicht gegen einen Schwarzbau ein, trägt der Bauherr oft vor, nach der langen und bewussten Duldung des Gebäudes könne der Abriss nicht mehr angeordnet werden. Aus dem bloßen Nichteinschreiten (= Duldung) folgt aber **kein Gewohnheitsrecht**, schon weil es an der allgemein geteilten Auffassung fehlt, der Bau sei rechtmäßig. Auch hat die Behörde das Recht zum Einschreiten **nicht verwirkt**. Denn öffentlich-rechtliche Eingriffsbefugnisse sind keine subjektiven Rechte und können nicht verwirkt werden.[169] Lässt die Behörde dagegen durch *aktives* Tun beim Bauherrn aber Vertrauen entstehen, das dieser durch Vermögensdispositionen betätigt, kann das in der Ermessensausübung zu berücksichtigen sein.[170] **153**

6. Keine (alleinige) Sachherrschaft des Abrisspflichtigen

Wendet der Adressat der Abrissverfügung ein, er könne auf das abzubrechende Gebäude nicht zugreifen, etwa weil sein Mieter unmittelbaren Besitz habe oder es einen widerstrebenden Miteigentümer gebe, ist die Verfügung nicht rechtswidrig. Die Abrissverfügung ist nur nicht zwangsweise durchsetzbar, solange gegen die übrigen dinglich Berechtigten keine vollziehbare **Duldungsverfügung** (gerichtet auf Duldung des Abrisses) erlassen ist.[171] Das muss geschehen, bevor die in der Androhung der Ersatzvornahme, die oft mit der Abrissverfügung verbunden wird, gesetzte Frist abgelaufen ist. Der Adressat der Duldungsverfügung kann keine Fehler der an den Dritten gerichteten Abrissverfügung geltend machen[172], die Duldungsverfügung ist aber nur rechtmäßig, wenn die Abrissvoraussetzungen erfüllt sind. **154**

7. Wechsel des Bauherrn nach Verfügungserlass (Rechtsnachfolge)

Hinweis: Zur Rechtsnachfolge im Verwaltungsverfahren siehe Kopp/Ramsauer, VwVfG, § 13 Rn. 58 ff. **155**

Die Abrissverfügung ist wie alle Bauordnungsverfügungen grundstücks- und nicht personenbezogen. Tritt in der Person des Bauherrn/Grundstückeigentümers durch Einzelrechtsnachfolge (Veräußerung) oder Gesamtrechtsnachfolge (Erbschaft) eine Änderung ein, muss die Behörde diese Tatsachenänderung berücksichtigen, wenn sie sich vor dem entscheidungserheblichen Zeitpunkt abgespielt hat, also vor Erlass **156**

166 BVerwG BRS 47 Nr. 76.

167 BVerwG BRS 60 Nr. 163.

168 I.S.eines Willkürverbots: BVerwG GewArch 2018, 191.

169 VGH BW NVwZ-RR 2017, 315, 317; OVG MV NordÖR 2013, 514; OVG RP BauR 2012, 1634.

170 VGH BW NVwZ-RR 2017, 315, 317; OVG RP BauR 2012, 1634.

171 BVerwGE 40, 101; BVerwG BRS 60 Nr. 170.

172 BVerwG BRS 56 Nr. 203; OVG RP NVwZ-RR 2004, 239; a.A. VGH BW NVwZ 1993, 1215, 1216.

der Abrissverfügung bzw. – je nach Landesrecht – vor Erlass des Widerspruchsbescheids. Erfolgt die Änderung danach, hat sie auf die Rechtmäßigkeit der Verfügung keinen Einfluss mehr. In manchen Ländern ist der Übergang von baurechtlichen Ordnungsverfügungen **gesetzlich** in der LBauO ausdrücklich geregelt.

–	54	58	58	58	58	61	58	79	58 III	81	57	58	57	59	58

In **Baden-Württemberg** fehlt eine entsprechende Übergangsnorm. Es ist jedoch auch dort anerkannt, dass grundstücksbezogene Bauordnungsverfügungen, die vorwiegend dingliche Pflichten aktualisieren, auch gegen den Rechtsnachfolger (Gesamt- und Einzelrechtsnachfolge) gelten.[173]

157 Im anhängigen **Prozess** ergibt sich die Unbeachtlichkeit aus § 173 VwGO, § 265 Abs. 2 ZPO. Der ursprüngliche Kläger führt das Verfahren als Prozessstandschafter für den Rechtsnachfolger fort, der nach § 121 Nr. 1 VwGO an die Entscheidung gebunden ist (beachte aber § 266 ZPO).

> **Beachte:** Zwangsmittel sind höchstpersönlich und gehen nicht auf den Rechtsnachfolger über (Begründung: Beugemittel; persönliche Umstände können bedeutsam sein). Bei Rechtsnachfolge muss also die Androhung des Zwangsmittels, die meist mit der Grundverfügung verbunden ist, neu erlassen werden.

D. Nutzungsuntersagung

158 Bauliche Anlagen bestehen aus dem Bauwerk an sich und seinem Nutzungszweck. Deswegen kann mit einer **Nutzungsuntersagung** auch lediglich die Nutzung eines Gebäudes untersagt werden.

Es macht baurechtlich naturgemäß einen großen Unterschied, ob in einer Halle Kopfkissen mit Daunen befüllt oder aus Stahlband Nägel geschlagen werden.

65 S. 2	76 S. 2	80 S. 2	80 I 2	79 I 2	76 I 2	82 I 2	80 II	79 I 2 Nr. 5	82 S. 2	81 S. 1	82 II	80 S. 2	79 S. 2	59 II Nr. 4	79 I 2

Bei der Nutzungsuntersagung ist umstritten, ob die formelle Baurechtswidrigkeit (= Baugenehmigung fehlt) ausreicht oder das Vorhaben auch materiell baurechtswidrig sein muss.[174] Die **Grundregel** der h.M. in der Rspr. lautet: Für die Nutzungsuntersagung genügt grundsätzlich die **formelle Baurechtswidrigkeit**, allerdings kann sie wegen Unverhältnismäßigkeit ermessensfehlerhaft sein, wenn das Vorhaben offensichtlich genehmigungsfähig ist.[175]

Abweichend wird in **Hessen**[176] nur auf die formelle Rechtsmäßigkeit abgestellt. **Baden-Württemberg**[177] betrachtet die materielle Baurechtswidrigkeit als normale Tatbestandsvoraussetzung (vorwiegend Aufbaufrage). In Baden-Württemberg beruht die sog. Nutzungsaufnahmeuntersagung (Verbot einer bisher noch nicht ausgeübten Nutzung) außerdem auf der allgemeinen Eingriffsermächtigung (§ 47 Abs. 1 S. 2 BauO BW).[178]

159 **Hintergrund** ist die Frage, ob man die Nutzungsuntersagung näher bei der Stilllegung sieht (formelle Baurechtswidrigkeit reicht, weil das Genehmigungsverfahren geschützt werden soll) oder sie näher bei der Beseitigungsverfügung ansiedelt (wegen schwerwiegender Folgen muss die materielle Baurechtswidrigkeit hinzukom-

173 BVerwG BRS 24 Nr. 193; VGH BW BRS 47 Nr. 192.
174 Schoch Jura 2005, 178; Dürr JuS 2007, 431, 432; Reichel/Schulte, Handbuch Bauordnungsrecht, § 15 Rn. 222 ff.
175 Näher AS-Skript Öffentliches Baurecht (2016), Rn. 162; OVG BB NVwZ-RR 2016, 650, 651 f.
176 HessVGH ESVGH 65, 53; BRS 71 Nr. 188; VG Darmstadt, Urt. v. 05.12.2012 – 2 K 48/12, DA, BeckRS 2013, 46600; VG Frankfurt/M., Beschl. v. 12.09.2011 – 8 L 2511/11.F; Böhm JA 2013, 481, 485 m.w.N. auch der a.A.
177 VGH BW BRS 74 Nr. 163 m.w.N.
178 VGH BW BRS 76 Nr. 202.

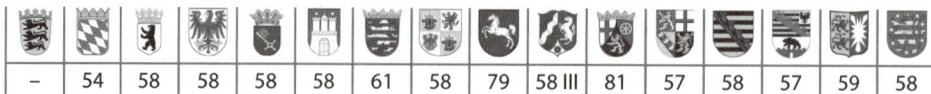

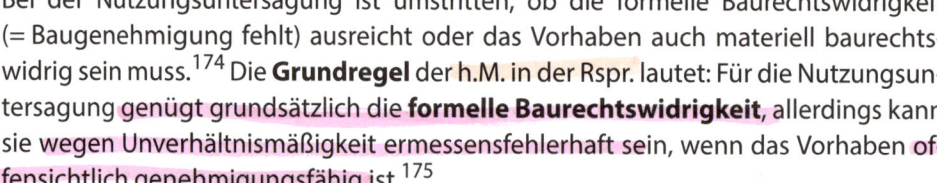

men). Die Grundregel wird von der Rspr. flexibel gehandhabt. **Leitlinien:** Soll eine Nutzungsänderung verboten werden, bevor sie überhaupt begonnen wurde und wesentliche Investitionen getätigt worden sind, reicht die formelle Baurechtswidrigkeit. Drohen durch die Nutzungsuntersagung schwerwiegende (wirtschaftliche) Folgen, muss das Vorhaben auch materiell baurechtswidrig sein. Andererseits verlangen die Vertreter der Ansicht, die stets die materielle Baurechtswidrigkeit fordern, dass diese offensichtlich ist; fehlt es daran, genügt die formelle Baurechtswidrigkeit.

Hinweis: In der Klausur sollten Sie den Streit um die Nutzungsuntersagung **klausurangepasst** lösen. Gehen Sie am besten von der h.M. aus. Legt der Aufgabentext aber erkennbar einen Schwerpunkt auf die materielle Baurechtmäßigkeit, muss diese in Ihrer Lösung auch schwerpunktmäßig behandelt werden. Prüfen Sie, ob Sie die materiellen Fragen in einem anderen Zusammenhang „verarbeiten" können. Falls nicht, stellen Sie fest, dass die Folgen der Nutzungsuntersagung schwerwiegend sind. Dann prüfen Sie die materielle Baurechtmäßigkeit im Tatbestand oder im Ermessen. Eine Nutzungsuntersagung, die irreversible Folgen zeitigt, ist ermessensfehlerhaft (§ 114 S. 1 VwGO), wenn das Vorhaben materiell baurechtmäßig ist.

An die Ermessensausübung sind geringe Anforderungen zu stellen. Das Ermessen ist auf den Verfügungserlass **intendiert**.[179] Dasselbe gilt für die Begründung der Vollziehungsanordnung.[180]

E. Betreten von Grundstücken und Wohnungen

Beschäftigte der Bauaufsichtsbehörde dürfen Grundstücke, bauliche Anlagen und Wohnungen **betreten**. 160

47	54	58	58	58	58	61	58	79	61	59	57	58	57	59	58

Hierbei handelt es sich – entgegen dem häufig erhobenen Einwand – nicht um Durchsuchungen nach Art. 13 Abs. 2 GG, weil lediglich (bauliche) Tatsachen festgestellt und keine Personen oder Sachen aufgespürt werden sollen.[181] Wehrt sich der Betroffene, kann die Behörde eine sofort vollziehbare Duldungsverfügung gegen ihn erlassen oder bei Gefahr im Verzug im Sofortvollzug vorgehen.

Solche Betretungsrechte stehen den **Richtern** des angerufenen Gerichts nicht zu; lässt der Betroffene die Richter nicht auf das Grundstück,[182] ist das im Rahmen der Beweiswürdigung (Beweisvereitelung) zu berücksichtigen.[183]

6. Abschnitt: Nachbar verlangt Einschreiten der Bauaufsicht

A. Nachbaranspruch auf Einschreiten

Der Nachbar muss immer dann von der Bauaufsichtsbehörde verlangen, unmittelbar mit einer **Ordnungsverfügung** gegen den Bauherrn einzuschreiten, wenn das Bauvorhaben entweder gar nicht genehmigt ist, es von der Baugenehmigung abweicht oder wenn es baugenehmigungsfrei ist (zum Nachbarvorgehen gegen ein genehmigtes Vorhaben s.o. Rn. 110 ff.). **Anspruchsgrundlage** für dieses Begehren ist die Vorschrift, die die Bauaufsichtsbehörde zum Erlass der jeweiligen Bauordnungsverfügung ermächtigt (s.o. Rn. 136 ff.). 161

179 OVG MV BRS 84 Nr. 109.

180 BayVGH NVwZ-RR 2017, 364, 365.

181 BVerwGE 47, 31, 37; BVerwG BRS 70 Nr. 185; BVerfGE 51, 97.

182 Die meisten Eigentümer gewähren – von Fernsehkrimis geprägt – bei vorgezeigtem Richterdienstausweis Zutritt.

183 Schulte NJW 1988, 1006.

162 Wird eine nachbarschützende Vorschrift tatsächlich verletzt, ist das Ermessen der Behörde, ob sie eine Bauordnungsverfügung erlässt, nach **h.M.** nur **auf Null reduziert**, wenn die Störung des Nachbarn intensiv ausfällt.[184] Die Behörde kann entgegenstehende Interessen des Bauherrn also durchaus für schwerwiegender halten als das von ihm verletzte Nachbarrecht. Die **Gegenansicht** geht von einem „intendierten Ermessen" aus: Das Entschließungsermessen sei in aller Regel auf Null reduziert, weil nur durch den Erlass der Ordnungsverfügung dem rechtswidrigen Zustand abgeholfen werden könne.[185]

Der Streit schwelt zwischen den OVG/VGH, weil sich die Ermessensreduzierung nach Landesrecht (LBauO) richtet und nicht revisibel ist. Das BVerwG kann keine Rechtseinheit stiften.[186]

163 Der Anspruch des Nachbarn auf Einschreiten kann auch **(materiell) verwirkt** sein, wenn seine Geltendmachung nach dem Zeit- und Umstandsmoment gegen Treu und Glauben verstieße (§ 242 BGB analog). Da das Nachbarrecht grundstücksbezogen ist, wird dem **Rechtsnachfolger** im Eigentum die Verwirkung durch den Voreigentümer zugerechnet.[187]

B. Gerichtliche Durchsetzung

164 **Prozessual** muss der Nachbar zunächst einen Antrag auf Einschreiten an die Bauaufsichtsbehörde stellen, wird dieser abgelehnt oder nicht beschieden, kann er – je nach Landesrecht: nach erfolglosem Widerspruch – **Verpflichtungsklage** erheben. In Klausur und Praxis spielt sich der Rechtsschutz meist allerdings im **einstweiligen Rechtsschutz** nach § 123 Abs. 1 VwGO ab. Typischerweise handelt es sich um Anwaltsklausuren, in denen der Mandant vom RA wissen will, wie er die Bauarbeiten/neue Nutzung möglichst schnell stoppen kann, ohne dass ausdrücklich vom einstweiligen Rechtsschutz die Rede ist (Auslegung, vgl. §§ 122, 88 VwGO). In beiden Verfahren ist der Bauherr notwendig **beizuladen**, § 65 Abs. 2 VwGO.

Beachte: Entgegen vielfacher Annahme ist die Beiladung keine Zulässigkeitsvoraussetzung, sondern dient nur der Rechtskrafterstreckung (vgl. §§ 121 Nr. 1, 63 Nr. 3 VwGO). Trotzdem sollten Sie stets einen Satz zu ihr schreiben.

165 Erlässt die Bauaufsichtsbehörde auf den Nachbarantrag die verlangte Ordnungsverfügung gegen den Bauherrn, kann dieser dagegen Anfechtungsklage (ggf. vorher Widerspruch) erheben, die (ganz normal) gemäß § 80 Abs. 1 S. 2 VwGO **aufschiebende Wirkung** hat. § 212a Abs. 1 BauGB gilt hier nicht; der Bauherr kann also zunächst mit den Arbeiten bzw. der Nutzung fortfahren. Der Nachbar kann dann sofort bei Gericht die sofortige Vollziehung der vom Bauherrn angegriffenen Ordnungsverfügung beantragen (§ 80a Abs. 3 S. 1, Abs. 2 VwGO), muss also vorher keinen Antrag bei der Behörde stellen.

166 Der Nachbar kann nur die verletzten **nachbarschützenden** Vorschriften bei Gericht durchsetzen. Die Bauaufsichtsbehörde selbst ist im Verhältnis zum Nachbarn bei ihrer Prüfung nicht auf die nachbarschützenden Vorschriften beschränkt. Angestoßen durch den Nachbarn, kann sie das Bauvorhaben stets vollumfänglich prüfen.

---

184 BVerwG Buchholz 406.19 Nachbarschutz Nr. 168; BauR 58, Nr. 206; BVerwGE 11, 95, 97; VGH BW VBlBW 1993, 19; OVG Bremen NVwZ 1991, 1007; BayVerfGH BayVBl. 1994, 110; BayVGH, Beschl. v. 04.07.2011 – 15 ZB 09.1237.

185 OVG NRW BRS 40 Nr. 122; NWVBl. 1997, 11, 13; BauR 1994, 746, 749.

186 BVerwG BRS 59 Nr. 188; 48 Nr. 161; 58 Nr. 206; 59 Nr. 188; BVerwGE 11, 95.

187 OVG SH, Beschl. v. 25.05.2018 – 1 LA 44/17, BeckRS 2018, 12799; zur Unterscheidung der prozessualen von der materiellen Verwirkung: AS-Skript Die verwaltungsgerichtliche Assessorklausur (2016), Rn. 594 ff.

2. Teil: Polizei- und Ordnungsrecht

167 Das Polizei- und Ordnungsrecht (POR) ist für das Assessorexamen in zweierlei Hinsicht bedeutsam. Einerseits fungiert es als **„Allgemeiner Teil"** des Eingriffsverwaltungsrechts. Die Strukturen und -regeln der gesamten Eingriffsverwaltung sind hier entstanden und hier entwickeln sie sich fort. Gleichgültig ob Sie eine baurechtliche Abbruch-, eine gewerberechtliche Untersagungs- oder eine versammlungsrechtliche Auflösungsverfügung prüfen: die polizeirechtlichen Prüfungsmechanismen bleiben erhalten. Die ersten beiden Abschnitte sind deswegen der Auffrischung Ihrer polizei- und ordnungsrechtlichen Methodenkenntnis sowie der Verwaltungsvollstreckung gewidmet. Andererseits ist das POR ein ganz gewöhnlicher Ausschnitt aus dem **Besonderen Verwaltungsrecht**, für den Sie bestimmte materiell-rechtliche Spezialkenntnisse – genauso wie etwa zum Bau- oder Gewerberecht – benötigen, um polizeirechtliche Klausuren bewältigen zu können. Erliegen Sie nicht dem Irrtum, sich auf das POR nicht gesondert vorbereiten zu müssen, weil Ihnen der allgemeine Prüfungsaufbau (Ermächtigungsgrundlage, Störerauswahl, Ermessen) noch aus der Universität geläufig ist. Oftmals ist das Polizeirecht besonders **innovativ**, weil es mit existierenden Instrumenten auf neue Phänomene „mitten aus dem Leben" reagieren muss, z.B. auf international reisende Hooligans im Zusammenhang mit Fußballspielen. Oder es schlägt unerwartet neue Wege ein, um altbekannte Missstände zu bekämpfen, wie z.B. Meldeauflagen, um Störer zeitweise am Reisen zu hindern. Das POR ist das schnelllebigste öffentliche Rechtsgebiet, in dem unerwartete und unbekannte Themen auftauchen und mit Altbekanntem kombiniert werden. Diese Nähe zum ganz praktischen Gegenwartsleben macht das Polizeirecht für Assessorklausuren schwer vorhersehbar. Assessorklausuren fragen nämlich kaum die Standardprobleme ab, die Ihnen aus der universitären Ausbildung bekannt sind. Das zugehörige Wissen wird gleichwohl vorausgesetzt und dient als Ausgangsbasis.

168

Klausuren im Polizei- und Ordnungsrecht

Klausuren aus dem bekannt wirkenden POR sind vermeintlich leichter, tatsächlich ist es jedoch nicht einfach, hier ordentliche Ergebnisse zu erzielen. Die folgenden Erläuterungen berücksichtigen deswegen:

- als Kerngebiet des ersten Examens wird in Assessorklausuren einiges Wissen vorausgesetzt,
- Fehler in POR-Bereichen, die Prüfer als bekannt voraussetzen, wiegen schwer,
- die besondere „Lebensnähe" der Sachverhalte macht die juristische Einordnung schwer, weil eine passgenaue Verordnung durch Gesetz/Rspr. meist fehlt und die Lösung nur aus allgemeinen Prinzipien abgeleitet werden kann (daher ist hier das relevante Einzelfallwissen oft klausurentscheidend).

169 **Das sollten Sie über das Polizei- und Ordnungsrecht in anderen Bundesländern wissen:** In Deutschland existieren zwei Modelle der Polizei- bzw. Ordnungsverwaltung. In der Universitätsausbildung wird meist nur das „heimische" System vorgestellt. Gerichtsentscheidungen und Literaturäußerungen lassen sich oft aber nur verstehen, wenn man das jeweilige Landesorganisationsmodell kennt. In BW, Bre, Saar und Sachs gilt das **„Einheitssystem"**. Gesonderte Ordnungsbehörden gibt es dort nicht. Die Polizei gliedert sich hier in die Polizei(verwaltungs-)behörde (präventiv, alle Bereiche des Ordnungsrechts) und in die Vollzugspolizei (repressiv). Die meisten Länder haben ein **„Trennungssystem"** etabliert. Nebeneinander existieren die allgemeinen bzw. Sonderordnungsbehörden und die Polizei. In BY, Bbg, NRW und TH gelten hierfür sogar unterschiedliche Gesetze. Primär sind hier die Ordnungsbehörden (Gewerbe, Bau, Umwelt usw.) zuständig. Nur was der Polizei (= Vollzugspolizei) ausdrücklich zugewiesen ist, fällt in deren Zuständigkeitsbereich. Dazu zählt v.a. Eil- und Notfallkompetenz. In Bayern werden die zuständigen Behörden Sicherheitsbehörden genannt. Auf **Bundesebene** gibt es u.a. noch das BPolG (Grenzschutz, Bahnpolizei, Luftsicherheit) und das BKAG (Informations-/Zentralstelle, Terrorabwehr).

1. Abschnitt: Allgemeines Polizei- und Ordnungsrecht

170 Der Bund ist **gesetzgebungskompetent** für die Strafverfolgung und konkurrierend für die Strafverfolgungsvorsorge (Maßnahmen, um die spätere Strafverfolgung zu erleichtern). Die präventive Gefahrenabwehr und die Straftatenverhütung fällt nach Art. 30, 70 Abs. 1 GG in die Landeskompetenz. Mit diesem Hintergrundwissen können Sie Ermächtigungsgrundlagen einschränkend auslegen.

A. Prüfungsfolge

171 Eine POR-Verfügung ist typischerweise eine Eingriffsverfügung. Sie wird immer (ähnlich wie andere belastende Verwaltungsakte) nach folgendem **Muster** geprüft:

Prüfungsfolge POR-Verfügung

- Ermächtigungsgrundlage
- **Formelle Rechtmäßigkeit** (Zuständigkeit, Verfahren, Form)
- **Materielle Rechtmäßigkeit**
  (Tatbestandsmerkmale, Störereigenschaft des Adressaten)
- **Ermessen** (Entschließungs- und Auswahlermessen, Verhältnismäßigkeit)

172 Jedes Fallproblem können und müssen Sie einer der **Prüfungsebenen** zuordnen. Verwenden Sie hierauf besondere Sorgfalt, denn wenn Sie das Problem an der falschen Stelle abhandeln, schreiben Sie an der Lösung vorbei. Halten Sie den vierstufigen Aufbau immer durch. Das gilt vor allem, wenn sich die Prüfung aufbaumäßig weiter verkompliziert (verschachtelt):

- die **Gefahr** besteht in einem möglichen Verstoß gegen eine polizei- oder ordnungsbehördliche Verordnung, die ihrerseits auf ihre Wirksamkeit zu prüfen ist,
- eine tatsächlich ergangene oder fiktive Grundverfügung wird **vollstreckt**,
- der Störer wird nach Gefahrbeseitigung zur **Kostentragung** herangezogen oder macht seinerseits Ersatzansprüche geltend.

173 Die **typischen** immer wiederkehrenden allgemeinen polizei- und ordnungsrechtlichen **Probleme** behandeln Sie am besten dort, wo sie in der nachfolgenden Tabelle eingetragen sind.

Prüfungspunkt	Problemstellung	
Ermächtigungsgrundlage	▪ präventives oder repressives Vorgehen ▪ Spezialgesetz ▪ Standardmaßnahme	▪ Generalklausel ▪ Eilzuständigkeit der Polizei ▪ Verfassungsmäßigkeit der Ermächtigungsgrundlage
Formelle Rechtmäßigkeit, insb. Zuständigkeit	▪ Eilzuständigkeit der Polizei ▪ Polizeilicher Schutz privater Rechte ▪ störender Hoheitsträger	
Materielle Rechtmäßigkeit		
▪ **Gefahr**	▪ öffentliche Sicherheit, öffentliche Ordnung ▪ Gefahrbegriffe (konkret, gegenwärtig, abstrakt, erheblich, dringend) ▪ Anscheinsgefahr ▪ Gefahrenverdacht ▪ Verstoß gegen die obj. Rechtsordnung: Wirksamkeit der polizei-/ordnungsbehördlichen VO	

aber latente Gefahr beim Störer prüfen, vgl. Rn. 209

Prüfungspunkt	Problemstellung	
▪ **Störer**	▪ Zweckveranlasser ▪ Latente Gefahr ▪ Rechtsnachfolge ▪ Nichtstörer	▪ Zustandsstörer bei Dereliktion ▪ Rangfolge Verhaltens-/ Zustandsstörer
▪ **Ermessen**	▪ Entschließungs- und Auswahlermessen ▪ Verhältnismäßigkeit ▪ Ermessensreduzierung auf Null ▪ Intendiertes Ermessen	

B. Ermächtigungsgrundlage

Ermächtigungsgrundlage – Problemfelder
▪ Abgrenzung **präventives oder repressives** Einschreiten der Polizei (StPO/OWiG oder PolG)
▪ Abschließende **Spezialgesetze** (VersammlG, PresseG)
▪ **Eilzuständigkeit**
▪ **Bestimmtheit**

I. Präventives und repressives Einschreiten der Polizei

174 Im POR gilt wie in allen anderen Rechtsgebieten: Eine gesetzliche Ermächtigungsgrundlage sollte nie sofort subsumiert werden. Vielmehr muss als gedanklicher „Prüfungspunkt Null" zunächst geklärt werden, ob sie überhaupt **anwendbar** ist.

Im POR gilt das in besonderer Weise. Denn historisch gesehen war die Polizei die allzuständige Ordnungsmacht, was sich auch heute noch in der **Mehrgesichtigkeit** polizeilichen Handelns widerspiegelt: Die Polizei kann repressiv zur Strafverfolgung nach Bundesrecht (StPO/OWiG) oder präventiv zur Gefahrenabwehr nach dem landesrechtlichen Polizei- bzw. Sonderordnungsgesetz tätig werden.

Besonders deutlich wird die Vielgestaltigkeit polizeilichen Handelns in den Ländern mit Einheitssystem (siehe Rn. 169). Ähnlich: Zoll (§ 10 ZollVG), Steuerverwaltung (§ 393 AO).

175 Eine landespolizeigesetzliche (sonderordnungsbehördliche) Ermächtigungsgrundlage ist also nicht anwendbar, wenn der handelnde Polizist **vorwiegend ahndend (v.a. strafverfolgend** nach § 163 StPO, vgl. auch § 53 Abs. 1 S. 1 OWiG) tätig werden wollte. Die Abgrenzung folgt danach, zu welchem Zweck (präventiv oder repressiv) der eingreifende Polizist schwerpunktmäßig tätig werden wollte.[188] In der Klausur wird das seltener für das gesamte polizeiliche Eingreifen, dafür öfter bei einzelnen von mehreren Einzelmaßnahmen problematisch sein (s. unten Formulierungsbsp.).

Die Polizei kann eine Wohnung gefahrenabwehrend nach §§ 45 f. BPolG (bzw. den entsprechenden landespolizeilichen Normen) und strafverfolgend nach §§ 102 ff. StPO durchsuchen (dann: Richtervorbehalt, § 105 Abs. 1 StPO). Sind die gefahrenabwehrrechtlichen Voraussetzungen erfüllt, die der StPO-Norm aber nicht, kann auf die präventivpolizeiliche Norm zurückgegriffen werden.[189]

188 BVerwG NVwZ-RR 2011, 710; BVerfG NVwZ 2017, 555; BGH NJW 2017, 3173; NdsOVG NVwZ-RR 2014, 327.
189 BGH NJW 2017, 3173; Danne JuS 2018, 434, 436.

176 **Klausurrelevant** wird die Frage schon beim Rechtsweg, wenn Ihre Lösung mit der Zulässigkeit eines Rechtsbehelfs beginnt und nicht mit der materiellen Rechtmäßigkeit der Maßnahme. Greift der Betroffene eine strafverfolgende Maßnahme der Polizei an, ist ein **Strafgericht** zuständig (§§ 23, 25 Abs. 1 EGGVG: OLG-Senat, § 23 Abs. 3 EGGVG: Amtsgericht), soweit der Polizeibeamte als Ermittlungsperson der Staatsanwaltschaft aufgetreten ist (§ 152 GVG). Nur bei präventiver Tätigkeit gilt § 40 Abs. 1 S. 1 VwGO.

177 Die Polizei wird nur durch die StPO bzw. das OWiG zur **repressiven Tätigkeit** ermächtigt; die Standardmaßnahmen nach den Polizeigesetzen zum selben Zweck sind ausgeschlossen (vgl. z.B. §§ 94, 95 StPO). Auch die Vollstreckung von StPO-Maßnahmen erfolgt ausschließlich nach der StPO, nicht nach POR. Anders als für gefahrenabwehrende können für strafverfolgende Maßnahmen regelmäßig **keine Kosten** erhoben werden. Die Abgrenzung kann auch anderweitig relevant werden, z.B. gelten die Informationsfreiheitsgesetze nicht bei strafverfolgender Tätigkeit.[190]

> *„Die Polizei kann ihre präventive und repressive Aufgabe auch gleichzeitig erfüllen. Ob der rechtswegbestimmende Zweck gleichwohl einheitlich anhand des Schwerpunkts der Maßnahme bestimmt werden muss, oder ob der Betroffene bei doppelfunktionalen Maßnahmen den Rechtsweg frei wählen kann, kann hier offen bleiben. Stellt die Polizei nicht selbst klar, zu welchem Zweck sie handelt und ergibt sich dieser für den Betroffenen nicht eindeutig, ist der Verwaltungsrechtsweg eröffnet, wenn zumindest auch eine präventiv-polizeiliche Ermächtigungsgrundlage in Betracht kommt.*
>
> *In zeitlicher Hinsicht kann eine Ingewahrsamnahme, die zunächst strafprozessualen Zwecken dient, nach Abschluss der Ermittlungshandlungen in einen präventiv-polizeilichen Gewahrsam übergehen. Das war hier der Fall. Nach Abschluss der allenfalls (auch) strafrechtlichen Ermittlungszwecken dienenden Identitätsfeststellung wurde der Kläger noch etliche Stunden bis zum Ende des Fußballbundesligaspiels, zu dem er angereist war, in einer Zelle festgehalten. Aus seiner Sicht lag der Schluss nahe, dass hierdurch präventiv weiteren Ausschreitungen vorgebeugt werden sollte.“*

178 Ausnahme von der Regel „StPO-Norm = Strafverfolgung, POR-Norm = Gefahrenabwehr“: **erkennungsdienstliche** Maßnahmen zur präventiven Strafverfolgungsvorsorge, § 81b Var. 2 StPO.[191]

vgl. Rn. 274 ff.

II. Vorrangige Spezialgesetze

179 Den Ermächtigungsgrundlagen aus dem POR, also den polizeilichen Standardmaßnahmen und der Generalklausel, gehen **spezialgesetzliche Ermächtigungsgrundlagen** vor. Das jeweils einschlägige Spezialgesetz ergibt sich entweder von selbst aus dem Klausurthema (Versammlung – VersammlG; Personalausweis abgeben – PAuswG) oder wird im Aufgabentext mitgeteilt.

Enthält das Spezialgesetz zwar ein bestimmtes Gebot (z.B. Verkaufsverbot am Feiertag; Verbot von Verkehrshindernissen gem. § 32 StVO), aber keine eigene Ermächtigungsgrundlage, kann regelmäßig nach der Generalklausel eingeschritten werden (sog. unselbstständige Verfügung). Denn im Verstoß gegen das gesetzliche Gebot liegt eine Gefahr für die öffentliche Sicherheit.[192]

180 Bei einem **weniger geläufigen Gesetz** wird Ihre Aufgabe vor allem darin bestehen, die Tatbestandsmerkmale der unbekannten Norm auf den Klausursachverhalt anzuwenden. Verlangt ist also die saubere Anwendung der Subsumtionstechnik. Es wird kein Wissen vorausgesetzt, alle nötigen Angaben finden sich (ggf. verklausuliert) im

---

190 OVG NRW, Urt. v. 07.10.2010 – 8 A 875/09, BeckRS 2010, 55487; VG Karlsruhe, Urt. v. 16.06.2016 – 3 K 4229/15.

191 BVerwG NVWZ-RR 2011, 710.

192 BVerwG NVwZ-RR 2016, 178.

Klausurtext. Umgekehrt bedeutet das für Ihre Examensvorbereitung: Sie müssen sich – durch das Lösen von Übungsfällen – auf die Situation/den **Aufgabentyp** vorbereiten, das maßgebliche materielle Recht (LuftSiG, PaßG) können und müssen Sie nicht vorher lernen; Ausnahme: **Versammlungsrecht**.

Nicht selten ist es so, dass eine im Text angeführte spezialgesetzliche Norm nur **181**
scheinbar einschlägig ist. Dann müssen Sie feststellen, an welchem Tatbestandsmerkmal sie scheitert. Anschließend ist die polizeirechtliche Generalklausel zu prüfen. Bei allen speziellen Ermächtigungsgrundlagen, also spezialgesetzlichen und Standardmaßnahmen, gilt allerdings: Sind ihre Voraussetzungen nicht erfüllt, ist entscheidend, ob sie den Lebenssachverhalt **abschließend** regeln oder noch Raum lassen, um auf die polizeiliche Generalklausel zurückzugreifen.[193]

- **Versammlungen:** Wegen des grundrechtlichen Schutzes durch Art. 8 GG ist eine **182**
öffentliche Versammlung „polizeifest". Sind die Eingriffsvoraussetzungen des VersG (z.B. §§ 5, 13, 15 VersG) nicht erfüllt, darf nicht auf das allgemeine Polizeirecht zurückgegriffen werden.[194] Möglich bleiben **„Minusmaßnahmen"** auf versammlungsgesetzlicher Grundlage. Nicht polizeifest sind dagegen nichtöffentliche Versammlungen,[195] Maßnahmen vor dem Beginn[196] (str.) und nach dem Ende der Versammlung oder gegen Störer von Außen (Nichtteilnehmer), ebenso Maßnahmen gegen nicht versammlungstypische Gefahren,[197] näher Rn. 310 ff. vgl. Rn. 323

- **Presse:** Die präventive Beschlagnahme von Presseerzeugnissen ist in den **183**
LPresseG abschließend geregelt und insofern nach Art. 5 Abs. 1 und 2 GG „polizeifest". Die übrige Pressetätigkeit (Informationsbeschaffung) unterliegt den Polizeigesetzen, die allgemeine Gesetze i.S.v. Art. 5 Abs. 2 GG sind (z.B. Platzverweis gegen störenden Journalisten).[198]

III. Eilzuständigkeit

Die Frage der **Eilzuständigkeit** der Polizei stellt sich immer dann, wenn diese anstelle **184**
der eigentlich zuständigen Gefahrenabwehrbehörden handelt (insbes. nachts und am Wochenende). In den Ländern mit Einheitssystem (s. Rn. 169) oder in denen zumindest ein einheitliches Sicherheits- und Ordnungsgesetz gilt, ist die Eilzuständigkeit eine reine Zuständigkeitsfrage, die Ermächtigungsgrundlage bleibt dort auch im Eilfall gleich (vgl. §§ 1, 3 PolG BW, § 11 HSOG).[199] In den Ländern mit Trennungssystem und mit unterschiedlichen Gesetzen für die Polizei und die Ordnungsbehörden (BY, Bbg, NRW, TH), ändert sich dagegen im Eilfall auch die **Ermächtigungsgrundlage**. Die Polizei handelt ausschließlich aufgrund des allgemeinen Polizeigesetzes, die eigentlich einschlägigen Sonderordnungsgesetze gelten für sie auch im Eilfall nicht.

Im letzteren Fall sind Sie frei zu entscheiden, ob Sie das Problem bei der Zuständigkeit der Polizei behandeln oder bei der Ermächtigungsgrundlage.

---

193 Beaucamp JA 2017, 728, 729.

194 BVerfGK 11, 102; OVG SH, Urt. v. 03.09.2015 – 4 LB 13/14, BeckRS 2015, 55259.

195 BVerwG DVBl. 1999, 1740.

196 BVerwG NJW 2018, 716; BVerwG E 129, 142; NdsOVG NdsVBl. 2014, 47.

197 BVerfG NVwZ-RR 2010, 625; BayVGH NJW 2011, 793; VG Stuttgart, Urt. v. 21.07.2015 – 5 K 5066/14, BeckRS 2016, 44048.

198 BVerwGE 143, 74; VG Köln, Urt. v. 23.04.2015 – 20 K 5427/13, BeckRS 2015, 46489.

199 VGH BW, Urt. v. 07.12.2017 – 1 S 2526/16, BeckRS 2017, 137291.

„Ermächtigungsgrundlage für die Einstellung des Betriebes und die Räumung der Diskothek war die polizeiliche Generalklausel. Die beklagte Polizei war nach § ... PolG eilzuständig, weil in der Nacht von Freitag auf Samstag die regulär zuständige Gaststättenaufsichtsbehörde nicht einschreiten konnte. Anders als vom Kläger angenommen kommt es in diesem Fall nicht auf den Fortbestand seiner Zuverlässigkeit an, weil die Polizei die Verfügung nicht auf das GaststG bzw. die GewO gestützt hat, sondern auf das PolG. Im Eilfall besteht eine besondere (originäre) polizeiliche Eingriffsbefugnis, die für seine Dauer noch spezieller ist als die sonderordnungsbehördliche Ermächtigungsgrundlage, die normalerweise (= zu regulären Dienstzeiten) das allgemeine PolG eigentlich verdrängt. Im Gegenzug darf die Polizei nur vorläufige Maßnahmen zur Gefahrenabwehr erlassen."

IV. Verfassungsmäßigkeit der Ermächtigungsgrundlage

185 Mitunter wird in der Klausur gerügt, die Ermächtigungsgrundlage sei **verfassungswidrig**. Dahinter steckt meistens, dass sie zu **unbestimmt** sein soll. Geht es um den Begriff der „Gefahr für die öffentliche Sicherheit" (z.B. in der Generalklausel), genügt der kurze Hinweis, dass Rspr. und Lit. diesen inzwischen so weit konkretisiert haben, dass er hinreichend bestimmt ist.[200] Im Übrigen kann die Verfassungsmäßigkeit einer Ermächtigungsgrundlage im Einzelfall teilweise dadurch herbeigeführt werden, dass sie auf der Tatbestands- bzw. Rechtsfolgenseite (v.a. Ermessen) **verfassungskonform** ausgelegt wird.

Ansatzpunkte der Einschränkung der Generalklausel sind die Bestimmtheit bzw. die Wesentlichkeitstheorie. Intensive Grundrechtseingriffe muss der Gesetzgeber regeln, die Generalklausel genügt allenfalls für eine Übergangszeit (z.B. Einweisung von Flüchtlingen in private Unterkünfte (s.u. Rn. 236); Dauerobservation entlassener Sexualstraftäter nach Vorschriften für kurze Observation); Gefährderansprache (Rn. 307); Meldeauflage (Rn. 308).

C. Formelle Rechtmäßigkeit

186 Die formelle Rechtmäßigkeit ist stets kurz nach **Zuständigkeit**, **Verfahren** und **Form** festzustellen.

I. Zuständigkeit

187 Die Zuständigkeit ergibt sich aus dem POR-Landesgesetz. Im Normalfall ist die Zuständigkeitsnorm nur zu nennen. Die örtliche oder instanzielle (= welche Behörde innerhalb der Behördenhierarchie) Zuständigkeit ist meist unproblematisch.

Hinweis: Da die Zuständigkeitsprüfung immer gleich verläuft, sollten Sie sich die Normenketten Ihres Landes bereits jetzt heraussuchen und lernen, um Schreibzeit zu sparen. Bei den Ländern mit Trennsystem müssen Sie zwischen den Normen für die Polizei und für die Ordnungsbehörden unterscheiden. Ziehen Sie zur Sicherheit Musterlösungen von Fällen zu Rate, die in ihrem Bundesland spielen.

vgl. Rn. 197

188 Nur in der **sachlichen Zuständigkeit** ergibt sich manchmal Diskussionsbedarf. Rein **private** Rechte (Ansprüche) muss der Bürger nämlich grundsätzlich selbst vor den Zivilgerichten schützen (Subsidiarität des Polizeirechts).[201] Die Polizei ist hier nur zuständig, wenn die Rechtsverwirklichung sonst vereitelt würde. Auch dann darf die Polizei nur solche Sicherungsmaßnahmen ergreifen, die in einem zivilgerichtlichen

200 BVerwG NJW 2018, 325; BVerwGE 116, 347, 349; BVerfGE 54, 143, 144 f.

201 BayVGH BayVBl. 2015, 238.

Verfahren auf Erlass einer einstweiligen Verfügung zu erreichen wären (s.u. Rn. 197). Die Polizei ist aber uneingeschränkt zuständig, wenn gleichzeitig öffentlich-rechtliche oder Strafvorschriften verletzt werden.

Subsidiaritätsvorschriften: Jeweils § 1 oder § 2 des PolG/SOG und § 3 Abs. 3 SOG Hmb bzw. § 162 Abs. 2 LVwG SH.

Beachte: Selbstgefährdungen („Komasaufen", Bungee-Jumping) stellen freiwillige Rechtsverzichte dar; ab Bewusstlosigkeit oder bei Selbsttötungsabsicht wird der rein private Bereich verlassen. 189

„Der beklagte Polizeipräsident war nicht unter dem Gesichtspunkt des Schutzes der öffentlichen Sicherheit sachlich zuständig. Der objektive Straftatbestand des § 33 KunstUrhG war durch die Fotos, die der Kläger von den Polizisten im Einsatz gemacht hatte, nicht erfüllt. Die öffentliche Sicherheit war insofern nicht gefährdet. Der Kläger hatte nämlich bereits bei der Polizeivernehmung glaubhaft dargelegt, dass er die Fotos nicht verbreiten oder öffentlich zur Schau stellen will. Der Beklagte war auch nicht ausnahmsweise sachlich dafür zuständig, private Rechte zu schützen. Die Ablichtung des Polizeibeamten im Einsatz mag dessen Recht am eigenen Bild (§§ 22, 23 KunstUrhG) verletzen. Es ist aber nicht erkennbar, dass der Polizist keine gerichtliche Hilfe erlangen konnte. Solange keine Veröffentlichung (dann: Gefahr für die öffentliche Sicherheit, § 33 KunstUrhG) droht, muss der Polizeibeamte privatrechtliche Hilfe bei den Zivilgerichten suchen. Zur Beschlagnahme und Sicherstellung der Speicherkarte der Kamera war der beklagte Polizeipräsident also sachlich nicht zuständig."

Hinweis: Lesen Sie die Normen des KunstUrhG nach!

Geht die **Störung** von einem **Hoheitsträger** aus, sind die allgemeinen Polizei- und 190
Ordnungsbehörden normalerweise sachlich unzuständig. Denn jeder Hoheitsträger ist für den ihm zugewiesenen Sachbereich umfassend zuständig. Dazu gehört auch, keine Gefahren entstehen zu lassen. Über das POR darf die gesetzliche Zuständigkeitsverteilung nicht unterlaufen werden. Die POR-Behörden sind anderen Hoheitsträgern nicht übergeordnet. Sie besitzen ihnen gegenüber keine Zwangs- und auch keine Eingriffsbefugnisse. Das materielle Fachrecht kann die **formelle Polizeipflicht** allerdings ausnahmsweise abweichend regeln (vgl. unten Rn. 498 ff.). BImSchG

Beispiel: Ein Nachbar kann von der Ordnungsbehörde nicht verlangen, dass sie gegen das Glockenläuten einer öffentlich-rechtlich verfassten Kirche vorgeht.[202]

II. Verfahren

Der beabsichtigte Adressat einer Polizei- oder Ordnungsverfügung muss nach § 28 191
Abs. 1 VwVfG vorher **angehört** werden. Das kann ausnahmsweise entfallen, wenn die Verfügung eilbedürftig ist, § 28 Abs. 2 Nr. 1 VwVfG.[203] Weitere Verfahrensanforderungen können sich aus speziellen Ermächtigungsgrundlagen ergeben, z.B. Behördenleiter- oder Richtervorbehalt bei bestimmten Standardmaßnahmen.

III. Form

POR-Verfügungen sind normalerweise **formfrei**. Verfügungen der Ordnungsbehör- 192
den müssen teilweise **schriftlich** ergehen (§ 20 Abs. 1 OBG NRW, § 19 OBG Bbg). Ergeht die Verfügung zunächst mündlich (Polizeieinsatz), kann der Betroffene eine nachträgliche schriftliche Bestätigung verlangen, § 37 Abs. 2 S. 2 VwVfG.

202 BVerwGE 68, 62, 64 ff.

203 NdsOVG DVBl. 2016, 16.

IV. Fehlerfolgen

193 Wenn Sie einen Fehler in der formellen Rechtmäßigkeit feststellen, dürfen Sie die Prüfung nicht beenden bzw. nur hilfsgutachterlich weiterprüfen. Sie müssen immer untersuchen, ob der Fehler **geheilt** ist oder werden kann (§ 45 VwVfG). Scheidet die Heilung aus, müssen Sie die Folgen des Fehlers gemäß §§ 44 und 46 VwVfG prüfen.

D. Materielle Rechtmäßigkeit

194 Behalten Sie bei den anschließend dargestellten Details Folgendes im Blick: Es gibt nur **zwei Eingriffsvoraussetzungen**: 1. ein taugliches Schutzgut, das 2. hinreichend wahrscheinlich geschädigt wird.

Daraus ergibt sich die **Prüfungsfolge:** Stellen Sie zunächst fest, welches Schutzgut der öffentlichen Sicherheit oder Ordnung „betroffen" ist. Anschließend untersuchen Sie, ob dem Schutzgut eine Gefahr droht, und zwar in der Ausprägung, die die Ermächtigungsgrundlage vorsieht.

I. Schutzgut: Öffentliche Sicherheit

195 Im Vordergrund polizei- und ordnungsbehördlichen Handelns stehen Gefahren für die **öffentliche Sicherheit**; lernen Sie die Definition auswendig.

> **Öffentliche Sicherheit:** Unverletzlichkeit der **gesamten Rechtsordnung**, der **subjektiven Rechte** des Einzelnen und die **Funktionsfähigkeit** der Einrichtungen und Veranstaltungen **des Staates**.

196 ▪ **Gesamte Rechtsordnung:** gesetzlich normierte Verhaltenspflichten (auch Verordnung, Satzung); bei Strafnormen muss nur der objektive Tatbestand erfüllt sein; Grundrechte, sowie sie staatl. Schutzpflichten begründen

Art. 1 Abs. 1 GG – Tötungsspiele (maßgeblich: sportlich-spielerischer Charakter noch erkennbar),[204] Art. 2 Abs. 2 S. 1, Art. 1 Abs. 1 GG – drohende Obdachlosigkeit,[205] Art. 2 Abs. 2 S. 1 GG – drohende Selbsttötung.[206]

197 ▪ **Individualrechtsgüter:** Leben, Gesundheit, Freiheit, Eigentum, vermögenswerte Rechte sowie das allgemeine Persönlichkeitsrecht (Art. 2 Abs. 1 i.V.m. Art. 1 Abs. 1 GG). Verzichtet der Rechtsträger freiwillig (z.B. Selbstgefährdungen), ist das notwendige öffentliche Interesse nicht gefährdet; Grenze: Selbsttötung (staatl. Schutzpflicht, Art. 2 Abs. 2 S. 1 GG).

Hierzu gelangt man nur, wenn die Polizei ausnahmsweise anstelle der vorrangigen ordentl. Gerichte **zuständig** ist (s. Rn. 188).

▪ **Funktionsfähigkeit des Staates:** Arbeitsfähigkeit sämtlicher Behörden und Gerichte (bei Störungen von außen);[207] staatliche Veranstaltungen wie Großer Zapfenstreich der Bundeswehr[208] oder Geschwindigkeitsmessungen (str.)

II. Schutzgut: Öffentliche Ordnung

198 Je nach Landesrecht ist auch die **öffentliche Ordnung** geschützt. Sie erfasst die Gesamtheit der **ungeschriebenen Verhaltensregeln**, deren Beachtung nach den jeweils herrschenden Anschauungen als unerlässliche Voraussetzung eines **gedeihli-**

---

204 BVerwGE 115, 189 (auf Ermessensebene geprüft); VGH BW NVwZ-RR 2005, 472, 473; BayVGH GewArch 2013, 218.
205 BayVGH, Beschl. v. 07.05.2018 – 4 CE 18.965; NdsOVG DVBl. 2016, 116; OVG Bremen NVwZ-RR 2013, 361.
206 OVG NRW DVBl. 2015, 1588; NdsOVG, Urt. v. 28.09.2006 – 11 LC 185/06, BeckRS 2006, 26608.
207 OVG Bln-Bbg, Beschl. v. 29.09.2015 – 1 S 45.15.
208 BVerwGE 84, 247.

chen Zusammenlebens angesehen werden (Sozialmoral).[209] Mitunter wird ein Verstoß gegen § 118 Abs. 1 OWiG (grober Unfug) gegeben und damit die öffentl. Sicherheit gefährdet sein, sodass kein Rückgriff auf die öffentl. Ordnung nötig ist. Falls doch, ist so zu prüfen: 1. feststellbare Sozialnorm (nicht: Minderheitenansicht), 2. deren Verletzung durch öffentliches Handeln (nicht: privates). Meist geht es um nationalsozialistische Unrechtsherrschaft, religiöse Überzeugungen, Nacktheit/Sexualität, aggressives Betteln, Tötungsspiele.

Ja: Schriftzug „HASS" auf der Kleidung von Teilnehmern einer rechtsgerichteten Versammlung: Einschüchterung der Bevölkerung;[210] Verkauf von NS-ähnlichen Emblemen auf einem Waffenmarkt nahe des ehemaligen „Reichsparteitagsgeländes";[211] fremde Frauen unter den Rock fotografieren, ohne dass diese identifizierbar sind;[212] *Nein:* kreuzigungsähnliche Darstellung eines Tieres, um für Tierschutz zu werben (Meinungsfreiheit).[213]

Hinweis: Zielt die Aufgabe erkennbar auf die öffentliche Sicherheit, unterlaufen Sie die Aufgabenstellung besser nicht, indem Sie die problematischen zugehörigen Fragen offen lassen und „jedenfalls" eine Verletzung der öffentlichen Ordnung annehmen.

III. Gefahr

Gefahrenlagen

- Konkrete, abstrakte, gegenwärtige Gefahr
- Anscheinsgefahr
- Scheingefahr
- Gefahrenverdacht

1. Gefahrbegriffe

Wenn das betroffene Schutzgut feststeht, kann untersucht werden, ob ihm eine Gefahr droht. 199

Legaldefinitionen der Gefahr finden sich in § 2 Nr. 3a PolG Bre, § 2 Nr. 1a SOG Nds, § 3 Nr. 3a SOG Sachs, § 54 Nr. 3a OBG TH.

Eine **Gefahr** ist eine Sachlage, in der bei ungehindertem Ablauf des zu erwartenden Geschehens in absehbarer Zeit mit hinreichender Wahrscheinlichkeit ein Schaden für das Schutzgut eintreten wird.

Die Prüfung erfolgt zweischrittig: 1. Feststellung der Tatsachen (Lagebeurteilung), 2. Vorhersage eines Schadens (Prognoseentscheidung). Die Ermächtigungsgrundlagen verlangen besondere Gefahrintensitäten. Einige müssen Sie kennen:

- **Konkrete** Gefahr: Bei **Einzelmaßnahmen** ist mindestens eine konkrete Gefahr Voraussetzung für das Einschreiten, auch wo das Gesetz das nicht ausdrücklich verlangt.[214] Konkret ist die Gefahr, wenn bei einem nach **Zeit und Ort** tatsächlich greifbaren Sachverhalt die **hinreichende Wahrscheinlichkeit** einer Beschädi- 200

209 BVerfGE 69, 315 (352); BVerwG NVwZ 2014, 883.

210 VG Hannover, Beschl. v. 29.07.2013 – 10 B 5753/13, juris; VG Würzburg, Beschl. v. 24.04.2013 – W 5 S 13.347.

211 VG Würzburg NVwZ-RR 2013, 684.

212 VG München, Beschl. v. 04.03.2009 – M 22 S 08.5986.

213 VG Sigmaringen, Urt. v. 19.01.2011 – 1 K 1561/10, BeckRS 2011, 46779.

214 Schenke JuS 2018, 505, 506.

gung des Schutzgutes besteht. Je hochwertiger das Schutzgut, desto geringer muss die Wahrscheinlichkeit sein.[215]

201 ■ **Abstrakte** Gefahr: Die für eine unbestimmte Vielzahl von Fällen erlassene **Gefahrenabwehrverordnung** der POR-Behörde verlangt eine abstrakte Gefahr. Gleiches gilt bei Maßnahmen zur **vorbeugenden Bekämpfung von Straftaten.** Eine abstrakte Gefahr setzt eine Situation voraus, die typischerweise **gefahrgeneigt** ist. Ob im Einzelfall eine hinreichende Schadenswahrscheinlichkeit besteht, ist unerheblich.[216]

Ja: Betreten zugefrorener Flüsse und Seen wird unabhängig von der Eisdicke verboten (Gefahrenabwehrverordnung); Straßenprostitution;[217] „Himmelslaternen";[218] Verbot freilaufender Hunde (Leinenzwang);[219] Verbot von Glasflaschen zu bestimmten Gelegenheiten (Karneval, Volksfest, Versammlung)[220], aber nicht generell[221]. Umstritten: generelles Verbot, auf bestimmten Straßen/Plätzen Alkohol zu trinken (führt Alkoholgenuss typischerweise zu Straftaten?[222]).

Vgl. Rn. 233: Inanspruchnahme eines Nichtstörers

202 ■ **Gegenwärtige** Gefahr: das Schutzgut ist **bereits beschädigt** (= Störung eingetreten) oder die Schädigung steht **unmittelbar bevor**. Bestimmte Standardmaßnahmen setzten eine gegenwärtige Gefahr voraus.

2. Anscheinsgefahr, Scheingefahr, Gefahrenverdacht

203 Ob die erforderliche Gefahr vorlag, ist gerichtlich voll überprüfbar. Maßgeblich ist die Erkenntnismöglichkeit eines verständigen Beamten (Amtswalters) zum Zeitpunkt des Einschreitens **(objektiv ex ante)**. Stellt sich im Nachhinein (ex post) heraus, dass keine Gefahr vorlag, spricht man von einer **Anscheinsgefahr**. Da es für die Gefahr und damit für die Rechtmäßigkeit des Eingriffs (= Primärebene) jedoch stets nur auf die ex-ante-Sicht ankommt, stellt die sog. Anscheinsgefahr letztlich eine „ganz normale" Gefahr dar.[223]

204 Die Anscheinsgefahr führt allerdings zu zwei Besonderheiten. Bei der Entscheidung, wer die **Kosten** des Eingreifens zu tragen hat (= Sekundärebene), wird inhaltlich der (alte) rein objektive Gefahrbegriff zugrunde gelegt und um Zurechenbarkeitsgesichtspunkte ergänzt. Da objektiv kein Schaden drohte, muss der Betroffene die Kosten des behördlichen Eingreifens nur tragen, wenn er die anscheinend gefährliche Situation selbst zurechenbar veranlasst hat.[224]

Beispiel: Ein anonymer Anrufer teilt der Polizei die konkrete Selbsttötungsabsicht eines Bekannten mit. Der angerückten Funkstreife öffnet dieser aber nicht, weil er sich inzwischen bereits freiwillig in die Psychiatrie begeben hat. Die Polizei lässt die von ihr aufgebrochene Tür durch einen Schlüsseldienst provisorisch verschließen; sie kann keine Kostenerstattung verlangen,[225] vielmehr hat der Betroffene einen Schadensersatzanspruch aus einer analogen Anwendung der Vorschriften über den Ersatzanspruch des Notstandsstörers (s. Rn. 232 ff.).[226]

---

215 BVerwGE 129, 142; BVerwG, Urt. v. 28.06.2004 – 6 C 21.03, BeckRS 2004, 25030; OVG NRW NVwZ-RR 2012, 470; NWVBl. 2011, 108.

216 BVerwG NJW 2018, 325; BVerwGE 116, 347, 351.

217 BVerwG GewArch 2015, 258; OVG NRW StGR 2015, 38.

218 OVG LSA, Beschl. v. 23.12.2014 – 3 L 695/12.

219 NdsOVG NdsVBl. 2014, 205; OVG Bln-Bbg LKV 2013, 36.

220 SächsOVG, Beschl. v. 19.04.2018 – 3 B 126/18; VGH BW BWGZ 2013, 77; OVG RP LKRZ 2012, 427.

221 OVG Bremen NordÖR 2017, 194.

222 BVerwG NVwZ-RR 2013, 387; *JA:* NdsOVG NdsVBl. 2013, 68; *NEIN:* SächsOVG SächsVBl 2017, 278; OVG TH ThürVBl. 2013, 8; VGH BW NVwZ-RR 2010, 55; prozessrechtlich: OVG RP DVBl. 2013, 330.

223 BVerwGE 39, 190; 45, 51, 58; BGHZ 5, 144; Schenke JuS 2018, 505, 507; Krüger JuS 2013, 905.

224 VGH BW ESVGH 61, 198.

225 OVG Berlin NVwZ-RR 2002, 623.

226 BGHZ 126, 279 ff.; 117, 303 ff.

Stellt sich **später** heraus, dass doch keine Gefahr besteht, entfällt das Vollzugsinteresse (§ 80 Abs. 5 VwGO) und der rechtswidrig gewordene VA ist zurückzunehmen (§ 48 VwVfG)[227] bzw. es besteht ein Vollzugsfolgenbeseitigungsanspruch (§ 113 Abs. 1 S. 2 VwGO). **205**

Dieselben Grundsätze gelten, wenn zwar eine Gefahr vorlag, die Maßnahme aber nicht gegen den wirklichen, sondern den nur anscheinenden Störer gerichtet wird **(Anscheinsstörer)**. **206**

Liegen tatsächliche Anhaltspunkte für eine Gefahr vor, bleibt aber unklar, ob tatsächlich eine Gefahr besteht, weil der Beamte die Situation selbst nicht weiter aufklären kann (ist die auslaufende Flüssigkeit grundwassergefährdend?), liegt ein **Gefahrenverdacht** vor.[228] Der Gefahrenverdacht ist eine Gefahr, die zum Einschreiten berechtigt, allerdings ist das Ermessen auf der Rechtsfolgenseite auf Gefahrerforschungsmaßnahmen beschränkt (str.). Die **Kostenverteilung** verläuft wie bei der Anscheinsgefahr. Lag tatsächlich eine Gefahr vor, sind die Kosten der Erforschung als erster Schritt der Gefahrbeseitigung vom Störer zu tragen.[229] **207**

-> Zurechenbarkeit

In Spezialgesetzen wird der Gefahrenverdacht häufig umschrieben, etwa: „wenn Tatsachen die Annahme rechtfertigen, dass", „sofern tatsächliche Anhaltspunkte vorliegen, dass". Auch die neuartige Gefahrenkategorie der „**drohenden Gefahr**" (Art. 11a BayPAG) ist ein Unterfall des Gefahrenverdachts. Spezialgesetzlich sind bei ihr – unter weiteren Voraussetzungen – mehr als Gefahrerforschungsmaßnahmen möglich.[230] **208**

Eine **latente Gefahr** gibt es nicht als eigene Gefahrkategorie. Wenn ein bisher ungefährlicher Zustand (Wasserdampf aus Kühltürmen) durch Umweltänderungen (verändertes Mikroklima führt zu Kälte, diese zu Straßenglätte) gefährlich wird, besteht ab diesem Augenblick eine „normale" Gefahr. Vorher bestand keine Gefahr. Zur Legalisierungswirkung von Genehmigungen s. Rn. 224. **209**

Hat der einschreitende Beamte dagegen nur (subjektiv) pflichtwidrig eine Gefahr angenommen, wäre einem verständigen Beamten dieser Irrtum also nicht unterlaufen, fehlt die Gefahr (sog. **Schein-** oder **Putativgefahr**). Das Einschreiten ist **rechtswidrig**, dem Betroffenen stehen Ersatzansprüche zu (z.B. aus Art. 34 GG, § 839 BGB oder nach speziellen polizeirechtlichen Vorschriften, z.B. § 39 Abs. 1b) OBG NRW). **210**

3. Verstoß gegen eine (Gefahrenabwehr-)Verordnung

Erfolgt der Eingriff, weil gegen **untergesetzliches Recht** verstoßen wird, also gegen eine Rechtsverordnung, z.B. eine ordnungsrechtliche Gefahrenabwehrverordnung oder eine Satzung, müssen Sie immer gesondert feststellen, ob die **untergesetzliche Norm wirksam** ist. Im Assessorexamen dürfen Sie zwar die Wirksamkeit (Verfassungsmäßigkeit) von Parlamentsgesetzen nur thematisieren, wenn die Aufgabe erkennbar darauf angelegt ist. Bei untergesetzlichen Normen wie **Gefahrenabwehrverordnungen** (Polizeiverordnungen) müssen Sie aber hierauf aber stets eingehen. Denn ein Verstoß gegen die öffentliche Sicherheit liegt nur dann vor, wenn die Verordnung ihrerseits **wirksam** ist. Der Prüfungsgang wird hierdurch verschachtelter, am Prüfungsschema selbst ändert sich aber nichts. **211**

Häufig wird die **Wirksamkeit** der GefahrenabwehrVO den Schwerpunkt der Arbeit bilden. Prüfen Sie zunächst, ob die **Voraussetzungen** der Verordnungsermächtigung des SOG/PolG erfüllt sind. **212**

---

227 Schenke JuS 2018, 505, 507; a.A. Kopp/Ramsauer, VwVfG, § 48 Rn. 57.

228 BVerwGE 116, 347 (Rassezugehörigkeit eines Hundes).

229 VGH BW Urt. v. 16.11.2017 – 1 S 2136/17, RÜ 2018, 195.

230 Verfassungsgemäß: Möstl BayVBl. 2018, 156; Verfassungswidrig: Löffelmann BayVBl. 2018, 145; eher darstellend: Waechter NVwZ 2018, 458.

10 ff. PolG	16 ff. LStVG	55 ff. ASOG	24 ff. OBG	48 ff. PolG	1-2 SOG	71 ff. SOG	17 ff. SOG	54 ff. SOG	25 ff. OBG	43 ff. PolG	59 ff. PolG	9 ff. PolG	93 ff. SOG	175,335 LVwVG	27 ff. OBG

In **formeller** Hinsicht kann es zu Fehlern im Beschluss- oder Bekanntmachungsverfahren kommen, die Sie teils unter Rückgriff auf die GemO behandeln müssen (Zitiergebot, Mitwirkung Befangener, Abstimmungsfehler). **Materiell** geht es oft um die Frage, ob tatsächlich eine **abstrakte Gefahr** abgewehrt werden soll oder ein nur unerwünschtes, belästigendes Verhalten. Weiterhin wird die Frage aufgeworfen, ob der verbotene Lebensbereich bereits durch ein thematisch einschlägiges Parlamentsgesetz abschließend geregelt ist, für eine weitergehende GefahrenabwehrVO also kein Raum mehr bleibt.

„Die polizeigesetzliche Verordnungsermächtigung wird nicht durch das spezialgesetzliche Infektionsschutzgesetz (IfSG) verdrängt. Dieses Gesetz regelt den Schutz des Menschen vor übertragbaren Krankheiten (§ 1 Abs. 1 IfSG). Eine Sperrwirkung für die lediglich subsidiäre Verordnungsermächtigung des allgemeinen Polizeirechts entfalten die Bestimmungen des IfSG nur, soweit eine untergesetzliche Rechtsvorschrift allein den Zweck verfolgt, die Bevölkerung vor übertragbaren Krankheiten i.S.d. IfSG zu schützen. Das ist hier aber nicht der Fall. Auch soweit das polizeiverordnungsrechtliche Taubenfütterungsverbot den Gesundheitsschutz im Auge hat, dient es vielmehr auch der Verhinderung von Gesundheitsgefahren, die nicht von übertragbaren Krankheiten i.S.d. IfSG ausgehen."

213 In diesem Zusammenhang können Ihnen im Gewand der GefahrenabwehrVO viele Themen aus dem **allgemeinen Staatsrecht** begegnen, z.B. Bestimmtheit und Vereinbarkeit mit den Grundrechten. Sie müssen diese methodisch in etwa so bearbeiten wie bei einer Verfassungsrechtsklausur im ersten Examen, jedoch insgesamt straffer.

„Der Platzverweis war rechtswidrig, weil der Kläger die öffentliche Sicherheit nicht gefährdete bzw. verletzte, als er auf dem Marktplatz saß und mehrere Flaschen Bier trank. Zwar sind auch untergesetzliche Normen Teil der geschriebenen Rechtsordnung und damit Schutzgut der öffentlichen Sicherheit. Eine Gefahr liegt aber nur vor, wenn die untergesetzliche Norm wirksam ist. Die GefahrenabwehrVO, die in ihrem § 1 ‚im gesamten Stadtgebiet das Lagern oder dauerhafte Verweilen in Verbindung mit Alkoholkonsum in der Öffentlichkeit verbietet, wenn dessen Auswirkungen geeignet sind, Dritte erheblich zu beeinträchtigen', ist indessen unwirksam. Die Verbotsnorm ist mit höherrangigem Recht nicht vereinbar.

Es bestehen zwar keine Bedenken hinsichtlich des ordnungsgemäßen Zustandekommens der Gefahrenabwehrverordnung. Die Verordnung ist mit der erforderlichen Zustimmung des Stadtrates erlassen worden (vgl. § … SOG/PolG, § … GO) und der Rechtsaufsichtsbehörde nach Maßgabe des § … SOG/PolG zur Zustimmung vorgelegt worden. Eine ordnungsgemäße Verkündung durch die öffentliche Bekanntmachung im Amtsblatt liegt ebenfalls vor.

§ 1 GefahrenabwehrVO verstößt aber gegen das verfassungsrechtliche Gebot hinreichender Bestimmtheit. … Weiterhin fehlt es an der abstrakten Gefahr, die die Verordnungsermächtigung in § … SOG/PolG voraussetzt. Reine Vorsorgemaßnahmen zur Abwehr möglicher Beeinträchtigungen im Gefahrenvorfeld werden durch die polizeiliche Ermächtigungsgrundlage zum Erlass von Gefahrenabwehrverordnungen nicht gedeckt. Das Alkoholverbot stellt eine solche Vorsorgemaßnahme dar. Alkoholkonsum ist in der Öffentlichkeit nicht generell verboten. Die Beklagte konnte für ihr Stadt-

gebiet keine Untersuchungen vorlegen, die den Schluss zulassen, dass gerade der unter Verbot gestellte Genuss von Alkohol in der Öffentlichkeit regelmäßig und typischerweise die Gefahr von Körperverletzungen, Sachbeschädigungen und Lärmbelästigungen mit sich bringt. ..."

Beachten Sie, dass auch der Erlass einer GefahrenabwehrVO im **Ermessen** des VO-Gebers liegt. Welche Ermessensgründe leitend waren, ergibt sich meist aus der Verwaltungsvorlage oder der Begründung des Ratsbeschlusses. Lässt sich in einer Klausur einmal gar nichts dazu finden, übergehen Sie das am besten mit Schweigen. Wahrscheinlich kommt es aus Sicht des Prüfungsamts darauf nicht an. Würgen Sie den Fall keinesfalls kurzerhand mit der Begründung „Ermessensausfall" ab!

In den meisten Ländern sind landesrechtlich **Normenkontrollverfahren** nach § 47 Abs. 1 Nr. 2 VwGO zugelassen (außer in Berlin, Hamburg und NRW). Sie müssen daher auch mit Falleinkleidungen rechnen, die von einer konkreten polizeilichen Anordnung losgelöst sind. Machen Sie sich anhand des VwGO-Kommentars mit der Zulässigkeitsprüfung von § 47 VwGO vertraut.[231] **214**

- **Aufstiegsverbot für Fluglaternen:** Brennende Fluglaternen können durch Polizeiverordnung verboten werden, weil sie typischerweise Brände verursachen können, soweit die Brandgefahr im Einzelfall nicht hinreichend sicher ausgeschlossen ist.[232] **215**

- **Taubenfütterungsverbot:** Zur Abwehr der Gefahren für das Eigentum und die menschliche Gesundheit, die von Stadttauben ausgehen, kann trotz des Staatsziels des Tierschutzes (Art. 20a GG) durch Polizeiverordnung ein Taubenfütterungsverbot erlassen werden.[233]

- **Alkoholverbot:** Der Alkoholgenuss auf öffentlichen Straßen kann im Regelfall nicht durch GefahrenabwehrVO untersagt werden, weil Alkoholgenuss nicht typischerweise zu Straftaten/Ordnungswidrigkeiten führt. Es fehlt die abstrakte Gefahr.[234] Ausnahmsweise und räumlich-zeitlich begrenzt kann sich ein kausaler Zusammenhang zwischen dem nächtlichen Alkoholkonsum auf einer „Partymeile" und der Störung der Gesundheit (Nachtruhe), der benachbarten Anwohner ergeben, die in einem schutzbedürftigen Wohngebiet wohnen.[235] **216**

- **Glasverbot:** Ähnliches wie beim Alkoholverbot gilt für Glasverbote (Trinkgläser, Getränkeflaschen) bei Großveranstaltungen (*Ja:* Karneval, Public-Viewing) oder nur landschaftlich schutzwürdigen Orten (*Nein:* Seeufer).[236] **217**

- **Hunde:** Der Umgang mit gefährlichen Hunden ist meist in einem Spezialgesetz geregelt. Für die übrigen Hunde kann Leinen-/Maulkorbzwang im Zuständigkeitsgebiet durch Polizeiverordnung angeordnet werden. Hierfür reicht die abstrakte Gefahr, die von Hunden ausgeht.[237] Hundegebell zur Nachtzeit kann auch verboten werden.[238] **218**

- **Nutzungszeiten öffentlicher Einrichtungen:** Durch PolizeiVO kann für einen Sportplatz nicht vorgegeben werden, von wann bis wann seine Benutzung „erlaubt" ist. Der zulässige Nutzungsumfang folgt aus der Widmung (i.V.m. mit einer evtl. Benutzungsordnung), und v.a. durch das BImSchG einschl. der zugehörigen Verordnungen (SportanlagenlärmschutzVO – 18. BImSchV).[239] **219**

---

231 S. auch AS-Skript VwGO (2017), Rn. 401 ff.

232 BVerwG NJW 2018, 325.

233 BVerfGE 54, 143, 147; BayVerfGHE 57, 161; BayVGH, Beschl. v. 04.08.2014 – 10 ZB 11.1920.

234 VG Düsseldorf, Urt. v. 23.05.2018 – 18 K 8955/17, BeckRS 2018, 11113; OVG TH ThürVBl. 2013, 8; VGH BW NVwZ-RR 2010, 55.

235 NdsOVG NdsVBl. 2013, 68.

236 VGH BW BWGZ 2013, 77; VG Trier Beschl. v. 26.02.2014 – 1 L 376/14, BeckRS 2014, 47862.

237 OVG Saar, Beschl. v. 28.06.2018 – 2 B 114/18; BayVGH NVwZ-RR 2017, 784; NdsOVG NdsVBl 2017, 279.

238 SächsOVG NJW 2018, 181.

239 VGH BW NVwZ-RR 2017, 653; VBlBW 2015, 81; 14, 292; DVBl. 2012, 1311.

IV. Adressat

Richtiger Adressat
■ **Verhaltensstörer**
▪ Zweckveranlasser
▪ Legalisierungswirkung einer Genehmigung
■ **Zustandsstörer**
■ **Rechtsnachfolge** in die Störerposition
■ **Nichtstörer**

220 Liegt eine Gefahr vor, ist weiter zu prüfen, wer zu ihrer Abwehr herangezogen werden darf, wer also der **richtige Adressat** ist. Das ist grundsätzlich derjenige, der durch sein Verhalten die Gefahr verursacht hat **(Verhaltensstörer)**. Geht die Gefahr von einer Sache aus, kommt es auf die Sachherrschaft an **(Zustandsstörer)**. Kann keiner von ihnen die Gefahr wirksam bekämpfen, kann zuletzt der sog. **Nichtstörer** herangezogen werden. Alle Störerbegriffe sind in den SOG/PolG legaldefiniert.

Beachte: Weist die Klausur keine besondere Störerproblematik auf, bedarf die Feststellung des Störers normalerweise keiner vertieften Darstellung.

1. Verhaltensstörer

221 Zwar wird eine Gefahr stets durch viele Umstände verursacht (Bananenpflanzer – Bananenverkäufer – Bananenesser, der die Schale auf den Gehweg wirft), ordnungsrechtlich ist aber nur der unmittelbare Verursacher Störer, also derjenige, dessen Verhalten die **Gefahrgrenze** überschreitet (Theorie der **unmittelbaren Verursachung**). Das ist regelmäßig derjenige, der die **zeitlich letzte** Ursache setzt (Bananenesser). Sie kann auch in einem Unterlassen liegen, wenn eine öffentlich-rechtliche Handlungspflicht besteht (z.B. öffentlich-rechtliche Streupflicht bei Straßenglätte).

6 PolG	7 PAG	13 ASOG	5 PolG	5 PolG	8 SOG	6 SOG	69 SOG	6 SOG	4 PolG	4 POG	4 PolG	4 PolG	7 SOG	218 LVwVG	7 PAG

222 Der Zweck der Theorie der unmittelbaren Verursachung besteht darin, eine entstandene Gefahr einer Person (bewertend) zuzurechnen. Diese muss nicht zwingend das letzte Glied in der Kausalkette sein, die zum Gefahreneintritt führt.[240] Als Störer kann auch angesehen werden, wer sich vor dem letzten Glied in der Kausalkette befindet. Er wird zum **„Zweckveranlasser"**, wenn er selbst zwar die Gefahrgrenze noch nicht überschreitet, sein Verhalten aber darauf angelegt ist, dass Dritte die Gefahrgrenze überschreiten oder dies zumindest eine sichere Folge seines Verhaltens ist.[241]

Beispiel: Eine neue Edel-Schuhboutique öffnet und lechzt nach Publicity. Ihr Betreiber verspricht in Werbeanzeigen den ersten 50 Frauen, die am Eröffnungstag nur in Unterwäsche vor dem Laden stehen, ein Gratis-Paar der angesagtesten Pumps. Auf Facebook kündigen sich zahlreiche entkleidete Damen an. Die Polizei befürchtet Tumulte.[242]

223 Störer sind in diesen Fällen einerseits diejenigen, die die Gefahrgrenze überschreiten, andererseits ist auch der **Zweckveranlasser** Störer. Das hat zur Folge, dass Gefahrenabwehrmaßnahmen (auch) gegen ihn gerichtet werden können, insbesondere kann

240 OVG NRW NWVBl 2018, 164.

241 BVerwG JA 2007, 317; OVG NRW NWVBl 2018, 289; 2018, 117; OVGE 54, 240.

242 „Schaufensterpuppenfall" des PrOVG (modernisiert): PrOVGE 85, 270.

er zu den Kosten der Gefahrenabwehr herangezogen werden. Da mehrere Störer vorliegen, muss die Behörde ihr **Auswahlermessen** betätigen. Regelmäßig ist es ermessensfehlerfrei, gegen den Zweckveranlasser vorzugehen, weil so die Gefahr am effektivsten bekämpft werden kann.

Beispiel: Der Lärm, den die Gäste vor einer Gaststätte auf der Straße durch Reden oder Autotürenknallen verursachen, wird unmittelbar dem Gaststättenbetrieb zugerechnet. Störer ist demnach (auch) der Gastwirt,[243] der in letzter Konsequenz sogar seine Gaststätte schließen muss.

> **Beachte:** „Zweckveranlasser" hat sich zwar begrifflich eingebürgert, kann aber in die Irre führen. Es kommt nach h.M. nämlich nicht auf den Zweck an, den der Hintermann subjektiv verfolgt, sondern nur auf die objektiv erwartbaren **Folgen** seines Verhaltens. Auch ist der Zweckveranlasser keine eigenständige Störerart, sondern der Begriff beschreibt nur Fallgestaltungen, in denen nicht nur der letzte Verursacher in der Kausalkette, die zum Gefahreneintritt führt, Störer ist.

! vgl. aber im VersammlungsR Rn. 324

„Der klagende Lebensmittelhändler ist Verhaltensstörer, § … PolG. Denn er hat seinen Lieferanten die Schlüssel zu seinem Lager ausgehändigt, was dazu führt, dass diese ihn nachts außerhalb der genehmigten Lieferzeiten beliefern und dabei ruhestörend lärmen. Zwar ist Verursacher im ordnungsrechtlichen Sinne zunächst nur derjenige, dessen Verhalten die Gefahr ‚unmittelbar' herbeiführt, während Personen, die entferntere, nur mittelbare Ursachen für den eingetretenen Erfolg gesetzt haben, regelmäßig nicht stören. Nach der gebotenen wertenden Betrachtungsweise kann aber auch ein als ‚Veranlasser' auftretender Hintermann (mit-)verantwortlich sein, selbst wenn dessen Handlung die polizeirechtliche Gefahrenschwelle noch nicht überschritten hat. Das ist der Fall, wenn die Handlung des Hintermanns mit der die Gefahrgrenze überschreitenden Handlung des Vordermannes eine natürliche Einheit bildet. Eine solche besteht typischerweise beim ‚Zweckveranlasser' als demjenigen, der die durch den Vordermann bewirkte Polizeiwidrigkeit gezielt ausgelöst hat oder für den diese Folge objektiv vorhersehbar war."

Weitere diskutierte Fälle: Vermittlung von unerlaubter Personenbeförderung außerhalb des PBefG („Uber");[244] Organisator von Großveranstaltungen (Popkonzert, Fußballspiel), str.;[245] Demonstrationsveranstalter für angefallenen Abfall;[246] Platzverweis für Freier, die Prostituierte ansprechen, die sich im Sperrgebiet anbieten und damit gegen § 184e StGB verstoßen;[247] Organisator einer Beschneidungsfeier mit hunderten Besuchern am stillen Feiertag Karfreitag;[248] Kioskbetreiber, die Getränke in Glasflaschen im Zentrum des Karnevalstreibens verkaufen.[249]

224 Während der Zweckveranlasser den Kreis der Störer erweitert, verengt ihn eine **Genehmigung.** Denn auch wer im umgangssprachlichen Sinne stört (qualmender Fabrikschornstein), überschreitet die ordnungsrechtliche Gefahrgrenze nicht und ist nicht Störer, wenn sein Verhalten formell genehmigt ist **(Legalisierungswirkung).** Die Legalisierungswirkung einer (ggf. alten) Genehmigung ist allerdings auf die (damals) geprüften Gefahren beschränkt.[250] Soweit sie reicht, muss sie vor dem Eingriff (vollziehbar) aufgehoben (§§ 48, 49 VwVfG) sein.

---

243 BVerwGE 101, 157; BVerwG VerwRspr 17, 483; OLG Karlsruhe NVwZ 2017, 903 vgl.: Gaststättenrecht Rn. 431 ff.

244 OVG Bln-Bbg CR 2015, 376; OVG Hamburg DVBl. 2015, 48.

245 Einerseits Schenke, POR, Rn. 246, Heise NVwZ 2015, 262; Hermann/Buljevic NordÖR 2015, 198; andererseits Götz, Allgemeines POR, § 9 Rn. 31.

246 BVerwGE 80, 164.

247 Finger VBlBW 2007, 139.

248 OVG NRW NWVBl 2018, 289.

249 OVG NRW OVGE 54, 240, 246; Peter/Rind LKV 2017, 251, 254.

250 BVerwGE 55, 118, 120 f.

225 Die bloße **behördliche Duldung** (Nichteinschreiten) ohne Genehmigung legalisiert nicht, kann aber das Eingriffsermessen beschränken (§ 254 BGB analog).

2. Zustandsstörer

226 Die Eigenschaft als Zustandsstörer ist normalerweise unproblematisch festzustellen, weil sie an der privatrechtlichen Stellung als Eigentümer, Besitzer oder ehemaliger Eigentümer anknüpft. Da sich private Rechtsverhältnisse leicht verändern lassen, muss im Einzelfall geprüft werden, ob solche Umgestaltungen auf die öffentlich-rechtliche Zustandshaftung durchschlagen. **Veräußert** etwa der Eigentümer eines kontaminierten Grundstücks dieses nach der Entdeckung der Verunreinigung an eine zu diesem Zweck gegründete vermögenslose Kapitalgesellschaft, sind Kaufvertrag und Übereignung **sittenwidrig**.[251] Im Insolvenzfall verliert der Schuldner die Verfügungsbefugnis an den **Insolvenzverwalter**, gegen den die Gefahrenabwehrverfügung zu richten ist und der sie als Masseverbindlichkeit zu erfüllen hat (§ 55 InsO),[252] bis er das Grundstück freigibt.[253]

7 PolG	8 PAG	14 ASOG	6 PolG	6 PolG	9 SOG	7 SOG	70 SOG	7 SOG	5 PolG	5 POG	5 PolG	5 PolG	8 SOG	219 LVwVG	78 PAG

„Die Zustandsverantwortlichkeit des verwaltungs- und verfügungsbefugten antragstellenden Insolvenzverwalters (§ 80 Abs. 1 InsO) endete, als er das Tankgrundstück freigab. Die Freigabe, also die einseitige Erklärung des Insolvenzverwalters gegenüber dem Schuldner, mit der ein massezugehöriges, an sich dem Insolvenzbeschlag unterfallendes Recht wieder in das insolvenzfreie Vermögen des Schuldners übertragen wird, ist auch nicht nach § 138 Abs. 1 BGB wegen Sittenwidrigkeit nichtig. Denn die Freigabe, die gewohnheitsrechtlich anerkannt ist und von der Insolvenzordnung vorausgesetzt wird (vgl. § 32 Abs. 3 InsO), ist ein von der Rechtsordnung vorgesehenes Rechtsinstitut, dessen Zweck es ist, die Masse von nicht verwertbaren Gegenständen zu entlasten.“

3. Rechtsnachfolge in die Störerposition

Kommentar

Beachte: Zur Rechtsnachfolge im Verwaltungsverfahren siehe Kopp/Ramsauer, VwVfG, § 13 Rn. 58 ff.

227 Die Rechtsnachfolge in die Ordnungspflicht ist in der **Rspr.** – und damit für Sie maßgeblich – **geklärt**. Der Rechtsnachfolger tritt sowohl in die Verhaltens- als auch die Zustandsstörerstellung seines Vorgängers ein.

228 Schlagwortartig werden ein **Überleitungstatbestand** (z.B. §§ 1967, 1922 BGB, Einzelrechtsnachfolge durch Eigentumserwerb an einem Grundstück) und die **Übergangsfähigkeit** der Ordnungspflicht geprüft. Beide Begriffe sind eigentlich überflüssig, mögen als Gedächtnisstütze aber hilfreich sein. Denn den Überleitungstatbestand prüfen Sie natürlicherweise, sonst gäbe es gar keine Rechtsnachfolge, und übergangsfähig sind alle Störerstellungen.

229 Ist gegen einen **Zustandsstörer** bereits eine Verfügung ergangen (z.B. ein nicht zugelassenes Auto aus dem öffentlichen Straßenraum zu entfernen), muss gegen dessen Erben keine neue Verfügung mehr erlassen werden, weil die Ordnungspflicht dinglich ist (str. für Veräußerungen von beweglichen Sachen). Der Grundgedanke ist: Die Be-

251 VGH BW ESVGH 48, 189.

252 Vgl. auch HessVGH ESVGH 60, 62.

253 BVerwGE 122, 75.

hörde soll nicht um die Früchte ihrer Maßnahmen gebracht werden, der Ordnungspflichtige soll sich nicht durch simple Privatrechtsgestaltung seinen öffentlich-rechtlichen Pflichten entziehen können. Allerdings muss die Behörde den Bescheid dem Rechtsnachfolger (erneut) bekannt geben, um ihn „vollzugsfähig" zu machen.[254]

Ist die Verhaltenspflicht nicht höchstpersönlich, geht auch die **Verhaltensstörereigenschaft**, die noch **nicht** durch eine Gefahrenabwehr*verfügung* konkretisiert ist, **230**
auf den Rechtsnachfolger über, ohne dass eine weitere gesetzliche Anordnung notwendig wäre. Denn ab dem Eintritt der Gefahr besteht für den Verhaltensstörer die Pflicht, die Gefahr zu beseitigen bzw. den Schaden einzudämmen, und zwar unabhängig davon, ob gegen ihn bereits eine Ordnungsverfügung ergangen ist. Diese Pflicht ist **rechtsnachfolgefähig.**[255] In diesen Fallgestaltungen sind normalerweise Verhaltensweisen juristischer Personen betroffen. Ist bspw. die X-GmbH in der Vergangenheit wassergefährdend mit ihren Lösungsmitteln umgegangen, tritt die Y-AG, die die X-GmbH übernommen hat, als Rechtsnachfolgerin in die Verhaltensstörerposition ein.

Das BVerwG (BVerwGE 125, 325) hat die in der Lit. unter dem Stichwort Übergangsfähigkeit einer **„abstrakten Gefahr"** geführte Diskussion für die Praxis erledigt. Im Assessorexamen müssen Sie auch nur bei besonderem Anlass auf die Literaturansicht eingehen, eine Ordnungspflicht bzw. Ordnungsverfügung sei wegen des Vorbehalts des Gesetzes nur übergangsfähig, wenn dies spezialgesetzlich bestimmt sei (wie z.B. teils im Bauordnungsrecht, s. dazu Rn. 13 ff.).

Ist bereits ein **Prozess** gegen die Ordnungsverfügung anhängig, führt ihn der **231**
Rechtsvorgänger für seinen Rechtsnachfolger in gesetzlicher Prozessstandschaft fort (§ 173 VwGO, § 265 Abs. 2 S. 1 ZPO). Der Rechtsnachfolger kann den Prozess auch nach § 173 VwGO, §§ 265 Abs. 2 S. 2, 266 Abs. 1 S. 1 ZPO selbst übernehmen.

4. Nichtstörer

Es gibt Fallgestaltungen, in denen ein Verhaltens- oder Zustandsstörer nicht (recht- **232**
zeitig) ermittelbar ist oder in denen diese Störer – aus welchen Gründen auch immer – nicht in der Lage sind, die Gefahr zu beseitigen. Entgegenstehende private Rechte Dritter reichen nicht (s.u. Rn. 246). Dann muss die Polizei/Ordnungsbehörde die Gefahr grundsätzlich selbst beseitigen. Nur wenn auch das unmöglich ist, also ein **polizeilicher Notstand** eingetreten ist (strenger Maßstab; vorrangig: Amtshilfe), kommt als letztes Mittel die Inanspruchnahme des Nichtstörers in Betracht, also einer Person, die für die Gefahr nicht verantwortlich ist.

Beachte: Aufbaumäßig dürfen Sie den Nichtstörer immer nur als Letztes prüfen, sofern die anderen Störer bzw. die Ordnungsbehörde/Polizei zur Gefahrbeseitigung nicht schon auf den ersten Blick ausscheiden.

Der Nichtstörer kann nur in Anspruch genommen werden, wenn die Gefahr nicht nur **233**
konkret, sondern auch **gegenwärtig** und **erheblich** ist (Rechtsgut von höherer Bedeutung, Ausnahme: BW, Hmb, MV, Sachs, SH). Außerdem darf er selbst nicht erheblich gefährdet werden. Die Inanspruchnahme des unbeteiligten Nichtstörers ist nur verhältnismäßig, weil ihm ein Ausgleichsanspruch gegen die Ordnungsbehörde zusteht.

9 PolG	10 PAG	16 ASOG	7 PolG	7 PolG	10 SOG	9 SOG	7 SOG	8 SOG	6 PolG	7 POG	6 PolG	7 PolG	10 SOG	220 LVwVG	10 PAG

254 Denninger, in: Lisken/Denninger, Handbuch des Polizeirechts, 5. Aufl. (2012), D Rn. 124.

255 BVerwGE 125, 325.

- **Gegendemonstration:** Geht von einer Gegendemonstration eine Gefahr aus, kann die zuerst angemeldete Demonstration nur als Nichtstörer verboten werden, wenn die Polizei auch bei Unterstützung durch andere Bundesländer keinen Schutz gewähren kann.[256] Die Darlegungslast liegt bei der Polizei.[257]

234 - **Gästekartenverbot:** Ob ein Verbot an den Heimverein, Gästekarten an den anreisenden Verein abzugeben, dessen Fans als gewaltbereit bekannt sind, nur unter vergleichbaren Bedingungen wie bei Gegendemonstrationen ergehen kann, ist bislang ungeklärt.[258] Die DFL ist Mitveranstalterin von Fußballbundesliga-Spielen, also kein Nichtstörer, wenn es um Polizeikosten geht.[259]

235 - **Wohnungseinweisung:** Der Vermieter des gekündigten Mieters kann als Nichtstörer in Anspruch genommen werden, indem dieser zeitlich beschränkt (6 Monate) in die **Wohnung eingewiesen** wird,[260] wenn dem Mieter ansonsten Obdachlosigkeit droht. Den Mietausfall ersetzt die einweisende Behörde (= sicherer Schuldner) dem Vermieter.[261] Die einweisende Behörde kann vom Eingewiesenen monatliche Gebühren verlangen, wenn ein Gebührentatbestand nach Kommunalabgabenrecht besteht.[262] Fehlt der, kann die Behörde bei einer Wiedereinweisung in eine private Mietwohnung die an den Eigentümer gezahlte Entschädigung vom eingewiesenen Störer als Aufwand nach den Verwaltungskostengesetzen erstattet verlangen.[263]

236 - **Flüchtlingsunterbringung:** Fraglich ist, ob leerstehende Gebäude beschlagnahmt/sichergestellt werden dürfen, um Migranten (Flüchtlinge) unterzubringen. Str. ist, ob als Ermächtigungsgrundlage die polizeirechtliche Generalklausel[264] bzw. die polizeigesetzlichen Sicherstellungsvorschriften[265] herangezogen werden kann oder spezialgesetzliche Grundlagen wie in § 14a SOG Hmb oder § 26a PolG Bre erforderlich sind.[266]

237 - **Personen- und Objektschutz:** Wer mit einem Gefährdeten in einem Mehrfamilienhaus wohnt, muss Personen- und Objektschutzmaßnahmen (Personenkontrollen, Videoüberwachung) als Nichtstörer sehr lange hinnehmen.[267]

V. Rechtsfolge: Ermessen

238 Stehen Gefahr und Störer fest, kann die Ordnungsbehörde eine Maßnahme zur Gefahrbeseitigung ergreifen. In allen SOG/PolG ist einfachgesetzlich geregelt, dass diese nach **Ermessen** erfolgt.

3 PolG	5 PAG	12 ASOG	4 PolG 15 OBG	4 PolG	3 SOG	5 SOG	14 SOG	5 SOG	3 PolG 16 OBG	3 POG	3 PolG	3 I PolG	6 SOG	73, 174 LVwVG	5 PAG, 7 OBG

Einfachgesetzlich ist außerdem bestimmt, dass die Maßnahme nicht gegen das **Verhältnismäßigkeitsprinzip** verstoßen darf.

> **Beachte:** Referendare halten das Ermessen oft für viel fehleranfälliger als es in der Praxis und damit in der Assessorklausur wirklich ist. Das gilt vor allem im POR. Sind Gefahr und Störer gegeben, ist es im Regelfall ermessensgerecht, zur Gefahrbeseitigung einzuschreiten (und zwar mittels sofort vollziehbarer Verfügung). Faustregel: Die Ermessensfehlerfreiheit und Verhältnismäßigkeit wird unter Zitierung der entsprechenden Normen nur kurz festgestellt. Ausnahme: klare Hinweise im Aktenauszug, dass ein Problemschwerpunkt im Ermessen. Enthält der Aktenauszug

256 BVerfG VR 2015, 394; BVerfGK 8, 79; OVG NRW, Beschl. v. 28.06.2018 – 15 B 875/18; VGH BW VBlBW 2016, 299.
257 BayVGH BayVBl 2017, 635; OVG NRW, Beschl. v. 30.12.2016 – 15 B 1525/16.
258 OVG Hamburg NJW 2012, 1975.
259 OVG Bremen NordÖR 2018, 157; Pötsch NVwZ 2018, 868; kritisch: Weill NVwZ 2018, 846.
260 OVG Saar, Beschl. v. 14.04.2014 – 1 B 213/14.
261 Zusammenfassend: Ruder VBlBW 2017, 1.
262 VGH BW VBlBW 2018, 214.
263 BayVGH BayVBl 2017, 276
264 Fontana/Klein, JA 2017, 846; Augustin BauR 2015, 1934; Bedenken: NdsOVG DVBl. 2016, 116.
265 So Fischer NVwZ 2016, 168; 2015, 1644.
266 Froese JZ 2016, 176; dahin neigend: Beaucamp JA 2017, 728, 730 f.
267 OVG RP NJW 2006, 1830.

nichts zur Willensbildung, gehen Sie davon aus, dass Ermessensfehler keine Rolle spielen. Formulierungsvorschlag: „Ermessensfehler sind nicht ersichtlich".

Hüten Sie sich davor, aus vermeintlich fehlenden oder zu dürftigen Ermessensausführungen vorschnell zur Rechtswidrigkeit der Verfügung zu gelangen. Bedenken Sie, dass in dem Fall eine Lösung auch dann als vertretbar (= volle Punktzahl) einzustufen sein müsste, wenn Sie sämtliche Tatbestandsvoraussetzungen offen gelassen hätten („ ..., jedenfalls ist die Verfügung ermessensfehlerhaft und damit rechtswidrig").

Das **Ermessen** ist zweifach auszuüben: 239

- **Entschließungsermessen:** Soll überhaupt eingegriffen werden? Ja (= auf Null reduziert), wenn hochwertige Rechtsgüter ernstlich gefährdet sind.
- **Auswahlermessen:** Welcher der verschiedenen Störer soll in Anspruch genommen werden? Welche der möglichen Maßnahmen soll ergriffen werden? Maßstab ist die Effektivität zur Gefahrenabwehr.

Die **Verhältnismäßigkeitsprüfung** erfolgt wie aus dem Grundrechtsbereich gewohnt: 240

- **Legitimer Zweck:** Erfüllt die Behörde ihre Aufgabe?

  Maßnahmen zur bloßen Aufsichtserleichterung sind unzulässig, vgl. § 20 Abs. 2 S. 1 OBG NRW.
- **Geeignetheit:** Wird die Zweckerreichung zumindest gefördert?
- **Erforderlichkeit:** Gibt es ein milderes, weniger tief eingreifendes Mittel, das gleichermaßen zur Zweckerreichung geeignet ist?
- **Angemessenheit:** Stehen die Eingriffsfolgen außer jedem Verhältnis zum erreichbaren Zweck (Stimmigkeitskontrolle)?

Spielen Grundrechte eine Rolle, muss keine vollständige **Grundrechtsprüfung** durchgeführt werden, wenn die Grundrechtsverletzung offenkundig ist (Schlagstock auf den Kopf). Die Grundrechtsbetroffenheit ist dann Teil der Abwägung in der Verhältnismäßigkeitsprüfung. Dort erfolgt sie wiederum nicht im klassischen Dreischritt (Schutzbereich, Eingriff, Rechtfertigung), sondern in einem Zuge.

Hinweis: Alles Nötige zur Ermessensausübung und Ermessensprüfung finden Sie in den zugelassenen **Kommentaren** zu § 40 VwVfG und § 114 VwGO. Machen Sie sich damit während der Examensvorbereitung vertraut.

Ermessen in Gerichts-, Behörden- und Anwaltklausuren

Beim Ermessen unterscheiden sich Gerichts-, Behörden- und Anwaltsklausur.

- In der **Gerichtsklausur** dürfen Sie die Verfügung nach § 114 S. 1 VwGO nur auf Ermessensfehler prüfen. Hier müssen Sie lediglich die verschiedenen Fehlerarten durchgehen (Kommentar).
- In der **Behördenklausur** müssen Sie dagegen das Ermessen selbst ausüben, d.h. den Handlungsanweisungen vollständig folgen, die § 40 VwVfG vorgibt (Kommentar). Sie sollten nach der Darlegung des Zwecks also ähnlich der Strafzumessung im Strafurteil alle für und gegen ihre Entscheidung sprechenden Gründe aufzählen. Außerdem sollten Sie alle Einwände des Betroffenen „abarbeiten". In der Praxis verstoßen Behörden oft gegen diese Grundsätze, weil sie lediglich Versatzstücke aus Gerichtsentscheidungen wörtlich übernehmen, obwohl das Gericht selbst kein Ermessen ausübt, sondern nur auf Fehler prüft.

- In der **Anwaltsklausur** prüfen Sie zunächst wie das Gericht auf Ermessensfehler. Allerdings müssen Sie stets § 114 S. 2 VwGO im Auge behalten und in Betracht ziehen, dass die Behörde evtl. noch Ermessensgründe nachschieben kann. Auch die Heilungsmöglichkeiten des § 45 Abs. 1 Nr. 2 VwVfG müssen Sie einkalkulieren. Der Mandant ist entsprechend aufzuklären.

Problemfälle:

241 - **Störerauswahl:** Es gibt **keine** Regel „Verhaltens- geht vor Zustandsstörer". Entscheidend ist, wer die Gefahr am wirkungsvollsten bekämpfen kann.[268]

242 - **Unmöglichkeit:** Die Inanspruchnahme ist nicht **tatsächlich unmöglich**, wenn dem Störer **private Rechte Dritter** entgegenstehen (Eigentümer kann nicht auf das vermietete Grundstück; Miteigentümer sperrt sich). Sie bleibt rechtmäßig, ist aber nicht vollstreckbar, bis gegen den Widerstrebenden eine vollziehbare Duldungsverfügung ergangen ist.

243 - **Beweisverwertungsverbote:** Auch wenn die polizeilichen Erkenntnisse unter Verstoß gegen Beweiserhebungsvorschriften aus der StPO gewonnen worden sind (z.B. Blutprobe nach § 81a StPO ohne [mögliche] richterliche Anordnung), wird eine gefahrenabwehrende Maßnahme nicht wegen eines Beweisverwertungsverbotes unangemessen. Beweisverwertungsverbote haben kaum Fernwirkung auf die präventive Gefahrenabwehr. Vielmehr muss zwischen der verletzten StPO-Vorschrift und der abzuwehrenden Gefahr wertend abgewogen werden.[269]

244 - **Verschulden:** Da es um Gefahrenabwehr geht, kommt es auf das Verschulden der Gefahr nicht an. Umgekehrt gilt natürlich auch die strafrechtliche Unschuldsvermutung nicht.[270]

E. Anspruch auf behördliches Einschreiten

245 Obwohl die Generalklausel des POR in erster Linie eine Ermächtigungsgrundlage für Eingriffe darstellt, kann sie dem Bürger einen **Anspruch** auf ermessensfehlerfreie Entscheidung oder gar auf Einschreiten der Ordnungsbehörde/Polizei vermitteln. In Materien des Besonderen Ordnungsrechts gehen dortige Ermächtigungsgrundlagen vor (vgl. zum Baurecht Rn. 136 ff., 161 ff.).

Beachte: Irrtümlich wird angenommen, jede Ermessensnorm verleihe subjektive Rechte, könne also als Anspruchsgrundlage dienen. Das ist nicht richtig. Wie für Normen der gebundenen Verwaltung gilt auch für Ermessensvorschriften: Derjenige, der sich auf sie beruft, muss objektiv in den Schutzbereich der Norm einbezogen sein. Ist er es nicht, übt die Behörde ihr Ermessen nicht (auch) in seinem, sondern ausschließlich im öffentlichen Interesse aus. Der Bürger hat dann nicht einmal Anspruch auf ermessensfehlerfreie Entscheidung. Prozessual fehlt ihm die Klage- bzw. Antragsbefugnis für ein Verpflichtungsbegehren (BVerwGE 39, 235, 237).

246 Ein Anspruch auf Einschreiten kann bestehen, wenn die Gefahr für die öffentliche Sicherheit darin besteht, dass **subjektive Rechte des Bürgers** gefährdet werden. In Betracht kommen hier insbesondere Grundrechte, die dem Staat eine besondere

268 BVerfGE 102, 1; OVG NRW, Urt. v. 20.05.2015 – 16 A 1686/09, BeckRS 2015, 47680.

269 OVG NRW Urt. v. 13.03.2018 – 16 A 906/11, BeckRS 2018, 11464; NJW 2017, 903; HessVGH VerkMitt 2018, Nr 3: zweifelnd: BVerfG NJW 2015, 1005.

270 BVerwGE 139, 323; 78, 285; VGH BW VRS 129, 95.

Schutzpflicht auferlegen. Je nach Gefährdungsgrad und Bedeutung des gefährdeten Schutzgutes kann das Ermessen auf Null reduziert sein.

Beispiele: Partei verlangt Schutz ihrer Parteiversammlung vor gewalttätigen Gegendemonstranten (Art. 2 Abs. 2 S. 1, Art. 21 GG);[271] Räumung von Hausbesetzern (Art. 14 GG), weil der Eigentümer deren Identität nicht kennt und zivilrechtlich nicht vorgehen kann (Polizei kann über das „Wie" [z.B. Einsatzzeitpunkt] disponieren);[272] Auskunftsanspruch über die Person des Anzeigeerstatters bei vorsätzlich falscher Verdächtigung (Denunzierung) zu Ehrschutz- bzw. Schadensersatzwecken (Art. 2 Abs. 1 GG);[273] unfreiwillig Obdachloser verlangt Unterkunft (Art. 1 Abs. 1, Art. 2 Abs. 1 S. 1 GG);[274] Erlass einer ordnungsrechtlichen Lärmschutzverordnung.[275]

Prozessual ist nach erfolglosem vorherigem Antrag an die Behörde die Verpflichtungs- oder allgemeine Leistungsklage statthaft, je nach dem ob eine Ordnungsverfügung oder ein Realhandeln erstrebt wird. In beiden Fällen ist im vorläufigen Rechtsschutz ein Antrag nach § 123 Abs. 1 S. 2 VwGO zu stellen. 247

2. Abschnitt: Vollstreckung

A. Das Vollstreckungsrecht in der Klausur

Im Normalfall setzt sich eine POR-Verfügung in der Klausur (wie in der Praxis) aus mehreren Teilen zusammen. 248

Bescheid

1. Ihnen wird aufgegeben, das Fahrzeug mit dem amtl. Kennzeichen … innerhalb von drei Tagen seit Zustellung dieser Verfügung aus dem öffentlichen Straßenraum zu entfernen.

2. Die sofortige Vollziehung der Nr. 1 wird angeordnet.

3. Sollten Sie Nr. 1 der Verfügung nicht fristgerecht nachkommen, drohe ich Ihnen an, das Fahrzeug auf Ihre Kosten durch ein Abschleppunternehmen entfernen zu lassen. Die Kosten hierfür werden sich auf mindestens 200,- Euro belaufen.

4. (Ggf.) Die Kosten dieser Verfügung werden auf 143,40 Euro festgesetzt (140,- Euro Gebühr zzgl. 3,40 Euro Zustellauslagen).

Dreht sich der Fall **schwerpunktmäßig** um die Rechtmäßigkeit des Hauptsachetenors (Nr. 1), handelt es sich bei der Zwangsmittelandrohung (Nr. 3) eher um eine Nebenentscheidung. Sie müssen diese zwar auch bearbeiten, können sich insofern aber regelmäßig kurz fassen. Die Angabe der Ermächtigungsnormen für die Androhung, eine kurze Feststellung der formellen und materiellen Androhungsvoraussetzungen sowie der besonderen Tatbestandsvoraussetzungen des jeweils angedrohten Zwangsmittels (z.B. Mitteilung der voraussichtlichen Kosten der Ersatzvornahme) genügen in der Klausur vollauf. 249

Hinweis: Liegt der Schwerpunkt des Falles nicht erkennbar auf Vollstreckungsfragen, behandeln Sie die Zwangsmittel am besten ähnlich wie die formelle Rechtmäßigkeit eines Verwaltungsakts: Stellen Sie die Erfüllung der Tatbestandsmerkmale kurz fest (nüchtern). Bei Problemfreiheit macht größeres Aufheben misstrauisch.

271 VG Lüneburg, Urt. v. 12.11.2014 – 5 A 154/13, BeckRS 2014, 59774.

272 VG Freiburg VBlBW 1987, 349; VG Berlin NJW 1981, 1748.

273 BayVGH BayVBl. 1987, 146.

274 NdsOVG NJW 2010, 1094.

275 VG Köln, Urt. v. 17.05.2018 – 13 K 5410/15, BeckRS 2018, 9983.

250 Das Vollstreckungsrecht gewinnt an Gewicht, wenn es um die **Kosten** geht. Vereinfacht gesagt kann Kostenersatz vom Pflichtigen nur verlangt werden, wenn die Durchführung der Gefahrenabwehr insgesamt rechtmäßig war. Spezifisch vollstreckungsrechtliche Fragen werden hierdurch nur in begrenztem Umfang aufgeworfen. Die Fallbearbeitung wird aber komplizierter werden, weil die Lösung tief **verschachtelt** sein kann. Die Verschachtelung ist allerdings kein primär juristisches Problem. Sie können ihr mit einer **geordneten Lösungsskizze**, die Sie bei der Niederschrift „abarbeiten", ohne Schwierigkeiten Herr werden.

im gestreckten Verfahren:
I.
II. § 28 II Nr. 5 VwVfG (-)
III. materielle Rechtmäßigkeit
1. Vollstreckungs Vss (wirksam u. vollziehbar)
2. Vollstreckungsverfahren (Androhung, Festsetzung, Anwendung)
3. Keine Vollstreckungshindernisse (z.B. Notwendigkeit einer Duldungsverfügung)
4. ermessensfehlerfreie Vollstreckung
=> ! auf die Rechtmäßigkeit des Grund-VA kommt es nicht an

Rechtmäßigkeit eines Kostenbescheids nach Sofortvollzug

I. Ermächtigungsgrundlage

II. Formelle Rechtmäßigkeit des **Kostenbescheids**

III. Materielle Rechtmäßigkeit des **Kostenbescheids**

1. Formelle Rechtmäßigkeit der **Zwangsmittelanwendung**

2. Materielle Rechtmäßigkeit der **Zwangsmittelanwendung**

a) Formelle Rechtmäßigkeit der (fiktiven) **Grundverfügung**

b) Materielle Rechtmäßigkeit der (fiktiven) **Grundverfügung**

aa) Gefahr für die öffentliche Sicherheit

Wirksamkeit der Gefahrenabwehrverordnung

(1) Verordnungsermächtigung

(2) Formelle Rechtmäßigkeit

(3) Materielle Rechtmäßigkeit,
insbes. kein Verstoß gegen höherrangiges Recht

bb) Störer

cc) Ermessen

c) Kostenschuldner

d) Kosten nach Art und Höhe

e) VA-Befugnis

f) Ggf. Ermessen/Verhältnismäßigkeit bzgl. der Kostenanforderung

B. Voraussetzungen der Verwaltungsvollstreckung

251 Das Vollstreckungsrecht der Polizei- und Ordnungsbehörden ist leider etwas unübersichtlich. Das liegt daran, dass Bund und Länder kein einheitliches Gesetz zugrunde legen. Zudem gelten in den Ländern mit Trennsystem (s.o. Rn. 169) für die Polizei und die Ordnungsbehörden unterschiedliche Gesetze mit wechselseitigen Verweisungen. Im Bund und in Berlin existiert außerdem ein eigenes Gesetz über die Anwendung unmittelbaren Zwangs.

49 ff. PolG	53 ff. PAG	VwVZ UZwG	53 ff.PolG	40 ff. PolG	17 ff. SOG	47 ff. SOG	79 ff. SOG	64 ff. SOG	50 ff. PolG	57 ff. POG	44 ff. PolG	30 ff. PolG	53 ff. SOG	228LV-wVG	51 ff. PAG

252 Bei **Auslegungsfragen** müssen Sie sich stets die Besonderheit der Verwaltungsvollstreckung vor Augen halten. Die Behörde kann sich mit dem VA **selbst** einen **Titel** schaffen und diesen auch selbst **vollstrecken.** Das ist eine Sonderkompetenz, die

staatlichen Behörden wegen ihrer Gesetzesgebundenheit ausnahmsweise eingeräumt ist. Normalerweise muss bekanntlich ein Gericht einen Titel schaffen, den ein Gerichtsvollzieher oder das Vollstreckungsgericht zwangsweise durchsetzt. Als Kehrseite dieser weitgehenden behördlichen Eigenbefugnisse sind die Vollstreckungsgesetze **eng**, nicht erweiternd **auszulegen**. Außerdem sind sie zum Schutz des Bürgers **formenstreng**.

Fehlt der Verwaltung die Befugnis, durch VA zu handeln, muss auch sie sich erst durch gerichtliche Klage (v.a. allg. Leistungsklage) einen vollstreckbaren Titel beschaffen (z.B. aus öffentlich-rechtlichen Verträgen). Für den Bürger, der gegen die Verwaltung vorgehen will, gilt das immer.

Zwangsmittel sind Ersatzvornahme, Zwangsgeld und unmittelbarer Zwang. Ist das Zwangsgeld uneinbringlich, weil der sich weigernde Pflichtige unpfändbar ist, kann Ersatzzwangshaft (§ 16 VWVG) durch das Gericht (je nach Land: Amts- oder Verwaltungsgericht) angeordnet werden.[276] **253**

I. Gestrecktes Verfahren

Normalerweise werden Zwangsmittel im **„gestreckten Verfahren"**, also einem mehrschrittigen Verfahren angewendet. Das gilt vor allem in der Ordnungsverwaltung. Es ergeht ein **Grund-VA auf Handeln, Dulden oder Unterlassen** (HDU), zu dessen Durchsetzung wird durch einen weiteren Verwaltungsakt ein bestimmtes Zwangsmittel **angedroht**, anschließend wird es durch einen weiteren Verwaltungsakt **festgesetzt** und erst dann **angewendet.** Die Verwaltungsvollstreckung dient allein dazu, den Willen des Ordnungspflichtigen der staatlichen Anordnung zu unterwerfen. Sobald der Pflichtige die Ordnungsverfügung doch noch befolgt, wird der Zwang eingestellt (vgl. § 15 Abs. 3 BVwVG; Ausnahme: Verstoß gegen ein Unterlassungs- oder Duldungsgebot). **254**

2 LVwG	53 I PAG	6 I VwVG	53 I ff.PolG	11 I LVwVG	3 III LVwVG	47 I SOG	80 I SOG	64 I SOG	50 I PolG	2, 61 I LVwVG	44 I PolG	2 LVwVG	53 I SOG	229 I LVwVG	51 I PAG

Die Besonderheit des gestreckten Verfahrens liegt darin, dass die einzelnen Schritte rechtlich weitgehend voneinander **isoliert** sind. Die Rechtmäßigkeit des nachfolgenden Schritts hängt nicht davon ab, dass der vorhergehende Schritt **rechtmäßig** war.[277] Der vorhergehende Verwaltungsakt muss nur **wirksam** und vollziehbar gewesen sein. Die Durchführung einer Ersatzvornahme ist also bereits rechtmäßig, wenn ein wirksamer Grund-VA, eine wirksame Androhung und eine wirksame Festsetzung vorliegen, die jeweils vollziehbar sind. Dazu müssen die jeweiligen Verwaltungsakte dem Pflichtigen **bekannt gegeben** sein (Wirksamkeitsvoraussetzung), dürfen nicht an so gravierenden Fehlern leiden, dass sie **nichtig** (§ 44 VwVfG) sind, und Rechtsbehelfe (Widerspruch/Anfechtungsklage) dürfen keine aufschiebende Wirkung haben (Vollziehbarkeit). Ein bestandskräftiger, aber zu **unbestimmter** VA kann ebenfalls nicht vollstreckt werden.[278] **255**

Das entspricht funktional der Trennung in Erkenntnis- und Vollstreckungsverfahren im Zivilrecht. In der Vollstreckung eines Zivilurteils kann ebenfalls nicht eingewandt werden, es sei unrichtig.[279]

Die notwendige **Vollziehbarkeit** bedeutet für die Grundverfügung, dass sie entweder bestandskräftig (die Frist für fristgebundene Rechtsbehelfe ist verstrichen) oder sofort vollziehbar (§ 80 Abs. 2 VwGO) sein muss. Für Grundverfügungen von Polizei- **256**

276 OVG LSA LKV 2017, 85; OLG Celle NVwZ-RR 2017, 922.

277 BVerfG NVwZ 1999, 290, 292; BVerwG NVwZ 2009, 122; VGH BW, Beschl. v. 17.01.2018 – 1 S 2794/17; NdsOVG NdsVBl. 2015, 169.

278 VGH BW NVwZ-RR 2013, 451.

279 Voßkuhle/Wischmeyer JuS 2016, 698, 699.

vollzugskräften kann sich die Vollziehbarkeit aus § 80 Abs. 2 S. 1 Nr. 2 VwGO ergeben. Androhung und Festsetzung sind nach den Ausführungsgesetzen der Länder zur VwGO als Maßnahmen **„in"** der Verwaltungsvollstreckung stets sofort vollziehbar (das gilt nicht für die nachträgliche Kostenanforderung).

> **Beachte:** Wird in der Klausur auch zur materiellen Rechtswidrigkeit der Grundverfügung vorgetragen, gehen Sie darauf nicht ein. Nach ganz h.M. ist diese für die Vollstreckungsakte unerheblich. Das gilt auch, wenn die Grundverfügung noch anfechtbar ist oder bereits ein Verfahren nach § 80 Abs. 5 VwGO gegen sie anhängig ist. Prüfen Sie nur die **Wirksamkeit** der Grundverfügung.

257 Der selbstständige Verwaltungsakt der **Androhung** (vgl. § 13 BVwVG) wählt das Zwangsmittel aus und bestimmt den Zeitpunkt, ab dem es frühestens angewendet werden soll (Regelung). Aus der jeweiligen landesrechtlichen Vorschrift ergeben sich die Elemente, die in die Androhung aufgenommen werden müssen (Frist, Kosten der Ersatzvornahme, Höhe des Zwangsgeldes usw.). Ist ein Dulden oder Unterlassen aufgegeben, muss keine **Frist** gesetzt werden. Bei einer Handlungspflicht ist eine angemessene Frist erforderlich.

258 **Formell** hat die Androhung zur Folge, dass auch der Grund-VA immer förmlich **zugestellt** werden muss, wenn er mit ihr verbunden ist (vgl. § 13 Abs. 7 BVwVG). Unterlaufen der Behörde dabei Zustellungsfehler, ist neben der Androhung auch der Grund-VA nicht wirksam bekannt gegeben (klausurgefährlich – Heilung!).

259 Die **Festsetzung** (vgl. § 14 BVwVG**)** regelt als weiterer Verwaltungsakt, dass das Zwangsmittel nun angewendet werden kann und der Adressat die Anwendung dulden muss.

260 Die Anwendung des **Zwangsmittels** (vgl. § 15 BVwVG) ist ein Realakt, dessen Rechtmäßigkeit mittels Feststellungsklage (§ 43 VwGO) überprüft werden kann. Die Anwendung muss v.a. verhältnismäßig sein. Der Grund-VA erledigt sich mit der Anwendung des Zwangsmittels nicht, weil er Grundlage für eine spätere Kostenfestsetzung ist (s. Rn. 268); eine gegen den Grund-VA erhobene Anfechtungsklage wird also nicht auf die Fortsetzungsfeststellungsklage umgestellt, nur weil der Grund-VA zwischenzeitlich zwangsweise vollzogen worden ist.

II. Sofortvollzug und unmittelbare Ausführung

261 Muss die Gefahr schnell bekämpft werden, ist also keine Zeit für das gestreckte Verfahren mit Grundverfügung, Androhung und Festsetzung, kann die Ordnungsbehörde im abgekürzten Vollstreckungsverfahren **(„Sofortvollzug")** vorgehen. Sie profitiert dann auch nicht von der Titelfunktion des Grund-VA: ein fiktiver Grund-VA muss rechtmäßig sein.

–	53 II PAG	6 II VwVG	53 II PolG	11 II LVwVG	–	47 II SOG	81 I SOG	64 II SOG	50 II PolG	2, 61 II LVwVG	44 II PolG	–	53 II SOG	230 I LVwVG	51 II PAG

In BW, Hmb und Sachs gibt es nur die unmittelbare Ausführung.

262 Die Gefahr muss **mehr als konkret** sein; welche Intensität genau nötig ist, variiert zwischen den Landesgesetzen. Der Sofortvollzug kann sich – falls zur Gefahrenabwehr nötig – sogar auf die reine Anwendung des Zwangsmittels beschränken. Es muss also vorher nicht einmal eine Grundverfügung an den Pflichtigen ergangen sein. Der Sofortvollzug ist dann aber nur rechtmäßig, wenn eine gedachte („fiktive", „hypothetische") Grundverfügung **rechtmäßig** ist. Denn nur dann handelt die Ordnungsbehörde/Polizei „innerhalb ihrer gesetzlichen Befugnisse“ (vgl. § 6 Abs. 2 BVwVG). Alternativ können auch nur Androhung und/oder Festsetzung des Zwangsmittels weggelassen werden (vgl. § 6 Abs. 2 BVerwG analog). Ist eine Grundverfügung ergangen, sind aber Androhung bzw. Festsetzung nicht erfolgt, muss die Grundverfügung bestandskräftig oder rechtmäßig (und sofort vollziehbar) sein.

> **Hinweis:** Da nur im Sofortvollzug die Rechtmäßigkeit der eigentlichen Gefahrenabwehrmaßnahme geprüft wird, sind solche Fälle für Klausuren mindestens ebenso interessant wie das gestreckte Verfahren.

In Ländern, in denen neben dem Sofortvollzug auch die **unmittelbare Ausführung** existiert, müssen beide Institute gedanklich unterschieden werden. **263**

8 PolG	9 PAG	15 ASOG	–	–	7 SOG	8 SOG	70a SOG	–	–	6 POG	–	6 PolG	9 SOG	–	9 PAG 12 OBG

Praktische Auswirkungen hat die Unterscheidung nicht, weil letztlich identische Rechtmäßigkeitsvoraussetzungen gelten (Rechtmäßigkeit der fiktiven Grundverfügung, gegenwärtige Gefahr, Störer unerreichbar).[280] Es genügt sich zu merken, dass die unmittelbare Ausführung eine Art Geschäftsführung ohne Auftrag im Gefahrenabwehrrecht ist. Beim Sofortvollzug soll der tatsächlich oder mutmaßlich entgegenstehende Wille des Pflichtigen überwunden werden. Die unmittelbare Ausführung ist dagegen für Fälle vorgesehen, in denen der **Pflichtige** lediglich **nicht erreichbar** ist, die Durchführung der Maßnahme aber seinem tatsächlichen oder mutmaßlichen Willen entspricht. Der Pflichtige ist hier lediglich (zeitweise) nicht erreichbar („ … zulässig, wenn der Zweck der Maßnahme durch Inanspruchnahme [von Verhaltens- und Zustandsstörer] nicht oder nicht rechtzeitig erreicht werden kann.“[281]). Deswegen stehen die Vorschriften systematisch richtig bei den Polizeipflichtigen. Die unmittelbare Ausführung selbst ist ein (regelungsersetzender) Realakt.

> **Hinweis:** Zur unmittelbaren Ausführung siehe auch Kopp/Ramsauer, VwVfG, § 35 Rn. 116 f.

Kommentar

C. Kosten der Verwaltungsvollstreckung

Kommt der Adressat einer Gefahrenabwehrverfügung dieser nach, muss er das auf **eigene Kosten** tun, indem er z.B. einen morschen Baum auf seinem Grundstück fällen lässt. Beseitigt die Ordnungsbehörde die Gefahr an seiner Stelle (weil der Pflichtige nicht will oder kann), soll nicht die Allgemeinheit für die Kosten aufkommen müssen. Nach der gesetzlichen Konzeption werden die Kosten im Nachhinein von dem Ordnungspflichtigen, der die Gefahr nicht selbst bekämpft hat, zurückgefordert. **264**

Thematisiert die Aufgabe die Rechtmäßigkeit eines solchen **Kostenbescheids**, müssen Sie die bereits oben skizzierte verschachtelte Prüfung anstellen (s.o. Rn. 250). V.a. bei der **Ersatzvornahme** ist danach häufig gefragt. **265**

25 LVwG	55 PAG	10 VwVG	55 PolG	15 LVwVG	13 LVwVG	49 SOG	89 SOG	66 SOG	55 PolG	63 LVwVG	46 PolG	24 LVwVG	55 SOG	238 LVwVG	53 PAG

280 BVerwGE 109, 203; BVerwG NVwZ 2000, 63.

281 § 5a Abs. 1 S. 1 ME-PolG (Musterentwurf PolG).

Für solche Fälle sind Sie nur dann ausreichend gerüstet, wenn Sie sich die verstreut liegenden Normen Ihres Landesrechts schon während der Examensvorbereitung herausgesucht und evtl. §§-Ketten **auswendig** gelernt haben. Das lohnt sich, weil sie in allen Fallgestaltungen dieselben bleiben. Beachte: **Kosten** sind Gebühren und Auslagen (= Zahlungen an Dritte, z.B. Abschleppunternehmer).

266 In der Prüfung der **formellen Rechtmäßigkeit** müssen Sie beachten, dass die Anhörung nicht nach § 28 Abs. 2 Nr. 5 VwVfG entbehrlich ist, weil die Zwangsmittelanwendung bereits beendet ist. Die **materielle Rechtmäßigkeit** setzt voraus, dass die Vollstreckung rechtmäßig war, also die Vollstreckungsvoraussetzungen vorlagen (vgl. § 6 Abs. 1 oder Abs. 2 BVwVG), das Vollstreckungsverfahren ordnungsgemäß durchgeführt worden ist (Androhung, Festsetzung, Anwendung, vgl. §§ 9–15 BVwVG), **keine Vollstreckungshindernisse** vorlagen (z.B. vollziehbare Duldungsverfügung gegen Miteigentümer/Mieter fehlt) und die Vollstreckung ermessensfehlerfrei war. **Richtiger Kostenschuldner** ist der Störer, außer es handelt sich um einen Anscheinsstörer, dem der Anschein nicht zuzurechnen ist (s.o. Rn. 220 ff.). Bei mehreren Störern ist das **Auswahlermessen** auf der Sekundärebene am Gebot der gerechten Lastenverteilung auszurichten, nicht wie auf der Primärebene an der Gefahrnähe bzw. Verfahrensökonomie.[282]

8 II 2 analog*	20 KostG					14 Vw-KostG			14 I 1 GebG 77 IV 1 VwVG			24 III VwVG			

Teilweise ist die VA-Befugnis für den Erlass eines Kostenbescheids speziell geregelt.
*BW: Die vorgesehene Beitreibung im Verwaltungszwangsverfahren setzt den Erlass eines Verwaltungsakts voraus (§ 1 Abs. 1 S. 1, §§ 13 ff. LVwVG BW).

267 Ist auf den Kostenbescheid, der später **angefochten** wird, bereits gezahlt worden, kann die Anfechtungsklage mit einem Rückzahlungsanspruch nach § 113 Abs. 1 S. 2 VwGO einschließlich der Forderung nach Prozesszinsen (§ 291 BGB) verbunden werden. **Anspruchsgrundlage** für das Rückzahlungsverlangen ist der öffentlich-rechtliche Erstattungsanspruch (s. Rn. 696 ff.), sofern er nicht durch eine spezialgesetzliche Regelung verdrängt ist (z.B. § 21 Abs. 1 GebG NRW, § 77 Abs. 4 S. 1 VwVG NRW).

268 Auch im **Kostenstreit** gilt: Im **gestreckten** Verfahren kommt es auf die Rechtmäßigkeit des vollstreckten Grund-VA nicht an, nur auf dessen **Wirksamkeit**. Das gilt auch, wenn er nur vollziehbar (§ 80 Abs. 2 VwGO) und noch nicht bestandskräftig war, bevor er vollstreckt worden ist. Anfechtungsrechtsbehelfe bleiben auch nach dem Vollzug weiter statthaft, weil der VA sich durch ihn nicht erledigt hat, eben weil er Grundlage der Kostenfestsetzung ist.[283]

282 VGH BW ESVGH 62, 160; 64, 254.

283 BVerwG NVwZ 2009, 122 (grundlegend); NVwZ 2017, 1064; a.A. bei Jäckel NVwZ 2014, 1625.

3. Abschnitt: Standardmaßnahmen, Generalklausel

Dieser Abschnitt befasst sich mit dem klausurnotwendigen polizei- und ordnungs- **269** rechtlichen **Spezialwissen im engeren Sinne**, vorwiegend also mit den Eigenheiten der **häufigsten Standardmaßnahmen (Standardbefugnisse)**, die in ihrem Anwendungsbereich (auslegen!) die subsidiäre Generalklausel sperren.[284]

Wichtige Standardmaßnahmen
■ Identitätsfeststellung, ED-Behandlung *✶ erkennungsdienstliche*
■ Platzverweis, Aufenthaltsverbot, Wohnungsverweisung (Entfernungsgebote)
■ Schutz-, Sicherheits-, Durchsetzungsgewahrsam
■ Durchsuchung
■ Sicherstellung, Verwahrung

Die **Standardmaßnahmen** weichen in ihren formellen (Richter-, Behördenleitervor- **270** behalte) und materiellen Voraussetzungen (Gefahrintensität, gefährdete Rechtsgüter) von der Generalklausel ab. Manche Standardmaßnahmen stehen beispielsweise nur der Polizei, nicht aber den Ordnungsbehörden zu. Oft wird von Ihnen nur verlangt, diese wenig geläufigen Normen sauber zu subsumieren. Zeigen Sie dem Prüfer, dass Sie sorgfältig darauf geachtet haben, wo die Unterschiede im Detail liegen.

> **Hinweis:** Zur weiter ungeklärten Rechtsnatur (Realakt oder VA) der einzelnen Standardmaßnahmen können Sie in der Klausur Kopp/Ramsauer, VwVfG, § 35 Rn. 114 f. und Kopp/Schenke, VwGO, Anh. § 42 Rn. 32 f. zu Rate ziehen.   *Kommentar*
> *35*

A. Identitätsfeststellung, erkennungsdienstliche Behandlung

Die Standardermächtigungen zur Datenerhebung sind auf die vom BVerfG aus Art. 2 Abs. 1, Art. 1 **271** Abs. 1 GG abgeleiteten Grundrechte auf **informationelle Selbstbestimmung** und auf Gewährleistung der **Vertraulichkeit und Integrität informationstechnischer Systeme** zurückzuführen.[285] Aus der Menge der Datenerhebungsermächtigungen sind v.a. die Identitätsfeststellung und die erkennungsdienstl. Behandlung examensrelevant.

Identitätsfeststellung bedeutet Feststellung der **Personalien**, und zwar regelmä- **272** ßig durch Einblick in amtliche Ausweispapiere.[286]

26 PolG	13 I, II PAG	21 ASOG	12 PolG	11 PolG	4 PolDVG	18 SOG	29 SOG	13 I, II SOG	12 PolG	10 I, II POG	9 I, II PolG	19 PolG	20 SOG	181 LVwVG	14 PAG

Repressive Entsprechung: §§ 163b, 163c StPO.

Der Adressat ist zur Auskunftserteilung verpflichtet, Schweigen oder falsche Angaben sind ordnungswidrig (§ 111 OWiG). Es gibt keine allgemeine Verpflichtung, sich ohne Grund auf amtliche Aufforderung auszuweisen.[287] Bei erheblichen Schwierigkeiten kann der Betroffene zur Polizeiwache verbracht und durchsucht werden. Als letztes Mittel ist verschiedentlich auch die Blutentnahme und DNA-Analyse (Berl, MV, Nds, NRW, RP, Saar, SH) zur gefahrenabwehrenden Identitätsfeststellung erlaubt (repressiv: § 81a StPO).

---

284 NdsOVG NordÖR 2013, 29.

285 BVerfGE 65, 1, 45 ff. („Volkszählung"); BVerfGE 120, 274 („Online-Durchsuchung").

286 BVerfG NVwZ 2011, 743; OVG Hamburg NVwZ-RR 2015, 695.

287 BVerfG NVwZ 2016, 53; BVerfGE 92, 191, 197.

273 Die **gering eingreifende**[288] Maßnahme ist erlaubt, wenn eine hinreichend konkrete Gefahr besteht, wobei gewisse Mindestanforderungen gelten.[289] Daneben sind Identitätsfeststellungen an gefährlichen Orten/gefährdeten Objekten und an Kontrollstellen möglich. Die Identitätsfeststellung mindert die Gefahr, weil sich der Kontrollierte aus der Anonymität gerissen sieht.[290] Zum Schutz privater Rechte kann die Identität ebenfalls festgestellt werden (z.B. bei fahrlässiger Sachbeschädigung – keine Straftat; Verkehrsunfall).

[Handschrift links: § 81b 2. Alt. StPO sperrt in ihrem Anwendungsbereich § 36 PolG]

274 Die **erkennungsdienstliche Behandlung** (ED-Behandlung) durch Finger- und Handabdrücke, Aufnahme von Lichtbildern, z.T. auch DNA-Analyse, kann als ultima ratio erfolgen, wenn die Identität sonst nicht feststellbar ist.

36 PolG	14 PAG	23 ASOG	13 PolG	11b PolG	/ I-IV PolDVG	19 I, II SOG	31 SOG	15 SOG	14 PolG	11 POG	10I PolG	20 PolG	21 SOG	183 LVwVG	16 PAG

275 Die ED-Behandlung muss zum **Zwecke des Erkennungsdienstes** erfolgen, es muss also die Gefahr bestehen, dass der Betroffene nach kriminalistischer Erfahrung künftig mit guten Gründen als Verdächtiger einer Straftat in Betracht kommen kann.[291]

Verdacht auf Drogenhandel bei einschlägigen Vorstrafen oder Trunkenheitsfahrt bei alkoholbedingten Vorstrafen; fortgesetzte Körperverletzungen; wiederholter Cannabiskonsum.

276 Häufiger erfolgt die ED-Behandlung zur **vorbeugenden Bekämpfung von Straftaten** nach § 81b Alt. 2 StPO eines Beschuldigten im gegen ihn laufenden Strafverfahren. Solange der Betroffene Beschuldigter ist, also bis zum Erlass eines evtl. Widerspruchsbescheids,[292] ist die präventive Rechtsgrundlage gesperrt. Die ED ist **notwendig**, wenn die Gefahr besteht, dass der Betroffene erneut straffällig wird[293]; für sie ist auf den Zeitpunkt der letzten mündlichen Verhandlung abzustellen, d.h. eine spätere Einstellung des Ermittlungsverfahrens oder ein Freispruch sind unerheblich.[294] Die Rechtsgrundlagen können jedoch ausgetauscht werden.[295] § 81b Alt. 2 StPO ist eine präventive Norm, die (nur) im Sachzusammenhang des Strafprozessrechts zulässig bundesrechtlich geregelt ist.[296]

[Handschrift links: Annexkompetenz zu Art. 74 Nr. 1 GG]

> „Es liegt eine öffentlich-rechtliche Streitigkeit vor, auch wenn § 81b Alt. 2 StPO die Ermächtigungsgrundlage der ED-Behandlung war. Die ED-Behandlung war *keine Strafverfolgungsmaßnahme*, die nach § 23 Abs. 1 S. 1 EGGVG die Zuständigkeit der ordentlichen Gerichte begründen würde. Der Kläger war zwar Beschuldigter eines Strafverfahrens. *Seine Identität stand aber fest, sodass § 81b Alt. 1 StPO als Ermächtigungsgrundlage ausschied.* Das Strafverfahren war lediglich der Anlass der ED-Maßnahme, weil die gewonnen Daten nicht nur in künftigen Strafverfahren, sondern auch in anderen polizeilichen Verfahren zur vorbeugenden Kriminalitätsbekämpfung verwendet werden.“

Hinweis: Entnehmen Sie weitere Einzelheiten dem in der Klausur zugelassenen StPO-Kommentar.

[Handschrift vertikal am linken Rand, teilweise unleserlich: Ist der Betroffene bei Erlass des Widerspruchsbescheids Beschuldigter i.S.d. § 81b Alt. 2 u. verliert also Eigenschaft während des Widerspruchsverfahrens, so kann die ursprüngliche ED-Behandlung unter Heranziehung von § 36 I Nr. 2 PolG aufrecht erhalten werden]

---

288 BVerfG NVwZ 2016, 53; BVerfGE 120, 378, 402 f.; OVG RP NJW 2016, 2820; SächsOVG SächsVBl 2016, 201.

289 OVG Hamburg NVwZ-RR 2015, 695.

290 VGH BW NVwZ-RR 2011, 231.

291 BVerwG NVwZ-RR 2014, 848; BVerwGE 66, 192.

292 VGH BW VBlBW 2016, 424; a.A. SächsOVG NvwZ-RR 2001, 238.

293 BVerwGE 66, 192; NdsOVG NdsVBl 2017, 21.

294 BVerwGE 66, 192; BVerwG NJW 2006, 1225; NdsOVG NdsVBl 2017, 21.

295 BVerwGE 122, 1; VGH BW VBlBW 2016, 424.

296 BVerwG NVwZ-RR 2011, 710; NJW 2006, 1225.

B. Platzverweis, Aufenthaltsverbot, Wohnungsverweisung

Es gibt drei Standardmaßnahmen, mit denen angeordnet werden kann, dass eine Person sich **entfernt**: den kurzfristigen und punktuellen Platzverweis, das längere und räumlich ausgedehnte Aufenthaltsverbot und die Wohnungsverweisung.

I. Platzverweis

Mit dem **Platzverweis** können ein oder mehrere (Allgemeinverfügung) Störer vorü- 277
bergehend von einem bestimmten Ort (Bahnhof, Engl. Garten) verwiesen werden.

27a I PolG	16 I PAG	29 I ASOG	16 I PolG	14 I PolG	12a SOG	31 II SOG	52 I SOG	17 I SOG	34 I PolG	13 I POG	12 II PolG	21 I PolG	36 I SOG	201 I LVwVG	18 I PAG

Nötig ist eine **konkrete Gefahr**. Der Adressat (ggf. Nichtstörer) muss sich entfernen und darf auch nicht zurückkehren. Auch ein Betretungsverbot kann ausgesprochen werden. Die Verweisung kann nur **kurzfristig** sein (Faustregel: 24 Stunden). Der Platzverweis ist ein **Dauer-VA**, dessen Voraussetzungen während der gesamten Geltung vorliegen müssen. Grundrechtlich ist nur die körperliche Bewegungsfreiheit betroffen (Art. 2 Abs. 2 S. 2 GG). Die Freizügigkeit (Art. 11 GG) ist nicht berührt, weil der Platzverweis zu kurz wirkt. Er ergeht normalerweise mündlich und muss als solcher erst von Ihnen erkannt werden („Bitte verlassen Sie bis morgen die Sportanlage!", „Sie kommen hier nicht durch!").

Der Platzverweis wird durch **unmittelbaren Zwang** vollstreckt (Abdrängen, Fortfüh- 278
ren). Wird der Platzverweis ständig missachtet, kann der Pflichtige in **(Durchsetzungs-)Gewahrsam** genommen werden (Standardmaßnahme, s.u. Rn. 288 ff.). Der Gewahrsam ist in diesem Fall eine Vollstreckungsmaßnahme eigener Art. Anders als bei den „normalen" Vollstreckungsmaßnahmen, bei denen die Grundverfügung nur wirksam sein muss, ist der in Art. 2 Abs. 2 GG und Art. 11 GG eingreifende Durchsetzungsgewahrsam nur verhältnismäßig, wenn der zugrundeliegende Platzverweis **rechtmäßig** ist.[297] Ein Verbringungsgewahrsam (Transport an den Stadtrand) ist unzulässig.[298]

- **Spezialgesetze** können vorgehen, z.B. Verkehrsregelungen nach § 36 Abs. 1 StVO 279
  („bitte weiterfahren"). Die Absperrung eines Tatorts zur Spurensicherung ist eine Strafverfolgungsmaßnahme, die zu einem Festnahmerecht nach § 164 StPO führt, wenn sie überschritten wird.[299]
- Während einer **Versammlung** (Art. 8 GG) darf kein Platzverweis gegen einen Ver- 280
  sammlungs**teilnehmer** (wohl gegen Störer von Außen) ausgesprochen werden.[300] Sind die insofern abschließenden §§ 13, 15 VersammlG erfüllt, kann auf ihrer Grundlage als Minusmaßnahme auch ein Platzverweis gegen den Versammlungsteilnehmer ergehen. Vor und nach der Versammlung sind Platzverweise nach Polizeirecht möglich. Wurde die Versammlung durch Auflösungsverfügung beendet, trifft die Teilnehmer eine Entfernungspflicht (§ 18 Abs. 1, 13 Abs. 2 VersammlG),[301] s. Rn. 310 ff.
- Die Aufnahme in eine **polizeiliche Gefährderdatei** (z.B. „Gewalttäter Sport", „Ge- 281
  walttäter Links/Rechts") begründet alleine noch keine konkrete Gefahr, die einen

---

297 Vgl. BVerfG NJW 1999, 3773.
298 BayVerfGHE 43, 107; Schucht DÖV 2011, 553.
299 NdsOVG NJW 2012, 2057.
300 BVerfG NVwZ 2011, 422.
301 VGH BW ESVGH 57, 197.

Platzverweis rechtfertigen könnte;[302] ebenso bei bundesweitem Stadionverbot nach DFB-Regeln.[303] Gleiches gilt für Angehörige der „Punk-Szene", deren unangepasstes Aussehen und normabweichende Umgangsformen Innenstadtpassanten lediglich **belästigen.**[304]

282 ■ **Alkoholkonsum** in der Öffentlichkeit genügt ohne weitere gefahrbegründende Umstände nicht, um einen Platzverweis zu erteilen, weil er allein nicht hinreichend wahrscheinlich zu einer Gefahr führt.[305] Stilles **Betteln**[306] belästigt nur, gefährdet aber nicht. Beim aggressiven Betteln kann anderes gelten, vgl. Nötigung nach § 240 StGB.[307]

II. Aufenthaltsverbot

283 Das **Aufenthaltsverbot** verbietet den Aufenthalt in einem bestimmten Bereich des Gemeindegebiets für längere Zeit.

27a II PolG	16 II PAG	29 II ASOG	16 II PolG	14 II PolG	12b II SOG	31 III SOG	52 III SOG	17 IV SOG	34 II PolG	13 III POG	12 III PolG	21 II PolG	36 II SOG	201 II LVwVG	18 III PAG

Es greift stärker in Art. 2 Abs. 2 S. 2, Art. 11 GG ein. Es dient der Bekämpfung von Kriminalitätsschwerpunkten, also von **Straftaten.** Andere Gefahren genügen nicht, dafür reicht ein Gefahrenverdacht („tatsächliche Anhaltspunkte") aus.

Beispiele: „Offene Drogenszene";[308] notorischer Straftäter;[309] Straßenprostitution im Sperrbezirk; „Chaostage";[310] Bundesligaspiel mit verfeindeten Fangruppen (Hooligans[311], „Ultras"[312]).

284 Räumlich muss es auf den **Schwerpunktbereich** begrenzt werden. Zeitlich schwanken die Landesgesetze zwischen einem Jahr und unbefristet. Auch wenn die Kriminalität nur an einen anderen Ort verdrängt und nicht verhütet wird, ist das Aufenthaltsverbot nicht ermessensfehlerhaft, wenn es Straftaten zumindest erschwert;[313] Lärm reicht nicht.[314] **Adressat** kann nur der Verhaltensstörer sein. Aufenthaltsverbote sind keine vollzugspolizeilichen Maßnahmen, müssen also für **sofort vollziehbar erklärt** werden (§ 80 Abs. 2 S. 1 Nr. 4 statt Nr. 2 VwGO).[315] Die Vollziehung erfolgt durch Zwangsgeldfestsetzung, ggf. mit nachfolgender Ersatzzwangshaft (letztere angeordnet durch das Verwaltungsgericht) bei Zahlungsunfähigkeit oder mittels Durchsetzungsgewahrsams (Standardmaßnahme, s. Rn. 289 ff.).

3 Monate

III. Wohnungsverweisung

285 Die Wohnungsverweisung dient vor allem dem Schutz der Familie vor innerfamiliären Gewalttätern. Freiheit, Leib oder Leben müssen gefährdet sein.

302 BayVGH Beschl. v. 12.05.2015 – 10 ZB 13.629; VG Freiburg, Urt. v. 25.09.2015 – 4 K 35/15, BeckRS 2015, 53469.

303 VG Neustadt/W, Beschl. v. 02.05.2014 – 5 L 404/14.

304 VGH BW ESVGH 53, 65.

305 OVG LSA, Urt. v. 17.03.2010 – 3 K 319/09, BeckRS 2010, 47490; VGH BW NVwZ-RR 2010, 55; Albrecht VR 2012, 41; Hecker NVwZ 2010, 359.

306 ThürOVG ThürVBl. 2013, 8; VGH BW DVBl. 1999, 333.

307 Vgl. Finger Verw 40, 105.

308 BayVGH, Beschl. v. 15.07.2013 – 10 C 11.2847.

309 NdsOVG NdsVBl. 2015, 286.

310 BVerfG Beschl.v. 25.03.2008 – 1 BvR 1548/02.

311 OVG NRW, Beschl. v. 27.06.2006 – 5 B 1142/06; VG Köln, Beschl. v. 23.10.2015 – 20 L 2607/15.

312 NdsOVG, Urt. v. 26.04.2018 – 11 LC 288/16, BeckRS 2018, 11334; VGH BW NVwZ-RR 2017, 873; Böhm/Mayer DÖV 2017, 325.

313 BayVGH BayVBl. 2000, 85.

314 HessVGH LKRZ 2014, 289.

315 Rachor in: Lisken/Denninger, Handbuch des Polizeirechts, 5. Aufl. (2012), E 440.

27a III PolG	16 I PAG	29a ASOG	16a PolG	14a PolG	12b I SOG	31 II SOG	52 II SOG	17 II SOG	34a PolG	13 II, IV POG	12 II PolG	21 III PolG	36 III SOG	201a LVwVG	18 II PAG

Nach dem **GewaltschutzG** können die Betroffenen vor dem Zivilgericht zwar selbst einstweilige Schutzmaßnahmen erlangen. Um die Zeit bis zum Erlass eines zivilgerichtlichen Beschlusses zu überbrücken[316], können Polizei/Ordnungsbehörden den Gewalttäter vorübergehend aus seiner eigenen **Wohnung verweisen** und ihm gleichzeitig die **Rückkehr verbieten**. Das Wohnungsgrundrecht (**Art. 13 GG**) ist nicht betroffen, weil es nur vor dem Eindringen des Staates in die Wohnung schützt, nicht aber den Besitz an der Wohnung.[317]

Die Zuständigkeiten, tatbestandlichen Voraussetzungen (Art der Gefahr) und zulässi- **286**
gen Rechtsfolgen (Höchstdauer, zusätzliches Kontaktverbote) variieren landesrechtlich. Generell aber gilt, dass die Polizei ermitteln muss (**Amtsermittlung**) und sich nicht auf die Aussage des Gefährdeten allein verlassen darf.[318] Da es sich um einen Dauer-VA handelt, sind Tatsachenänderungen nach Erlass zu beachten.[319]

Nimmt der (meist: die) Gefährdete seine **Strafanzeige zurück** oder beantragt, die Frist zu verkürzen, weil man sich versöhnt habe, lässt das regelmäßig die Gefahr nicht entfallen, weil sich nicht aufklären lässt, ob solche Erklärungen wirklich freiwillig abgegeben worden sind.[320]

Manche Länder erlauben neben der Wohnungsverweisung noch ein **Betretungs-** **287**
und **Näherungs-** („50 m um das Haus") sowie ein **Kontaktverbot** (keine telefonische, briefliche oder persönliche Kontaktaufnahme). Die sofortige Vollziehung muss insofern gesondert angeordnet werden, Vollstreckung erfolgt durch Zwangsgeld. Wo eine Spezialregelung fehlt, können solche zusätzlichen Verbote auf die Generalklausel gestützt werden (keine Spezialität der Wohnungsverweisungsnorm wegen anderen Zwecks). Dasselbe gilt für die Anordnung, die **Wohnungsschlüssel** abzugeben.

C. Gewahrsam

Gewahrsam ist das **Festhalten** einer Person an einem **eng umgrenzten Raum**. **288**

28 PolG	17 PAG	30 ASOG	17 PolG	15 PolG	13 SOG	32 SOG	55 SOG	18 SOG	35 PolG	14 POG	13 PolG	22 PolG	37 SOG	204 LVwVG	19 PAG

Repressiv: §§ 127, 112 StPO.

Eine Ingewahrsamnahme setzt eine **Freiheitsentziehung** i.S.v. Art. 104 Abs. 1 GG voraus (z.B. mobile Gefangenensammelstelle). Maßgeblich sind Dauer und Zweck.[321] Eine Freiheitsentziehung liegt vor, wenn die tatsächlich gegebene körperliche **Bewegungsfreiheit** nach jeder Richtung hin **aufgehoben** wird, indem der Betroffene an einem eng umgrenzten Raum festgehalten wird:[322] Haftraum, Polizeiauto oder eingekesselte Menschenmenge.[323] Die Ingewahrsamnahme kann daher von Platzverweis, Wohnungsverweisung, Meldeauflage usw. abzugrenzen sein. Eine bloße **Freiheitsbeschränkung** (z.B. Festhalten zur Identitätsprüfung) reicht nicht.

316 NdsOVG, Beschl. v. 12.07.2010 – 11 LA 362/09.
317 BVerfGE 89, 1.
318 OVG NRW RÜ 2018, 255; NWVBl. 2011, 73.
319 OVG NRW NWVBl. 2015, 235.
320 OVG NRW, B.v. 14.05.2012 – 5 B 599/12.
321 BVerfGE 105, 239, 250.
322 BVerfGE 94, 166.
323 OVG Bremen NordÖR 2015, 450; VG Frankfurt/M, Urt. v. 29.09.2014 – 5 K 659/14.

„Die polizeiliche Sperrung aller Zufahrtstraßen und -wege zu der kleinen Ortschaft X hat die Menschen, die sich dort aufhielten, nicht in Gewahrsam genommen. Sie konnten zwar den Ort für vier Stunden nicht verlassen, wurden aber nicht auf einem eng umgrenzten Raum festgehalten. Innerhalb der Absperrungen mit einem Durchmesser von ca. 2 km konnten sie sich frei bewegen. Deswegen lag nur eine Freiheitsbeschränkung vor. Deren Rechtmäßigkeit richtet sich mangels spezialgesetzlicher Vorschriften oder einschlägiger Standardermächtigungen nach der polizeirechtlichen Generalklausel."

289 Welche **Gefahren** mit dem Gewahrsam abgewendet werden dürfen, unterscheidet sich landesrechtlich. Die drei wesentlichen Gewahrsamsanlässe sind:

- **Schutzgewahrsam** (Selbstgefährdung) wegen staatl. Schutzpflicht (Art. 2 Abs. 2 GG),

  Ein alkoholisierter Mann sitzt bei Frost im Unterhemd in einem offenen Buswartehäuschen, schwankt und dämmert ein. Ein Lebensmüder will sich von einer Brücke stürzen.

- **Sicherungsgewahrsam** (Schutz von Leib und Leben sowie vor Straftaten und Ordnungswidrigkeiten erheblicher Bedeutung),

  Bei Straftaten können auch Dauergefahren zur Ingewahrsamnahme führen (Hütchenspieler, Drogendealer).[324] Ordnungswidrigkeiten rechtfertigen einen Polizeigewahrsam jedenfalls dann, wenn ihre Duldung den Eindruck vermitteln würde, der Rechtsstaat könne sich nicht durchsetzen.[325] Bei unzulässigem Lärm (§ 117 OWiG) kommt es darauf an, ob er dauerhaft ist und zu Schlafentzug bzw. Gesundheitsstörungen führt. Bloße Belästigungen genügen nicht.[326] Wird der Lärm fortgesetzt, kann die Polizei auch Gegenstände sicherstellen (Musikanlage, Instrument, s. Rn. 294 ff.).

- **Durchsetzungsgewahrsam** (Adressat eines Platzverweises, Aufenthaltsverbots oder einer Wohnungsverweisung verstößt hiergegen). Anders als sonst in der Vollstreckung reicht die Wirksamkeit der Entfernungsverfügung (s. oben Rn. 255) nicht aus, sondern sie muss **rechtmäßig** sein. Wegen des intensiven Grundrechtseingriffs wird die Anforderung in die Standardermächtigung hineingelesen.

290 Gemäß Art. 104 Abs. 2 GG muss jede Freiheitsentziehung **richterlich** angeordnet werden (vgl. §§ 415 ff. FamFG), und zwar **vorher**. Ist das ausnahmsweise nicht möglich, muss unverzüglich eine richterliche Entscheidung über die Fortdauer herbeigeführt werden. Der Betroffene kann hierauf **nicht verzichten**, darf aber freigelassen werden, bevor ein Gericht entschieden hat.[327] Zuständig ist das Amtsgericht des Gewahrsamsorts, Rechtbehelf ist die sofortige Beschwerde zum Landgericht.

Hat das Zivilgericht vor der Freilassung nicht entschieden, bleibt es auch nach der Freilassung zuständig, wenn es bereits angerufen war. Fehlte ein solcher vor der Freilassung noch, sind die Verwaltungsgerichte für die nachträgliche Feststellung der Rechtmäßigkeit zuständig,[328] sofern das Landesrecht nichts anderes bestimmt (Art. 18 Abs. 2 S. 2 PAG BY; § 31 Abs. 2 und 3 S. 1 ASOG Berlin).

---

324 BayVGH NVwZ 2000, 454; OLG Hamburg NJW 1998, 2231.

325 BayObLG NVwZ 1999, 106.

326 OVG LSA, Beschl. v. 27.06.2007 – 2 L 158/06.

327 BVerfGE 105, 239.

328 OVG Bremen NordÖR 2015, 175; OVG MV NordÖR 2009, 24; VGH BW DÖV 2005, 165.

„Rechtsgrundlage der erhobenen Gebühr von 45,- € für die Ingewahrsamnahme sind die §§ … LGebG. Die Kosten für die Unterbringung im Polizeigewahrsam durften dem Kläger auferlegt werden, weil seine Ingewahrsamnahme rechtmäßig war. Erledigt sich die Ingewahrsamnahme vor Ablauf einer Rechtsbehelfsfrist, so gebietet Art. 19 Abs. 4 GG, im Rahmen der Überprüfung des Gebührenbescheides auch die zugrundeliegende Amtshandlung einer gerichtlichen Kontrolle zu unterziehen. Da sich die Ingewahrsamnahme des Klägers mit seiner Entlassung nach zwei Stunden am selben Tage erledigt hatte und keine amtsrichterliche Entscheidung über den Gewahrsam nach § … PolG getroffen worden war, ist dessen Rechtmäßigkeit somit eine in diesem Verfahren inzident zu prüfende Voraussetzung für die Kostenpflicht des Klägers."

D. Durchsuchung

Es gibt unterschiedliche Standardmaßnahmen für die Durchsuchung von Personen, Sachen und Wohnungen.

- Die Durchsuchung einer **Person** dient dem Auffinden körperfremder Gegenstände am Körper (einschl. Mund, Nase, Ohren) und in der getragenen Kleidung. Im Gegensatz dazu erfasst die **körperliche Untersuchung** nach § 81a StPO im Strafverfahren auch das Körperinnere; sie ist nur in manchen Ländern präventiv bei Leibes- oder Lebensgefahr erlaubt. Voraussetzungen: Person darf festgehalten werden, Verdacht des Beisichführens sicherstellungsfähiger Sachen, hilflose Lage, Kriminalitätsverdacht bei gefährdeten Objekten (Flughafen, Botschaft). Es gelten besondere Verhältnismäßigkeitsanforderungen, da typischerweise die Menschenwürde (Art. 1 Abs. 1 GG) und das allg. Persönlichkeitsrecht (Art. 2 Abs. 1 GG, Art. 1 Abs. 1 GG) betroffen sind. **291**

29 PolG	21 PAG	34 ASOG	21 PolG	19 PolG	15 SOG	36 SOG	53, 54 SOG	22 SOG	39 PolG	18 POG	17, 17a PolG	23 PolG	41 SOG	202 f. LVwVG	23 PAG

- Für die Durchsuchung von **Sachen** (Handtaschen; Kfz; Gebäude, die keine Wohnung sind) gibt es eigene Ermächtigungen. Sachen dürfen v.a. durchsucht werden, wenn auch die Person durchsucht werden darf (Rückverweis), wenn eine hilflose oder widerrechtlich festgehaltene Person oder eine sicherstellungsfähige Sache aufgefunden werden soll. Daneben gibt es weitere Gründe. **292**

30 PolG	22 PAG	35 ASOG	22 PolG	20 PolG	15a SOG	37 SOG	57 SOG	23 SOG	40 PolG	19 POG	18 PolG	24 PolG	42 SOG	206 f. LVwVG	24 PAG

- Das Betreten und die Durchsuchung von **Wohnungen** i.S.v. Art. 13 GG, zu denen auch Kanzleiräume,[329] Arztpraxen[330] und Büroräume[331] zählen, ist nochmals besonders geregelt, um den Anforderungen des Art. 13 GG zu genügen. **293**

31 PolG	23 f. PAG	36 f. ASOG	23 f. PolG	21 f. PolG	16, 16a SOG	38 f. SOG	59 f. SOG	24 f. SOG	41 f. PolG	20 f. POG	19 f. PolG	25 PolG	43 f. SOG	208 f. LVwVG	25 f. PAG

Repressiv: §§ 102 ff. StPO zur Beweismittelsicherung; präventiv (speziell): § 4 VereinsG.

---

329 BVerfGK 9, 143.

330 BVerfGK 13, 21.

331 BVerfG NJW 2015, 2870; BGH NJW 1997, 1018.

Für eine **Durchsuchung** gilt der Richtervorbehalt (Art. 13 Abs. 2 GG i.V.m. FamFG). Durchsuchung bedeutet, in der Wohnung zielgerichtet nach versteckten Sachen/Personen zu suchen. Das bloße **Betreten** ist ohne richterliche Anordnung möglich. Beide Maßnahmen sind zwar Realakte, es wird aber ein zugrunde liegender Verwaltungsakt angenommen.

Hinweis: Wertvolle Hinweise (Definitionen, Abgrenzungen) können Sie in der Klausur den Kommentierungen zu §§ 81a, 102 ff. StPO entnehmen.

E. Sicherstellung, Verwahrung

294 **Sicherstellung** ist die Inobhutnahme einer (auch un-)beweglichen Sache in **staatlichen Gewahrsam.** Sie erfolgt durch **Verwaltungsakt,** der zur Herausgabe bzw. zur Duldung der Wegnahme verpflichtet.

32 f. PolG	25 PAG	38 ASOG	25 PolG	23 PolG	14 SOG	40 SOG	61 SOG	26 SOG	43 PolG	22 POG	21 PolG	26 f. PolG	45 SOG	210 LVwVG	27 PAG

Repressiv: §§ 94 ff. StPO. BW und Sachsen nennen die Sicherstellung zum Schutz der öff. Sicherheit „Beschlagnahme".

Sichergestellt werden kann eine Sache, um eine Gefahr abzuwehren, die **der Sache selbst droht** (ein nach Unfall nicht mehr abschließbares Kfz), oder die **gefährlich** ist (scharfes Messer auf einem Spielplatz; die Musikanlage, die trotz Aufforderung nicht leise gestellt wird) oder die in der Hand einer polizeilich **festgehaltenen Person** gefährlich ist (Verletzungs-/Fluchtwerkzeug).

Keine Sicherstellungen sind Wohnungseinweisungen von Obdachlosen (Drittgewahrsam) oder das Abschleppen von Kfz (Ersatzvornahme/unmittelbare Ausführung).

295 Die Sicherstellung ist eine Verfügung, die den Adressaten verpflichtet, die Sache herauszugeben bzw. die Wegnahme zu dulden. Durchgesetzt wird die Sicherstellung mit Zwangsgeld oder unmittelbarem Zwang. Ein Grundstück wird durch Versiegelung sichergestellt (z.B. Haus mit Drogenlabor).[332]

296 **Der maßgebliche Zeitpunkt** der Sach- und Rechtslage für die Beurteilung der Rechtmäßigkeit einer Sicherstellungsverfügung richtet sich nach dem jeweiligen Landesrecht. Soweit es einen eigenen Herausgabeanspruch normiert, sobald der Sicherstellungsgrund weggefallen ist, muss auf den Zeitpunkt des Erlasses der Verfügung abgestellt werden, obwohl es sich um einen DauerVA[333] handelt (z.B. Bayern, Hessen, Bremen, Niedersachsen).[334] Sobald der Sicherstellungsgrund nachträglich wegfällt, erledigt sich die Sicherstellungsverfügung (Sonderfall zu § 43 Abs. 2 VwVfG). Das an den Verfügungsadressaten gerichtete **Gebot zur Duldung** des durch die rechtmäßige Sicherstellung begründeten hoheitlichen Gewahrsams endet. Der **Herausgabeanspruch** ist nicht von einer vorherigen Aufhebung der Sicherstellungsverfügung abhängig.[335] Die allgemeinen Regeln (= letzte mündliche Verhandlung) gelten indessen, wenn das Landesrecht einen Anspruch auf Aufhebung der Sicherstellung („Beschlagnahme") vorsieht, sobald dessen Voraussetzungen wegfallen, z.B. § 33 Abs. 4 S. 1 PolG BW.[336]

---

332 NdsOVG DVBl. 2010, 909.

333 A.A. nach bayer. PAG: BayVGH NJW-RR 2016, 779.

334 VGH Hessen LKRZ 2015, 505 (= RÜ 2015, 807); OVG Nds NdsVBl 2015, 250; OVG Bremen NJW 2016, 2601; NordÖR 2015, 26; OVG NRW NWVBl. 2017, 166; DVBl. 2011, 123.

335 HessVGH LKRZ 2015, 505.

336 Stephan/Deger, PolG BW, 7. Aufl. 2014, § 33 Rn. 29, m.w.N.

Durch die Sicherstellung wird ein öffentlich-rechtliches **Verwahrungsverhältnis** be- **297**
gründet. Es handelt sich um ein verwaltungsrechtliches **Schuldverhältnis**, auf das die zivilrechtlichen Vorschriften über Leistungsstörungen analog anwendbar sind (§§ 280 ff. BGB). Der Schadensersatzanspruch muss allerdings vor dem Zivilgericht geltend gemacht werden, § 40 Abs. 2 S. 1 Alt. 2 VwGO. Die Polizei kann sich eines Privaten bedienen, um die Sache zu verwahren (Abschleppunternehmer mit Verwahrparkplatz, Lagerbetreiber). Dieser kann auch evtl. Zurückbehaltungsrechte (sofortige Zahlung der Abschleppkosten) als Bote der Polizei dem Herausgabeverlangen des Pflichtigen (Kfz-Eigentümer) entgegenhalten (vgl. näher dazu Kopp/Schenke, VwGO, Anh. § 42 Rn. 15). Die Sache ist an den herauszugeben, bei dem sie sichergestellt wurde; nur wenn das Eigentum eines Dritten feststeht, ist die Herausgabe an den anderen **rechtlich unmöglich** i.S.d. Verwahrungsvorschriften.[337]

- Ein **verbotswidrig geparktes Kfz** wird (außer in Hamburg) nicht sichergestellt, **298**
sondern im Wege der Ersatzvornahme abgeschleppt, s.u. Rn. 549 ff. Besteht der Verdacht, dass ein Kfz. ungeklärter Herkunft manipuliert (Tacho) veräußert werden soll, kann er sichergestellt werden.[338]

- **Bargeld** kann sichergestellt werden, wenn es konkrete Hinweise darauf gibt, dass **299**
es zur Begehung von Straftaten genutzt werden soll. Das Bargeld ist in der Hand des potenziellen Täters eine polizeiliche Gefahr.[339]

  Ein großer Bargeldbetrag kann in Grenznähe auf beabsichtigte Geldwäsche im Ausland hindeuten. Bargeld, das bei Dealern gefunden worden ist, kann nur präventiv sichergestellt werden,[340] wenn es wahrscheinlich für weitere BtM-Delikte verwendet wird.[341]

  Ist Bargeld nach strafproz. Beschlagnahme auf ein **Bankkonto** eingezahlt worden, hat der Einzahler lediglich eine Forderung gegen die Bank. Es ist umstritten, ob das Buchgeld sichergestellt werden kann, obwohl es keine körperliche Sache ist.[342]

- Bargeld kann auch zugunsten seines (unbekannten) Eigentümers sichergestellt werden, wenn der Verdacht besteht, dass es ihm abhanden gekommen ist (entwendet). **§ 1006 BGB** vermutet beim Besitzer allerdings das Eigentum.[343] Steht fest, dass der wirkliche Eigentümer nie aufzufinden sein wird, stellt sich die Frage nach der Verhältnismäßigkeit der Sicherstellung.[344] Der behauptete Eigentümer des Geldes (Dritter), der nicht Verfügungsadressat ist, hat keine Klagebefugnis.[345]

- **Fotografiert** jemand einen anderen gegen dessen Willen, kann die Polizei die Fo- **300**
tos (Datenträger) nur sicherstellen, wenn es konkrete Anhaltspunkte für eine Verletzung des KunstUrhG gibt, das eine Veröffentlichung verbietet.[346]

  Bei **Pressefotografen** ist grds. eine Veröffentlichungsabsicht anzunehmen. Foto- **301**
  grafieren Journalisten (Polizei-)Beamte im Einsatz, ohne zu stören,[347] darf die Polizei die Kamera/Fotos nicht ohne Weiteres sicherstellen, weil darin ein unzulässiger

---

337 OVG BB LKV 2016, 423.

338 HessVGH LKRZ 2015, 505; NdsOVG NdsVBl. 2015, 250.

339 OVG NRW NWVBl. 2017, 166; NdsOVG NdsVBl. 2015, 250; OVG Bremen NordÖR 2015, 26; 2013, 85; Söllner NJW 2009, 3339.

340 Keine präventive Gewinnabschöpfung; Gewinnabschöpfung nur nach § 73d StGB als Nebenfolge einer strafrechtlichen Verurteilung, vgl. OVG Bremen NordÖR 2015, 26; BGHSt 40, 371, 373.

341 OVG Bremen NordÖR 2013, 85.

342 *Nein:* BayVGH NVwZ-RR 2016, 779. Ja: OVG Bremen NJW 2016, 2901; NdsOVG NordÖR 2013, 269.

343 BayVGH NVwZ-RR 2012, 68.

344 BVerfG NVwZ 2012, 239; strenge Anforderungen an die Nichtermittelbarkeit: OVG NRW NWVBl 2017, 166.

345 BayVGH NVwZ-RR 2016, 48.

346 BVerfG NVwZ 2016, 53.

347 Vgl. SächsOVG SächsVBl. 2008, 8.

Eingriff in die **Pressefreiheit** (Art. 5 Abs. 1 GG) läge.[348] Diese umfasst nämlich auch die Informationsbeschaffung.[349] Selbst wenn zu besorgen ist, dass der Pressefotograf die Bilder unter Verstoß gegen das KunstUrhG veröffentlicht, ist ein **Fotografierverbot unverhältnismäßig**. Die Polizei muss den Pressefotografen zunächst gewähren lassen, dann aber gegenüber dem Fotografen (Verlag) auf die Einhaltung des KunstUrhG drängen („Verständigung über das Ob und Wie"), bei Fehlschlagen ggf. danach eine Ordnungsverfügung erlassen und/oder zivilgerichtlichen Rechtsschutz suchen. Nur wenn aus der ex-ante-Sicht der Polizei der konsensuale Weg völlig aussichtslos erscheint, darf sie das Fotografieren ganz verbieten.[350]

302 ■ **Presseerzeugnisse** (Zeitungen, Bücher) dürfen nicht sichergestellt werden. Druckwerke sind „polizeifest". Die LPresseG sehen nur eine strafprozessrechtliche Beschlagnahme vor.[351]

303 ■ Speziellere Ermächtigungen für Sicherstellungen finden sich in § 16a Nr. 2 **TierSchG,**[352] § 30 **VersammlG**, § 54 **WaffG**.

F. Generalklausel

304 Lässt sich eine Gefahr nicht mit einer oder mehreren Standardmaßnahmen abwehren, und ist der Lebenssachverhalt dort auch nicht abschließend geregelt, müssen Sie stets prüfen, ob auf die Generalklausel zurückgegriffen werden kann.

1, 3 PolG	11 I PAG	17 I ASOG	10 I PolG 13 I OBG	10 I 1 I PolG	3 I SOG	11 SOG	131 SOG	11 SOG	8 I PolG 14 I OBG	9 I POG	8 I PolG	3 I PolG	13 SOG	174, 176 LVwVG	12 I PAG 5 I OBG

Die hiesige Darstellung nach den Standardmaßnahmen soll den subsidiären Charakter der Generalklausel augenfällig machen.

Die Generalklausel kommt häufig bei **atypischen Situationen** als Ermächtigungsgrundlage in Betracht, nämlich wenn der Gesetzgeber diese noch nicht typisiert geregelt hat. Gleiches gilt, wenn eine **altbekannte Situation** aufgrund geänderter Auffassungen nunmehr als zu bekämpfende Gefahr eingestuft wird. Ist die Generalklausel allerdings einschlägig, wirft sie meist auch **Grundfragen** auf, die Sie in der Klausur (kurz) erörtern sollten. Während die hinreichende Bestimmtheit der Generalklausel inzwischen als Problem überwunden ist, bleibt der Vorbehalt des Gesetzes (Wesentlichkeitstheorie) meist diskussionsbedürftig, wenn spürbar in grundrechtlich geschützte Positionen eingegriffen wird.

Hinweis: Tendenziell nimmt die Bedeutung der Generalklausel wegen zunehmender Kodifizierung in der Praxis eher ab, in Klausuren ist sie allerdings nach wie vor sehr beliebt, weil wenig Einzelheitenwissen vorausgesetzt werden muss.

■ **Abschleppen**: zum Abschleppen von verbotswidrig geparkten Kfz: s. Rn. 549 ff.

305 ■ **Hausnummern:** werden nach der Generalklausel zugewiesen und geändert,

348 Sofern das LPresseG nicht etwas anderes regelt.

349 BVerfG NJW 2001, 503 Rn. 13.

350 BVerwGE 143, 74.

351 BVerwGE 143, 74.

352 BVerwGE 141, 311: entgegen Wortlaut nur Ermächtigung zum Erlass einer Fortnahme- und Veräußerungsverfügung, nicht zur sofortigen Fortnahme und Veräußerung selbst; diese nur in unmittelbarer Ausführung oder im Sofortvollzug.

wenn das einschlägige LStrG keine Spezialermächtigung enthält. § 126 Abs. 3 BauGB verpflichtet nur zur körperlichen Anbringung der zugeteilten Hausnummer. Diskussionsbedürftig ist wegen des vorwiegend verfolgten öffentlichen Interesses die Klagebefugnis (*Ja:* Pflicht zur Verwendung) und die Frage, ob das Ermessen auch zugunsten des Hauseigentümers auszuüben ist.[353]

- **Obdachlose:** Unfreiwillig Obdachlose werden – sofern sie unterbringungswillig und -fähig sind[354] – nach der Generalklausel in eine menschenwürdige Unterkunft eingewiesen. Gegenüber dem Wohnungseigentümer (auch wenn er die Zwangsräumung des zahlungsunfähigen Mieters und künftigen Obdachlosen gerichtlich betrieben hat) ist die Einweisungsverfügung eine Sicherstellung, die ihm bekannt zu geben ist. Als Nichtstörer hat er einen Ersatzanspruch gegen den Träger der Einweisungsbehörde (sicherer Schuldner).[355] Nach Ablauf der Einweisung kann dem Eingewiesenen die Räumung der Wohnung ebenfalls nach der Generalklausel aufgegeben werden. Der Eigentümer hat aufgrund seines Folgenbeseitigungsanspruchs einen Anspruch auf Erlass der Räumungsverfügung nach Ablauf der Einweisungszeit.[356] **306**

- **Gefährderansprache:** Die Polizei spricht potenzielle Gefahrenverursacher (gewaltbereite Demonstrationsteilnehmer; Hooligans beim Fußball; Gewalttäter im sozialen Nahbereich; Extremisten) mündlich oder schriftlich („Gefährderanschreiben") an und fordert sie vor passenden Gelegenheiten auf, Störungen zu unterlassen. Die Adressaten werden daran erinnert, dass die Polizei sie „im Blick" hat. Die Gefährderansprache soll zu Einsicht führen und/oder abschreckend wirken.[357] Wenn man den Eingriff verneint, genügt die polizeiliche Aufgabenzuweisung.[358] **307**

Probeklausur Alpmann

Statthaft ist eine Feststellungs- oder Leistungsklage auf Unterlassung, weil es sich nicht um einen Verwaltungs-, sondern typischerweise um einen **Realakt** handelt.[359] Nur wenn konkrete Handlungsverbote ausgesprochen werden, handelt es sich um einen Verwaltungsakt.[360] Klagebefugnis besteht, weil die Polizei mit der Gefährderansprache zum Ausdruck bringt, den Adressaten für einen potenziellen Rechtsbrecher zu halten. In diesem **sozialethischen Unwerturteil** liegt ein (mittelbarer) Eingriff in das allgemeine Persönlichkeitsrecht (Art. 2 Abs. 1 GG) bzw., wenn der Adressat an einer Versammlung teilnehmen will, in Art. 8 Abs. 1/Art. 5 Abs. 1 GG.

- **Meldeauflagen:** Um zu verhindern, dass jemand einen bestimmten Ort aufsucht (Adressaten wie bei der Gefährderansprache) oder seinen (Wohn-)Ort verlässt, erteilt ihm die Polizei eine Meldeauflage.[361] Der Adressat muss sich laufend persönlich auf einer Polizeidienststelle melden, was in Art. 11 Abs. 1 GG eingreift, weil er sich nicht dauerhaft aufhalten kann, wo er will. Die Generalklausel reicht als Grundlage (Ausnahme: § 12a POG RP). Die Meldeauflage dient oft als Begleitmaßnahme zu Aufenthalts- und Betretungsverboten (s.o. Rn. 277 ff.) sowie bei **Beschränkungen der Ausreisefreiheit**. Letztere erfolgt durch Beschränkungen des Reisepasses (§§ 7 Abs. 1 Nr. 1, Abs. 2, 8 PassG) und/oder des Personalausweises (§ 2 Abs. 2 PAuswG). Ausreisebeschränkungen setzen voraus, dass „sonstige erhebliche Belange der Bundesrepublik Deutschland" gefährdet sind.[362] Das Tatbestands- **308**

---

353 Ablehnend: BayVGH Beschl. v. 12.06.2018 – 8 ZB 18.411; NVwZ-RR 2012, 210.

354 BayVGH NVwZ-RR 2015, 895.

355 OVG Bremen NVwZ-RR 2013, 361; NdsOVG NJW 2010, 1094; Rachor in: Lisken/Denninger, Handbuch des Polizeirechts, 5. Aufl. (2012) E Rn. 751 ff.

356 VG Saarbrücken LKRZ 2010, 355; BGHZ 130, 332; VGH BW NJW 1997, 2832.

357 VGH BW, Urt. v. 07.12. 2017 – 1 S 2526/16, BeckRS 2017, 137291; Beaucamp JA 2017, 728, 733; Barczak Jura 2014, 888; Kreuter-Kirchhof AöR 139 (2014), 257.

358 OVG NRW, Beschl. v. 22.08.2016 – 5 A 2532/14.

359 VG Saarlouis, Beschl. v. 06.03.2014 – 6 K 1102/13.

360 OVG LSA NVwZ-RR 2012, 720.

361 BVerwGE 129, 142, 144 ff.; VGH BW NVwZ-RR 2017, 873; Winkler/Schadtle JuS 2015, 435; Siegel NJW 2013, 1035.

362 BVerwG, Beschl. v. 08.04.2009 – 6 B 111/08; OVG NRW NJW 2016, 518.

merkmal ist eng auszulegen.[363] Entscheidend ist der (politische) **Ansehensverlust** der Bundesrepublik im Ausland, z.B. durch antisemitische, rechtsextremistische Äußerungen oder öffentlich wahrgenommene Gewalttätigkeiten Deutscher im Ausland. Es gibt allerdings keinen Vorrang pass- bzw. personalausweisrechtlicher Maßnahmen vor polizeilichen.[364]

309 ■ **„Kutten"-Verbot:** Das Tragen einer „Rocker-Kutte" (Weste mit Aufnähern) kann eine Gefahr darstellen, auch wenn es nicht strafbar ist, soweit rivalisierende „Kutten-Träger" zu erwarten sind. Ist das Verbot zeitlich und räumlich begrenzt (bestimmte Veranstaltung, z.B. Großkirmes), ist es verhältnismäßig.[365]

4. Abschnitt: Versammlungsrecht

310 Versammlungsrechtliche Klausuren, deren Schwerpunkt wie im ersten Examen im Verhältnis des VersammlG zum Grundrecht der Versammlungsfreiheit (Art. 8 GG) liegt, sind im Assessorexamen selten anzutreffen. Dort wird das VersammlG meist als spezielles POR behandelt. In Klausuren geht es eher darum, ob die auf das allgemeine POR gestützte Maßnahme gegen die „Polizeifestigkeit" von Versammlungen verstößt (meist: nein).[366] Weiterhin werden Maßnahmen im Vorfeld von Versammlungen, sogenannte „Auflagen" für Versammlungen und auch Verbotsverfügungen behandelt.

Beachte: Das Versammlungsrecht steht seit 2006 in der Gesetzgebungskompetenz der Länder (eigene VersammlG: BY, Nds, LSA, Sachs, SH). Das VersammlG des Bundes gilt nach Art. 125a GG fort, solange es nicht ersetzt worden ist. Die folgenden Erläuterungen beziehen sich auf das VersammlG des Bundes. Die bereits erlassenen LVersammlG sind diesem weitgehend angeglichen.

A. Versammlungsrechtliche Begriffe

Die Begrifflichkeiten in Art. 8 GG und im VersammlG sind nicht deckungsgleich.

■ **Versammlung:** Eine Versammlung liegt vor, wenn mehrere Personen zusammenkommen, um gemeinsam eine Meinung zu bilden oder zu äußern.[367] Fehlt der Zweck, liegt nur eine **„Ansammlung"** (Gegenbegriff) vor.

Nein: Events (Partys); Zuschauerveranstaltungen (Fußballspiel, Konzert); kommerzielle Veranstaltungen (Messen/Märkte); religiöse und private Feiern; Camp vor Versammlungsbeginn;[368] *Ja:* Sitzblockade, sofern eindeutige Meinungsäußerung;[369] tagelanger Hungerstreik in Zelten.[370]

Art. 8 GG: reines Deutschengrundrecht; keine unfriedlichen Versammlungen.

311 ■ **Polizeifestigkeit:** Das Versammlungsrecht regelt Versammlungen i.S.d. § 1 Abs. 1 VersammlG abschließend, der Rückgriff auf die Ermächtigungsgrundlagen des allgemeinen POR ist daher ausgeschlossen („Polizeifestigkeit der Versammlung");[371] es besteht auch keine Eilfallkompetenz.[372] Das gilt aber nur, soweit das VersammlG reicht, also wenn, sobald und solange eine Versammlung vorliegt und es um die Abwehr versammlungstypischer Gefahren geht (nicht: Versammlungs-

363 BVerwGE 3, 171, 176; 6, 32, 43.

364 BVerwGE 129, 142; BayVGH BayVBl. 2015, 599.

365 OVG NRW GewArch 2015, 423.

366 Aus der Sicht einer Aufgabenstellerin: Bünnigmann JuS 2016, 695.

367 BVerfGE 104, 92; BVerwGE 129, 42; BVerwG NJW 2018, 716.

368 BVerwG NJW 2018, 71; anders: wenn das Camp selbst meinungsbeeinflussend ist: BVerwG NVwZ 2017, 1374; OVG NRW BauR 2017, 533.

369 BVerfGK 18, 36.

370 BayVGH NVwZ-RR 2016, 498.

371 BVerwG, Beschl. v. 16.11.2010 – 6 B 58.10; BVerfG NVwZ 2005, 80, 81; Begriff von *Anschütz* (1919).

372 BVerwG NVwZ 1988, 250.

raum ist baufällig). Vor dem Beginn, nach dem regulären Ende und nach der Bekanntgabe einer polizeilichen Auflösungsverfügung ist das allgemeine POR anwendbar. Auch gegen Nichtteilnehmer, die die Versammlung stören, kann nach allgemeinem POR vorgegangen werden. Maßnahmen zur Strafverfolgung nach StPO bleiben möglich.[373]

- **Vorfeldgefahren:** Vor dem Beginn der Versammlung bleibt das POR voll anwendbar. Art. 8 GG strahlt insofern aus, dass die Maßnahmen nicht darauf abzielen dürfen, die Betroffenen an der Versammlungsteilnahme zu hindern.[374] 312

  Durchsuchung anreisender Demonstranten, nicht aber schikanös langsam; Sicherstellung gefährlicher Gegenstände; Identitätsfeststellung.

- **Ort der Versammlung**: Die Versammlungsfreiheit gewährt keinen Zutritt zu Orten, die nicht allgemein zugänglich sind, gilt aber, wo allgemein öffentlicher Verkehr eröffnet ist,[375] ohne Weiteres bei Grundstücken privater Unternehmen in öffentlicher Hand[376] (Flughafen AG). Über die mittelbare Drittwirkung von Grundrechten gilt das auch für reine Privateigentümer (private Platzanlage in der Innenstadt, die faktisch wie eine Fußgängerzone genutzt wird).[377] Ein Friedhof ist dagegen nicht der Kommunikation gewidmet, sodass er Versammlungen entzogen ist.[378]

- **Öffentlichkeit:** Die Versammlung ist öffentlich, wenn jedermann an ihr teilnehmen kann (Art. 8 GG erfasst auch nichtöffentliche Versammlungen).[379] Bei nichtöffentlichen Versammlungen gilt das VersammlG nicht unmittelbar.[380] 313

- **Unter freiem Himmel:** Entgegen dem Wortlaut kommt es nicht auf ein Dach an, sondern darauf, dass keine seitliche Begrenzung vorliegt, also jedermann ohne Weiteres hinzutreten kann.[381] 314

- **Anmeldung:** Sprechen Sie nicht wie die Presse vom „Genehmigen" einer Versammlung. Es gibt nur eine Anmeldepflicht (§ 14 VersammlG). 315

B. Versammlungen in geschlossenen Räumen

Art. 8 Abs. 2 GG erlaubt nur die Beschränkung von Versammlungen unter freiem Himmel. Eingriffe gegen solche in geschlossenen Räumen können nur als **immanente Grundrechtsbeschränkungen** gerechtfertigt sein. Dazu müssen wegen des besonderen Schutzes durch Art. 8 Abs. 1 GG aber Grundrechte Dritter oder andere Rechtswerte mit Verfassungsrang gefährdet sein.[382] Die erforderliche einfachgesetzliche Grundlage der verfassungsimmanenten Schranke ist das VersammlG in analoger Anwendung. 316

373 SächsOVG, Beschl. v. 27.02.2015 – 3 A 462/14.
374 BVerfG DÖV 2016, 81; BVerfGE 84, 203; BVerwG NJW 2018, 716; 2018, 1374; BVerwGE 129, 142, 147.
375 BVerfGE 128, 226.
376 BVerfG NJW 2015, 2485.
377 BVerwG DÖV 2016, 81 („Bierdosen-Flashmob").
378 BVerfG NJW 2014, 2706.
379 BVerwG DVBl. 1999, 1740, 1741.
380 Gröpl/Leinenbach JA 2018, 8, 9.
381 BVerfGE 69, 315, 348.
382 BVerwG DVBl. 1999, 1740.

„Die Verbotsverfügung gegen die nicht öffentliche Versammlung im ‚Kuppelsaal' ist rechtswidrig gewesen. Da die Verfügung in das Grundrecht der Klägerin aus Art. 8 Abs. 1 GG eingreift, bedarf sie einer gesetzlichen Ermächtigungsgrundlage. Eine solche ist dem VersammlG nicht zu entnehmen. Dieses Gesetz trifft vor allem Regelungen für öffentliche Versammlungen. Hierzu gehört auch § 5 VersG, der unter bestimmten Voraussetzungen das Verbot einer öffentlichen Versammlung in geschlossenen Räumen ermöglicht. Eine versammlungsgesetzliche Ermächtigung für das Verbot nicht öffentlicher Versammlungen fehlt.

Als Ermächtigungsgrundlage kommt daher die polizeiliche Generalklausel unter den Voraussetzungen des polizeilichen Notstands in Betracht, wenn die von der Gegendemonstration ausgehende Gefahr mit allen verfügbaren Polizeikräften anders nicht abgewehrt werden kann. Die Generalklausel kann ohne Verstoß gegen Art. 8 Abs. 1 GG als Grundlage für das Verbot herangezogen werden."

317 **Öffentliche** Versammlungen in geschlossenen Räumen sind in §§ 6 ff. VersammlG geregelt. Die Ermächtigungsgrundlagen der § 5 VersammlG (Verbot vor Beginn) und § 13 VersammlG (Auflösung während der Versammlung) sind Konkretisierungen der Schutzbereichsbegrenzungen bzw. der immanenten Grundrechtsschranken.

C. Versammlungen unter freiem Himmel

I. Vor Beginn der Versammlung

318 **Bevor** eine Versammlung unter freiem Himmel begonnen hat, kann die Versammlungsbehörde Beschränkungen nach § 15 Abs. 1 Alt. 2 und Abs. 2 S. 1 Alt. 2 VersammlG anordnen, um die dort genannten Gefahren abzuwehren. Diese Beschränkungen werden meist als **„Auflagen"** bezeichnet.[383] Sie ermöglichen die Versammlung (stehen also dem sonst auszusprechenden Verbot im Wege).

Beispiele: anderer Versammlungsort; anderer Demonstrationsweg; Untersagung bestimmter Kleidungsstücke, von Fahnen, der Skandierung von Wortfolgen.

319 Es handelt sich bei den Auflagen aber nicht um Nebenbestimmungen i.S.v. § 36 VwVfG, weil eine Versammlung nicht durch Verwaltungsakt genehmigt wird. Beschränkende Auflagen im versammlungsrechtlichen Sinne sind eigenständige Verwaltungsakte. Reichen Auflagen nicht aus, kann die Versammlung als letztes Mittel (ultima ratio) auch **verboten** werden, § 15 Abs. 1 Alt. 1, Abs. 2 S. 1 Alt. 1 VersammlG. Das Verbot ist wegen Art. 8 Abs. 1 GG nur zum Schutz elementarer Rechts- oder Gemeinschaftsgüter erlaubt (Leben, Leib, beachtliche Sachwerte, Verhütung schwerer Straftaten).[384]

Insbesondere kommen Rechtsverstöße im Zusammenhang mit der Verherrlichung des Nationalsozialismus oder der Leugnung des Holocaust, vgl. §§ 86a, 130 StGB, als unmittelbare Gefahr für die öffentliche Sicherheit in Betracht.

320 Wegen Verstoßes gegen die **öffentliche Ordnung** kann eine Versammlung – wenn Auflagen nicht genügen – ausnahmsweise auch verboten werden, wenn sich die Gefahr aus der Art und Weise der Durchführung ergibt. Beispiel: Die Bürger sollen durch ein Klima der potenziellen Gewaltbereitschaft eingeschüchtert werden.[385]

Alle Arten von Riten und Symbolen, die an die nationalsozialistische Unrechtsherrschaft erinnern (Fackelzüge, massenhaft gleiche Fahnen, Marschtrommeln, Bomberjacken und Springerstiefel); Aufmärsche an Opfergedenktagen.

---

383 BVerfG NVwZ 2013, 570.

384 BVerfGE 69, 315, 353 f.; BVerfG NVwZ 2008, 671, 673.

385 BVerfGE 111, 147, 154 ff.

II. Während der laufenden Versammlung

Nach dem Beginn der Versammlung kann die Polizei gegen einzelne Teilnehmer vor- **321**
gehen (Beschränkungen, Ausschluss nach §§ 17a Abs. 4, 18 Abs. 3, 19 Abs. 4 VersammlG). Sie kann auch Auflagen i.S.v. § 15 Abs. 1 VersammlG erlassen, um die dort genannten Gefahren zu bekämpfen. Genügt das nicht, kann sie die Versammlung durch (mündliche) Verfügung **auflösen**, § 15 Abs. 3 VersammlG (ultima ratio),[386] wenn die Voraussetzungen eines Versammlungsverbots (§ 15 Abs. 1 und 2 VersammlG) gegeben sind. Die Auflösungsverfügung enthält das Gebot an die Teilnehmer, sich zu zerstreuen.[387] Nach der Auflösung wird die Versammlung zur Ansammlung, gegen die nach allgemeinem POR vorgegangen werden kann.

Da die Anmeldepflicht (§ 14 VersammlG – verfassungsgemäß[388]) dazu dient, den Be- **322**
hörden Zeit zu geben, für den ordnungsgemäßen Verlauf der Versammlung zu sorgen und die Beeinträchtigung Dritter zu minimieren, ist ein **Verbot wegen Nichtanmeldung** (§ 15 Abs. 3 VersammlG) nur verhältnismäßig, wenn diese Maßnahmen wegen der fehlenden Anmeldung unmöglich sind.

§ 15 Abs. 3 VersammlG erlaubt auch sogenannte **„Minusmaßnahmen"**. Das sind auf- **323**
lagenähnliche Beschränkungen zur Gefahrenabwehr. Hierbei kann es sich der Sache nach um polizeirechtliche Standardmaßnahmen handeln. Sie sind zulässig, wenn die Auflösung der Versammlung unverhältnismäßig wäre. Es muss allerdings eine Gefahr i.S.v. § 15 Abs. 1 VersammlG vorliegen. Bzgl. der Rechtsfolgen gelten die Standardmaßnahmen,[389] sofern sie die Versammlung nicht unmöglich machen.

Beispiele: Beleidigendes Transparent wird sichergestellt;[390] Identitätsfeststellung nur, wenn gute Gründe dafür bestehen, dass Fotos von Polizisten rechtswidrig veröffentlicht werden sollen;[391] Platzverweis und Ingewahrsamnahme erst nach Ausschluss des Teilnehmers aus der Versammlung oder nach der Auflösung der Versammlung.[392] Eine Kameraüberwachung bedarf der gesetzlichen Grundlage[393] und kann selbst ausgeschaltet eingreifend wirken.[394]

III. Adressat

§ 15 VersammlG bezeichnet den Adressat einer Verbots- oder Auflösungsverfügung **324**
nicht. Primärer Adressat ist der **Veranstalter** als Verhaltensstörer. Da er die Teilnehmer regelmäßig nicht zuverlässig erreicht, kann die Verfügung auch durch öffentlich bekannt gegebene **Allgemeinverfügung** erlassen werden.[395] Wollen **„Gegendemonstranten"** eine ihr missliebige Versammlung verhindern oder stören (z.B. Versammlung einer rechtsgerichteten Partei), kann diese weder als Verhaltensstörer noch als Zweckveranlasser (muss im Versammlungsrecht auf den subjektiven Begriff verengt werden,[396] s.o. Rn. 222 ff.) in Anspruch genommen werden. In Betracht kommt nur eine Inanspruchnahme als **Notstandsstörer** (Nichtstörer), wenn die Polizei die Gegendemonstranten auch dann nicht im Zaum halten kann, wenn sie die Sicherheitskräfte anderer Bundesländer und des Bundes um Amtshilfe bittet.[397] Wie

386 BVerfG NJW 2010, 141, 143.
387 BVerfG NVwZ 2005, 80, 81.
388 BVerfGE 69, 315, 350; BVerwGE 26, 135, 137.
389 Meßmann JuS 2007, 524, 526.
390 VerfGH Berlin NVwZ 2006, 1159.
391 BVerfG NVwZ 2016, 53.
392 BVerfG NVwZ 2007, 1180, 1182.
393 OVG RP NVwZ-RR 2015, 570.
394 NdsOVG NVwZ-RR 2016, 98.
395 BVerfGE 69, 315, 339; BVerwG NJW 2001, 1411, 1412 f.
396 BVerfG NVwZ 2006, 1049, 1050; NVwZ 2000, 1406, 1407.
397 BVerfG NVwZ 2006, 1049, 1050.

stets wenn gegen Versammlungen eingeschritten wird, müssen die konkreten und nachvollziehbaren tatsächlichen Anhaltspunkte vorliegen; bloße Annahmen genügen nicht.[398]

siehe Minus-maßnahme Rn. 323

- **Identitätsfeststellung**: Werden Polizisten während einer Versammlung von Teilnehmern fotografiert, dürfen sie deren Identität nur feststellen, wenn mehr als nur Befürchtungen/Vermutungen dafür sprechen, dass die Bilder unter Verstoß gegen das KunstUrhG veröffentlicht werden.

398 BVerfG NVwZ 2013, 570; HessVGH, Beschl. v. 30.05.2013 – 2 B 1287/13.

3. Teil: Kommunalrecht

Trotz der Unterschiede im Kommunalrecht der einzelnen Länder tauchen in den Klausuren zum 2. Examen **länderübergreifend** im Wesentlichen immer wieder dieselben Fragestellungen auf. **325**

GemO BW	BayGO	–	Bbg KVerf	Verf-Brhv	–	HGO	KV MV	NKom-VG	GO NRW	GemO RP	KSAVG	Sächs-GemO	KVG LSA	GO SH	ThürKO

Es werden die vorstehenden Gesetze zitiert. VerfBrhv gilt nur in Bremerhaven. In den Stadtstaaten Bln und Hmb gibt es keine eigenen Kommunalverfassungen/Gemeindeordnungen.

Klausuren im Kommunalrecht
■ **Benutzung öffentlicher Einrichtungen**
■ **Kommunalverfassungsstreitigkeiten**
■ **Kommunalaufsichtliche Maßnahmen**
■ **Kommunale Satzungen**
■ **Wirtschaftliche Betätigung von Kommunen**

1. Abschnitt: Anspruch auf Benutzung öffentlicher Einrichtungen

Der **Examensklassiker** im Kommunalrecht ist auch im Assessorexamen die Benutzung öffentlicher Einrichtungen (z.B. der Stadthallen-Fall). Die Gemeindeordnungen der Länder begründen hier einen **originären Benutzungsanspruch**. **326**

10 II 2	21 I 1	–	12 I	15	–	20 I	14 II	30 I	8 II	14 II	19 I	10 II	24 I	18 I 1	14 I

Vor den kommunalrechtlichen sind die vorrangigen Benutzungsansprüche zu prüfen. Sie können sich aus **§ 70 Abs. 1 GewO** (Rn. 462 f.) und aus **Art. 3 Abs. 1 GG** (bei entsprechender Verwaltungspraxis), ggf. i.V.m. **Art. 21 Abs. 1 GG und § 5 Abs. 1 S. 1 ParteiG** (Rn. 341) ergeben. Auch sozialrechtliche Vorschriften kommen in Frage (Kindergartenplatz, § 24 SGB III).[399] vgl. Rn. 339 ff.

A. Der kommunalrechtliche Benutzungsanspruch

I. Voraussetzungen

Kommunalrechtlicher Benutzungsanspruch
■ **Öffentliche Einrichtung der Gemeinde**
▪ (benutzbare) Einrichtung
▪ der Gemeinde
▪ öffentlich durch Widmung
■ **Einwohner** oder **ortsansässige** juristische Person oder Personenvereinigung
■ **Im Rahmen des geltenden Rechts**/der gesetzlichen Vorschriften

(P) Benutzung bei Marktbeschickern
e.A.: nur Besucher des Marktes sind Benutzer, der Marktbeschicker „verlängerter Arm des Veranstalters"
h.M.: Benutzer (+), andernfalls würde gemeindl. Zulassungsanspruch bei Märkten praktisch leerlaufen

327

399 BVerwG NJW 2018, 1489; BGH NJW 2017, 397.

1. Öffentliche Einrichtung ist jeder Gegenstand, den die Gemeinde im öffentlichen Interesse unterhält und durch Widmung benutzbar ist.

328 **a) Einrichtung** ist hierbei jeder benutzbare Gegenstand.

Dazu zählen insbes. Einrichtungen der Daseinsvorsorge (Stadthallen, Theater, Museen, Büchereien, Weihnachtsmärkte, Obdachlosenunterkünfte, gemeindliche Werbeflächen). **Keine Einrichtungen** sind Sachen im Gemeingebrauch (insbes. Straßen). Hier richtet sich die Benutzung nicht nach der GO, sondern nach den öff. Sachen, insb. dem Straßenrecht (LStrG, StrWG, FStrG. s. Rn. 525 f.).[400]

b) Um eine **gemeindliche Einrichtung** handelt es sich, wenn die Gemeinde zu den für die Benutzung wesentlichen Entscheidungen befugt ist.

Das ist nicht nur der Fall, wenn die Gemeinde die Einrichtung **selbst betreibt**, sondern auch, wenn sie bei einem selbstständigen Rechtsträger (z.B. Stadthallen GmbH) einen **bestimmenden Einfluss** auf die Vergabeentscheidung hat (z.B. als Mehrheitsgesellschafter oder aufgrund besonderer vertraglicher Regelungen). Der Benutzungswillige hat dann einen mit der allg. Leistungsklage durchsetzbaren Verschaffungs- bzw. Einwirkungsanspruch gegen die Gemeinde.[401]

329 **c) Öffentlich** wird die Einrichtung durch eine Widmung. Widmung ist die Erklärung des zuständigen Verwaltungsorgans, wonach die Einrichtung von der Allgemeinheit oder einem bestimmten Personenkreis benutzt werden darf. Die **Widmung** kann ausdrücklich erfolgen (z.B. durch Satzung, VA, Ratsbeschluss), aber auch konkludent (z.B. Einweihung, Verwaltungspraxis, Erlass einer Benutzungsordnung).[402]

Beachten Sie in jedem Fall den Umfang der Widmung. Der kommunalrechtliche Benutzungsanspruch besteht nur im Rahmen der Widmung. Es besteht **kein Anspruch auf Widmungserweiterung**.

330 **2.** Der kommunalrechtliche Benutzungsanspruch steht grundsätzlich nur **Einwohnern** der Gemeinde zu bzw. **ortsansässigen** juristischen Personen und (nichtrechtsfähigen) Personenvereinigungen, da diese auch die Gemeindelasten tragen.[403]

- **Ortsfremde Bewerber** haben – abgesehen von Sonderregelungen für Gewerbetreibende und Grundbesitzer (z.B. Art. 21 Abs. 3 BayGO, § 8 Abs. 3 GO NRW) – grundsätzlich keinen Benutzungsanspruch nach der GO (§ 12 Abs. 1 BbgKVerf: jedermann), allerdings kann sich aus der Selbstbindung der Verwaltung ein Anspruch aus Art. 3 Abs. 1 GG ergeben, wenn die Einrichtung nach ständiger Verwaltungspraxis auch Ortsfremden zur Verfügung gestellt wird (s.u. Rn. 346).
- Dasselbe gilt für **nicht ortsansässige Parteiverbände**, hier kann allenfalls ein Anspruch gemäß § 5 Abs. 1 S. 1 ParteiG i.V.m. Art. 3 Abs. 1, Art. 21 Abs. 1 GG bestehen. **Ortsansässige** Parteiverbände haben dagegen auch dann einen Benutzungsanspruch nach der GO, wenn die Veranstaltung überörtlichen Charakter hat (z.B. Durchführung eines Landesparteitags).[404] Der Anspruchssteller muss ortsansässig sein, die Teilnehmer können Ortsfremde sei. Zulässig ist es allerdings, die Widmung auf örtliche Veranstaltungen zu beschränken.[405]

„§ … GO scheidet als Grundlage für den geltend gemachten Benutzungsanspruch aus. Die Vorschrift berechtigt zwar auch juristische Personen und Personenvereinigungen. Dies gilt jedoch nur für ortsansässige Verbände. Die Klägerin als Landesverband der P-Partei, die im Bereich der Beklagten nicht über einen Ortsverband verfügt, hat keinen Anspruch nach § … GO. Auch ein Anspruch auf Zulassung zur Benutzung aus § 5 Abs. 1 S. 1 ParteiG i.V.m. Art. 3 Abs. 1 und Art. 21 Abs. 1 GG besteht nicht. Denn …"

---

400 OVG SH DÖV 2017, 203; OLG Hamm NVwZ 2010, 1319, 1329; Ehlers Jura 2012, 692, 693; a.A. Schoch NVwZ 2016, 257, 259.

401 BVerwG NVwZ 2018, 73; 1991, 59; BayVGH, Beschl. v. 03.07.2018 – 4 CE 18.1224; Heckel, JA 2012, 361.

402 VGH BW NVwZ-RR 2015, 148, 149.

403 Schoch NVwZ 2016, 257, 261.

404 OVG LSA NVwZ-RR 2011, 150; NdsOVG NdsVBl 2011, 191; OVG Saar NVwZ-RR 2009, 533, 534 f.

405 ThürOVG ThürVGRspr 2010, 5.

[handschriftliche Notiz am oberen Rand:] Aufbau, wenn Satzung ggn. Grundr verstoßen könnte: bei Rechtfertigung Eingriffsvorbehalt ansprechen u. gesetzl. Legitimation in § 10 II 2

3. Der Benutzungsanspruch besteht nur **im Rahmen des geltenden Rechts**. Einschränkungen ergeben sich insbes. aus

331

■ **gesetzlichen Vorschriften** und

■ der **Widmung**.

a) Aufgrund **gesetzlicher Vorschriften** kann der Benutzungsanspruch vor allem bei **Gefahren für die öffentliche Sicherheit** oder Ordnung ausgeschlossen sein.

332

Allerdings muss der Veranstalter für die Gefahr verantwortlich sein, d.h. es müssen z.B. konkrete Ausschreitungen von dem Veranstalter selbst oder seinen Gästen drohen, oder es müssen die Voraussetzungen der polizeilichen Notstandspflicht vorliegen. In diesem Fall ist die Ablehnung der Benutzung aber nur als letztes Mittel zulässig. In erster Linie haben Verwaltung und Polizei für die Aufrechterhaltung von Sicherheit und Ordnung zu sorgen.[406]

Zu den **gesetzlichen Vorschriften** zählt neben dem Bundes- und Landesrecht auch eine etwaige vom Rat beschlossene **Benutzungssatzung** (s.u. Rn. 376 ff.).

333

[handschriftliche Notiz am rechten Rand:] § 4 GemO ● EGL bei Eingriffen in Grundrechte ● Satzungsregelung muss der Erreichung des Zwecks der Einrichtung dienen

> **Beachte:** Die vermeintliche Verfassungsfeindlichkeit einer Partei rechtfertigt die Ablehnung nicht. Solange Parteien nicht vom BVerfG verboten sind (Art. 21 Abs. 2 S. 2 GG), genießen auch verfassungsfeindliche Parteien das sog. **Parteienprivileg**. Bei der Vergabe darf generell nicht nach den politischen Vorstellungen einer Partei differenziert werden.

b) Der Benutzungsanspruch besteht **nur im Rahmen der Widmung**. Da die Gemeinde nicht verpflichtet ist, öffentliche Einrichtungen zu schaffen, kann sie grundsätzlich frei darüber entscheiden, welchem Zweck die Einrichtung dienen soll.

334

Beispiel: Ist eine Stadthalle nur für gesellige und sportliche Zwecke gewidmet, besteht kein Anspruch auf gewerbliche oder politische Nutzung.[407]

> **Beachte:** Der Umfang der Widmung kann durch eine abweichende Vergabepraxis erweitert werden und zu einem Anspruch auf Benutzung der Einrichtung entsprechend der tatsächlichen, erweiterten Vergabepraxis führen.

Beispiel: Hat die Verwaltung die Stadthalle in der Vergangenheit auch für gewerbliche Zwecke zur Verfügung gestellt, besteht für Gewerbetreibende zwar kein Benutzungsanspruch nach der GO, aber aufgrund der Selbstbindung der Verwaltung aus Art. 3 Abs. 1 GG.

■ Die Widmungsbeschränkung muss ihrerseits rechtmäßig sein, darf also insbesondere **nicht willkürlich** (Art. 3 Abs. 1 GG) oder **unangemessen** sein.[408]

335

Unzulässig ist z.B. der Ausschluss einzelner Parteien von der Benutzung,[409] zulässig dagegen der generelle Ausschluss von politischen Veranstaltungen.[410] Zulässig ist es auch, zwischen parteiinternen Veranstaltungen und Veranstaltungen mit allgemein politischen Bezügen zu differenzieren. Werden parteiinterne Veranstaltungen nicht vom Widmungszweck erfasst, besteht daher – ungeachtet der Verpflichtung der Partei nach § 9 Abs. 1 S. 3 ParteiG – kein Anspruch auf Überlassung der öffentlichen Einrichtung zur Durchführung eines Parteitags.[411]

■ Eine **nachträgliche Widmungsbeschränkung** berechtigt grundsätzlich nicht dazu, einen bereits vorliegenden Benutzungsanspruch abzulehnen. Denn sonst hätte es die Gemeinde in der Hand, ihr unliebsame Nutzungen zu verhindern.[412]

336

---

406 OVG NRW, Beschl. v. 28.06.2018 – 15 B 875/18; OVG Saar, Beschl.v. 12.12.2012 – 2 A 187/12.

407 SächsOVG, Beschl. v. 01.09.2017 – 4 B 265/17;

408 VG München, Urt. v. 06.08.2014 – M 7 K 13.2449, BeckRS 2014, 56385; SächsOVG NVwZ 2002, 615, 616.

409 BVerfG NVwZ 2018, 819.

410 OVG Bln-Bbg OVGE 32, 268.

411 NdsOVG NdsVBl 2011, 191; OVG Bln-Bbg OVGE 32, 268; BVerfGK 10, 363.

412 HessVGH ESVGH 64, 246; OVG Bln-Bbg NVwZ-RR 2010, 765; BayVGH DVBl 2012, 253.

„§ ... scheidet als Grundlage für den geltend gemachten Benutzungsanspruch aus. Die Vorschrift begründet nur einen Anspruch im Rahmen des geltenden Rechts. Dazu gehört auch die Widmung. Diese beschränkt sich nach dem Ratsbeschluss vom ... auf die Nutzung zu geselligen und sportlichen Zwecken. Eine Nutzung der Stadthalle für politische Veranstaltungen ist nicht vorgesehen und bislang auch nicht erfolgt. Richtig ist zwar, worauf der Kläger verweist, dass eine nachträgliche Widmungsbeschränkung nicht dazu berechtigt, einen bereits vorliegenden Benutzungsantrag abzulehnen. Hier ergibt sich jedoch die Besonderheit, dass die ursprüngliche Widmung durch den Ratsbeschluss vom ... nicht eingeschränkt worden ist, sondern der Rat lediglich eine Widmungserweiterung abgelehnt hat ..."

II. Rechtsfolge

337 **1.** Sind die Voraussetzungen der kommunalrechtlichen Vorschriften erfüllt, besteht grundsätzlich ein **gebundener Anspruch** auf Benutzung. Betreibt die Gemeinde die Einrichtung nicht selbst, sondern durch eine selbstständige (juristische) Person, besteht kein unmittelbarer Anspruch auf Zulassung, sondern nur ein sog. **Verschaffungsanspruch**, also ein Anspruch darauf, dass die Gemeinde auf den Betreiber der Einrichtung einwirkt, damit dieser die Benutzung zulässt.[413]

338 **2.** Eine tatsächliche Grenze findet der Benutzungsanspruch in der **Kapazität** der Einrichtung. Ist die Kapazität erschöpft, wandelt sich der Benutzungsanspruch um in einen **Anspruch auf ermessensfehlerfreie Auswahlentscheidung**, der v.a. an Art. 3 GG zu messen ist.[414] Die Auswahlkriterien muss der Rat festlegen, vorher bekannt machen und der Auswahlvorgang muss dokumentiert werden.[415]

Zulässige Auswahlkriterien sind u.a. das Prioritätsprinzip, die Zuverlässigkeit des Bewerbers, die Attraktivität und Bekanntheit des Angebots, die Anwendung eines rollierenden Systems oder eines Losverfahrens. Ein Ermessensfehler liegt vor, wenn die Gemeinde ausschließlich bekannte und bewährte Bewerber berücksichtigt und Neubewerber keine Chance auf zeitnahe Zulassung haben.[416]

„Die Voraussetzungen des § ... sind zwar erfüllt. Bei der städtischen Werbefläche handelt es sich um eine öffentliche Einrichtung der Gemeinde und der Kläger ist als Einwohner der Gemeinde auch anspruchsberechtigt. Abweichend vom Wortlaut des § ... besteht jedoch dann kein Anspruch auf Benutzung, wenn die Kapazität erschöpft ist. Der Betroffene hat keinen Anspruch auf Erweiterung der Einrichtung. Vielmehr wandelt sich in diesem Fall der Benutzungsanspruch um in einen Anspruch auf ermessensfehlerfreie Entscheidung. Die Auswahlentscheidung der Beklagten weist keine Ermessensfehler auf, insbes. ist es sachgerecht die Anträge nach ihrem zeitlichen Eingang (sog. Prioritätsprinzip) zu bescheiden. ..."

B. Weitere Anspruchsgrundlagen

I. § 70 Abs. 1 GewO

339 **1.** Bei Veranstaltungen, die nach § 69 GewO **festgesetzt** worden sind (z.B. Volksfeste, Jahrmärkte, Wochenmärkte), besteht grundsätzlich ein (gebundener) **Benutzungsanspruch** gemäß § 70 Abs. 1 GewO (s.u. Rn. 458 ff.).

---

413 BVerwG NJW 1990, 134, 135; OVG Hamburg DVBl 2014, 1069; VGH BW ESVGH 53, 251.

414 BayVGH BayVBl 2014, 50; OVG NRW NWVBl. 2004, 387; Donhauser NVwZ 2010, 931, 934.

415 BayVGH NVwZ-RR 2016, 39; BayVBl. 2014, 632.

416 BVerwG HGZ 2012, 412; BayVGH NVwZ-RR 2017, 113; OVG NRW Beschl. v. 24.07.2015 – 4 B 709/15.

Beachte: Als spezialgesetzliche bundesrechtliche Vorschrift verdrängt § 70 GewO die allgemeine kommunalrechtliche Regelung. Bei festgesetzten Veranstaltungen scheidet der kommunalrechtliche Anspruch daher aus!

2. Nach **§ 70 Abs. 3 GewO** kann der Veranstalter einzelne Bewerber aus sachlich gerechtfertigten Gründen ausschließen, insbesondere wenn der zur Verfügung stehende Platz nicht ausreicht. Bei **Kapazitätserschöpfung** wandelt sich der Anspruch auf Zulassung also auch im Fall des § 70 GewO um in einen **Anspruch auf ermessensfehlerfreie Auswahl**. 340

Anders als beim kommunalrechtlichen Benutzungsanspruch ist im Rahmen des § 70 Abs. 3 GewO die Ortsansässigkeit kein zulässiges Kriterium, da es im Widerspruch zum Grundsatz der Marktfreiheit steht.[417] Bei grenzüberschreitenden Sachverhalten darf die Ermessensentscheidung zudem nicht gegen den AEUV verstoßen.[418]

II. § 5 Abs. 1 S. 1 PartG i.V.m. Art. 3 Abs. 1, Art. 21 Abs. 1 GG

Politische Parteien können unabhängig vom kommunalrechtlichen Benutzungsanspruch einen **Anspruch auf Gleichbehandlung** mit anderen Parteien nach § 5 Abs. 1 S. 1 PartG haben.[419] 341

Beispiele: Benutzungsanspruch ortsfremder Parteiverbände oder politischer Parteien außerhalb der Widmung, wenn die Verwaltung Parteien Einrichtungen zur Benutzung zur Verfügung stellt.

1. § 5 ParteiG beinhaltet nach h.Rspr. **keine selbstständige Anspruchsgrundlage**, sondern regelt nur einen Verteilungsmaßstab für anderweitig begründete Ansprüche, z.B. auf Gleichbehandlung gemäß Art. 3 Abs. 1 GG i.V.m. der Verwaltungspraxis sowie den Anspruch auf ermessensfehlerfreie Entscheidung bei öffentlichen Einrichtungen, deren Benutzung nicht von den kommunalrechtlichen Vorschriften erfasst wird. **Anspruchsgrundlage** ist daher § 5 Abs. 1 S. 1 ParteiG i.V.m. Art. 3 Abs. 1, Art. 21 Abs. 1 GG. 342

2. Der Anspruch auf Gleichbehandlung besteht – wie der kommunalrechtliche Benutzungsanspruch – **nur im Rahmen der Widmung**.[420] 343

Beispiel: Kein Anspruch auf Benutzung schulischer Einrichtungen für politische Veranstaltungen ohne entsprechende Widmung.

3. Für die **Ermessensentscheidung** gelten grundsätzlich dieselben Kriterien wie beim kommunalrechtlichen Benutzungsanspruch. 344

Beispiel: Unzulässig ist daher z.B. der Ausschluss verfassungsfeindlicher Parteien (wegen Art. 21 Abs. 2 S. 2 GG).[421] Ebenso ist es im Rahmen des § 5 Abs. 1 ParteiG – anders als beim kommunalrechtlichen Zulassungsanspruch – unzulässig bei der Überlassung einer öffentlichen Einrichtung an eine Partei danach zu differenzieren, ob sie über einen Ortsverband in der Gemeinde verfügt.[422] Zulässig ist es dagegen, den Umfang der Gewährung nach der Bedeutung der Partei abzustufen (§ 5 Abs. 1 S. 2 ParteiG, abgestufte Chancengleichheit). Unzulässig ist aber die generelle Anwendung der 5%-Klausel nach § 6 Abs. 3 BWahlG, die nur die Funktionsfähigkeit des Parlaments sicherstellen soll, aber keine Bedeutung für den Benutzungsanspruch hat.

417 OVG NRW, Beschl. v. 24.07.2015 – 4 B 709/15; BayVGH VGHE 57, 79.

418 BVerfG NJW 2016, 3153.

419 Beyerbach JA 2016, 521; BayVGH, Beschl. v. 03.07.2018 – 4 CE 18.122.

420 BayVGH VGHE 65, 1.

421 HessVGH, Beschl. v. 23.02.2018 – 8 B 23/18.

422 OVG LSA NVwZ-RR 2011, 150.

III. Sonstige Anspruchsgrundlagen

345 Sonstige Anspruchsgrundlagen spielen in der Klausur vor allem dann eine Rolle, wenn die Voraussetzungen des kommunalrechtlichen Benutzungsanspruchs aus irgendeinem Grund nicht erfüllt sind, insbes. bei

- öffentlichen Einrichtungen **anderer Hoheitsträger** (z.B. der Universität),
- **ortsfremden Personen** oder Personenvereinigungen (die nicht Parteien sind),
- Nutzung öffentlicher Einrichtungen **außerhalb der Widmung**.

1. Art. 3 Abs. 1 GG

346 Liegen die Voraussetzungen des kommunalrechtlichen Benutzungsanspruchs nicht vor, so kann sich ein Anspruch vor allem aus **Art. 3 Abs. 1 GG** unter dem Gesichtspunkt der Selbstbindung der Verwaltung ergeben. Hat die Verwaltung die Einrichtung in vergleichbaren Fällen Dritten zur Verfügung gestellt, besteht ein Anspruch auf Zulassung gemäß der Vergabepraxis.[423]

Beispiel: Wird ortsfremden Personen die Benutzung der gemeindlichen Bücherei erlaubt, besteht zwar kein Benutzungsanspruch nach der GO, aber aus Art. 3 Abs. 1 GG. Die Verwaltung ist aber berechtigt, ihre Verwaltungspraxis für die Zukunft generell zu ändern. Ein Vertrauen in den Fortbestand der Praxis ist grundsätzlich nicht schutzwürdig. Allerdings müssen bereits vorliegende Anträge noch nach der bisherigen Vergabepraxis entschieden werden (s.o. Rn. 327 ff.).

2. Anspruch auf Sondernutzung

347 Darüber hinaus besteht bei öffentlichen Einrichtungen – insbes. für Benutzungen außerhalb der Widmung – nach heute h.Rspr. ein Anspruch auf ermessensfehlerfreie Entscheidung über die sog. **Sondernutzung**. Dies gilt jedenfalls dann, wenn die Leistung grundrechtsrelevant ist.[424]

Vergleichbar mit dem Straßenrecht: Ein Benutzungsanspruch besteht im Rahmen des Gemeingebrauchs (§ 7 Abs. 1 FStrG). Die Nutzung, die über den widmungsgemäßen Gebrauch hinausgeht, ist Sondernutzung (§ 8 Abs. 1 S. 1 FStrG), die einer Sondernutzungserlaubnis bedarf, die im Ermessen der Behörde steht (§ 8 Abs. 1 S. 2 FStrG).

Beachte: Ein unmittelbarer Leistungsanspruch aus Grundrechten besteht in der Regel nur, wenn dies zum Schutz des grundrechtlichen Freiheitsraums unerlässlich ist.

423 OVG NRW, Beschl. v. 28.06.2018 – 15 B 875/1.

424 BVerwGE 91, 135.

Anspruch auf Benutzung öffentlicher Einrichtungen

I. § 70 Abs. 1 GewO

1. Voraussetzungen des § 70 Abs. 1 VwGO
2. Ausschluss aus sachlichen Gründen (§ 70 Abs. 3 GewO), insbesondere bei Kapazitätsüberschreitung: Anspruch auf ermessensfehlerfreie Auswahlentscheidung

II. Aus Kommunalrecht

1. Öffentliche Einrichtung der Gemeinde
2. Einwohner oder ortsansässige Vereinigung
3. Im Rahmen des geltenden Rechts
   - gesetzliche Vorschriften
   - Widmung
   - Benutzungssatzung
   - Kapazität – bei Kapazitätsüberschreitung: Anspruch auf ermessensfehlerfreie Auswahlentscheidung

III. Art. 3 Abs. 1 GG (i.V.m. Verwaltungspraxis, Selbstbindung der Verwaltung), ggf. i.V.m. Art. 21 Abs. 1 S. 1 GG, § 5 Abs. 1 S. 1 ParteiG

IV. Anspruch auf ermessensfehlerfreie Entscheidung über **Sondernutzung**

V. Ausnahmsweise: **Grundrechte** als Leistungs- bzw. Teilhaberechte (z.B. Art. 5 Abs. 3, Art. 8 Abs. 1 GG)

C. Prozessuale Durchsetzung

I. Hauptsacheverfahren

1. Der **Verwaltungsrechtsweg** nach § 40 Abs. 1 S. 1 VwGO lässt sich mit der sog. Zwei-Stufen-Theorie bejahen:[425] Auch wenn das Nutzungsverhältnis privatrechtlich ausgestaltet ist, richtet sich der Zulassungsanspruch nach den öffentlich-rechtlichen Vorschriften der GO bzw. § 5 ParteiG. Diese verpflichten einen Hoheitsträger als solchen und sind daher öffentlich-rechtlicher Natur. **348**

nach h.M. ist das Vorliegen einer öff. Einrichtung bereits iRd Rechtswegs zu prüfen

Das gilt auch dann, wenn der Hoheitsträger die Einrichtung nicht selbst, sondern durch eine von ihm beherrschte (juristische) Person des Privatrechts betreibt. Der dann bestehende **„Verschaffungsanspruch"** betrifft nach der Zwei-Stufen-Theorie das öffentlich-rechtliche Zulassungsverhältnis. **349**

Für Klagen gegen die private Betreibergesellschaft, z.B. auf Abschluss eines Mietvertrages, sind dagegen die Zivilgerichte zuständig (§ 13 GVG).

2. Klageart ist in der Regel die **Verpflichtungsklage** (§ 42 Abs. 1 Fall 2 VwGO) auf Zulassung zur Benutzung durch Verwaltungsakt. Der **Verschaffungsanspruch** bei Einschaltung Dritter ist mittels **allgemeiner Leistungsklage** durchzusetzen. **350**

! Beiladung

425 OVG Saar, Beschl. v. 28.03.2018 – 2 E 120/18; OVG Bln-Bbg, Beschl. v. 20.05.2015 – OVG 6 L 34.15.

„Die Klage ist als allgemeine Leistungsklage zulässig. Eine Verpflichtungsklage (§ 42 Abs. 1 Fall 2 VwGO) scheidet aus, da die Beklagte die Stadthalle als öffentliche Einrichtung nicht selbst betreibt, sondern durch die beigeladene Stadthallen GmbH als selbstständige Rechtsträgerin. Die Klage ist daher – abweichend vom Antrag des Klägers – nicht auf Zulassung durch die Beklagte, sondern auf Einwirkung auf die Vergabeentscheidung der Beigeladenen gerichtet. Dieser sog. Verschaffungsanspruch betrifft das öffentlich-rechtliche Zulassungsverhältnis und ist als schlichtes Verwaltungshandeln durch allgemeine Leistungsklage vor dem Verwaltungsgericht (§ 40 Abs. 1 S. 1 VwGO) durchzusetzen."

vgl. 466

351 In der **Konkurrentensituation** (alle Plätze sind bereits vergeben) handelt es sich in der Regel um eine **Bescheidungsklage** (vgl. § 113 Abs. 5 S. 2 VwGO).

Umstritten ist, ob hier zusätzlich zur Klage auf eigene Begünstigung Anfechtungsklage gegen die Begünstigung des/der Dritten zu erheben ist. Zunehmend wird dies gefordert, da die Verpflichtungsklage (auch als Bescheidungsklage) ins Leere geht, wenn keine freie Kapazität (mehr) vorhanden ist.[426] Nach der Gegenansicht gilt dies nur bei uneingeschränkter Verpflichtungsklage. Die Klage auf Neubescheidung sei dagegen ausreichend, um die Behörde zur Korrektur der Vergabeentscheidung zu veranlassen.[427]

352 **Sonderfälle:**

- Wird keine konkrete Zulassung begehrt, sondern soll lediglich die **generelle Zugangsberechtigung** geklärt werden, ist die **allgemeine Feststellungsklage** (§ 43 Abs. 1 VwGO) einschlägig.
- Hat sich die Zulassung z.B. durch Zeitablauf **erledigt**, so kommt bei entsprechendem Feststellungsinteresse (Wiederholungsgefahr) eine **Fortsetzungsfeststellungsklage** (§ 113 Abs. 1 S. 4 VwGO) in Betracht.

II. Eilverfahren

353 **1.** Im Eilverfahren ist ein Antrag auf Erlass einer **einstweiligen Anordnung** nach § 123 VwGO statthaft, da kein Fall der §§ 80, 80a VwGO vorliegt.

Auch hier ist allerdings umstritten, ob bei Kapazitätserschöpfung das Rechtsschutzbedürfnis nur besteht, wenn die Begünstigung eines erfolgreichen Konkurrenten zugleich angefochten wird.[428]

354 **2.** Der Antrag auf Erlass einer einstweiligen Anordnung ist **begründet**, wenn ein Anordnungsanspruch (der Zulassungsanspruch in der Hauptsache) und der Anordnungsgrund (Eilbedürftigkeit) glaubhaft gemacht sind (§ 123 Abs. 3 VwGO, §§ 920 Abs. 2, 294 ZPO). Die einstweilige Anordnung darf aber grundsätzlich nicht zu einer **Vorwegnahme der Hauptsache** führen, da sie lediglich der vorläufigen Sicherung und Regelung dient (§ 123 Abs. 1 VwGO). Eine Vorwegnahme der Hauptsache ist im Hinblick auf Art. 19 Abs. 4 GG (Effektivität des Rechtsschutzes) **nur ausnahmsweise zulässig**, wenn das Recht des Antragstellers sonst vereitelt oder unzumutbar erschwert würde. Letzteres bejaht die Rspr. insbesondere bei zeitgebundenen Veranstaltungen, da hier die Entscheidung in der Hauptsache zu spät käme, um die drohende Grundrechtsverletzung zu verhindern.

---

426 Vgl. BVerwG NVwZ 2011, 613, 614; NdsOVG, Beschl. v. 24. 11.2015 – 7 ME 90/15; NdsVBl 2010, 81; BayVGH, Beschl. v. 11.02.2015 – 22 C 14.2735 m.w.N; BayVBl. 2011, 23, 24.

427 NdsOVG NVwZ-RR 2012, 594; vgl. AS-Skript Die verwaltungsgerichtliche Assessorklausur (2016), Rn. 442.

428 BVerwG NVwZ 2011, 614; NdsOVG NdsVBl 2010, 81; Kopp/Schenke, VwGO, § 42 Rn. 48.

„Der Antrag auf vorläufige Zulassung zum Oktoberfest der Antragsgegnerin ist zulässig und begründet. Dem Antragsteller ist Rechtsschutz durch Erlass einer Regelungsanordnung gemäß § 123 Abs. 1 S. 2 VwGO zu gewähren, da die Regelung nötig erscheint, um wesentliche Nachteile für den Antragsteller abzuwenden. Denn der Antragsteller hat die tatsächlichen Voraussetzungen für einen Anordnungsanspruch und einen Anordnungsgrund glaubhaft gemacht.

Dem Antragsteller dürfte in der Hauptsache ein Anspruch auf Zulassung nach § ... zustehen. Bei dem Oktoberfest handelt es sich aufgrund der Satzung der Gemeinde ... vom ... um eine öffentliche Einrichtung der Antragsgegnerin. Der Antragsteller ist als Gewerbetreibender auch anspruchsberechtigt ...

Der Antragsteller hat ferner einen Anordnungsgrund glaubhaft gemacht. Da die Veranstaltung bereits in zwei Wochen stattfinden soll, würde sich sein Begehren kurzfristig durch Zeitablauf erledigen. Ein Abwarten des Hauptsacheverfahrens ist unzumutbar. Denn ...

Dem Erlass der einstweiligen Anordnung steht auch das Verbot der Vorwegnahme der Hauptsache nicht entgegen. Eine Ausnahme von diesem Grundsatz gilt wegen der Rechtsschutzgarantie des Art. 19 Abs. 4 S. 1 GG, wenn dem Antragsteller schwere, unzumutbare und anders nicht abwendbare Nachteile drohen. Diese Voraussetzung ist hier erfüllt. Allein die Möglichkeit der Kontrolle der Auswahlentscheidung durch Fortsetzungsfeststellungsklage (§ 113 Abs. 1 S. 4 VwGO) oder im Rahmen eines Schadensersatzprozesses (z.B. nach Art. 34 GG, § 839 BGB) reicht für einen effektiven Rechtsschutz i.S.d. Art. 19 Abs. 4 GG nicht aus. Denn das durch Art. 12 Abs. 1 GG geschützte Recht des Antragstellers auf Ausübung seines Berufs als Marktbeschicker oder Teilnahme an einer korrekten Bewerberauswahl würde leerlaufen, wenn nicht die von Art. 19 Abs. 4 S. 1 GG geforderte inhaltliche Überprüfung der Vergabeentscheidung durch ein Gericht stattgefunden hätte ..."

2. Abschnitt: Kommunalverfassungsstreitverfahren

A. Bedeutung von Innenrechtsstreitigkeiten

Unter das Kommunalverfassungsstreitverfahren fallen Streitigkeiten zwischen Organen oder Organteilen einer kommunalen Körperschaft über die Rechtmäßigkeit einer Maßnahme, deren Rechtswirkungen sich auf die Beziehungen innerhalb der Körperschaft beschränken. 355

Beispiele: Klage eines Ratsmitglieds gegen den Ausschluss wegen angeblicher Befangenheit, Klage gegen einen Ordnungsruf des Bürgermeisters, Klage gegen einen Wahlakt des Rates etc.

> **Beachte:** Die nachfolgenden Grundsätze gelten auch für Innenrechtsstreite innerhalb anderer juristischer Personen des öffentlichen Rechts mit der Befugnis zur Selbstorganisation (z.B. Universitäten, IHK, Handwerkskammer).

Innenrechtsstreitigkeiten sind für Klausuren reizvoll, weil stets ein besonderer Schwerpunkt auf der **Zulässigkeit der Klage** liegt. Sie sollten daher hier der Zulässigkeit größere Bedeutung schenken als in Streitigkeiten zwischen Bürger und Verwaltung üblich; **alles** dazu **Nötige** bei Kopp/Schenke, VwGO, vor § 40 Rn. 6-8, Anh § 42 Rn. 86. In materieller Hinsicht geht es zumeist um die Vorschriften der GO zur Beschlussfassung (Beschlussfähigkeit, erforderliche Mehrheit, Mitwirkungsverbote) oder zum Ordnungsrecht des Bürgermeisters (Ratsvorsitzenden). 356 (K) Kommentar

> **Beachte:** Zuweilen fehlt es an ausdrücklichen Regelungen in der GO. Denken Sie in diesem Fall an das, was Sie zum Staatsorganisationsrecht wissen. Häufig lassen sich die dort bekannten Strukturen auf das Kommunalrecht übertragen.

Beispiel: Für den Ausschluss eines Ratsmitglieds aus einer Ratsfraktion gelten dieselben Grundsätze wie für den Ausschluss aus einer Parlamentsfraktion.[429] Für das Verhältnis zwischen Ordnungsrecht des Bürgermeisters zum Rederecht des Ratsmitglieds kann auf den im Rahmen des Art. 5 GG entwickelten Wechselwirkungsgedanken zurückgegriffen werden.[430]

B. Zulässigkeit eines Kommunalverfassungsstreitverfahrens

357 **I.** Der **Verwaltungsrechtsweg** ist nach § 40 Abs. 1 S. 1 VwGO eröffnet. Heute ist allgemein anerkannt, dass es auch innerhalb einer juristischen Person Rechtbeziehungen und damit (klärungsbedürftige) Rechtsstreitigkeiten geben kann.[431] Die Streitigkeit ist trotz der Zugehörigkeit zum Kommunalverfassungsrecht nichtverfassungsrechtlicher Art, da § 40 Abs. 1 S. 1 VwGO nur das Staatsverfassungsrecht von der Zuständigkeit der Verwaltungsgerichte ausschließt.

358 **II. Klageart** ist in der Regel die **allgemeine Feststellungsklage**, die auch organschaftliche Rechtsverhältnisse erfasst. Da körperschaftsinterne Maßnahmen keine Außenwirkung haben, scheidet eine Anfechtungsklage mangels VA aus.

Beispiele: Klage auf Feststellung, dass ein Rats- oder Ausschlussbeschluss rechtswidrig ist,[432] Klage auf Feststellung, dass eine Ordnungsmaßnahme des Bürgermeisters rechtswidrig gewesen ist.[433] Nicht: Klage gegen die Gemeinde selbst,[434] etwa auf Kostenerstattung eines Ratsmitglieds.[435]

359 Wird dagegen eine konkrete Handlung, Duldung oder Unterlassung begehrt, ist die **allgemeine Leistungsklage** einschlägig, hier ist die Feststellungsklage subsidiär (§ 43 Abs. 2 VwGO).

Beispiele: Klage eines Ratsmitglieds gegen den Bürgermeister auf Akteneinsicht,[436] Anspruch einer Fraktion auf Aufnahme eines Punktes auf die Tagesordnung,[437] Anspruch auf Entfernung eines Kreuzes aus dem Sitzungssaal.[438]

(K)

> **Beachte:** Halten Sie sich in der Assessorklausur nicht mit den aus den 1. Examen bekannten „historischen" Streitigkeiten auf. Die VwGO ist anwendbar, die Streitigkeit ist nichtverfassungsrechtlicher Art und statthaft ist die allgemeine Feststellungsklage oder die allgemeine Leistungsklage.

360 **III.** Etwas mehr müssen Sie dagegen in der Regel zur **Klagebefugnis** (§ 42 Abs. 2 VwGO analog) ausführen. Denn es geht nicht um die Durchsetzung subjektiver Rechte des Bürgers, sondern um die besonders geschützten **Mitgliedschaftsrechte** des betroffenen Organs bzw. Organteils. Dazu gehören insbes. das Recht auf Teilnahme an Beratung und Abstimmung, das Rederecht und das Recht auf Information.[439]

Beispiele: Beschränkungen des Teilnahmerechts durch Ausschluss wegen angeblicher Befangenheit, Redezeitbeschränkungen, Anspruch auf Information, Abwehr unberechtigter Ordnungsrufe; Anspruch der Fraktion auf Aufnahme von Vorschlägen zur Tagesordnung.

---

429 OVG NRW Beschl. v. 26.02.2018 – 15 B 19/18; BayVGH, Beschl. v. 10.04.2018 – 4 CE 17.2450; OVG Saar NVwZ-RR 2012, 613.

430 Vgl. OVG NRW, RÜ 2013, 663, 665 ff.

431 BVerwG NVwZ-RR 2016, 344; OVG NRW NWVBl. 2014, 388.

432 OVG NRW NWVBl. 2009, 221; Schoch Jura 2008, 826, 834.

433 OVG NRW NVwZ-RR 2018, 318; OVG NRW RÜ 2013, 663, 664.

434 BayVGH NVwZ 2018, 599.

435 VGH BW NVwZ-RR 2018, 358.

436 OVG NRW OVGE 46, 141.

437 OVG NRW OVGE 50, 57.

438 HessVGH NJW 2006, 1227; 2003, 2471.

439 Ludwigs/Amann Jura 2107, 1106.

Aus den Mitgliedschaftsrechten folgt ein Recht der Ratsmitglieder auf ungestörte Mandatsausübung. Bei rechtswidrigen Beeinträchtigten erwächst dem Einzelnen ein **innerorganisatorischer Störungsbeseitigungsanspruch** (vergleichbar mit dem allgemeinen Folgenbeseitigungsanspruch). **361**

Beispiele: Anspruch auf Entfernung eines Kreuzes aus dem Sitzungssaal,[440] auf Ordnungsmaßnahmen gegen störende Zuhörer,[441] auf nichtöffentliche Sitzung.[442]

Gegenbeispiele: **362**

- Die Mitwirkung eines möglicherweise **befangenen Ratsmitglieds** begründet für die anderen Ratsmitglieder kein Abwehrrecht, da die Vorschriften über das Mitwirkungsverbot allein ein öffentliches Interesse verfolgen.[443]
- Umstritten ist dies bei den Vorschriften über die **Öffentlichkeit.** Nach teilweise vertretener Ansicht ergibt sich für Ratsmitglieder und -fraktionen aus ihrem Mandat ein subjektives Recht auf Wahrung der Öffentlichkeit.[444] Nach der Gegenansicht dienen die Vorschriften über die Öffentlichkeit der Sitzung dagegen nur den Kontrollinteressen der Allgemeinheit.[445]
- Ebenso kann sich der Kläger nicht auf die **Rechte anderer** Organe oder Organteile berufen, z.B. kann ein Ratsmitglied nicht die Rechte des Rates, eine Fraktion nicht die Rechte ihrer Mitglieder, eine Bezirksvertretung nicht die der Stadt geltend machen.[446]
- Nicht ausreichend ist die Berufung auf Normen des **materiellen Rechts**, denen keine organschaftliche Bedeutung zukommt (z.B. Vorschriften des BauGB beim Beschluss über einen Bebauungsplan).
- Auch die Berufung auf **Grundrechte** ist ausgeschlossen. Denn das Ratsmitglied ist in seiner Eigenschaft als Organteil betroffen, nicht als Grundrechtsträger.[447]

„Der Kläger ist auch klagebefugt. Denn er hat gegen den Beklagten als Inhaber des Ordnungs- und Hausrechts im Rahmen der Ratssitzung nach § … GO einen damit korrespondierenden innerorganisatorischen Störungsbeseitigungsanspruch. Der Kläger kann sich in seiner Funktion als Ratsmitglied zwar nicht auf Grundrechte berufen, da Grundrechte Abwehrrechte des Bürgers gegen den Staat sind. Demgemäß nimmt das Ratsmitglied nicht seine Freiheitsrechte gegenüber dem Staat, sondern organschaftliche Befugnisse in Anspruch, die ihm als Teil des Rates als Gemeindeorgan zustehen. Insbesondere haben Ratsmitglieder ein Recht auf ungestörte Mandatsausübung, das hier möglicherweise verletzt ist …"

IV. Klagegegner ist beim Kommunalverfassungsstreit nicht die Gemeinde, sondern der sachliche Streitgegner, also das Organ bzw. Organteil, dem gegenüber die beanspruchte Innenrechtsposition bestehen soll (also z.B. der Rat oder der Bürgermeister). **363**

Davon zu unterscheiden sind die **kostenrechtlichen Konsequenzen:** Die durch ein Kommunalverfassungsstreitverfahren entstandenen Kosten sind grundsätzlich von der Gemeinde zu tragen.[448] Die Begründung ist umstritten. Teils wird darauf abgestellt, dass der kommunale Funktionsträger

440 HessVGH NJW 2006, 1227.

441 VG Arnsberg NWVBl. 2008, 113, 114.

442 HessVGH ESVGH 67, 234.

443 NdsOVG NVwZ-RR 2014, 977; OVG NRW DVBl. 2007, 454.

444 OVG NRW NWVBl. 2011, 182; HessVGH NVwZ-RR 2009, 531.

445 VGH BW VBlBW 2016, 34.

446 BVerwG DVBl. 1994, 866, 867; NdsOVG Beschl. v. 26.06.2018 – 10 ME 265/18; NdsVBl 2014, 285.

447 OVG NRW RÜ 2013, 663, 664.

448 OVG NRW NVwZ-RR 2010, 534.

mit der Prozessführung eine Aufgabe der Gemeinde wahrnimmt, die deshalb die Kosten zu tragen hat. Die Rspr. hat zuweilen auf den allgemeinen öffentlich-rechtlichen Erstattungsanspruch abgestellt, während der Anspruch heute überwiegend unmittelbar aus der Organstellung hergeleitet wird.[449]

364 Die **Beteiligtenfähigkeit** ergibt sich analog § 61 Nr. 2 VwGO. Die Betroffenen klagen weder als natürliche Personen (§ 61 Nr. 1 VwGO) noch als Behörden (§ 61 Nr. 3 VwGO), sondern in ihrer Funktion als Organe bzw. Organteile. Die **Prozessfähigkeit** folgt aus § 62 Abs. 3 VwGO, wobei das jeweilige Organ durch den Organwalter vertreten wird.

„Die Klage ist zulässig. Das Rubrum ist von Amts wegen berichtigt worden. Die Klage ist als Feststellungsklage gemäß § 43 Abs. 1 VwGO im sog. Kommunalverfassungsstreitverfahren nicht, wie in der Klageschrift bezeichnet, gegen den Kreis K als Körperschaft zu richten, sondern gegen den sachlichen Streitgegner, hier den Landrat als Vorsitzenden des Kreistages. Der Kläger kann analog § 42 Abs. 2 VwGO geltend machen, durch den Ordnungsruf des Beklagten in seinem Rederecht als Ausfluss seiner Mitgliedschaftsrechte verletzt zu sein …"

365 **V.** Das allgemeine **Rechtsschutzbedürfnis** fehlt, wenn die Klage gegen den Grundsatz der **Organtreue** verstößt. Er wurzelt in dem verfassungsrechtlichen Gebot der gegenseitigen Rücksichtnahme sowie in dem Grundsatz von Treu und Glauben. Daraus folgt namentlich die Unzulässigkeit rechtsmissbräuchlichen Handelns. Deshalb ist der Kläger in der Regel gehalten, dem Streitgegner **Gelegenheit zur Selbstkorrektur zu geben**.

C. Begründetheit des Kommunalverfassungsstreitverfahrens

366 Beim Kommunalverfassungsstreitverfahren handelt es sich nicht um ein objektives Rechtsbeanstandungsverfahren, sondern das Verfahren dient nur der Durchsetzung der subjektiven Mitgliedschafts-/Organrechte. Die Klage ist daher nur begründet, wenn der Kläger den geltend gemachten Anspruch hat bzw. die gerügte Maßnahme rechtswidrig ist und das Mitgliedschafts-/Organrecht des Klägers verletzt.

449 OVG NRW OVGE 52, 82.

Kommunalverfassungsstreitverfahren

A. Zulässigkeit der Klage

I. Verwaltungsrechtsweg (§ 40 Abs. 1 S. 1 VwGO)

1. Öffentl. Norm streitentscheidend, auch bei Innenrechtsstreitigkeiten
2. Kommunalverfassungsrecht = nichtverfassungsrechtlicher Art

II. Klageart

1. Anfechtungsklage (–), mangels Außenwirkung kein VA
2. Leistungsklage, wenn auf Tun, Dulden oder Unterlassen (insbes. innerorganisatorischer Störungsbeseitigungsanspruch)
3. In der Regel Feststellungsklage: (Innen-)Rechtsverhältnis ausreichend, keine Subsidiarität (§ 43 Abs. 2 VwGO)

III. Besondere Sachurteilsvoraussetzungen

1. Klagebefugnis analog § 42 Abs. 2 VwGO: Mitgliedschaftsrecht möglicherweise verletzt

   Teilnahme an Beratung u. Abstimmung, Rederecht, Information, Öffentlichkeit (str.), nicht Befangenheit, Rechte Dritter, Grundrechte, materielles Recht

2. Bei Feststellungsklage zusätzlich: Feststellungsinteresse
3. Klagegegner: nicht die Gemeinde, sondern der sachliche Streitgegner (das Organ)

IV. Allgemeine Sachurteilsvoraussetzungen

1. Rechtsschutzbedürfnis: kein Verstoß gegen Organtreue
2. Beteiligtenfähigkeit

   a) Kollegialorgane § 61 Nr. 2 VwGO

   b) Einzelorgane/Organteile: § 61 Nr. 2 VwGO analog

3. Prozessfähigkeit: § 62 Abs. 3 VwGO analog

B. Begründetheit
(+), wenn Maßnahme organschaftliche Rechte des Klägers verletzt

3. Abschnitt: Kommunalaufsichtliche Maßnahmen

367 **Kommunalaufsichtliche Maßnahmen** betreffen in Klausuren die Beanstandung und Aufhebung von Ratsbeschlüssen oder eine Anordnung oder Ersatzvornahme durch die (Rechts-)Aufsichtsbehörde. Die Fachaufsicht spielt praktisch keine Examensrolle.

Beispiele: Der Rat der Gemeinde beschließt eine Satzungsänderung. Die Kommunalaufsichtsbehörde ist der Auffassung, der Beschluss liege außerhalb der Verbandskompetenz der Gemeinde, da es sich nicht um eine Angelegenheit der örtlichen Gemeinschaft i.S.d. Art. 28 Abs. 2 GG handelt. – Der Bürgermeister hat die Zulassung der P-Partei zur Benutzung der Stadthalle abgelehnt, da diese verfassungsfeindlich sei. Wegen des Verstoßes gegen Art. 21 Abs. 2 S. 2 GG ordnet die Aufsichtsbehörde an, dass die Stadthalle der P-Partei zur Verfügung gestellt werden muss.

A. Beanstandung und Aufhebung von Entscheidungen der Gemeinde

368 Die Kommunalaufsichtsbehörde (Rechtsaufsichtsbehörde) kann Beschlüsse und Anordnungen der Gemeinde, die rechtswidrig sind, **beanstanden** und verlangen, dass sie von der Gemeinde binnen angemessener Frist aufgehoben bzw. geändert werden. Kommt die Gemeinde der Aufforderung nicht nach, kann die Aufsichtsbehörde die Entscheidungen **aufheben**.

121 ff.	112 ff.	–	109 ff.	74 ff.	–	138 ff.	79 ff.	173 ff.	122 ff.	118 ff.	130 ff.	114 ff.	144 ff.	120 ff.	120 ff.

Beispiele: Beanstandung und Aufhebung von Ratsbeschlüssen, Beanstandung und Aufhebung von Anordnungen des Bürgermeisters als Leiter der Gemeindeverwaltung.[450]

> *„Der Beschluss des Gemeinderates der Gemeinde ... vom ... wird beanstandet.*
>
> *Der Gemeinde wird aufgegeben, den vorstehenden Beschluss innerhalb von zwei Wochen nach Bekanntgabe dieser Verfügung aufzuheben.*
> ~~Zustellung~~
> *Sollte die Gemeinde dieser Aufforderung innerhalb der gesetzten Frist nicht nachkommen, wird das Landratsamt den beanstandeten Beschluss an deren Stelle und auf deren Kosten selbst aufheben.* wird angedroht, dass das LRA anstelle...
>
> *Die sofortige Vollziehung dieser Verfügung wird angeordnet.*
>
> *Begründung:*
>
> *Der beanstandete Ratsbeschluss ist rechtswidrig. Der Gemeinde fehlt es an der Zuständigkeit für die getroffene Regelung. Art. 28 Abs. 2 S. 1 GG beschränkt die Zuständigkeit der Gemeinde auf Angelegenheiten der örtlichen Gemeinschaft, gewährt der Gemeinde also nur ein kommunalpolitisches, aber kein allgemeinpolitisches Mandat, insbes. in Fragen, die nach der grundgesetzlichen Kompetenzverteilung dem Bund zugeordnet sind. Etwas anderes gilt nur, wenn sich eine konkrete Maßnahme auf das eigene Gemeindegebiet bezieht. Daran fehlt es hier. ...“*

vgl. Elan-Altbestand Klausur Nr. 7

Diese Entscheidung ergeht gebührenfrei (vgl. § 10 II LGebG) →

I. Formelle Voraussetzungen

369 **Formell** sehen die Gemeindeordnungen für aufsichtsbehördliche Maßnahmen unterschiedliche Voraussetzungen vor (z.B. Beanstandung durch den Bürgermeister oder durch die Aufsichtsbehörde, ggf. vorherige Anweisung zur Beanstandung, ggf. nochmalige gemeindeinterne Beratung).

---

450 BayVGH DVBl 2017, 138.

II. Materielle Voraussetzungen

Materiell ist entscheidend, dass die zugrundeliegende Maßnahme der Gemeinde gegen geltendes Recht verstößt, also **rechtswidrig** ist. In der Klausur ist daher **inzident** die Rechtmäßigkeit des zugrundeliegenden Beschlusses bzw. der Anordnung zu überprüfen. 370

Rechtmäßigkeit eines Ratsbeschlusses

I. Formelle Rechtmäßigkeit

1. Zuständigkeit

a) Verbandskompetenz der Gemeinde (Art. 28 Abs. 2 GG, LVerf, GO)

b) Organkompetenz des Rates nach GO

2. Verfahren

a) Nach Spezialgesetz (z.B. §§ 3, 4 BauGB)

b) Nach GO
z.B. Einberufung, Öffentlichkeit, Beschlussfähigkeit, Mitwirkungsverbote

II. Materielle Rechtmäßigkeit

1. Voraussetzungen nach **Spezialgesetz**

2. Kein Verstoß gegen höherrangiges Recht (insbes. GG, LVerf, einf. Gesetze)

3. Allgemeine Rechtmäßigkeitsanforderungen
insbes. Bestimmtheit, Verhältnismäßigkeit

4. Bei Ermessen: keine Ermessensfehler

Beispiele: 371

- Ein Ratsbeschluss ist rechtswidrig, wenn er sich mit überörtl. Fragen befasst (z.B. Umwelt- und Klimaschutz, Warnung vor Jugendsekten). Art. 28 Abs. 2 GG beschränkt die Verbandskompetenz auf Angelegenheiten der örtl. Gemeinschaft (Selbstverwaltungsangelegenheiten). Etwas anderes gilt nur, wenn sich eine konkrete Maßnahme auf das eigene Gemeindegebiet bezieht.
- Ein Bebauungsplan als Satzung (§ 10 BauGB) ist rechtswidrig, wenn er unzulässige Festsetzungen enthält (§ 9 BauGB) oder die Abwägung fehlerhaft ist (§ 1 Abs. 7 BauGB).
- Ein Benutzungsverbot des Bürgermeisters ist rechtswidrig, wenn ein Benutzungsanspruch besteht.

Beachte: Der Schwerpunkt kommunalaufsichtlicher Klausuren ist in der Regel nicht kommunalrechtlicher Natur, sondern findet sich im allgemeinen und besonderen Verwaltungsrecht (z.B. Rechtmäßigkeit einer Satzung nach BauGB oder eines VA nach Spezialgesetz oder VwVfG).

„Die Aufhebung des Beschlusses des Gemeinderats der Gemeinde … vom … ist rechtmäßig. Die formellen Voraussetzungen sind erfüllt, insbes. ist der Ratsbeschluss nach § … GO zuvor ordnungsgemäß beanstandet worden. Materiell setzt die Aufhebung voraus, dass der zugrunde liegende Ratsbeschluss rechtswidrig ist. Das ist hier der Fall, denn die Festsetzung eines Bolzplatzes nur für Mädchen ist in § 9 BauGB nicht vorgesehen. Die Vorschrift ist abschließend. Die Gemeinde hat kein Festsetzungserfindungsrecht. …"

B. Anordnung und Ersatzvornahme

372 Erfüllt die Gemeinde die ihr kraft Gesetzes obliegenden Pflichten nicht, kann die Aufsichtsbehörde **anordnen**, dass die Gemeinde innerhalb einer angemessenen Frist die erforderlichen Maßnahmen durchführt. Kommt die Gemeinde der Anordnung nicht innerhalb der bestimmten Frist nach, kann die Aufsichtsbehörde die Anordnung **an Stelle und auf Kosten der Gemeinde** selbst ausführen oder die Durchführung einem Dritten übertragen.

123	113	-	115	77	-	140	82	174	123	122	133	115	147	124	121

Beachte: Beanstandung und Aufhebung greifen bei rechtswidrigem Tun der Gemeinde ein, Anordnung und Ersatzvornahme bei rechtswidrigem Unterlassen.

373 Auch bei der Anordnung und der Ersatzvornahme geht es maßgeblich um die Frage, ob das Verhalten der Gemeinde **rechtswidrig** ist, d.h. die Gemeinde die ihr gesetzlich obliegenden Pflichten nicht erfüllt. Wie bei Beanstandung und Aufhebung erfolgt insoweit eine **Inzidentprüfung.**[451]

Beispiele: Erlass einer Ordnungsverfügung oder einer Satzung durch die Aufsichtsbehörde, kommunalaufsichtlich angeordnete Auflösung einer Schule oder Kündigung eines privatrechtlichen Vertrages, wenn eine Pflicht der Gemeinde zum Handeln besteht.

„Die Anordnung, den Hebesatz für die Gewerbesteuer auf ... % anzuheben, ist rechtmäßig. Denn die bisherige Satzungsregelung verstößt gegen § ... Danach ist die Gemeinde verpflichtet, einen ausgeglichenen Haushalt vorzulegen. Dagegen verstößt die Klägerin seit Jahren. Um einer totalen Verschuldung der Gemeinde vorzubeugen, durfte der Beklagte die Anordnung treffen, den Hebesatz für die Gewerbesteuer rückwirkend anzuheben. Dies verstößt nicht gegen die Selbstverwaltungsgarantie der Gemeinde, denn ..."

C. Prozessuale Durchsetzung

374 Der Rechtsschutz der Gemeinde gegen kommunalaufsichtliche Maßnahmen ist in der Regel unproblematisch. Zulässig ist zumeist eine **Anfechtungsklage** (§ 42 Abs. 1 Fall 1 VwGO), da Verfügungen der Rechtsaufsicht in aller Regel Verwaltungsakte sind. Die erforderliche **Außenwirkung** ergibt sich aus dem finalen Eingriff in das Selbstverwaltungsrecht der Gemeinde (Art. 28 Abs. 2 GG bzw. LVerf).

Beispiele: Anfechtungsklage gegen die Beanstandung und Aufhebung von Ratsbeschlüssen oder gegen Anordnungen und eine ggf. anschließende Ersatzvornahme. Soweit landesrechtlich eine Anweisung des Hauptverwaltungsbeamten zur Beanstandung vorgesehen ist (z.B. § 122 Abs. 1 S. 1 GO NRW), ist diese als verwaltungsinterne Maßnahme nicht anfechtbar.[452]

375 **Zulässigkeitsprobleme** bestehen hierbei in der Regel nicht. Hat die Aufsichtsbehörde die sofortige Vollziehung angeordnet, kommt vorläufiger Rechtsschutz nach **§ 80 Abs. 5 VwGO** in Betracht.

Soweit die GO Spezialregelungen für den **Verwaltungsrechtsweg** enthalten (z.B. § 126 GO NRW), haben diese nur deklaratorische Bedeutung. Die **Klagebefugnis** (§ 42 Abs. 2 VwGO) ergibt sich aus einer möglichen Verletzung des Selbstverwaltungsrechts der Gemeinde, einzelne Organe (Rat, Ausschuss usw.) sind nicht klagebefugt.[453] Ob ein **Vorverfahren** erforderlich ist, richtet sich nach Landesrecht, teilweise finden sich auch hier spezielle Ausnahmen in der GO/KV.

---

451 HessVGH HGZ 2018, 117.

452 OVG NRW OVGE 10, 314, 315.

453 NdsOVG Beschl. v. 26.06.2018 – 10 ME 265/18.

> **Beachte:** Kläger ist bei kommunalaufsichtlichen Maßnahmen stets die Gemeinde, nicht deren Organe, auch wenn es z.B. um die Beanstandung/Aufhebung eines Ratsbeschlusses oder einer Anordnung des Bürgermeisters geht.

4. Abschnitt: Kommunale Satzungen

Kommunale Satzungen spielen in der Klausur vor allem eine Rolle im Zusammen- **376**
hang mit behördlichen Maßnahmen, deren Rechtmäßigkeit **inzident** von der Wirksamkeit der Satzung abhängt.

Beispiele: Ablehnung einer Baugenehmigung aufgrund einer Veränderungssperre (§§ 14, 16 BauGB, Benutzungsregelungen bei öffentlichen Einrichtungen, Anordnung eines Anschluss- und Benutzungszwangs oder von Ge- oder Verboten aufgrund satzungsrechtlicher Regelung.

Satzungen sind öffentlich-rechtliche Vorschriften mit abstrakt-generellem Inhalt, **377**
die von einer Selbstverwaltungskörperschaft im Bereich ihrer **eigenen Angelegenheiten** erlassen werden.

Beispiele: Satzungen der Gemeinden und Gemeindeverbände, Hochschulen, Rundfunkanstalten, IHK und andere Berufs- und Gewerbekammern (z.B. Rechtsanwaltskammer, Ärztekammer, Handwerkskammer).

Rechtmäßigkeit einer Satzung

I. Ermächtigungsgrundlage

II. Formelle Rechtmäßigkeit

- **1. Zuständigkeit**
  - **a) Verbandskompetenz** der Körperschaft (z.B. der Gemeinde)
  - **b) Organkompetenz** des Beschlussorgans (z.B. des Rates)
- **2. Verfahren**
  - **a) Ordnungsgemäßer Ratsbeschluss** nach GO
  - **b) Spezielle Verfahrensvorschriften** (z.B. §§ 3 ff. BauGB)
- **3. Form** (z.B. nach GO, BekanntmVO, Spezialgesetz)
- **4.** Ggf. **Genehmigung** der Aufsichtsbehörde
- **5.** Ordnungsgemäße **Ausfertigung** und **Bekanntmachung**

III. Materielle Rechtmäßigkeit

- **1.** Tatbestandliche **Voraussetzungen** der Ermächtigungsgrundlage
- **2.** Kein Verstoß **gegen höherrangiges** (Bundes- oder Landes-)**Recht**
- **3.** Bei **Ermessen:** kein Ermessensfehler

I. Da es sich beim Satzungserlass um **Verwaltungstätigkeit** handelt, gilt der Grund- **378**
satz vom Vorbehalt des Gesetzes (Art. 20 Abs. 3 GG), d.h. die Satzung als untergesetzliche Norm bedarf einer gesetzlichen **Ermächtigungsgrundlage**. Die Ermächtigung zur Satzungsgebung kann sich ergeben aus

- einer Spezialnorm (z.B. §§ 10, 132 BauGB) oder
- der Generalklausel in der GO.

4	23 f.	–	3	3	–	5	5	10	7	24	12	4	8	4	19

379 **II. Formelle** Probleme (Zuständigkeit, Verfahren, Form) stellen sich in der Assessorklausur in der Regel nicht.

Denkbar ist allerdings, dass im Aktenauszug konkret auf bestimmte Fehler hingewiesen wird (z.B. Fehler bei der Einberufung des Rates, Bekanntmachung der Tagesordnung, Verstoß gegen Mitwirkungsverbote wegen Befangenheit oder Bekanntmachungsfehler bei der Verkündung der Satzung). Beachten Sie, dass bestimmte Formfehler durch Zeitablauf geheilt werden können (vgl. z.B. § 4 Abs. 4 GemO BW, § 5 Abs. 4 HGO, § 7 Abs. 6 GO NRW).

380 **III.** Die **materielle Rechtmäßigkeit** hängt vom konkreten Regelungsgegenstand der Satzung ab. Hier gilt es sauber unter die jeweiligen gesetzlichen Vorschriften zu subsumieren. Klausurrelevante Beispiele:

- Bei einem durch Satzung angeordneten **Anschluss- und Benutzungszwang** sind vor allem die tatbestandlichen Voraussetzungen der kommunalrechtlichen Vorschriften zu prüfen.

381
  - Die Gemeindeordnungen sehen einen **Anschlusszwang** in der Regel für die Wasserversorgung, die Kanalisation und ähnliche der Volksgesundheit dienende Einrichtungen (z.B. Friedhöfe), teilweise auch für Einrichtungen zur Versorgung mit Fernwärme vor. Der **Benutzungszwang** kann daneben auch andere Einrichtungen erfassen (z.B. Schlachthöfe).

Beachte: Der Anschlusszwang ist grundstücksbezogen, der Benutzungszwang personenbezogen.

382
  - Für den Anschluss- und Benutzungszwang muss ein (dringendes) **öffentliches Bedürfnis** bestehen. Ein öffentliches Bedürfnis ist immer dann gegeben, wenn **vernünftige Gründe des Gemeinwohls** für den Anschluss- bzw. Benutzungszwang sprechen.

Das sind vor allem Gründe des Gesundheitsschutzes, nach einigen Gemeindeordnungen auch solche des Umweltschutzes (vgl. z.B. § 16 EEWärmeG). Rentabilitätsüberlegungen (z.B. die Auslastung eines Eigenbetriebes) reichen dagegen allein nicht aus, um den Anschluss- und Benutzungszwang zu rechtfertigen.

Beachte: Nach h.Rspr. hat die Gemeinde bei der Feststellung des öffentlichen Bedürfnisses einen gerichtlich nur eingeschränkt überprüfbaren Beurteilungsspielraum.

383
  - Der Anschluss- und Benutzungszwang stellt in der Regel eine verhältnismäßige **Inhalts- und Schrankenbestimmung** des Eigentums i.S.d. Art. 14 Abs. 1 S. 2 GG dar, auch wenn dadurch eigene Anlagen entwertet werden. Der verfolgte öffentliche Zweck überwiegt grundsätzlich das private Interesse. Entsprechendes gilt für Art. 12 GG, soweit sich (z.B. bei Gewerbetreibenden) Auswirkungen auf die Berufsausübung ergeben. Härtefällen ist durch satzungsrechtliche Ausnahmeregelungen zu begegnen.

Aus wichtigem Grund kann **Befreiung** vom Anschluss- und Benutzungszwang erteilt werden, wenn das Interesse des Grundstückseigentümers das öffentliche Interesse überwiegt.

384
- Besondere Bedeutung haben satzungsrechtliche **Benutzungsregelungen** bei öffentlichen Einrichtungen. Diese sind nach der kommunalrechtlichen Generalklausel nur zulässig, soweit damit **kein Eingriff in Grundrechte** verbunden ist (Wesentlichkeitstheorie!).[454] Zulässig sind Benutzungsregelungen daher nur, soweit es sich um die **Modifizierung einer Leistung** handelt. Solange auf die Leistung kein grundrechtlicher Anspruch besteht, kann die Ausgestaltung des Benut-

454 BVerfGE 33, 125.

zungsverhältnisses nicht grundrechtsrelevant sein. Benutzungsregelungen müssen aber in jedem Fall durch den Einrichtungszweck gerechtfertigt sein, höherrangigem Recht einschl. dem Grundsatz der Verhältnismäßigkeit genügen.

In einer Friedhofssatzung sind daher z.B. Regelungen über die Art und Gestaltung der Grabstätten zulässig,[455] nicht dagegen eine Regelung über die Herkunft der Grabsteine.[456] Die gemeindliche „Festwiese" darf durch Satzung nicht Zirkusbetrieben vorbehalten werden, die keine dressierten Wildtiere vorführen, obwohl das abschließende TierschutzG dieses nicht verbietet.[457] Die Satzung einer Obdachlosenunterkunft ist mit Art. 14 GG vereinbar, wenn das zurückgelassene Hab und Gut – soweit verwertbar – versteigert und der Erlös an den ehem. Benutzer ausgekehrt wird.[458]

5. Abschnitt: Wirtschaftliche Betätigung

Da sich die Kommunen in zunehmenden Maße auch am Wirtschaftsleben beteiligen, enthalten die Gemeindeordnungen Regelungen zur Zulässigkeit wirtschaftlicher Betätigung der Gemeinde. In der Klausur wird dieser Problemkreis typischerweise eingebunden in die Klage eines **privaten Konkurrenten**, der gegen die Gemeinde einen Unterlassungsanspruch geltend macht.   **385**

Beispiele: Betrieb einer kommunalen Wohnraumvermittlung oder eines Hotels durch die Gemeinde, Gründung oder Beteiligung an privatwirtschaftlichen Unternehmen der Energieversorgung (z.B. Stadtwerke GmbH) oder kommunale Parkraumbewirtschaftung.

Die Anforderungen in den Gemeindeordnungen sind unterschiedlich. Zumeist darf sich die Gemeinde wirtschaftlich nur betätigen, wenn ein (dringender) **öffentlicher Zweck** die Betätigung erfordert, denn grds. gilt das Prinzip des Steuerstaats.[459] Der öffentliche Zweck fehlt, wenn es ausschließlich um Einnahmeerzielung geht.[460] Die Betätigung muss in einem **angemessenen Verhältnis** zur Leistungsfähigkeit der Gemeinde stehen. Teilweise besteht ausdrücklich eine **Subsidiarität** gegenüber privaten Dritten. Bestimmte (Pflicht-)Einrichtungen sowie soziale und kulturelle Einrichtungen sind von diesen Voraussetzungen meist ausgenommen (**„Schranken-trias"**[461], die noch aus § 67 Deutsche GO 1935 stammt).   **386**

§ 102 IV GemO

102	87	–	91	–	–	121	68	136	107	85	108	97	128	101	71

Klausurschwerpunkt ist in der Regel die Zulässigkeit und Begründetheit einer Konkurrentenklage.   **387**

Unterlassungsansprüche bei wirtschaftlicher Betätigung
■ Vorschriften der GO bzw. LKrO
■ Grundrechte
■ Art. 14 Abs. 1 GG
■ Art. 12 Abs. 1 GG
■ Art. 3 Abs. 1 GG
■ § 8 Abs. 1 UWG

---

455 BVerwGE 148, 133; 121, 17; NdsOVG NdsVBl. 2010, 300.

456 BVerwG BayVBl 2011, 510; VGH BW ZfBR 2016, 100; 2015, 714; a.A. BayVerfGH NVwZ-RR 2012, 50.

457 NdsOVG NVwZ 2017, 728; Waldhoff JuS 2017, 806; Helbich/Schübel-Pfiste, JuS 2017, 520.

458 BayVGH BayVBl. 2017, 492.

459 BVerfGE 78, 249, 266 f.; 93, 319, 342 f.

460 BVerfGE 61, 82, 107; OVG LSA NVwZ 2015, 1231, 1234; ausdrücklich: § 128 Abs. 1 S. 2 KVG LSA, Art. 87 Abs. 1 S. 2 BayGO, § 91 Abs. 2 Nr. 1 BbgKVerf, § 108 Abs. 3 KSVG.

461 OVG SH NordÖR 2013, 528; Brüning NVwZ 2015, 689.

A. Zulässigkeit der Konkurrentenklage

388 **I.** Der **Verwaltungsrechtsweg** ist nach § 40 Abs. 1 S. 1 VwGO nur eröffnet, soweit es um die Zulässigkeit der Betätigung als solche (also das „Ob") geht. Dagegen sind Streitigkeiten über die Art und Weise des Wettbewerbsverhaltens (also das „Wie") privatrechtlich und deswegen nach § 13 GVG vor den Zivilgerichten auszutragen („Zwei-Stufen-Theorie").[462]

389 **II.** Klageart ist die **allgemeine Leistungsklage** in Form der Unterlassungsklage.

Das ist unproblematisch, wenn die Gemeinde das Unternehmen selbst betreibt. Ist die Gemeinde lediglich an der Betreibergesellschaft (z.B. einer GmbH) beteiligt, ist die Klage auf ein positives Tun gerichtet, nämlich die Einwirkung der Gemeinde auf die GmbH, den Betrieb zu unterlassen.[463]

390 **III.** Bzgl. der **Klagebefugnis** (§ 42 Abs. 2 VwGO analog) reicht in der Regel der Hinweis auf eine mögliche Grundrechtsverletzung (insbes. Art. 12, Art. 14 GG) oder bei der Nachbargemeinde auf Art. 28 Abs. 1 GG aus.

Beachte: Der umstrittene drittschützende Charakter der kommunalrechtlichen Vorschriften sollte nicht in der Zulässigkeit, sondern erst in der Begründetheit erörtert werden.

B. Begründetheit der Konkurrentenklage

Begründet ist die Klage, wenn der private Konkurrent oder die benachbarte Kommune einen Unterlassungsanspruch hat.

391 **I.** Aus den **kommunalrechtlichen Vorschriften** kann sich ein solcher Anspruch nur ergeben, wenn sie **drittschützenden Charakter** haben. Der primäre Schutzzweck der Norm besteht in der Regel darin, die Kommunen vor wirtschaftlichen Risiken zu schützen. Andererseits machen die landesrechtlichen Normen regelmäßig deutlich, dass die Gemeinde nur subsidiär tätig werden darf.

Beachte: Die Beantwortung der Frage hängt von dem jeweils einschlägigen Landesrecht bzw. der jeweiligen obergerichtlichen Rspr. ab.

392 Während teilweise ein Drittschutz generell bejaht wird,[464] teilweise nur bei ausdrücklicher Subsidiaritätsklausel,[465] lehnen andere den Drittschutz ausdrücklich ab.[466] In einigen Ländern ist der Drittschutz mittlerweile ausdrücklich geregelt.[467]

Beachte: Soweit Drittschutz besteht, hat der private Konkurrent einen Unterlassungsanspruch, soweit die Betätigung rechtswidrig ist.

393 **II.** Ausnahmsweise können sich Unterlassungsansprüche gegen wirtschaftliche Betätigung der Kommunen auch aus **Grundrechten** ergeben.

394 **1. Art. 14 Abs. 1 GG** scheidet in der Regel allerdings aus, weil die Vorschrift nur das Eigentum und nicht etwaige Erwerbschancen schützt. Etwas anderes gilt nur, wenn der Hoheitsträger eine unzulässige Monopolstellung erhält.[468]

---

462 Jürgensen/Laude JuS 2018, 635, 636.

463 Jürgensen/Laude JuS 2018, 635, 637; Detterbeck JuS 2001, 1199, 1201.

464 OVG NRW NVwZ 2008, 1031, 1032 zu § 107 GO NRW; VGH BW NVwZ-RR 2006, 714.

465 VerfGH RP NVwZ 2000, 801, 804 zu § 85 GemO RP; Jungkamp NVwZ 2010, 546, 547 f.

466 OLG München NVwZ 2000, 835 zu Art. 87 BayGO; OLG Karlsruhe DVBl. 2001, 832.

467 Vgl. zB. § 121 Abs. 1 b) S. 1 HGO, dazu Towfigh/Schönfeld JA 2018, 521, 527; § 136 Abs. 1 S. 3 NKomVG.

468 BVerwG DVBl. 1996, 152, 153; OVG LSA, Beschl. v. 17.08.2015 – 2 M 61/15.

2. Aus **Art. 12 Abs. 1 GG** kann sich ein Unterlassungsanspruch nach h.Rspr. nur ergeben, wenn die private wirtschaftliche Betätigung unmöglich gemacht oder unzumutbar eingeschränkt wird (sog. Verdrängungs- bzw. Auszehrungswettbewerb).[469] Ein solcher Ausnahmefall liegt in der Regel nicht vor. **395**

3. Art. 3 Abs. 1 GG schützt nur vor willkürlichen hoheitlichen Maßnahmen. Hieran fehlt es, wenn die Gemeinde in Erfüllung öffentlicher Aufgaben tätig wird.[470] **396**

III. Bei wettbewerbswidrigem Verhalten kommt ein vom Verwaltungsgericht gemäß § 173 S. 1 VwGO, § 17 Abs. 2 S. 1 GVG mitzuprüfender Unterlassungsanspruch aus **§ 8 Abs. 1 UWG** in Betracht. Ein Verstoß gegen die kommunalrechtlichen Vorschriften über die Zulässigkeit wirtschaftlicher Betätigung allein reicht für die Annahme wettbewerbswidrigen Verhaltens nicht aus (vgl. § 4 Nr. 11 UWG). Erst bei Hinzutreten **weiterer Umstände** kommt ein Anspruch aus § 8 Abs. 1 UWG in Betracht (z.B. Missbrauch oder Ausnutzung der hoheitlichen Stellung).[471] **397**

6. Abschnitt: Neutralitätspflichten

Mit der Verschärfung der politischen Auseinandersetzungen, insb. dem Erstarken der noch jungen Partei AfD, sind die gemeindlichen Neutralitätspflichten in den Vordergrund gerückt.[472] Die etablierten Parteien, die auch die Rathäuser weitgehend dominieren, kämpfen um ihre Vormachtstellung.[473] Grundsätzlich gilt, dass alle Parteien und Fraktionen gleich zu behandeln sind.[474]

Dazu zählen auch die (Ober-)Bürgermeister. Der Bürgermeister hat eine Doppelfunktion. Er ist zunächst Teil der Exekutive, da er Verwaltungsorgan der Gemeinde ist. In persönlicher Hinsicht jedoch erhält der Bürgermeister sein Amt von den Gemeindeeinwohnern, welche ihn unmittelbar wählen. Als Teil des Staates bindet ihn indessen das **Neutralitätsgebot**. Es dient der Erhaltung der politischen Chancengleichheit von Parteien und ist in Art. 21 Abs. 1 S. 1 GG verankert.[475] Daneben trifft den Bürgermeister ein allgemeines **Sachlichkeitsgebot.** Es begrenzt seine amtliche Äußerungsbefugnis inhaltlich. Seine amtlichen Äußerungen dürfen nicht auf sachfremden Erwägungen beruhen und müssen in angemessener Art und Weise vorgetragen werden. Weiterhin darf das mit der Äußerung verfolgte Ziel nicht außer Verhältnis zur Grundrechtsposition sein, in die eingegriffen wird.[476] Insb. Versammlungen, auch solche, die der Bürgermeister für politisch fragwürdig hält, haben nach Art. 8 GG Anspruch auf Staatsfreiheit (Freiheit von Beeinflussungen).[477] Ebenso darf die Ordnung in der Ratssitzung nicht an den Inhalt der Äußerungen geknüpft werden.[478]

Werden **Ratsfraktionen Zuwendungen** von der Gemeinde für ihr Arbeit gemacht (Geld, Personal, Räume), steht Art und Höhe im pflichtgemäßen Ermessen der Gemeinde, dessen Betätigung an den allgemeinen Gleichheitssatz als objektives Rechtsprinzip gebunden ist.

32a	33	–	32	26	–	36a	23	39b	56	30a	30	35a	44	32a	25

469 BVerwG DVBl. 1996, 152, 153; OVG NRW NWVBl. 2005, 343, 344; VerfGH RP NVwZ 2000, 801, 802.

470 BVerwGE 39, 329, 334.

471 Vgl. z.B. BGH DVBl. 2006, 116, 117; BVerwG DVBl. 1996, 152, 153.

472 BVerfG NJW 2018, 928.

473 Heusch NVwZ 2017, 1325; im Landtag: NWVerfGH NVwZ-RR 2017, 217 (Stellvertreterzahl).

474 BayVGH NVwZ 2018, 599 (fraktionslose Ratsmitglied).

475 BVerfG NJW 2018, 928; VerfGH TH NVwZ 2016, 1408.

476 BVerwG NVwZ 2018, 433; Waldhoff JuS 2018, 406.

477 Lindner/Bast NVwZ 2018, 708, 709.

478 OVG NRW NVwZ-RR 2018, 318.

Das gilt auch, wenn die Zuwendungen durch Satzung geregelt werden.[479] Es besteht ein abgeleiteter Teilhabeanspruch, der am verfassungsrechtlichen Willkürverbot und am allgemeinen Gleichheitssatz in seiner weniger strikten Ausprägung als Grundsatz der Chancengleichheit zu messen ist.[480] Auch wenn das BVerfG die Verfassungsfeindlichkeit als Differenzierungskriterium nicht ausgeschlossen hat,[481] berechtigt es nicht dazu, Fraktionszuwendungen zu streichen, weil diese nur für die innergemeindl. Arbeit der Fraktion bestimmt sind, aber nicht die (verfassungsfeindliche) Partei treffen.[482] Rechtsstaatswidrig ist es auch, wenn die Zuwendungskriterien so abgefasst werden, dass faktisch nur die missliebige Fraktion leer ausgeht.[483]

---

479 Janson/Blenk JuS 2018, 461.

480 OVG NRW NWVBl 2010, 315, 316; HessVGH NVwZ 2017, 886.

481 BVerfG, NVwZ-Beil. 2/2017, 46; Uhle, NVwZ 2017, 583; Shirvani, DÖV 2017, 477.

482 HessVGH NVwZ 2017, 886 freilich unter zweifelhafter Berufung auf Art. 3 GG, der für Ratsfraktionen zumindest unmittelbar nicht gilt; Meyer 2017, 888.

483 OVG NRW KommJur 2017, 410.

4. Teil: Öffentliches Wirtschaftsrecht

Aus dem Gewerberecht, insbes. aus der GewO, stammen zahlreiche Regelungsmechanismen und Tatbestandsmerkmale, die sich in vielen verschiedenen Gesetzeszusammenhängen und damit in Klausuren wiederfinden. Hierzu zählen z.B. die Begriffe „Gewerbe" und „Zuverlässigkeit" oder die Unterbindung erlaubnisfreier und erlaubnispflichtiger Betätigungen. Ausgehend von der systembildenden GewO vermittelt Ihnen dieser Teil das notwendige Klausurwissen zum gesamten öffentlichen Wirtschaftsrecht **(Wirtschaftsverwaltungsrecht)**. Wenn Sie mit den grundlegenden Prinzipien vertraut sind, können Sie alle Klausuren aus Rechtsgebieten lösen, die sich der Regelungstechniken und Begrifflichkeiten aus dem Gewerberecht bedienen. Klausuren können aus der GewO selbst stammen, aber auch verwandte Gesetze wie z.B. GaststG, HandwO, BJagdG, WaffG, PBefG, GüKG sind gängige Themenfelder. **398**

Ein dort angesiedelter Fall stellt drei Anforderungen an den Klausurbearbeiter: **399**

- das **unbekannte Gesetz** überblicken,
- die **allgemeinen Kenntnisse** aus dem Gewerberecht im unbekannten Gesetzeszusammenhang anwenden,
- erkennen, wo die Sachzusammenhänge des unbekannten Gesetzes zu **anderen Ergebnissen** führen als im Standard-GewO-Fall.

> **Beachte:** Verfügen Sie über etwas Basiswissen zu einem (vermeintlich) unbekannten Gesetz, haben Sie sich bereits einen großen Vorsprung verschafft.

1. Abschnitt: Gewerbeordnung

A. Gewerberechtliche Klausuren

Um gewerberechtliche Klausuren erfolgreich zu bewältigen, genügt es, das Regelungsanliegen und den Grundaufbau der GewO sowie wenige der über 150 Paragrafen der GewO zu kennen. **400**

Klausuren im Gewerberecht
■ (vorläufige) Zulassung zu einem erlaubnispflichtigen Gewerbe
■ Untersagung eines erlaubnisfreien Gewerbes
■ Aufhebung einer Gewerbeerlaubnis und Beendigung des dann nicht mehr erlaubten Gewerbebetriebs
■ Abwehr der Besichtigung des Gewerbebetriebs (Nachschau)

Die GewO und die auf ihr fußenden Gesetze schützen einerseits den **Verbraucher** und andererseits die gewerblichen **Arbeitnehmer** vor unzuverlässigen Gewerbetreibenden. Die **Allgemeinheit** soll vor störenden und belästigenden Betrieben bewahrt werden („Gewerbeüberwachungsrecht"). Nutzen Sie diese übergeordneten **Gesetzeszwecke**, wenn Sie ein Tatbestandsmerkmal nach Sinn und Zweck auslegen. **401**

Zum Falleinstieg müssen Sie feststellen, ob es sich überhaupt um ein **Gewerbe** handelt; das ergibt sich aus § 1 GewO. Anschließend ordnen Sie das Gewerbe in eine der **drei Kategorien von Gewerben** ein, nach denen die GewO gegliedert ist: stehendes Gewerbe (§§ 14–52 GewO), Reisegewerbe (§§ 55–61a GewO) oder Marktgewerbe (§§ 64–71a GewO). **402**

403 Das **stehende Gewerbe** ist als Regelgewerbeart (Auffangtatbestand) meistens einschlägig. Es ist negativ definiert: Alle gewerblichen Tätigkeiten, die nicht Reisegewerbe oder Marktverkehr sind, gehören zum stehenden Gewerbe. Es gibt erlaubnisfreie und (ausnahmsweise) erlaubnispflichtige Gewerbe.

Klausuren aus dem Reise- oder Marktgewerbe setzen nur voraus, dass Sie die Besonderheiten dieser Gewerbearten ansatzweise kennen. Alles, was Sie darüber hinaus für die Subsumtion der einschlägigen Normen benötigen, wird sich dem Klausurtext (ggf. etwas versteckt) entnehmen lassen.

404 Es gilt **Gewerbefreiheit** (§ 1 Abs. 1 GewO). Die **Aufnahme** und Fortsetzung eines Gewerbes (das „Ob“) darf nur von Erlaubnissen u.ä. abhängig gemacht werden, die bundesgesetzlich vorgesehen sind. Das (Sonder-)Ordnungsrecht der Länder darf bzgl. des „Ob“ keine weitergehenden Anforderungen stellen, etwa auf der Grundlage der ordnungsbehördlichen Generalklausel. Neben dem Bund dürfen die Länder aber die Art und Weise (das „Wie“) der **Ausübung** des Gewerbes regeln (z.B. LadenschlussG).

405 In Klausuren geht es meistens darum, dass die zuständige **Gewerbeaufsichtsbehörde** (§ 155 GewO i.V.m. der landesrechtlichen Zuständigkeitsregelung – nachlesen) einen derzeit noch ausgeübten Gewerbebetrieb unterbindet. Fast immer wird darum gestritten, ob der Gewerbetreibende (noch) **zuverlässig** ist.

- Die Fortführung eines **erlaubnisfreien** Gewerbes kann die Behörde in einem Schritt unterbinden, indem sie eine Untersagungsverfügung nach § 35 Abs. 1 S. 1 GewO erlässt. Diese enthält zugleich das Gebot, das Gewerbe einzustellen.
- Ein **erlaubnispflichtiges** verlangt zwei Schritte:
  - Zunächst muss die Behörde die Erlaubnis beseitigen, indem sie diese **widerruft** oder **zurücknimmt** (Spezialgesetz oder §§ 48, 49 VwVfG).
  - Erst danach kann sie eine **Schließungsverfügung** nach § 15 Abs. 2 S. 1 GewO gegen den dann nicht mehr erlaubten Gewerbebetrieb erlassen. Diese ist nötig, weil die Aufhebung der Genehmigung allein nicht zwangsweise durchsetzbar ist. Die Schließung wird bei beiden Gewerbearten nach den LVwVG durchgesetzt (z.B. Zwangsgeld, Zwangshaft).[484]

Erlaubnispflichtige Gewerbe sind v.a. in §§ 30, 33a ff. GewO aufgezählt: z.B. Privatkrankenanstalten; Spielhallen werden umfassend vom Landesrecht geregelt, die Aufstellung der Glücksspielgeräte von §§ 33c ff. GewO;[485] Makler; Bauträger; Versicherungs- und Finanzanlagenvermittler; aber auch Gaststätten (§ 2 GaststG); Handwerk (§§ 1–16 HandwO) sowie Güter- (§ 3 GüKG) und Personenbeförderung (§ 2 PBefG).

406 Verwechseln Sie den sog. **„Gewerbeschein“** (§ 15 Abs. 1 GewO) nicht mit einer Erlaubnis oder einer Unbedenklichkeitsbescheinigung. Mit ihm kann der Gewerbetreibende lediglich beweisen, dass er sein Gewerbe nach § 14 Abs. 1 GewO bei der Gewerbeaufsicht angezeigt hat. Die alleinige Verletzung des § 14 GewO rechtfertigt keine Untersagungsverfügung, weil es sich nur um eine Ordnungsvorschrift handelt (Überwachung, Statistik).[486]

---

484 VGH BW NVwZ-RR 2016, 902.

485 BVerfG NVwZ 2017, 1111; BVerwG NVwZ 2017, 791; Wormit NVwZ 2017, 281; Schneider NVwZ 2017, 1073; Dietlein NVwZ 2017, 1667.

486 BVerwG NVwZ 1993, 775; OVG NRW NVwZ-RR 2017, 870; Deiseroth GewArch 2016, 1.

S. 122 f.

Struktur der Eingriffsgrundlagen im Gewerberecht	
erlaubnispflichtiges Gewerbe	**erlaubnisfreies Gewerbe**
▪ **Erlaubnis** – ggf. mit Nebenbestimmungen – ggf. nachträgliche Einschränkungen	
▪ **Rücknahme/Widerruf der Erlaubnis**	▪ **Untersagung** § 35 I GewO
▪ **Schließungsverfügung**, § 15 II GewO	
▪ **Verwaltungszwang**	▪ **Verwaltungszwang**

Beachte: Die Unterscheidung zwischen den Ermächtigungsgrundlagen des § 35 Abs. 1 GewO und § 15 Abs. 2 GewO ist eine Weichenstellung, die ganz am Beginn der Begründetheit über das Gelingen der Klausur entscheidet. Prüfen Sie daher in Fällen, in denen ein Gewerbe unterbunden werden soll, stets als Erstes, ob das Gewerbe erlaubnisfrei oder erlaubnispflichtig ist.

B. Kernwissen

I. Gewerbe

1. Begriff

Gewerbe

Gewerbe ist jede nicht sozial unwertige, auf Gewinnerzielung gerichtete, dauerhaft ausgeübte, selbstständige Tätigkeit, die nicht Urproduktion, freier Beruf oder Verwaltung eigenen Vermögens ist.

Eine Betätigung ist nur dann ein **Gewerbe**, wenn sie die vier positiven und drei negativen Elemente der obigen Definition erfüllt.[487] Jedes Einzelmerkmal dient dazu, bestimmte Tätigkeiten aus dem Gewerbebegriff auszuscheiden. Lernen Sie die obige Definition auswendig; § 6 GewO ist nicht konstitutiv. **407**

	Gewerbe		Kein Gewerbe
positiv	▪ Nicht sozial unwertig	↔	▪ schlechthin gemeinschädlich (Straftaten)
	▪ auf Gewinnerzielung	↔	▪ gemeinnützig (ohne wirtschaftl. Vorteil)
	▪ dauerhaft	↔	▪ einmalig/vorübergehend
	▪ selbstständig	↔	▪ abhängig, weisungsunterworfen, ohne eigenes wirtschaftliches Risiko
negativ	▪ nicht Urproduktion	↔	▪ Land-/Forstwirtschaft usw. i.e.S.
	▪ nicht freiberuflich	↔	▪ persönliche Dienstleistung höherer Art
	▪ nicht Verwaltung eigenen Vermögens	↔	▪ Verbleib im privaten Bereich

487 BVerwG NJW 2013, 2214; BVerwGE 78, 6; OVG NRW NVwZ-RR 2017, 870.

> **Beachte:** Bei der Subsumtion dürfen nur die Merkmale umfangreicher diskutiert werden, die nicht auf der Hand liegen. Oft genügt ein feststellender Satz.

„Der Betrieb eines Hundesalons ist ein Gewerbe i.S.v. § 1 Abs. 1 GewO. Er stellt eine erlaubte, dauerhafte, auf Gewinnerzielung gerichtete selbstständige Tätigkeit dar. Der Hundefriseur erbringt auch keine persönlichen Dienstleistungen höherer Art, arbeitet also nicht freiberuflich. Urproduktion oder Verwaltung eigenen Vermögens scheiden ohne Weiteres aus."

2. Klausurprobleme

408 ■ **Gewinnerzielungsabsicht:** *Ja:* wirtschaftliche Tätigkeiten der Scientology-Kirche, Sekten usw., auch wenn Einnahmen weltanschaulichen Zwecken dienen;[488] zu diskutieren: Glaubensfreiheit (Art. 4 GG); *Nein:* staatliche Glücksspielanbieter: kein Gewerbe, denn im Vordergrund steht die Bekämpfung der Spielsucht, nicht die Absicht der Gewinnerzielung[489]

■ **Soziale Unwertigkeit:** *Nein:* Prostitution/Bordell; Glücksspiele, Wetten; *Ja:* Betteln; kommerzielle Sterbehilfe

■ **Urproduktion:** Gewinnung und Zubereitung, Verarbeitung und Verkauf von Bodenerzeugnissen (auch Folgetätigkeiten: „Hofladen")

■ **freier Beruf:** Tätigkeit höherer Art = nur, wenn höhere Bildung (Hochschulabschluss) oder besondere schöpferische Begabung Voraussetzung ist (wissenschaftlich, künstlerisch, schriftstellerisch),[490] vgl. § 1 Abs. 2 S. 1 PartGG und § 18 Nr. 1 EStG.

Liegt kein Gewerbe vor, ist das allgemeine Ordnungsrecht anwendbar.[491]

II. Zuverlässigkeit des Gewerbetreibenden

409 Ein Gewerbetreibender kann sein Gewerbe nur so lange ausüben, wie er **zuverlässig** ist. Das gilt für erlaubnisbedürftige wie für erlaubnisfreie Gewerbe. Da die Zuverlässigkeit positiv praktisch nicht feststellbar ist, gilt: Wer **unzuverlässig**[492] ist, kann kein Gewerbe betreiben.

> **Unzuverlässig**
>
> **Unzuverlässig ist ein Gewerbetreibender, der nach dem Gesamteindruck seines Verhaltens nicht die Gewähr dafür bietet, dass er sein Gewerbe künftig ordnungsgemäß betreibt.**

410 Anders als im natürlichen Sprachgebrauch setzt die Unzuverlässigkeit kein Verschulden im rechtlichen bzw. moralisch-sittlichen Sinne oder eine Charakterschwäche voraus.

411 Die künftige (Un-)Zuverlässigkeit muss man vorhersagen **(Prognoseentscheidung)**. Das geschieht, indem man aus dem vergangenen Verhalten auf das wahrscheinliche zukünftige Verhalten schließt.[493] Ein Fehlverhalten muss nicht beim Betrieb des Ge-

488 BVerwG KirchE 36, 296.
489 BVerwGE 138, 201.
490 BVerwG NJW 2013, 2214; 2008, 1974; HmbOVG, Beschl. v. 17.07.2018 – 5 Bf 146/17.Z; OVG NRW NVwZ-RR 2017, 870.
491 Wormit JuS 2017, 641.
492 Die Rspr. definiert überwiegend negativ: BVerwG152, 39; 137, 1; 65, 1, 4; OVG NRW GewArch 2018, 117.
493 VGH BW GewArch 2014, 245.

werbes erfolgt sein. Es muss aber i.d.S. **gewerbebezogen** sein, dass es Rückschlüsse auf das konkrete Gewerbe zulässt.[494] Bei jur. Personen ist auf ihre gesetzlichen oder rechtsgeschäftlichen Vertreter abzustellen.[495]

„Der angefochtene Bescheid ist rechtmäßig. Nach § 8 Abs. 2 Satz 1 FahrlG ist die Fahrlehrerlaubnis zu widerrufen, wenn nachträglich eine der in § 2 Abs. 1 Satz 1 Nr. 2 FahrlG genannten Voraussetzungen weggefallen ist. Unzuverlässig im Sinne des § 2 Abs. 1 Satz 1 Nr. 2 FahrlG ist der Erlaubnisinhaber insbesondere dann, wenn er wiederholt die Pflichten gröblich verletzt hat, die ihm nach diesem Gesetz oder den auf ihm beruhenden Rechtsverordnungen obliegen. Nachdem das Fahrlehrergesetz selbst keine spezialgesetzliche Definition der Unzuverlässigkeit enthält, sind hinsichtlich des Begriffes der Zuverlässigkeit die allgemeinen gewerberechtlichen Grundsätze anzuwenden. Danach ist ein Gewerbetreibender dann unzuverlässig, wenn er nach dem Gesamteindruck seines Verhaltens nicht die Gewähr dafür bietet, dass er sein Gewerbe künftig ordnungsgemäß betreiben wird. Die somit erforderliche Prognose ist ein aus den vorhandenen tatsächlichen Umständen gezogener Schluss auf wahrscheinlich zukünftiges Verhalten des Gewerbetreibenden. Ein einmaliges Fehlverhalten kann die Unzuverlässigkeit dann begründen, wenn es schwer wiegt und ein sicheres Symptom für eine Gesinnung oder Lebenseinstellung ist, die eine ordnungsgemäße Ausübung des Berufs nicht erwarten lässt. Nach Ansicht des Gerichts ist davon auszugehen, dass schon das unstreitige einmalige Fehlverhalten des Klägers – einer erkennbar strenggläubigen Muslimin während der Ausbildungsfahrt pornografische Bilder zu zeigen – so schwer wiegt, dass hieraus die Prognose gestellt werden kann, dass zukünftig keine ordnungsgemäße Ausübung des Fahrlehrerberufs zu erwarten ist."

- Die Zuverlässigkeit ist beim (ausnahmsweise) **erlaubnisbedürftigen** Gewerbe Tatbestandsvoraussetzung für die **Zulassung** zum Gewerbe (z.B. § 34a Abs. 1 S. 3 Nr. 1 GewO). Fehlte die Zuverlässigkeit von Anfang an oder fällt sie später weg, kann die Gewerbeaufsicht die Gewerbeerlaubnis **aufheben** (§§ 48, 49 VwVfG). **412**

- Ein **erlaubnisfreies** Gewerbe kann nach § 35 Abs. 1 S. 1 GewO untersagt werden, wenn u.a. Tatsachen vorliegen, welche die Unzuverlässigkeit des Gewerbetreibenden in Bezug auf dieses Gewerbe dartun. **413**

Die Zuverlässigkeit/Unzuverlässigkeit ist in zahlreichen Gesetzen außerhalb der GewO Tatbestandsmerkmal: § 4 GaststG, § 12 Abs. 2 PBefG, § 3 Abs. 5b S. 1 GüKG, §§ 4, 5 WaffG, § 23 Abs. 1 S. 2 BImSchG, § 4 Abs. 1 Nr. 3 LuftVG, § 2 Abs. 1 Nr. 4 ApoG, § 5 Abs. 5 Nr. 5 VAG, § 6 Abs. 2 Nr. 1 AEG; § 3 Abs. 1 Nr. 1 AÜG; § 10 Abs. 4 Nr. 3 KrWG. Überall benötigen Sie die obige Zuverlässigkeitsdefinition.

1. Typische materielle Klausurprobleme

Es gibt nur eine handvoll Verfehlungen, die in Klausuren bei der Zuverlässigkeit zu diskutieren sind: **414**

- **Steuer- oder Sozialabgabenrückstände:** nicht ganz unerhebliche Rückstände → unzuverlässig (alle Gewerbe),[496]

- **mangelnde wirtschaftliche Leistungsfähigkeit** (= ausweglose wirtschaftliche Krise): unzuverlässig (für alle Gewerbe), sofern die Leistungsunfähigkeit anhält, er also kein tragfähiges Sanierungskonzept verfolgt,[497]

494 BVerwGE 22, 16.

495 OVG NRW NVwZ-RR 2016, 903.

496 BVerwG NVwZ 2015, 1544; OVG Bln-Bbg NVwZ 2018, 677; SächsOVG NVwZ 2015, 532; OVG NRW, Urt. v. 13.06.2012 – 13 A 1073/09, BeckRS 2012, 52416; OVG Berlin-Bbg, Beschl. v. 02.09.2010 – 1 S 98.10.

497 BVerwG NVwZ 2015, 1544; OVG NRW NVwZ-RR 2011, 553, 554; BayVGH NVwZ-RR 2012, 80.

Wer seinen Betrieb nicht aufgibt, obwohl er anhaltend leistungsunfähig ist, ist unzuverlässig, weil er dem ordnungsgemäßen Wirtschaftsverkehr schadet. Der Grund der Leistungsunfähigkeit ist unerheblich. Auch unverschuldete wirtschaftliche Not führt zur gewerberechtlichen Unzuverlässigkeit. Unzuverlässig meint nicht „charakterschwach".[498]

- **Straftaten/Ordnungswidrigkeiten:** unzuverlässig bzgl. des ausgeübten Gewerbes, wenn die Taten auf die gewerbliche Tätigkeit bezogen waren,[499]

  Eigentums- und Vermögensdelikte: immer gewerbebezogen; Straßenverkehrsdelikte: nur bei Verkehrsgewerbe.

- **Strohmänner:** der formal nach außen auftretende unbescholtene Strohmann ist unzuverlässig, wenn er dem seinerseits unzuverlässigen Hintermann maßgeblichen Einfluss auf die Geschäftsführung einräumt.[500]

- **Nicht** zur **Unzuverlässigkeit** führen: mangelnde Sachkunde (wegen Gewerbefreiheit), zivil- oder wettbewerbsrechtliche Verstöße, Förderung der Prostitution.

2. Typische prozessuale Klausurprobleme

415 - Die **Prognose** über die Zuverlässigkeit ist **gerichtlich voll überprüfbar**. Der Behörde ist insofern kein Beurteilungsspielraum eingeräumt.[501]

- Hat die Gewerbeaufsicht Informationen unter Verstoß gegen Offenbarungsverbote erhalten, gilt für die Informationen ein **Verwertungsverbot**.[502]

  Die praktisch wichtigsten Behörden dürfen der Gewerbeaufsicht aber Mitteilung machen. Für die Finanzämter folgt das aus § 30 Abs. 4 Nr. 5 AO und für die Sozialversicherungsträger aus § 35 Abs. 2 SGB I i.V.m. § 69 Abs. 1 Nr. 1 SGB X.

416 - Beseitigt der Gewerbetreibende **nachträglich** den Grund der Unzuverlässigkeit, indem er etwa Steuern oder Sozialabgaben nachzahlt oder wieder zahlungsfähig wird, kommt es darauf an, in welchem Verfahrensstadium das geschieht.

  - Während eines **Widerspruchsverfahrens** sind alle tatsächlichen Änderungen bis zum Erlass des Widerspruchsbescheids zu berücksichtigen, daher kann die im Widerspruchsbescheid anzustellende Prognose anders ausfallen.

417 - **Sehr wichtig:** Fällt der Grund für die Unzuverlässigkeit erst nach Abschluss des Widerspruchs-, also im **verwaltungsgerichtlichen Verfahren** weg, hat das keine Auswirkungen mehr auf die Rechtmäßigkeit einer Untersagungsverfügung nach § 35 Abs. 1 GewO. Bei belastenden **Dauer-VA** ist zwar abweichend von den allgemeinen Regeln grundsätzlich der Zeitpunkt der letzten mündlichen Verhandlung entscheidungserheblich. Aber weil § 35 Abs. 6 GewO ein besonderes Verfahren für die Wiedergestattung vorsieht,[503] können nachträgliche Tatsachenänderungen nur dort berücksichtigt werden, und im Wiedergestattungsverfahren besteht regelmäßig eine einjährige Wartefrist.[504] Die Unzuverlässigkeit fällt also nicht rückwirkend weg, wenn der Gewerbetreibende im Laufe des Prozesses seine Abgabenschulden begleicht; weisen Sie hierauf in der **Anwaltsklausur** im Rahmen der Zweckmäßigkeit unbedingt hin. Bei der Schließung nach **§ 15 Abs. 2 GewO** fehlt eine solche Spezialregelung, sodass wie üblich auf die mündliche Verhandlung abzustellen ist.[505]

---

498 BVerwG, Beschl. v. 02.12.2014 – 8 PKH 7.14; OVG NRW, Beschl. v. 03.07.2018 – 4 B 252/18.

499 OVG NRW NJW 2015, 3387; NdsOVG NVwZ-RR 2008, 464.

500 OVG Bln-Bbg NVwZ-RR 2015, 222; HessVGH GewArch 2013, 39.

501 BayVGH NVwZ-RR 2012, 803.

502 BVerwGE 65, 1.

503 OVG Bln-Bbg NVwZ 2018, 677; OVG NRW NVwZ-RR 2016, 336.

504 BVerwG NVwZ 2015, 1544.

505 Ennuschat JuS GewArch 2017, 106, 108.

„…, hat der Beklagte zu Recht angenommen, dass sich der Kläger wegen seiner erheblichen Steuerrückstände als unzuverlässig erwiesen hat.

Die im Laufe des Gerichtsverfahrens auf die Steuerschuld geleisteten Zahlungen ändern daran nichts. Zwar hat der Kläger seine Steuerschuld inzwischen weitgehend beglichen. Bei der Untersagung nach § 35 Abs. 1 GewO ist aber der Zeitpunkt der letzten Behördenentscheidung entscheidungserheblich. Das ergibt sich aus dem insofern maßgeblichen materiellen Recht, nämlich § 35 Abs. 6 GewO. Aus dieser Vorschrift folgt, dass der Wegfall der Gründe, die zur Untersagung wegen Unzuverlässigkeit geführt haben, erst im Wiedererteilungsverfahren geprüft werden darf (wg. Wartefrist in Satz 2).“

- Während eines **Insolvenzverfahrens** darf gegen den Gewerbetreibenden nicht vorgegangen werden, um die Sanierung nicht zu gefährden (§ 12 GewO). **418** zur Insolvenz vgl. auch Rn. 430 unten
- Die Verwertbarkeit von (zurückliegenden) **Straftaten** (Quelle: Führungszeugnis) richtet sich nach dem BundeszentralregisterG. Sie müssen für jede Eintragung anhand §§ 51, 46 ff. BZRG feststellen, wann sie nicht mehr verwertet werden darf.[506] **419**

C. Rechtsschutz und Prüfungsaufbau

I. Zulässigkeitsfragen

a) Die **Zulässigkeit** bereitet im Gewerberecht kaum Schwierigkeiten. Gegen Untersagungs-, Aufhebungs- und Schließungsverfügungen ist die **Anfechtungsklage** statthaft, im vorläufigen Rechtsschutz der Antrag auf Wiederherstellung der aufschiebenden Wirkung nach **§ 80 Abs. 5 VwGO**. **420**

b) Wird um die Erlaubnispflichtigkeit oder -freiheit eines Gewerbes gestritten, ist die **Verpflichtungsklage** statthaft, wenn der Gewerbetreibende meint, es sei eine Erlaubnis nötig, die ihm zu Unrecht versagt worden sei. Meint er dagegen, sein Gewerbe sei gar nicht erlaubnispflichtig, muss er eine **Feststellungsklage** erheben. **421**

„… wird beantragt festzustellen, dass der Kläger seinen Hundesalon gewerberechtlich erlaubnisfrei betreiben darf.“

Im **Eilrechtsschutz** kommt hier ein Antrag auf vorläufige Genehmigung nach **§ 123 Abs. 1 S. 2 VwGO** in Betracht. Allerdings darf die Hauptsache nur bei existenzbedrohenden Nachteilen vorweggenommen werden; solche treten bei stehenden Gewerben typischerweise selten auf (eher: bei Märkten, die nur wenige Tage dauern). **422**

II. Prüfungsaufbau

Wenn ein Gewerbe beendet werden soll, unterscheidet sich der Prüfungsaufbau danach, ob es sich um ein erlaubnisfreies, ein erlaubtes erlaubnispflichtiges oder ein nicht erlaubtes erlaubnispflichtiges Gewerbe handelt. **423**

506 NdsOVG NVwZ-RR 2015, 25; BayVGH GewArch 2014, 444.

1. Untersagung eines *erlaubnisfreien* Gewerbes

I. Ermächtigungsgrundlage: § 35 Abs. 1 S. 1 GewO

II. Anwendbarkeit – keine vorrangige Spezialregelung (§ 35 Abs. 8 GewO)

1. Kein durch VA erlaubtes Gewerbe → Aufhebung der Erlaubnis und Schließung nach § 15 Abs. 2 GewO sind spezieller
2. Keine vorrangigen Spezialgesetze, z.B. § 34c GewO, § 15 GaststG, § 3 Abs. 5 GüKG, § 25a PBefG (nicht: § 16 Abs. 3 HandwO)
3. Keine Untersagung aller Arten von Gewerben → § 35 Abs. 1 S. 2 GewO

III. Formelle Rechtmäßigkeit

1. **Zuständigkeit:** §§ 35 Abs. 7, 155 GewO i.V.m. landesrechtl. Zuständigkeitsnorm
2. **Verfahren:** Anhörung (§ 28 VwVfG)
3. **Form:** Schriftform (soweit landesrechtlich vorgesehen)

IV. Materielle Rechtmäßigkeit

1. **Gewerbe**
2. Tatsachen, die die **Unzuverlässigkeit** des Gewerbetreibenden in Bezug auf dieses Gewerbe dartun
   a) Definition Unzuverlässigkeit
   b) Tatsachen
      aa) Konkrete Tatsachen aus der Vergangenheit ? bloße Vermutungen
      bb) Tragfähige Grundlage einer Prognoseentscheidung für die Zukunft
      cc) Entscheidungserheblicher Zeitpunkt für die gerichtl. Prüfung der Prognose
         (1) Untersagung = DauerVA → trotz Anfechtungsklage: grundsätzlich letzte mündliche Verhandlung
         (2) hier Gegenausnahme: Spezialregelung des § 35 Abs. 6 GewO → Tatsachenänderungen nach Erlass der Untersagungsverfügung (z.B. Schuldentilgung) können nur im Wiedergestattungsverfahren berücksichtigt werden (dort regelmäßige Wartefrist von einem Jahr)
3. Untersagung zum Schutz der Allgemeinheit oder der Beschäftigten erforderlich – ja, wenn Schadenseintritt in überschaubarer Zeit zu erwarten
4. **Rechtsfolge:** Untersagung (gebundene Entscheidung, kein Ermessen)

V. Zwangsweise **Durchsetzung**:
Die Untersagung enthält konkludent das Gebot, die Gewerbetätigkeit einzustellen, das mit Zwangsmitteln gem. LVwVG durchgesetzt wird.

z.B. Androhung und spätere Festsetzung von Zwangsgeld; Stilllegung betrieblicher Kfz (unverhältnismäßig, sofern hauptsächlich privat genutzt).

2. Untersagung *aller erlaubnisfreien* Gewerbe

Sollen neben dem ausgeübten auch **alle** Arten von erlaubnisfreien Gewerben unter- **424**
sagt werden („erweiterte Gewerbeuntersagung"), ist Ermächtigungsgrundlage § 35
Abs. 1 **S. 2** GewO (streng akzessorisch zu Satz 1[507]). Die Prüfung wird wie bei der Untersagung eines einzelnen erlaubnisfreien Gewerbes aufgebaut, allerdings mit der
Abweichung, dass die Untersagung aller Gewerbearten nicht zwingend ist, sondern
im **Ermessen** der Behörde steht. Hier sind keine zu hohen Anforderungen zu stellen,
weil es um die Verhinderung von Ausweichbetätigungen geht.[508] Die Vollunterza-
gung ist nur selten unverhältnismäßig.[509]

3. Beendigung eines *erlaubten erlaubnispflichtigen* Gewerbes

a) Beseitigung der Erlaubnis (1. Schritt)   **425**

I. Ermächtigungsgrundlage aus **Spezialnorm**
(§ 33d Abs. 4 und 5 GewO, § 15 GaststG, § 21 BImSchG, § 45 WaffG)

✻vgl. Rn. 445

II. falls nicht: Aufhebung nach **allgemeinen Vorschriften**, v.a. §§ 48, 49 VwVfG

Soll gleichzeitig oder unmittelbar anschließend eine Schließungsverfügung ergehen, muss die
Beseitigung der Erlaubnis für sofort vollziehbar erklärt werden.

---

b) Tatsächliche Schließung des Gewerbebetriebs (2. Schritt)   **426**

I. **Ermächtigungsgrundlage:** § 15 Abs. 2 S. 1 GewO

Spezialgesetze gehen vor, z.B. § 16 Abs. 3 HandwO, § 20 Abs. 2 BImSchG,
aber keine Spezialregelung im GaststG   ↳ Rn. 480

§ 60 d GewO ; vgl. Rn. 455

II. **Formelle Rechtmäßigkeit:** wie Untersagung nach § 35 Abs. 1 GewO (s.o.)

III. **Materielle Rechtmäßigkeit**

Gewerberechtlich notwendige Erlaubnis fehlt (formelle Illegalität)

1. Gewerbe

2. Erlaubnispflichtigkeit des Gewerbes
(§§ 30 ff. GewO, § 2 GaststG, § 2 PBefG usw.)

3. Erlaubnis entzogen
(durch bestandskräftigen oder sofort vollziehbaren VA)

4. Rechtsfolge: Ermessen

a) Grundsätzlich genügt die formelle Illegalität für eine Schließung;
Ausnahme: ist zu erwarten, dass die Erlaubnis erteilt wird („reine Form-
sache"), muss erst zur Durchführung eines Erlaubnisverfahrens aufgefordert werden (milderes Mittel; Aufforderung ist kein eigenständiger VA)

b) Materielle Illegalität, also fehlende Genehmigungsfähigkeit, genügt immer zur Schließung

c) Einzustellen in die Ermessensprüfung (§ 114 S. 1 VwGO): Nachteile für
Arbeitnehmer und Verbraucher

---

507 Scheidler GewArch 2015, 102 (106).

508 BVerwGE 152, 39; 65, 1.

509 NdsOVG NVwZ-RR 2016, 415; BayVGH, Urt. v. 16.08.2014 – 22 B 14.880.

> **Beachte:** Die Schließungsverfügung ist keine Maßnahme der Verwaltungsvollstreckung. Soll sie sofort zwangsweise durchgesetzt werden (Androhung von Zwangsmitteln reicht), muss die sofortige Vollziehbarkeit angeordnet werden.

4. Beendigung eines *nicht erlaubten erlaubnispflichtigen* Gewerbes

427 Der Betrieb eines erlaubnispflichtigen, aber nicht erlaubten Gewerbes kann entweder nach § 15 Abs. 2 GewO wegen formeller Illegalität geschlossen (Ausnahme: offensichtlich erlaubnisfähig)[510] oder nach § 35 Abs. 1 GewO wegen Unzuverlässigkeit des Gewerbetreibenden untersagt werden.

5. Berufsfreiheit

428 Das Grundrecht der Berufsfreiheit hilft dem Betroffenen in der Regel nicht weiter (keine Ermessensfehler, keine Unverhältnismäßigkeit). Denn die an die Person anknüpfende Beendigung der Tätigkeit nach der GewO bzw. die Zulassungsversagung bei erlaubnispflichtigem Gewerbe sind **Berufsausübungsregeln** i.S.d. Drei-Stufen-Theorie zu Art. 12 GG (1. Stufe). Diese schränken Art. 12 GG zum Schutz wichtiger Gemeinschaftsgüter gerechtfertigt ein (s.o.: Regelungszweck der GewO).

6. Nachschau

429 Die Nachschau, also das Betreten der Gewerberäume durch die Aufsichtsbehörde, ist unter den Voraussetzungen des **§ 29 GewO** möglich. Der typische Einwand, es liege mangels richterlicher Anordnung ein Verstoß gegen Art. 13 GG (Unverletzlichkeit der Wohnung) vor, ist unzutreffend. Die Nachschau ist **keine Durchsuchung** i.S.v. Art. 13 Abs. 2 GG, weil nicht gezielt nach versteckten Personen oder Sachen gesucht wird.

D. Wissenswerte Einzelheiten

430
- Berufsbetreuer (§ 1897 BGB) üben keinen freien Beruf aus, weil dafür keine Hochschulbildung nötig ist. Das gilt auch, wenn der Betreuer Rechtsanwalt ist.[511]
- Tötungssimulationsspiele („Laserdrome") können nach der allg. ordnungsrechtlichen Generalermächtigung verboten werden, wenn sie die Menschenwürde (Art. 1 Abs. 1 GG) verletzen;[512] anders wenn landesrechtlich nicht die öffentliche Ordnung, sondern nur die öffentliche Sicherheit geschützt ist.[513]
- Alibi-Agenturen (zur Täuschung des Arbeitgebers, des Ehegatten usw.) sind (wohl) noch nicht sozial unwertig.[514]
- Die Smartphone-gestützte Vermittlung „privater" Fahrer, die in Konkurrenz zu Taxis, die nach dem PBefG fahren, unter Verstoß gegen die taxirechtlichen Vorschriften billigen Gelegenheitsverkehr anbietet („UberPop"), kann nach § 15 Abs. 2 GewO untersagt werden.[515]
- Die Insolvenzeröffnung nach Erlass der Gewerbeuntersagungsverfügung macht diese nicht rechtswidrig (vgl. § 12 GewO), weil sie das personenbezogene Betäti-

510 BVerwG, Urt. v. 16.05.2013 – 8 C 40.12, BeckRS 2013, 54140; NdsOVG ZfWG 2017, 543; VGH BW ZfWG 2015, 383.
511 BVerwG NJW 2013, 2214; 2008, 1974.
512 BVerwG GewArch 2007, 247.
513 NdsOVG GewArch 2012, 65, 67 f.
514 Schönleitner GewArch 2010, 499.
515 OVG Bln-Bbg CR 2015, 376; OVG Hamburg DVBl 2015, 48; Alexander/Knauff GewArch 2015, 200, (201); Kramer/Hinrichsen GewArch 2015, 145; Linke NVwZ 2015, 476.

gungsrecht betrifft, das nicht in die Insolvenzmasse fällt. Die Eröffnung unterbricht den Prozess über eine Untersagungsverfügung nicht (§ 240 ZPO); die Verfügung darf weiter vollzogen werden.[516] § 12 GewO erstreckt sich nur auf den insolventen Gewerbebetrieb (GmbH) nicht auf dessen Geschäftsführer (vgl. § 35 Abs. 7a GewO).[517]

2. Abschnitt: Gaststättengesetze

A. Gaststättenrechtliche Klausuren

Das **GaststG** ist ein **Spezialgesetz** zur GewO. Klausuren aus dem GaststG gleichen **431**
daher strukturell denen aus der GewO, „leben" allerdings von den Abweichungen.

Brandenburg, Bremen, Hessen, Niedersachsen, Saarland, Sachsen, Sachsen-Anhalt und Thüringen haben eigene **LGaststG** (Vollregelung) erlassen; Baden-Württemberg verweist praktisch nur auf das GaststG. Die LGaststG stimmen weitgehend mit dem ansonsten nach § 125a Abs. 1 S. 1 GG fortgeltenden GaststG des Bundes überein (im Folgenden zugrunde gelegt). Allerdings mit der Abweichung, dass bis auf Bremen die Länder mit eigener Vollregelung die Erlaubnis- durch eine Anzeigepflicht entsprechend § 14 GewO ersetzt haben.

Klausuren im Gaststättenrecht
■ Versagung der gaststättenrechtlichen Erlaubnis
■ Nachbaranfechtung der gaststättenrechtlichen Erlaubnis
■ Beendigung des Gaststättenbetriebs
■ Beschäftigungsverbote

Das GaststG dient verschiedenen **Zwecken,** die zur Argumentation genutzt werden **432**
können: der Bekämpfung des Alkoholmissbrauchs, dem Schutz der Gäste und der Arbeitnehmer des Gastwirts, der Nachbarschaft (v.a. vor Lärm) sowie der Allgemeinheit.

Bei der Falllösung müssen Sie zunächst anhand von § 1 Abs. 1 GaststG feststellen, ob **433**
es sich überhaupt um ein **Gaststättengewerbe** handelt und das GaststG damit anwendbar ist. Das GaststG geht der GewO vor. Gemäß § 31 GaststG (zitieren!) gilt die GewO aber als Auffanggesetz, wenn das GaststG nichts Spezielles regelt. **Klausuraufgaben** befassen sich vorwiegend mit der aufsichtsbehördlichen Beendigung des ausgeübten Gastgewerbes und ihrer Durchsetzung. Wo noch eine Erlaubnispflicht besteht, wird zumeist über die Erlaubnispflichtigkeit der Betätigung gestritten.

Soweit landesrechtlich nicht anders vorgesehen (s. Rn. 431), ist der Gaststättenbe- **434**
trieb grundsätzlich **erlaubnispflichtig** (§ 2 Abs. 1 GaststG). Die Erlaubnis **muss** erteilt werden, wenn keine Versagungsgründe nach § 4 Abs. 1 GaststG vorliegen (gebundener Anspruch, kein Ermessen). Bestimmte Bewirtungsbetätigungen sind erlaubnisfrei (§§ 2 Abs. 2, 10, 14, 26 GaststG).

Ist eine Erlaubnis erteilt, muss sie **zunächst aufgehoben** werden, bevor der Gaststät- **435**
tenbetrieb **beendet** werden kann. Anschließend kann die **Schließungsverfügung** ergehen. Sie kann **sofort** erlassen werden, wenn von vornherein keine Erlaubnis vorlag.

---

516 BVerwG NVwZ 2015, 1544; SächsOVG NVwZ-RR 2015, 1, 532.

517 HessVGH NVwZ-RR 2012, 269.

B. Kernwissen

Gaststättenrecht
■ **Gaststättengewerbe**, § 1 Abs. 1 GaststG
■ **Zuverlässigkeit**, § 4 Abs. 1 S. 1 Nr. 1 GaststG, insbes.
▪ Unsittlichkeit Vorschub leisten
▪ Alkoholmissbrauch
■ **keine schädlichen Umwelteinwirkungen**, § 4 Abs. 1 S. 1 Nr. 3 GaststG
■ **Sperrzeit**, § 18 GaststG
■ **Verhältnis zur Baugenehmigung**
▪ Baugenehmigung bindet gaststättenrechtlich
▪ Gaststättenerlaubnis ersetzt Baugenehmigung nicht
■ **Beendigung des Gaststättenbetriebs**
▪ Aufhebung der Gaststättenerlaubnis, § 15 GaststG
▪ Schließungsverfügung, § 31 GaststG i.V.m. § 15 Abs. 2 GewO

I. Gaststättengewerbe

436 Der Begriff des **Gaststättengewerbes** ist in **§ 1 Abs. 1 GaststG** dreiteilig legaldefiniert: 1. stehendes Gewerbe, 2. Schank- und/oder Speisewirtschaft, 3. jedermann zugänglich. Das dritte Tatbestandsmerkmal dient dazu, private Geselligkeit auszuscheiden. Bei **Vereinsgastronomie** ist die allgemeine Zugänglichkeit dagegen grundsätzlich gegeben (beachte aber: § 23 Abs. 2 GaststG).

Gaststättengewerbe § 1 Abs. 1 GaststG		Abgrenzung
Gewerbe	↔	bei fehlender Gewerblichkeit § 23 GaststG prüfen (v.a. Vereine)
stehend	↔	prakt. tägl. anderer Standort (Reisegewerbe)
Schank- oder Speisewirtschaft	↔	Beherbergungsbetrieb
allgemein zugänglich	↔	private Gesellschaften

„Der antragstellende Grün-Golf e.V. betreibt in seinen Vereinsräumen ein Gaststättengewerbe im Sinne des § 1 Abs. 1 Nr. 1 GaststG, für das er die nach § 2 Abs. 1 GaststG erforderliche Erlaubnis nicht besitzt. Die Vereinsräume, in denen er Getränke zum Verzehr verabreicht, sind zumindest einem bestimmten Personenkreis im Sinne des § 1 Abs. 1 GaststG zugänglich. Im Gegensatz zu einem Zugänglichsein lediglich für einzelne individualisierbare Personen, z.B. bei Hochzeitsfeiern oder häuslichen Partys, handelt es sich gerade bei den Mitgliedern eines Vereins um einen in seiner Zusammensetzung nicht übersehbaren Personenkreis, der das Tatbestandsmerkmal ‚bestimmte Personen' nicht erfüllt. Die Eigenschaft als Gaststättengewerbe entfällt also nicht dadurch, dass zu den Vereinsräumen lediglich die Mitglieder des Vereins Zutritt hat. Denn dessen Mitgliederzahl ist nicht begrenzt und ein Wechsel im Bestand der Mitglieder ist jederzeit möglich."

II. Zuverlässigkeit

Für die Zuverlässigkeit nach § 4 Abs. 1 S. 1 Nr. 1 GaststG gelten dieselben Grundsätze wie nach der GewO (s. Rn. 409 ff.). **437**

- **Unsittlichkeit Vorschub leisten:** Nur sexualbezogene Straftaten (z.B. §§ 180, 181a StGB), nicht Prostitution, die nicht mehr sittenwidrig ist (ProstG). Unsittlichkeit ist ein gefahrenabwehrrechtlicher, kein moralischer Begriff.[518]

  Bordelle an sich sind wegen der Gewerbefreiheit nicht erlaubnispflichtig. Will der Betreiber aber Alkohol ausschenken (um die Stimmung zu heben und zu enthemmen), bedarf er dafür einer Gaststättenerlaubnis (Schankerlaubnis).

- Der Gastwirt muss alle notwendigen Maßnahmen unternehmen, damit es in seiner Gaststätte nicht zu **Straftaten** kommt („Drogenverkauf in Disco"), notfalls die Gaststätte verlagern oder sogar schließen.[519]

- **Alkoholmissbrauch:** Drogenmissbrauch steht dem Alkoholmissbrauch gleich.

Auf die Zuverlässigkeit kommt es auch bei **Beschäftigungsverboten** nach **§ 21 GaststG** an. Wer i.d.S. Beschäftigter ist, wird rein tatsächlich festgestellt; ein Arbeitsvertrag ist nicht nötig (auch Türsteher einer externen Security-Firma). **438**

Ein gleichzeitig verfügtes Verbot an den Gastwirt, einem ehemaligen Beschäftigten das Betreten der Gasträume zu erlauben, dient als Umgehungsschutz (Schutzbehauptung bei jeder Kontrolle: „bin nur Gast").[520] Es handelt sich um eine Auflage nach § 5 Abs. 1 GaststG (= selbstständiger VA, keine Nebenbestimmung zu einem VA).[521]

III. Schutz vor Lärm (Nachbarschutz)

1. Schädliche Umwelteinwirkungen, Sperrzeit

Der Gastwirt muss Gewalt und übermäßigen Lärm **in und vor** seiner Gaststätte verhindern. Das verlangt § 4 Abs. 1 S. 1 Nr. 3 GaststG, der voraussetzt, dass der Gaststättenbetrieb keine **„schädlichen Umwelteinwirkungen"** i.S.d. BImSchG befürchten lässt. Obwohl dem Wirt insofern kaum Einwirkungsmöglichkeiten zu Gebote stehen, gilt das auch für die **Straße vor der Gaststätte** sowie für den An- und Abfahrtsverkehr der Gäste (laute Willkommens-/Abschiedsrufe, Bremsenquietschen, Türenschlagen, Hupen, aufheulende Motoren). Im Rechtssinne geht auch dieser Lärm **vom** Gaststättenbetrieb selbst aus (Gedanke des Zweckveranlassers, vgl. Rn. 222 ff.).[522] Zur Zumutbarkeit müssen Sie ggf. die (im Klausurtext abgedruckte) **TA Lärm** anwenden[523] und dort durch die Sachverhaltsangaben zunächst herausfinden, in welcher Art Baugebiet (allg. Wohngebiet, Mischgebiet, usw.) sich die Gaststätte befindet und welche Lärmgrenzwerte dort gelten; Maßstab: „Durchschnittsmensch".[524] Gaststätte ist außerdem eine nicht genehmigungsbedürftige Anlage i.S.v § 22 BImSchG, der Wirt ist insofern Anlagenbetreiber.[525] **439**

518 Öttinger GewArch 2016, 365; Deiseroth GewArch 2016, 1, 3.

519 NdsOVG NVwZ-RR 2015, 815.

520 Definition „Gast": OVG NRW StGR 2016, 33.

521 NdsOVG NVwZ-RR 2012, 232.

522 BVerwGE 101, 157; OVG NRW NVwZ-RR 2018, 101; VGH BW, Urt. v. 06.03.2018 – 6 S 1168/17, BeckRS 2018, 5012.

523 BVerwGE 101, 157; auch Beschwerden können reichen: BVerwG NVwZ 1993, 268; OVG NRW NVwZ-RR 2018, 101.

524 BVerwGE 101, 157, 161 f.; BVerwG, Beschl. v. 18.05.2009 – 8 B 13.09; VGH BW ZfWG 2012, 423.

525 BayVGH NVwZ-RR 2014, 955; OVG NRW NVwZ-RR 2014, 38.

> *„Die Folgen des Gaststättenbetriebs sind zu berücksichtigen, unabhängig davon, ob der Gastwirt diese Folgen beeinflussen kann oder nicht; deshalb muss auch der Lärm, den die Gäste einer Gaststätte vor der Gaststätte verursachen, dem Betrieb zugerechnet werden. Solange der an- und abfließende Verkehr nicht mehr bzw. noch nicht in den allgemeinen Straßenverkehr integriert ist, ist er dem Betrieb zuzurechnen. Zuzurechnen ist damit auch der Lärm, den die Gäste auf einem öffentlichen Parkplatz gegenüber der Gaststätte beim Kommen und Gehen verursachen."*

vgl. Rn. 450

440 Was schädliche Umwelteinwirkungen sind, ergibt sich aus der Legaldefinition in **§ 3 Abs. 1 BImSchG** (vgl. Rn. 510 ff.). Hiernach muss der Gastwirt nicht nur Gefahren, sondern bereits erhebliche Nachteile und erhebliche Belästigungen für die Nachbarschaft vermeiden. Die Einbeziehung der **Nachbarschaft** in den Schutzbereich des § 4 Abs. 1 S. 1 Nr. 3 GaststG führt prozessual dazu, dass Nachbarn insofern **Drittanfechtungsrechtsbehelfe** (Anfechtungsklage, Antrag nach § 80a VwGO) gegen die Gaststättenerlaubnis erheben bzw. ein Einschreiten gegen den erlaubnisfreien Gaststättenbetrieb verlangen können;[526] entscheidungserheblicher Zeitpunkt ist der Genehmigungserlass.[527] Daneben verleiht § 4 Abs. 1 GaststG **keinen Konkurrentenschutz,** verleiht konkurrierenden Gastwirten keine Klage-/Antragsbefugnis.[528]

!

> **Beachte:** Wegen des eingeschränkten Schutzbereichs der „schädlichen Umwelteinwirkungen" können Nachbarn nur diese rügen. Für eine Anfechtung der Gaststättenerlaubnis wegen sonstiger *Unzuverlässigkeits*gründe oder für eine Verpflichtungsklage auf Gewerbeuntersagung nach § 35 GewO (bzw. der entsprechenden Norm des LGaststG) fehlt ihnen die Klagebefugnis (§ 42 Abs. 2 VwGO). Dies müssen Sie relativ ausführlich schon in der Zulässigkeit darlegen.

441 Nach § 5 Abs. 1 Nr. 1 GaststG bzw. den ähnlichen Landesnormen können Dritte (Nachbarn) aber eine ermessensfehlerfreie Entscheidung (→ Verpflichtungsklage) über die Anordnung **nachträglicher Auflagen** zum Schutz vor schädlichen Umwelteinwirkungen verlangen, sofern in dem Land eine Genehmigungspflicht besteht. In den Ländern mit nur einer **Anzeigepflicht** müssen die Nachbarn v.a. auf das Drittschutz gewährende Baurecht (Nutzungsuntersagung für das Gebäude der Gaststätte) und § 24 BImSchG (siehe Abschnitt Immissionsschutzrecht) zurückgreifen.

442 **Drittschutz** vermittelt daneben nur die Vorschrift über die **Sperrzeit**, § 18 GaststG i.V.m. LandesVO.[529] Beachten Sie, dass eine Sperrzeit*verkürzung* die Öffnungszeiten verlängert. Nachbarn im Einwirkungsbereich der Gaststätte können sie anfechten.[530]

2. Verhältnis der Gaststättengenehmigung zur Baugenehmigung

443 Die gaststättenrechtliche Erlaubnis ersetzt eine **Baugenehmigung** nicht (fehlende Konzentrationswirkung).[531] Umgekehrt bindet die Baugenehmigung aber im gaststättenrechtlichen Verfahren;[532] denn § 4 Abs. 1 S. 1 Nr. 2, 2a) und 3 GaststG stellen auf die „Räume" ab. Die Prüfungsgegenstände von Gaststätten- und Baubehörde überschneiden sich. Zuständig ist die Behörde, die den engsten Bezug zu dem jewei-

526 BVerwGE 101, 157; OVG NRW ZuR 2018, 565; VGH BW NVwZ-RR 2016, 337.

527 OVG NRW NWVBl. 2016, 158 m.w.N.

528 BVerwGE 80, 259, 260; OVG NRW, Beschl. v. 22.12.2015 – 4 A 1852/14.

529 BVerfGE 121, 317; BVerwGE 101, 157; OVG NRW NVwZ-RR 2018, 101; Dietz GewArch 2013, 292 ff., 351 ff.

530 BVerwGE 101, 157; 11, 331; VGH BW, Urt. v. 06.03.2018 – 6 S 1168/17, BeckRS 2018, 5012.

531 BVerwGE 80, 259; BayVGH, Beschl. v. 03.09.2015 – 9 ZB 12.2354.

532 BVerwGE 80, 259; 84, 11; BVerwG GewArch 2012, 45; OVG NRW GewArch 2016, 158; OVG Bremen, Urt. v. 15.12.2015 – 2 B 104/15, BeckRS 2016, 40186.

ligen Regelungsgegenstand aufweist. Das ist bei Lärm, der typischerweise von einer Gaststätte ausgeht, das **Baugenehmigungsverfahren**. In ihm wird abschließend geprüft, ob schädliche Umweltwirkungen bei typischer bestimmungsgemäßer Nutzung zu erwarten sind, weil die Lärmentwicklung in erster Linie mit der baurechtlich zu erlaubenden Nutzung des Gebäudes und nicht mit der Person des (ggf. wechselnden) Gastwirts zusammenhängt. Fehlt eine Baugenehmigung, ist der Prüfungsumfang der Gaststättenbehörde nicht beschränkt; der Nachbar kann dann auch im gaststättenrechtlichen Verfahren Lärm geltend machen.[533]

> **Anwaltsklausur:** Dem gestörten Nachbarn ist zu raten, primär die Baugenehmigung anzugreifen. Daneben können sich gaststättenrechtliche Lärmschutzanforderungen ergeben, die sich auf atypische Veranstaltungen/Geräusche beziehen. Innerhalb der Anfechtungsfrist kann der Anwalt solche mit einer auf das GaststG gestützten Anfechtungsklage angreifen. Ergeben sie sich erst danach, kann er mit der Verpflichtungsklage Auflagen nach § 5 GaststG verlangen.

IV. Beendigung des Gaststättenbetriebs

Eine **erlaubte** Gaststätte kann nur in **zwei Schritten** beendet werden: 444

1. **Aufhebung der Erlaubnis**,

2. **Schließungsverfügung**.

Die **Aufhebung** der Gaststättenerlaubnis ist in **§ 15 GaststG** besonders geregelt. Jeder Absatz enthält einen besonderen Aufhebungsgrund. Eine **Rücknahme** wegen anderer Gründe als solcher, die in § 15 Abs. 1 GaststG aufgeführt sind, ist nach § 48 VwVfG möglich. Ein **Widerruf** kann dagegen nur nach § 15 Abs. 2 und 3 GaststG erfolgen. Sind diese nicht erfüllt, ist ein Rückgriff auf § 49 VwVfG versperrt. 445

> *„Ein Anspruch des Nachbarklägers auf Rücknahme der Erlaubnis zum Betrieb der Diskothek gemäß § 15 Abs. 1 GaststG scheidet aus, weil die Unzuverlässigkeit des Erlaubnisinhabers (§ 4 Abs. 1 Nr. 1 GaststG) keinen nachbarschützenden Charakter hat.*
>
> *Die Rücknahme nach dem daneben anwendbaren § 48 VwVfG steht im Ermessen der Behörde. Dass dieses auf Null, also auf die Rücknahme beschränkt gewesen ist, lässt sich nicht feststellen. (…)*
>
> *Sind dagegen – wie hier – erst nach Erteilung der Erlaubnis die Gründe eingetreten, welche die Versagung der Erlaubnis nach § 4 Abs. 1 Nr. 3 GaststG rechtfertigen würden, kommt eine Aufhebung der Gaststättenerlaubnis über die Widerrufstatbestände des § 15 Abs. 2 und 3 GaststG nicht in Betracht. Der Katalog von zwingenden (Abs. 2) und fakultativen (Abs. 3) Widerrufsgründen nötigt zu dem Schluss, dass die Gaststättenbehörde nur bei Vorliegen der dort genannten Voraussetzungen zum Widerruf der Erlaubnis verpflichtet bzw. nach pflichtgemäßem Ermessen befugt sein soll. Ein Widerruf der Erlaubnis aus den – zum Teil weitergehenden – Gründen des § 49 Abs. 2 VwVfG, ist daher kraft Bundesrechts ausgeschlossen. Da der allein drittschützende Erlaubnisversagungsgrund des § 4 Abs. 1 Nr. 3 GaststG nicht zu den in § 15 Abs. 2 und 3 GaststG aufgezählten Widerrufsgründen gehört, kann er einen Widerruf der Gaststättenerlaubnis nicht rechtfertigen. Es besteht nur die Möglichkeit eine nachträgliche Auflage nach § 5 Abs. 1 Nr. 3 GaststG zu verlangen."*

533 OVG NRW ZuR 2018, 565.

446 Ist die Genehmigung (bestandskräftig oder sofort vollziehbar) aufgehoben, ergeht in allen Fällen eine **Schließungsverfügung** nach § 31 GaststG i.V.m. § 15 Abs. 2 S. 1 GewO, um den Gaststättenbetrieb auch tatsächlich zu beenden.

> **Beachte:**
>
> - Bei der Beendigung eines noch erlaubten Gaststättenbetriebs kommt erst § 15 G**a**ststG und dann § 15 G**e**wO zur Anwendung. *Merkhilfe: „a kommt vor e".*
> - Bei der Schließungsverfügung gemäß § 31 GaststG i.V.m. § 15 Abs. 2 GewO muss immer **Ermessen** ausgeübt werden.
> - Ist das Gaststättengewerbe **erlaubnisfrei** (s.o. Rn. 434), erfolgt die Untersagung nach § 31 GaststG i.V.m. § 35 Abs. 1 GewO.

§ 15 GaststG	Tatbestandsvoraussetzung		Rechtsfolge
Abs. 1	Erlaubnis von Anfang an rechtswidrig, weil **bei Erteilung** schon Versagungsgründe nach § 4 Abs. 1 S. 1 Nr. 1 GaststG vorlagen (andere Gründe nach § 48 VwVfG)	⇨	Zwingend Rücknahme (kein Ermessen)
Abs. 2	Erlaubnis urspr. rechtmäßig, aber **nach Erteilung** ist ein Versagungsgrund gemäß § 4 Abs. 1 S. 1 Nr. 1 GaststG eingetreten (§ 49 VwVfG gesperrt)	⇨	Zwingend Widerruf (kein Ermessen)
Abs. 3	Besondere Widerrufsgründe (§ 49 VwVfG gesperrt)	⇨	Widerruf im Ermessen

C. Wissenswerte Einzelheiten

447 ■ **Rauchverbot:** Rauchverbote in Gaststätten sind verhältnismäßige Berufsausübungsvorschriften (Art. 12 Abs. 1 S. 2 GG). Sie dienen dem Gesundheitsschutz der nichtrauchenden Gäste und der Angestellten. Nach der Rspr. des BVerfG können strikte Rauchverbote erlassen werden oder solche, die die Interessen der Gastwirte angemessen berücksichtigen (Art. 12 Abs. 1, Art. 3 Abs. 1 GG).[534]

Raucherclubs müssen einen festen Mitgliederbestand haben. Das gemeinsame Rauchen muss rechtlich und tatsächlich der Hauptzweck des Clubs sein. Es darf keine „Aufnahme am Eingang" der Gaststätte geben.[535]

448 ■ **Flatrate-, Koma-, Ballermannparties:** Durch (niedrige) Pauschalpreise für Alkohol leistet der Gastwirt dem **Alkoholmissbrauch** regelmäßig Vorschub. Es kommt eine Auflage nach § 5 Abs. 1 GaststG (selbstständiger VA, keine Nebenbestimmung i.S.v. § 36 VwVfG) oder ein Widerruf der Erlaubnis nach § 15 Abs. 2 und 3 GaststG in Betracht.[536]

Teilweise landesrechtlich ausdrücklich verboten: § 2 LGaststG BW; § 4 Abs. 1 Nr. 5 GaststG Bre; § 10 Nr. 5 GaststG Saar; § 8 Abs. 1 Nr. 3 GaststG Sachs; § 8 Abs. 2 GaststG TH.

449 ■ **Swinger-Clubs:** Sofern die (normabweichenden) sexuellen Handlungen der Erwachsenen nicht von Dritten wahrnehmbar sind, leisten solche Clubs der Unsittlichkeit (ordnungsrechtlich) heute keinen Vorschub (mehr).[537]

---

534 BVerfGE 121, 317.

535 OVG Saar NVwZ-RR 2015, 217; OVG NRW NVwZ 2011, 1207; BayVGH GewArch 2011, 258.

536 OVG RP NVwZ-RR 2011, 441; HessVGH GewArch 2009, 253; BayVGH NVwZ-RR 2008, 26.

537 BVerwG DVBl. 2003, 741, 742.

- **Fortsetzungsfeststellungsinteresse:** Ein Rehabilitationsinteresse besteht bei Er- 450
ledigung der Hauptsache (z.B. Gaststätte brennt ab – die als raumbezogene Personalkonzession erteilte Gaststättenerlaubnis ist gegenstandslos geworden) wegen diskriminierender Wirkung, wenn die (erledigte) Aufhebungsverfügung nach § 31 GaststG i.V.m. § 149 Abs. 2 S. 1 Nr. 1 GewO in das Gewerbezentralregister einzutragen ist und daher künftig nachteilige Wirkungen entfalten kann.
- **Baurecht:** Ein Nachbar kann eine gaststättenrechtliche Erlaubnis nicht mit der Begründung anfechten, dass der Gaststättenbetrieb gegen Baurecht und damit § 4 Abs. 1 S. 1 Nr. 3 GastG verstößt; das gilt auch für nachbarschützende Baurechtsvorschriften.[538]

3. Abschnitt: Reisegewerbe

A. Reisegewerberechtliche Klausuren

Anders als das grundsätzlich nur anzeigepflichtige stehende Gewerbe ist der Betrieb 451
des Reisegewerbes nach § 55 Abs. 2 GewO grundsätzlich **erlaubnisbedürftig**. Die Erlaubnis in Form einer **Reisegewerbekarte** wird nach § 57 Abs. 1 GewO nur erteilt, wenn der Reisegewerbetreibende **zuverlässig** ist. Die strengere Behandlung (Art. 3 GG) ist gerechtfertigt, weil er ohne gewerbliche Niederlassung bei Reklamationen usw. schwerer greifbar ist. Vorschriften des stehenden Gewerbes sind nur nach § 61a GewO im Reisegewerbe anwendbar. Die Klausuren im Reisegewerberecht entsprechen den Klausuren bei erlaubnispflichtigem stehenden Gewerbe (s.o. Rn. 405).

B. Kernwissen

I. Reisegewerbe

§ 55 Abs. 1 GewO definiert, wann ein **Reisegewerbe** vorliegt. Es gilt der allgemeine 452
Gewerbebegriff (s. Rn. 402). Die entscheidenden Unterschiede liegen darin, dass der Reisegewerbetreibende 1. ohne vorherige Bestellung und 2. außerhalb seiner oder ohne gewerbliche Niederlassung (§ 4 Abs. 3 GewO) tätig wird.

Ohne vorherige Bestellung bedeutet, dass der Gewerbetreibende unangemeldet 453
zum Kunden und nicht der Kunde zu ihm kommt (keine vorherige Absprache). Zur Definition der Bestellung kann auf § 312 Abs. 3 Nr. 1 BGB (Palandt) zurückgegriffen werden. Provozierte Bestellungen genügen nicht, z.B. wenn der Gewerbetreibende anruft und den Kunden überredet, ihn zu empfangen. In Zweifelsfragen ist auf den Zweck des Tatbestandsmerkmals zurückzugreifen: Schutz vor Überrumpelung.[539]

§§ 55a, 55b GewO legen **Ausnahmen** von der Erlaubnispflicht fest. § 60 GewO 454
schließt bestimmte Tätigkeiten vom Reisegewerbe aus.

II. Untersagung

Für die **Untersagung** des **erlaubnispflichtigen** Reisegewerbes hält **§ 60d GewO** 455
eine Ermächtigungsgrundlage bereit, die im Verhältnis zu § 15 Abs. 2 GewO spezieller ist. Ist der Reisegewerbetreibende (noch) im Besitz einer **Reisegewerbekarte**, muss die zuständige Ordnungsbehörde (§ 61 GewO) diese zunächst nach §§ 48, 49 VwVfG (Rücknahme, Widerruf – durchprüfen) **aufheben**. Die Karte selbst kann sie nach § 52 VwVfG zurückverlangen. Erst nach der Aufhebung kann sie die Ausübung

538 VGH BW NVwZ-RR 2016, 337; zum BImSchG: VGH BW DVBl. 2015, 124.

539 Nabbe GewArch 2014, 71.

des Reisegewerbes gemäß § 60d GewO unterbinden. Will sie die Ausübung sofort unterbinden, kann sie die Aufhebung der Reisegewerbekarte mit der Untersagung verbinden, muss aber beides für sofort vollziehbar erklären.[540] Es bedarf keiner separaten Schließungsverfügung; die Untersagung ist selbst vollstreckungsfähig.

456 **Reisegewerbekartenfreie** Tätigkeiten (§§ 54a, 54b GewO) kann die Behörde gemäß der Spezialvorschrift des **§ 59 GewO**, der im Wesentlichen auf § 35 GewO verweist, im Ermessenswege untersagen. Voraussetzung ist die mangelnde Zuverlässigkeit (§ 57 GewO). Die Untersagung kann vollzogen werden; einer gesonderten Schließungsverfügung bedarf es nicht.

C. Wissenswerte Einzelheiten

457
- Ob bei **Hauspartys** („Tupper-Partys", „Dessous-Partys") die Teilnehmer(innen), die Verkäuferin durch ihre Zusage zu erscheinen, vorher bestellt haben, ob sie sich wegen der (beabsichtigten) gruppendynamischen Prozesse trotzdem in einer Überrumpelungssituation befinden oder ob sie sich von vornherein auf das Kommende einstellen konnten und daher nicht schutzwürdig sind, ist umstritten.[541]
- Vertreibt ein **Künstler** seine eigenen Kunstwerke im Straßenverkauf, liegt kein (Reise-)Gewerbe vor (freier Beruf). Dasselbe gilt für die Straßenkunst selbst.[542]
- Prostitution auf dem **Straßenstrich** kann Reisegewerbe sein (Problem: von wem geht die Initiative [„Bestellung"] aus?).[543]
- Der an „Aktionstagen" erfolgende **Ankauf von Gold** in den Räumlichkeiten eines Goldschmieds/Juweliers durch einen Dritten ist für diesen Reisegewerbe, weil es eine fremde Gewerbeniederlassung ist (vgl. § 4 Abs. 3 GewO).[544]
- Sog. **„Kaffeefahrten"** sind Wanderlager i.S.v. § 56a GewO. Wird öffentlich (weit auslegen) für sie geworben, muss der Veranstalter sie zwei Wochen vorher bei der Behörde anzeigen (Abs. 1). Unterlässt er dieses oder ist die Anzeige unvollständig, kann (Ermessen) die Behörde die Kaffeefahrt untersagen (Abs. 2).[545]
- Ob der Verkauf aus mobilen Imbiss- oder Eiswagen **(„Reisegaststätten")** nach § 55a Abs. 1 Nr. 7 GewO reisegewerbekartenfrei betrieben werden kann, hängt davon ab, ob das GaststättenR des Landes eine Erlaubnispflicht (dann frei) oder lediglich eine Anzeige (dann pflichtig) vorsieht.

4. Abschnitt: Marktgewerbe

A. Marktzulassungsklausuren

458 Ist ein **Markt** (Jahrmarkt, Weihnachtsmarkt, Industriemesse) öffentlich-rechtlich nach §§ 64 ff. GewO **festgesetzt**, werden Teilnehmer und Veranstalter von zahlreichen gewerberechtlichen Vorschriften befreit.[546] Es gelten nur die §§ 64–71a GewO, sofern § 71b GewO es nicht ausdrücklich anders anordnet (z.B. keine Gewerbeanzeige, § 14 GewO, keine Reisegewerbekarte, § 55 Abs. 2 GewO). Die **Marktprivilegien,** die

540 SächsOVG LKV 2016, 284.

541 OVG NRW NWVBl. 2004, 311; VGH BW NVwZ-RR 1997, 702.

542 NdsOVG, Beschl. v. 15.09.2014 – 7 LA 73/13; OVG NRW OVGE 39, 5; Füßer/Drömann SächsVBl. 2015, 153.

543 Gurlit GewArch 2008, 426.

544 ThürOVG GewArch 2011, 127; OVG Berlin GewArch 2010, 248.

545 Scheidler GewArch 2012, 392.

546 §§ 68 ff. GewO befreien nicht von den LSonn- und FeiertagsG: BVerwG GewArch 1995, 117; NdsOVG NVwZ-RR 2017, 532, sodass evtl. Befreiungen einzuholen sind.

§§ 64 ff. GewO verleihen, sind gerechtfertigt, weil der Markt der Markttransparenz dient und den Wettbewerb fördert. Im Gegenzug muss der Veranstalter grundsätzlich **jeden** Geeigneten zur Teilnahme **zulassen** (§ 70 Abs. 1 GewO). Gibt es mehr Bewerber als Plätze, muss der Veranstalter **sachgerecht auswählen** (§ 70 Abs. 3 GewO). Er selbst muss **zuverlässig** sein (§ 69a Abs. 1 Nr. 2 GewO).

Beachte: Marktzulassungsklausuren werden recht häufig gestellt, weil sie Gewerberecht, Verwaltung in Privatrechtsform, Kommunalrecht und einstweiligen Rechtsschutz miteinander verbinden. Die hier entwickelten Mechanismen lassen sich zudem auf andere staatliche Verteilungsentscheidungen übertragen.

K

Klausuren aus dem Marktgewerberecht

- Antrag nach § 123 VwGO auf Teilnahme am Markt
- Fortsetzungsfeststellungsklage auf Feststellung der Rechtswidrigkeit der Verweigerung der Marktteilnahme
- Klage auf Festsetzung eines Marktes
- Staatliche Verteilungsentscheidungen auf anderen Sachgebieten nach dem Vorbild des Marktzulassungsrechts

B. Kernwissen

I. Festsetzung eines Marktes

1. Materielle Klausurprobleme

Um die Marktprivilegien zu erhalten, muss der Veranstalter den Markt behördlich nach § 69 Abs. 1 S. 1 GewO **festsetzen** lassen. Die Festsetzung ist ein **VA** mit mehrfacher Wirkung. Den **Veranstalter** begünstigt (gewisser Bestandsschutz, vgl. § 69b GewO) und belastet (Durchführungspflicht nach § 69 Abs. 2 GewO, Vergütungseinschränkung, § 71 GewO) sie. Für die **Marktbeschicker** und **Besucher** ähnelt sie einer dinglichen Allgemeinverfügung (§ 35 S. 2 VwVfG), weil sie der Veranstaltung die rechtserhebliche Eigenschaft eines Marktes zuweist. Sie ersetzt andere Genehmigungen aber nicht. Die Behörde muss **(gebundener Anspruch)** den Markt festsetzen, wenn die jeweiligen Voraussetzungen der §§ 64–68, 60b GewO erfüllt sind und kein Ablehnungsgrund i.S.d. § 69a GewO vorliegt. Die kommunalrechtliche Widmung des Marktes wirkt nicht als Festsetzung.[547] 459

2. Prozessuale Klausurprobleme

- Der abgelehnte **Veranstalter** kann Verpflichtungsklage auf Festsetzung erheben. Den potentiellen **Marktbeschickern** und **Besuchern** fehlt die Klagebefugnis, weil § 69 Abs. 1 GewO deren Interessen höchstens reflexhaft schützt. 460
- **Nachbarn** können nach § 69a Abs. 1 Nr. 3, Abs. 2 GewO Verpflichtungsklage gegen die Behörde auf den Erlass von Auflagen erheben, soweit sie die Verletzung drittschützender Normen rügen können, z.B. auf Sperrzeitverlängerung, wegen Verstoßes gegen BImSchG (Markt = genehmigungsfreie Anlage nach § 22 Abs. 1 BImSchG) oder LImSchG (Nachtruhe).
- Der **konkurrierende örtliche Handel** hat keine Klagebefugnis, weil die §§ 64 ff. GewO dessen Interessen nicht schützen.

547 OVG Saar NVwZ-RR 2010, 972, 973.

- Ist ein Ort (Marktplatz, Stadthalle) als **öffentliche Einrichtung** i.S.d. Kommunalrechts gewidmet (vgl. Rn. 326 ff.), darf der Markt dort nur festgesetzt werden, wenn er vom Widmungszweck erfasst ist. Hier ist der gemeindliche Widmungsakt zu prüfen, der auch konkludent erfolgt sein kann. Der Veranstalter muss also sowohl einen Antrag auf Benutzung der öffentlichen Einrichtung als auch auf Festsetzung des Marktes stellen.

II. Anspruch auf Teilnahme am Markt

461 Wird um den Anspruch auf Teilnahme an einem festgesetzten Markt gestritten, stellen sich materiell typischerweise die beiden Fragen, auf welche Anspruchsgrundlage sich der Bewerber stützen kann, und wie der Veranstalter rechtmäßig unter den Bewerbern auswählt.

1. Anspruchsgrundlage

462 Anspruchsgrundlage für die Teilnahme am Markt ist jedenfalls **§ 70 Abs. 1 GewO**. Er verleiht jedermann einen grundsätzlichen Anspruch auf Teilnahme an dem festgesetzten Markt gegen den Veranstalter. Absatz 2 und 3 ermöglichen dem Veranstalter, den Teilnehmerkreis zu beschränken bzw. bei Bewerberüberhang auszuwählen.

> **Hinweis:** In öffentlich-rechtlichen Assessorklausuren wird derjenige, der die Zulassung zum Markt beherrscht, praktisch immer eine öffentlich-rechtliche Rechtsperson sein. Handelte es sich um ein Privatrechtssubjekt, wäre § 70 GewO zwar auch anwendbar, zuständig wären aber nach § 13 GVG die Zivilgerichte.

463 Anspruchsgrundlage kann auch der **kommunalrechtliche** Anspruch auf Benutzung einer gemeindlichen öffentlichen Einrichtung sein (s. Rn. 326), wenn der Markt selbst eine öffentliche Einrichtung darstellt und nicht gewerberechtlich festgesetzt ist (z.B. Münchener Oktoberfest). Liegt beides vor, geht **§ 70 GewO** entweder als vorrangiges Bundesrecht oder als spezielleres Gesetz dem Kommunalrecht vor.

2. Auswahl unter den Bewerbern

464 **§ 70 Abs. 3 GewO** erlaubt dem Veranstalter, einzelne Beschicker **auszuschließen** (Bewerbergruppen: § 70 Abs. 2 GewO). Die Vorschrift verstößt nicht gegen das Grundrecht der Berufsfreiheit. Als Berufsausübungsregelung (Art. 12 GG – 1. Stufe) ist sie durch das Gemeinwohlinteresse „geordneter Marktablauf" gerechtfertigt.[548]

465 Der Ausschlussgrund muss **sachlich gerechtfertigt** sein, um Art. 12 Abs. 1 GG und Art. 3 Abs. 1 GG zu genügen. Der Veranstalter kann auch ein **Marktkonzept** vorgeben („Mittelaltermarkt"), das den Ausschluss rechtfertigt („Computerspiele").[549] Bei den Kriterien (z.B. Attraktivität) steht dem Veranstalter ein Einschätzungsspielraum zu, der gerichtlich nur beschränkt überprüfbar ist.[550] Der häufigste Ausschlussgrund ist aber Kapazitätserschöpfung (Platzmangel). In dem Fall wandelt sich der Teilnahmeanspruch in einen **Anspruch auf ermessensfehlerfreie Auswahl.**[551] Die Auswahlgründe müssen nachvollziehbar **dokumentiert** sein.[552]

---

548 VGH BW BWGB 2011, 613; ESVGH 56, 169.

549 NdsOVG GewArch 2014, 486.

550 OVG NRW NVwZ-RR 2017, 690; VGH BW NVwZ-RR 2017, 329.

551 NdsOVG NdsVBl. 2010, 81.

552 BayVGH NVwZ-RR 2016, 39; OVG NRW NWVBl. 2016, 121; NdsOVG, Beschl. v. 27.07.2016 – 7 ME 81/16, BeckRS 2018, 49581.

Prüfungsfolge bei Ablehnung wegen Kapazitätserschöpfung

I. Kapazität des festgesetzten **Platzes** voll **ausgenutzt**?

II. Feststellung: kein Anspruch auf **Kapazitätserweiterung**.

III. **Auswahl** unter den Bewerbern nach der **Konzeption** des Veranstalters

1. **Feststellung** der Platz- und Veranstaltungskonzeption (wie viele Stände welcher Art ← Veranstalter darf den „Charakter" des Marktes bestimmen)

2. **Auswahlermessen** fehlerfrei betätigt (Grundpfeiler: Willkürverbot und Marktfreiheit)

   Zulässige Kriterien, auch kombiniert, die vor der Auswahl verbindlich **festgelegt sein müssen**

   a) **Bekannt und bewährt** (= zuverlässig und leistungsfähig), sofern Neubewerber in absehbarer Zeit eine reelle Zulassungschance haben

   b) **Attraktivität und Neuheit** (weiter Beurteilungsspielraum des Veranstalters, weil er das wirtschaftliche Risiko trägt)

   c) Verbot von **Zweitbewerbungen**

   d) Zeitliche **Reihenfolge** der Bewerbungen, **Losverfahren**, **rollierendes** System

   Unzulässig: Bevorzugung **Ortsansässiger** – eklatanter Widerspruch zur Marktfreiheit

Beachte die Verschränkung mit dem Kommunalrecht:

- Ist die Gemeinde selbst oder eine gemeindliche Gesellschaft in Privatrechtsform Veranstalter, müssen die Auswahlkriterien vom **Rat** durch Satzung oder Richtlinien festgelegt werden (kein Geschäft der laufenden Verwaltung). Die Anwendung der Auswahlkriterien selbst kann von einem Privaten vorbereitet werden, wenn die Verwaltung (Bürgermeister) die **Letztentscheidung** trifft.
- Veranstaltet den Markt eine von der Gemeinde beherrschte privatrechtliche Gesellschaft, muss der Bewerber gegen die Gemeinde auf Verschaffung der Zulassung klagen (**„Verschaffungsanspruch"**). Die Gemeinde muss dann über ihre Stellung als Gesellschafterin auf die Geschäftsführung der Gesellschaft einwirken.
- Ist der Markt nur eine **öffentliche Einrichtung** (also nicht festgesetzt), gelten für die konkurrierenden kommunalrechtlichen Benutzungsansprüche dieselben Auswahlgrundsätze wie bei § 70 GewO; ebenso, wenn nur **Sondernutzungserlaubnisse** erteilt werden.

„Die vom Kläger erhobene, von der VwGO vorausgesetzte allgemeine Leistungsklage ist statthaft. Sein Begehren ist nicht auf den Erlass eines VA, sondern auf einen Realakt gerichtet. Die beklagte Stadt soll gesellschaftsrechtlich derart auf die (beigeladene) Stadtmarketing GmbH einwirken, dass diese ihm den verlangten Standplatz zur Verfügung stellt (‚Verschaffungsanspruch'). Die nötigen Einwirkungsmöglichkeiten stehen der Beklagten zur Verfügung, weil sie Alleingesellschafterin der Beigeladenen ist."

III. Rechtsschutz

1. Verwaltungsrechtsweg

466 Bei Marktzulassungsklagen ist auch im Assessorexamen die Eröffnung des Verwaltungsrechtswegs (§ 40 Abs. 1 S. 1 VwGO) zu erörtern. Zu diskutieren ist die **Rechtsnatur** des **Teilnahmeverhältnisses**. § 70 GewO ist keine öffentlich-rechtliche Norm, die bereits den Verwaltungsrechtsweg eröffnet. § 70 GewO steht zwar in der öffentlich-rechtlichen Gewerbeordnung. Ist aber ein Privater Marktveranstalter, handelt es sich um eine privatrechtliche Streitigkeit, für die der ordentliche Rechtsweg gegeben ist (§ 13 GVG). Ist der **Veranstalter** ein **Verwaltungsträger**, kann er zwischen öffentlich-rechtlichen (z.B. Satzung) und privatrechtlichen Teilnahmebedingungen (AGB) wählen. Doch auch bei letzteren ergeht die Entscheidung über das **Ob** der Teilnahme immer öffentlich-rechtlich („Zwei-Stufen-Theorie"), nur deren Ausgestaltung, das Wie, kann privatrechtlich geregelt werden. Der Verwaltungsrechtsweg ist bei einem öffentlich-rechtlichen Veranstalter also (nur) nach der Zwei-Stufen-Theorie eröffnet.

2. Verpflichtungsklage, einstweilige Anordnung

vgl. Rn. 351

siehe auch Rn. 470

467 Statthaft ist die **Verpflichtungsklage** auf Neubescheidung unter Beachtung der Rechtsauffassung des Gerichts (vgl. § 113 Abs. 5 S. 2 VwGO). Grds. müssen nach h.Rspr. bei **erschöpfter Kapazität** gleichzeitig die Konkurrenzzulassungen angefochten werden. Sonst fehlt der Klage das allg. Rechtsschutzbedürfnis, weil ein obsiegendes Verpflichtungsurteil nicht durchsetzbar wäre. Die Rechtsschutzgarantie des Art. 19 Abs. 4 GG kann eine Ausnahme zulassen, wenn das Prozessrisiko sonst unzumutbar hoch würde.[553]

Das ist allerdings seit langem streitig. Teilweise wird eine „Konkurrentenverdrängungsklage" für unnötig gehalten[554] oder nach Verpflichtungs- und Bescheidungsklage differenziert. Bei einer isolierten Verpflichtungsklage muss der Veranstalter eine bereits erteilte Zulassung (Schadensersatz) aufheben, wenn der klagende Bewerber einen vorrangigen Zugangsanspruch hat.

Die **Klagebefugnis** ergibt sich aus § 70 GewO bzw. Art. 12 GG. (Verpflichtungs-)Klageverfahren wandeln sich nach Marktende in **Fortsetzungsfeststellungsklagen** (Wiederholungsgefahr, Amtshaftung).

468 Veranstaltet eine gemeindlich beherrschte private Gesellschaft den Markt, muss (mangels VA) **allgemeine Leistungsklage** (§ 43 VwGO) gegen die Gemeinde auf Verschaffung der Teilnahme erhoben werden. Die private Gesellschaft ist beizuladen.

469 Da Märkte typischerweise schneller vorüber sind als rechtskräftige Entscheidungen im Klageverfahren erreichbar sind, kann Rechtsschutz regelmäßig nur im Eilverfahren gewährt werden. Der Bewerber muss also einen Antrag auf Erlass einer **einstweiligen Anordnung** nach § 123 VwGO auf Neubescheidung (Verschaffung) stellen. Der Antrag ist auf **Vorwegnahme** der Hauptsache gerichtet. Zur Ermöglichung von effektivem Rechtsschutz (Art. 19 Abs. 4 GG) ist das ausnahmsweise zulässig, weil Schadensersatzansprüche nicht gleichwertig sind (Vorrang Primärrechtsschutz). Der **Anordnungsgrund** (Eile) liegt im Verstreichen der Zeit, in der der Markt veranstaltet wird. Nach Marktende ist bzgl. des erledigten Verpflichtungsbegehrens typischerweise eine Fortsetzungsfeststellungsklage statthaft.[555]

---

553 BayVGH NVwZ-RR 2016, 39.

554 Kopp/Schenke, VwGO, § 42 Rn. 48; Hilderscheid, GewArch 2016, 49, 51.

555 BayVGH NVwZ-RR 2015, 929.

C. Wissenswerte Einzelheiten

- Die Auswahl zwischen Konkurrenten muss so nachvollziehbar in den Akten **dokumentiert** sein, dass der Übergangene die Rechtmäßigkeit und damit sein Prozessrisiko einschätzen kann. Die Angebote dürfen nicht nachträglich überarbeitet werden.[556] Bei fehlender **Transparenz** ist die Auswahl verfahrensfehlerhaft; der Übergangene muss auch keine Drittanfechtung erheben.[557] **470**
- „**Bekannt und bewährt**" ist ein zulässiges Auswahlkriterium, muss aber so angewendet werden, dass auch **Neubewerber** eine realistische Chance haben.[558]
- Bei Gleichstand kann durch **Losverfahren** entschieden werden.[559]
- Die Garantie der kommunalen Selbstverwaltung (Art. 28 Abs. 2 S. 1 GG) verbietet es der Gemeinde, einen kulturell, sozial und traditionsmäßig bedeutsamen Weihnachtsmarkt **vollständig zu privatisieren**, indem sie ihn einem Privaten eigenverantwortlich überlässt. Sie muss die Aufgaben der örtlichen Gemeinschaft selbst erledigen. Es kann allg. Feststellungsklage auf Rechtswidrigkeit der Privatisierung erhoben werden.[560] **471**
- Öffentlich beherrschte **(gemischtwirtschaftliche) Unternehmen** in Privatrechtsform sind gegenüber den Bürgern an die **Grundrechte gebunden**, auch wenn sie gewerblich tätig sind.[561] **472**
- Ist der Markt nur eine nicht festgesetzte öffentliche Einrichtung, kann der Zugangsanspruch für **Gemeindefremde** nur aus Art. 3 Abs. 1 GG i.V.m. der Selbstbindung der Verwaltung abgeleitet werden.[562] **473**

5. Abschnitt: Handwerksordnung

A. Handwerksrechtliche Klausuren

474 Die HandwO bezweckt Gefahrenabwehr sowie zusätzlich – abweichend von der GewO – Schutz und Förderung des Handwerks. Bestimmte Handwerksberufe setzen die **Meisterprüfung** voraus (sog. „großer Befähigungsnachweis"/„Meisterzwang", Ausnahmemöglichkeiten für „Altgesellen"), wenn die Ausübung gefährlich für Dritte sein kann oder das Gewerbe besonders ausbildungsintensiv ist.[563] Welche Berufe das sind, regelt **Anhang A** i.V.m. § 1 HandwO, z.B. Maurer, Elektrotechniker, Dachdecker. Die **weiteren Handwerke** sind in **Anlage B Abschnitt 1** zur HandwO aufgeführt. Sie sind nach **§ 18 Abs. 2 S. 1 HandwO** zulassungsfrei, z.B. Fliesenleger, Uhrmacher. **Satz 2** bestimmt zusammen mit **Abschnitt 2 der Anlage B** die **handwerksähnlichen** Gewerbe. Für sie und die weiteren Handwerke gelten nur die wenigen Vorschriften der HandwO, die § 20 HandwO aufführt. Die Anlagen A und B sind konstitutiv wirkende Positivlisten, die nur der Gesetzgeber verändern kann.

---

556 OVG NRW NVwZ-RR 2017, 690; GewArch 2016, 472; 2016, 473, außer die Zulassungskriterien werden nachträglich verändert VGH BW NVwZ-RR 2017, 329.

557 VGH BW NVwZ-RR 2017, 329; BayVGH NVwZ-RR 2016, 39; OVG NRW NWVBl. 2016, 121; NdsOVG NordÖR 2016, 431.

558 BVerwG HGZ 2012, 412; OVG NRW NVwZ-RR 2017, 690.

559 BVerwG NVwZ-RR 2006, 786; OVG NRW NVwZ-RR 2017, 690; eingehend: Jarass NVwZ 2017, 273.

560 BVerwG JuS 2010, 375.

561 BVerfGE 128, 226; BVerfGK 15, 484.

562 OVG Saar NVwZ-RR 2010, 972, 973.

563 BVerwGE 140, 276; 140, 267; 149, 265; OVG NRW GewArch 2018, 72.

Beachte: Die HandwO regelt nur einen Ausschnitt aus dem Gewerberecht der Handwerker. Hält sie keine spezielle Regelung bereit, ist auf die GewO zurückzugreifen. Auch die in die Handwerksrolle eingetragenen Handwerke sind keine erlaubten Gewerbe i.S.d. GewO (§ 35 Abs. 1 GewO grds. anwendbar).

Klausuren im Handwerksrecht

- **Klage auf Eintragung in die Handwerksrolle** oder Erteilung einer Ausnahmebewilligung
- **Klage auf Feststellung,** dass ein bestimmtes Gewerbe zulassungsfrei (ohne Eintragung in die Handwerksrolle) ausgeübt werden darf
- **Anfechtung der Untersagung** der Handwerksausübung wegen Verstoßes gegen die HandwO oder wegen sonstiger Unzuverlässigkeit mit nachfolgender Schließungsverfügung
- **Anfechtung der Eintragung** in oder der Löschung aus der Handwerksrolle (auch durch Dritte)
- **Abwehr von Überwachungsmaßnahmen**

B. Kernwissen

I. Zulassungspflichtiges Handwerk

475 Ein zulassungspflichtiges Handwerk darf nur betreiben, wer in die Handwerksrolle eingetragen ist, § 1 Abs. 1 S. 1 HandwO. Ob ein **zulassungspflichtiges Handwerk** betrieben wird, ergibt sich aus § 1 Abs. 2 HandwO.

Zulassungspflichtiges Handwerk

§ 1 Abs. 2 HandwO		**Abgrenzung**
Gewerbe (s.o.)	↔	kein freier Beruf, Verwaltung eigenen Vermögens, Urproduktion
stehend	↔	kein Reise- oder Marktgewerbe
selbstständiger Betrieb *im eigenen Namen, auf eigene Rechnung und eigenes Risiko*	↔	weisungsabhängiges Arbeitnehmerverhältnis
handwerksmäßig betrieben *qualifiz. Handarbeit, Einzelleistung, kleiner Betrieb*	↔	industrielle Fertigung *Automatisierung, Maschinen, hohe Arbeitsteilung*
in Anlage A aufgeführt	↔	nur vergleichbare Anforderungen
vollständig oder wesentliche Tätigkeiten des Handwerks	↔	„Minderhandwerke" nach § 1 Abs. 2 S. 2 i.V.m. § 3 HandwO und den AusbildungsVOen

> *„Der Kläger, der Grabmale aus Indien importiert und aufstellt, betreibt kein Handwerk. Das Aufstellen von Grabmalen auf Friedhöfen stellt keine Tätigkeit dar, die für das Handwerk der ‚Steinmetzen und Steinbildhauer' wesentlich ist. Wesentlich im Sinne des § 1 Abs. 2 Satz 1 HwO sind Tätigkeiten, die nicht nur fachlich zu dem betreffenden Handwerk gehören, sondern gerade den Kernbereich dieses Handwerks ausmachen und ihm sein essentielles Gepräge verleihen. Zu dessen Bestimmung können die in den Verordnungen über Berufsbilder und Prüfungsanforderungen in der Meisterprüfung veröffentlichten Berufsbilder mit herangezogen werden ..."*

II. Eintragung in die Handwerksrolle

Nach § 7 Abs. 1 HandwO werden zulassungspflichtige Handwerke in die **Handwerksrolle** eingetragen. Voraussetzung ist regelmäßig die Meisterprüfung (§ 7 Abs. 1a, 2 HandwO), wenn keine Ausnahme nach § 8 HandwO erteilt wird. Die Eintragung erfolgt **zweistufig**. Zunächst teilt die Handwerkskammer dem Gewerbetreibenden mit, dass sie seine Eintragung beabsichtigt (§ 11 HandwO). Die **Mitteilung** ist als verbindliche Entscheidung über die Eintragung ein eigenständiger VA, der angefochten werden kann. Die **Eintragung** nach § 7 HandwO selbst ist ebenfalls ein VA, weil erst sie gemäß § 1 Abs. 1 HandwO den tatsächlichen Betrieb des Handwerks gestattet. Dasselbe gilt für die Mitteilung über die Löschung (§ 13 Abs. 3 HandwO) und die Löschung selbst (§ 13 Abs. 1 HandwO). Die Handwerkskarte (§ 10 Abs. 2 HandwO) wirkt nur deklaratorisch. Eingetragene unterliegen besonderen **Auskunftspflichten** (§ 17 HandwO) und sind Pflichtmitglied in der **Handwerkskammer** (§ 90 HandwO). **476**

Klagekonstellationen:

- Der Gewerbetreibende kann die **Mitteilung** über die beabsichtigte Eintragung (VA mit Dauerwirkung)[564] isoliert anfechten, wenn er meint, nicht eintragungspflichtig zu sein.[565] Gleiches gilt für die Löschung.[566] Wird die beantragte Eintragung in die Handwerksrolle abgelehnt, kann der Gewerbetreibende jedoch unmittelbar Verpflichtungsklage auf Eintragung erheben. Er muss nicht zunächst auf Mitteilung der Eintragungsabsicht klagen. **477**
- Besteht Streit darüber, ob ein **Gewerbe ohne Eintragung** in die Handwerksrolle ausgeübt werden darf, kann der Gewerbetreibende nach § 43 VwGO auf Feststellung der handwerksrechtlichen Zulassungsfreiheit erheben. Klagegegner ist die Ordnungsbehörde, die nach Landesrecht für eine Untersagungsverfügung nach § 16 Abs. 3 HandwO zuständig ist, **nicht** die Handwerkskammer (HWK). Zur HWK besteht insofern kein Rechtsverhältnis.[567] **478**

  Typische tatsächliche Besonderheit: Zwischen dem Gewerbetreibenden und der HWK besteht gar kein Streit über die Eintragungspflicht. Der Gewerbetreibende erfüllt nach Auffassung der HWK die Eintragungsvoraussetzungen nicht (sonst gäbe es kein Problem). Der Gewerbetreibende meint, er müsse auch gar nicht eingetragen werden, weil er kein zulassungspflichtiges Handwerk ausübe. Der Streit besteht nur bzgl. der potenziellen Untersagung bzw. dem OWi-Verfahren nach §§ 117, 118 HandwO, für das die allg. Ordnungsbehörde zuständig ist.
- Der Industrie- und Handelskammer (IHK) weist § 12 HandwO ein eigenes Anfechtungsrecht gegen die Eintragungsentscheidung zu. Die IHK kann nach § 13 Abs. 2 HandwO auch auf Löschung aus der Handwerksrolle klagen (um den eigenen Mitgliederbestand zu erhöhen [Pflichtbeiträge]; ein Gewerbetreibender kann nur **479**

564 BVerwG GewArch 1994, 248; SächsOVG GewArch 2017, 305.
565 SächsOVG GewArch 2017, 305; VGH BW GewArch 2008, 249.
566 BayVGH GewArch 2018, 43
567 BVerwGE 140, 267.

entweder Mitglied der IHK oder der HWK sein).[568] Konkurrenten sind generell nicht klagebefugt, weil die Handwerksrolle nur im öffentlichen Interesse geführt wird.[569]

III. Untersagung

480 Wird ein zulassungspflichtiges Handwerk entgegen der HandwO betrieben, kann es nach **§ 16 Abs. 3 S. 1 HandwO** untersagt werden (lex specialis zu § 15 Abs. 2 S. 1 GewO). Es dürfen nur Verstöße gegen die HandwO geprüft werden. Zuständig ist nicht die Handwerkskammer, sondern die landesrechtlich zuständige Ordnungsbehörde. Handwerkskammer und IHK müssen vorher zustimmen. Die Untersagungsverfügung steht im **Ermessen.** Ermessenszweck (§ 40 VwVfG) ist der Schutz von Leben und Gesundheit Dritter sowie die Ausbildung des gewerblichen Nachwuchses. Das Ermessen ist daher meist auf Null reduziert, wenn das Gewerbe nicht offensichtlich eintragungsfähig ist. Um die Untersagungsverfügung durchzusetzen, kann die Behörde eine **Betriebsschließung** nach § 16 Abs. 9 HandwO verfügen, die sie anschließend mit Verwaltungszwangsmitteln vollziehen kann.

481 Ist der Gewerbetreibende (Handwerksbetreiber) dagegen aus Gründen **unzuverlässig**, die mit der HandwO nichts zu tun haben (Straftaten, fehlende wirtschaftliche Leistungsfähigkeit, Abgabenrückstände), muss sein Handwerksbetrieb nach **§ 35 Abs. 1 GewO** untersagt werden, weil die HandwO insofern keine Vorschriften bereithält. § 35 Abs. 1 GewO (und nicht § 15 Abs. 2 GewO) ist einschlägig, weil die **Eintragung in die Handwerksrolle keine gewerberechtliche Zulassung** i.e.S. darstellt. § 35 Abs. 1 GewO ist dann auch Ermächtigungsgrundlage für eine nachfolgende Schließungsverfügung. Diese kann mit Zwangsmitteln durchgesetzt werden.

C. Wissenswerte Einzelheiten

482 ■ Der **Meisterbrief** ist auch heute noch als subjektive **Berufszugangsvoraussetzung** (Art. 12 GG, 2. Stufe) zumutbar.[570] Gründe: Gefahrvermeidung, Ausweg über Altgesellenregelung (§ 7b HandwO – setzt legale Ausübung voraus[571]). Es liegt kein Verstoß gegen Art. 3 Abs. 1 GG – **Inländerdiskriminierung** – vor, obwohl EU-Ausländer nach § 9 HandwO ohne Meisterprüfung handwerklich tätig werden dürfen. Denn die Altgesellenregelung ist diesem Zugangsweg so weit angenähert, dass die Bindung Deutschlands an EU-Recht einen sachlichen Grund für die Ungleichbehandlung darstellt.[572]

483 ■ Die Handwerkskammer kann mangels Klagebefugnis keine Verpflichtungsklage gegen die Ordnungsbehörde auf **Einschreiten nach § 16 Abs. 3 HandwO** gegen einen Gewerbetreibenden erheben, der ein Handwerk ohne Eintragung betreibt.

484 ■ Die **Auskunftspflicht** gegenüber der Handwerkskammer gemäß § 17 Abs. 1 S. 1 HandwO besteht nicht für Gewerbetreibende, bei denen bereits zweifelsfrei feststeht, dass sie die persönlichen oder sachlichen Voraussetzungen für eine Eintragung in die Handwerksrolle nicht erfüllen.[573]

---

568 BVerwG NVwZ-RR 1990, 242.
569 BVerwG GewArch 1982, 271 für die Innung.
570 BVerwGE 140, 267; OVG NRW GewArch 2018, 72; bereits BVerfGE 13, 97; BVerfG DVBl. 2006, 244.
571 BVerwG NVwZ 2015, 1288.
572 BVerwG NVwZ 2014, 1241; Deiseroth/Eggert GewArch 2016, 257, 261.
573 HessVGH ESVGH 60, 223.

- Ein Vollhandwerk kann im **Reisegewerbe** ausgeübt werden, ohne dass es der Eintragung in die Handwerksrolle bedarf. Typischerweise werden reisenden Handwerkern keine gefährlichen Aufträge erteilt. Das rechtfertigt die Ungleichbehandlung (Art. 3 GG) zwischen reisendem und stehendem Handwerksbetrieb.[574]
- **Pflichtmitgliedschaften** in der IHK[575] und in der HWK[576] berühren Art. 9 Abs. 1 GG (negative Koalitionsfreiheit) nicht, sondern nur Art. 2 Abs. 1 GG und sind verfassungsgemäß.

6. Abschnitt: Waffen- und Jagdrecht

A. WaffG

Klausuren im Waffenrecht
■ Anspruch auf Erteilung einer waffenrechtlichen Erlaubnis
■ Aufhebung waffenrechtlicher Erlaubnisse
■ Untersagung erlaubnisfreier Betätigung

I. Kernwissen

Das WaffG dient der **öffentlichen Sicherheit** und Ordnung (§ 1 Abs. 1 S. 1 WaffG).[577] **485**
Dazu beschränkt es den Umgang (§ 1 Abs. 2 WaffG) mit Waffen und Munition (Definitionen § 1 Abs. 2, 4 WaffG), indem es in § 2 Abs. 2 WaffG eine **Erlaubnispflicht** begründet. Diese wird streng gehandhabt. Auch der unbescholtene Waffeninteressierte kann eine solche Erlaubnis nur erhalten, wenn er ein **besonderes Bedürfnis** nach § 8 WaffG nachgewiesen hat.[578] Zahlreiche waffenrechtliche Begriffsdefinitionen finden Sie in den **Anlagen** zum WaffG. In seinem Aufbau richtet sich das WaffG nach den vier **Umgangsarten** mit Waffen:

- Erwerb
- Besitz
- Führen
- Schießen

> **Beachte:** Grundsätzlich muss für jede dieser Umgangsarten eine **gesonderte Erlaubnis** eingeholt werden; d.h. wer eine Waffe (privat) erwerben und (auf seinem Grundstück) besitzen darf, darf sie noch nicht „nach draußen mitnehmen".

574 BVerwG NVwZ 2014, 1241; BVerwGE 140, 276; BVerfG NVwZ 2001, 189.
575 BVerfGE 146, 164.
576 HmbOVG, Beschl. v. 17.07.2018 – 5 Bf 146/17.Z.
577 BVerwG NVwZ 2017, 883; NVwZ-RR 2016, 904.
578 BT-Drs. 6/2678: „möglichst wenig Waffen ins Volk"; grundlegend BVerwGE 49, 1; allerdings werden fast alle Straftaten mit illegalen Waffen begangen (WaffG wirkt nicht), Braun GewArch 2017, 221.

1. Anspruch auf waffenrechtliche Erlaubnis

Ansprruch auf waffenrechtliche Erlaubnis

Anspruchsgrundlage: § 4 WaffG

I. Grundsätzlich Erlaubnispflicht, ggf. Erlaubnisfreiheit

II. Formelle Anspruchsvoraussetzungen, insbes. Zuständigkeit (§§ 48, 49 WaffG) i.V.m. Landesrecht

III. Materielle Anspruchsvoraussetzungen, insbes.

1. Zuverlässigkeit, § 5 WaffG
2. persönliche Eignung, § 6 WaffG
3. Sachkunde, § 7 WaffG
4. Bedürfnis, § 8 WaffG (§§ 13 ff. gehen vor)

486 **Anspruchsgrundlage** für die Erteilung einer Erlaubnis zum Umgang mit Waffen ist § 4 WaffG. § 4 Abs. 1 WaffG zählt die materiellen Voraussetzungen auf und gibt die einzelnen Prüfungsschritte in der Begründetheit der **Verpflichtungsklage** im Einzelnen vor. Prüfen Sie aber ganz zu Beginn, ob ausnahmsweise **Erlaubnisfreiheit** besteht (z.B. nach §§ 12, 13 Abs. 5 WaffG). Die **Behördenzuständigkeit** folgt aus §§ 48, 49 WaffG i.V.m. Landesrecht. Waffenrechtliche Erlaubnisse werden gemäß § 10 Abs. 1 und 4 WaffG in besonderen (tradierten) Formen erteilt, nämlich v.a. durch **Waffenbesitzkarte** und **Waffenschein**, (vgl. ähnlich Führer*schein*, Reisegewerbe*karte*).Wer mit Waffen umgehen will, muss u.a. ein **besonderes Bedürfnis** nachweisen, § 8 WaffG, z.B. Jäger (s. Rn. 491 ff.), Sportschützen, Bewachungsgewerbe, gefährdete Personen.

487 Weiterhin muss der Betroffene **zuverlässig** sein. Er muss die Gewähr dafür bieten, dass er jederzeit und in jeder Hinsicht ordnungsgemäß mit der Waffe umgeht.[579] Abweichend vom allgemeinen Zuverlässigkeitsbegriff unterscheidet § 5 WaffG strukturell zwischen der **absoluten Unzuverlässigkeit** (Abs. 1) und der **Regelunzuverlässigkeit** (Abs. 2). Die absoluten Unzuverlässigkeitsgründe können nicht widerlegt werden.[580] Nur die Gründe, die zu Regelunzuverlässigkeit führen, können widerlegt werden. Voraussetzung ist, dass die Tatumstände oder die Täterpersönlichkeit die Verfehlung ausnahmsweise derart in einem **milden Licht** erscheinen lassen, dass die Regelvermutung der Unzuverlässigkeit nicht gerechtfertigt ist.

Beachte: Fast immer liegen Sie richtig, wenn Sie die Zuverlässigkeit (sehr) streng handhaben. Die Rspr. folgt dem Grundsatz „keine Waffen in Bürgerhand“.

Beispiele: Unzuverlässigkeit wegen einer vorsätzlichen Straftat (§ 5 Abs. 2 Nr. 1 WaffG), wegen fahrlässiger Straftat im Zusammenhang mit Waffen, Munition etc. (§ 5 Abs. 2 Nr. 2 WaffG) oder wegen Mitgliedschaft in einer verfassungsfeindlichen Partei (§ 5 Abs. 2 Nr. 3 WaffG).

„Die gegen den Kläger sprechende Regelvermutung der Unzuverlässigkeit i.S.d. § 5 WaffG ist nicht entkräftet. Die Taten erscheinen nicht in dem dafür vorausgesetzten milden Licht. Die Steuerhinterziehung in drei tatmehrheitlichen Fällen ist vom Amtsgericht mit einer Geldstrafe geahndet worden. Die verhängten 160 Tagessätze zeigen, dass das Amtsgericht nicht von einem Bagatelldelikt ausgegangen ist. Dafür findet auch das Verwaltungsgericht keine hinreichenden Anhaltspunkte.“

579 BVerwG NVwZ 2017, 883.

580 OVG NRW DVBl. 2013, 995; VG Köln, Beschl. v. 16.05.2018 – 20 L 935/18.

Das waffenrechtliche **Bedürfnis** (§ 8 WaffG), ein unbestimmter Rechtsbegriff, meint einen triftigen Grund. Zusammen kommen müssen 1. ein persönliches oder wirtschaftliches Interesse, 2. die Eignung/Erforderlichkeit der Waffe zur Zweckerreichung. §§ 13 ff. WaffG gehen § 8 WaffG vor.[581]

2. Aufhebung waffenrechtlicher Erlaubnisse

Rücknahme und **Widerruf** waffenrechtlicher Erlaubnisse sind in **§ 45 WaffG speziell** 488
geregelt. Der verschärfte § 45 WaffG versperrt in seinem Anwendungsbereich den Rückgriff auf die allgemeinen §§ 48, 49 VwVfG, und zwar auch auf Teile davon (z.B. Jahresfrist, § 48 Abs. 4 VwVfG).[582] Während die Aufhebung eines VA nach §§ 48, 49 VwVfG im Ermessen der Behörde steht, muss sie waffenrechtliche Erlaubnisse nach § 45 Abs. 1, Abs. 2 S. 1 WaffG zwingend aufheben, und zwar teils gesetzlich mit sofortiger Wirkung (§ 45 Abs. 5 WaffG). Wirkt der Erlaubnisinhaber nicht mit, kann die Behörde daraus nachteilige Schlüsse ziehen (§ 45 Abs. 4 WaffG). Die allgemeinen §§ 48, 49 VwVfG (Ermessensaufhebung) sind weiter anwendbar, soweit die Aufhebung aus keinem der Gründe erfolgt, die in § 45 WaffG als zwingende Aufhebungsgründe vorgesehen sind. § 46 WaffG verdrängt § 52 VwVfG hinsichtlich der Erlaubnisurkunden.

anders § 18 BJagdG; vgl. Rn. 495

3. Untersagungsverfügung

Eine **Untersagungsermächtigung** für erlaubnisfreien Waffenumgang findet sich in 489
§ 41 Abs. 1 WaffG, nach Absatz 2 kann vorbeugend auch erlaubnispflichtiger Besitz untersagt werden (Dauer-VA: achten Sie auf evtl. Tatsachenänderungen).

zu Abs. 2 vgl. auch Rn. 490 ganz unten

II. Wissenswerte Einzelheiten

- Wer in parteioffizieller Funktion verfassungsfeindliche Bestrebungen in einer 490
nicht verbotenen Partei verfolgt, ist unzuverlässig. § 5 Abs. 2 Nr. 2 WaffG schließt den Rückgriff auf Nr. 3 WaffG nicht aus. Zwar darf die parteioffizielle Tätigkeit für eine nicht verbotene Partei keine unmittelbaren Nachteile bringen, es können aber Rückschlüsse auf die waffenrechtliche Zuverlässigkeit gezogen werden (praktische Konkordanz: **Parteienprivileg**, Art. 21 GG, und Schutzpflicht des Staates für Leben und Gesundheit, Art. 2 Abs. 2 S. 1 GG).[583]
- Die Mitgliedschaft bei einer gewaltbereiten **Rockergruppierung** rechtfertigt auch dann die Annahme der Unzuverlässigkeit i.S.v. § 5 Abs. 1 Nr. 2 lit. a und c WaffG, wenn keine sonstigen Tatsachen für die Unzuverlässigkeit der betroffenen Person sprechen und diese bislang unbescholten ist.[584]
- Die Zugehörigkeit zur „**Reichsbürger**-Szene", die ideologisch die Existenz der Bundesrepublik leugnet und die Rechtsordnung nicht als verbindlich anerkennt, begründet die waffenrechtliche Unzuverlässigkeit.[585]
- Die **Untersagung künftigen Waffenbesitzes** (§ 41 Abs. 2 WaffG), der nicht erlaubnisbedürftig ist, setzt keinen aktuellen Waffenbesitz voraus.[586]

---

581 Braun GewArch 2017, 221, 223.

582 BayVGH, Urt. v. 12.08.2015 – 21 BV 14.2170, BeckRS 2015, 52406.

583 BVerwG NVwZ-RR 2010, 225; SächsOVG, Urt. v. 16.03.2018 – 3 A 556/17, BeckRS 2018, 3375; HessVGH, Urt. v. 12.10.2017 – 4 A 626/17, BeckRS 2017, 130683.

584 BVerwG NJW 2015, 3594 („Bandidos"); HessVGH, Urt. v. 07.12.2017 – 4 A 814/17, BeckRS 2014, 141335 („Outlaws MC").

585 OVG NRW, Beschl. v. 05.07.2018 – 20 B 1624/17; HessVGH, Beschl. v. 20.06.2018 – 4 B 1090/18; BayVGH, Beschl. v. 25.04.2018 – 21 CS 17.2459. Die Eignung zum Führen eines Kfz berührt sie nicht: VGH BW NZV 2018, 150.

586 BVerwG NVwZ-RR 2013, 34.

- **Unsachgemäßer Umgang** mit Waffe und/oder Munition – auch bei Transport oder Aufbewahrung – kann zur Unzuverlässigkeit führen.[587]
- Mit Einleitung des Widerrufsverfahrens verliert der Erlaubnisinhaber die Befugnis zum **Verzicht**, weil dieser nicht in das nationale Waffenregister eingetragen wird und der mögliche Widerrufsgrund in späteren Verfahren unbekannt bleibt.

B. Jagdrecht

I. Kernwissen

491 Das **Jagdrecht** ist die exklusive Befugnis, auf einem bestimmten Gebiet Wild zu hegen, zu jagen und sich anzueignen (§ 1 Abs. 1 BJagdG). Die **Hege** zielt auf einen artenreichen und gesunden Wildbestand sowie der Erhaltung von dessen Lebensgrundlagen (§ 1 Abs. 2 BJagdG).[588] Das Jagdrecht ist mit dem Grundstückseigentum untrennbar verbunden (§ 3 Abs. 1 BJagdG). Nur das **Jagdausübungsrecht** kann an Dritte **verpachtet** werden (§ 11 Abs. 1 BJagdG). Ergänzend besteht zum Schutz vor Wildschäden auch eine **Jagdpflicht.** Die zuständige Jagdbehörde stellt einen **Abschussplan** auf, dessen Einhaltung nach § 21 Abs. 2 S. 6 BJagdG, den Landesjagdgesetzen und § 27 BJagdG durch Ordnungsverfügung durchgesetzt werden kann.[589]

> *„Eine hinreichende Ermächtigung für den Erlass der Abschussanordnung findet sich in § 27 BJagdG. Danach kann die zuständige Behörde anordnen, dass der Jagdausübungsberechtigte unabhängig von den Schonzeiten innerhalb einer bestimmten Frist im bestimmten Umfang den Wildbestand zu verringern hat, wenn dies mit Rücksicht auf das allgemeine Wohl, insbesondere auf Interessen der Land-, Forst- und Fischereiwirtschaft und die Belange des Naturschutzes und der Landschaftspflege notwendig ist. Dabei sind Gründe des allgemeinen Wohls ohne Weiteres gegeben angesichts der nicht gewollten Vermischung der Wildbestände und auch des Umstandes, dass die signifikante Zunahme des Damwildes zu Schäden in der Land- und Forstwirtschaft führen oder aber Gefährdungen des Straßenverkehrs nach sich ziehen kann."*

492 Wer die Jagd ausüben will, bedarf der vorherigen **Erlaubnis**. Sie wird als **Jagdschein** erteilt (§ 15 Abs. 1 BJagdG). Auf sie besteht nach § 15 Abs. 5 S. 1 BJagdG ein gebundener Anspruch, wenn der Antragsteller die **Jägerprüfung** abgelegt hat und keine **Versagungsgründe** nach § 17 BJagdG bestehen.

493 § 17 Abs. 1 BJagdG enthält die **zwingenden** Versagungsgründe, Absatz 2 die Gründe, bei denen die Versagung im **Ermessen** der Behörde steht. Die Struktur ist also § 5 Abs. 1 und 2 WaffG vergleichbar. Zu den zwingenden Versagungsgründen gehört nach § 17 Abs. 1 S. 1 Nr. 2 u.a. die fehlende Zuverlässigkeit (s. Rn. 494).

494 Die **Zuverlässigkeit** fehlt **unwiderleglich** in den Fällen des § 17 Abs. 3 BJagdG. Die Regelvermutung der Unzuverlässigkeit kann dagegen **widerlegt** werden, wenn nur § 17 Abs. 4 BJagdG einschlägig ist. Neben der spezifisch jagdrechtlichen Zuverlässigkeit muss nach § 17 Abs. 1 S. 2 BJagdG zusätzlich noch die **waffenrechtliche Zuverlässigkeit** gegeben sein, die gesondert zu prüfen ist.[590] Bei Bedenken kann ein (ärztliches) Gutachten angefordert werden; wird es zu Unrecht verweigert, wird wegen Beweisvereitelung auf die Unzuverlässigkeit geschlossen (vgl. Rn 570).[591]

---

587 BVerwG NJW 2015, 1127 (alkoholisiert).

588 BVerwGE 143, 210; HmbOVG AUR 2017, 468.

589 BVerwG NVwZ-RR 2016, 484.

590 BayVGH, Urt. v. 29.06.2016 – 21 B 16.527, BeckRS 2016, 49326; OVG NRW NWVBl 2014, 395.

591 BayVGH, Urt. v. 29.06.2016 – 21 B 16.527, BeckRS 2016, 49326 (§§ 427, 444, 446 ZPO analog).

Die **Aufhebung der Jagderlaubnis** erfolgt nach § 18 BJagdG, indem die Behörde den Jagdschein für **ungültig** erklärt. Gleichzeitig zieht sie die Jagdscheinurkunde ein. § 18 BJagdG sieht sowohl die zwingende als auch die im Ermessen stehende Ungültigerklärung vor. § 18 BJagdG ist – anders als § 45 WaffG – im Verhältnis zu §§ 48, 49 VwVfG **nicht abschließend**. Die Jagderlaubnis (Jagdschein) kann aus Gründen, die nicht in § 18 BJagdG geregelt sind, auch nach §§ 48, 49 VwVfG aufgehoben und die Rückgabe des Jagdscheins nach § 52 VwVfG verlangt werden.[592] **495**

Mit der bestandskräftigen oder sofort vollziehbaren Ungültigerklärung der Jagderlaubnis (Jagdschein) verliert der Inhaber die **waffenrechtliche Sonderstellung**, die ihm v.a. § 13 WaffG einräumt.[593] Das gesetzlich angenommene Bedürfnis für die Ausstellung einer Waffenbesitzkarte ist damit entfallen. Diese i.S.v. § 45 Abs. 2 WaffG nachträglich eingetretene Tatsache führt zur Aufhebung der waffenrechtlichen Erlaubnisse (s.o. Rn. 488). **496**

II. Wissenswerte Einzelheiten

- Auch Jagdscheininhaber unterliegen der (periodischen) waffenrechtlichen **Regelüberprüfung** ihrer Zuverlässigkeit und persönlichen Eignung nach § 4 Abs. 3 WaffG. In deren Folge sind sie auch wiederholt gebührenpflichtig.[594] **497**
- Da die Jagdausübung grundsätzlich Liebhaberei und Freizeitbeschäftigung ist, kommt eine **Vorwegnahme der Hauptsache** im Verfahren nach § 123 VwGO (z.B. zeitlich kurz befristeter Jagdschein) mangels wesentlicher Nachteile regelmäßig nicht in Betracht.[595]
- Die Zwangsmitgliedschaft von Eigentümern kleinerer Grundstücke zu einer **Jagdgenossenschaft**, in dem nur diese jagdausübungsberechtigt ist (§ 9 BJagdG), verstößt nicht gegen das Eigentumsgrundrecht (Inhalts- und Schrankenbestimmung). Wenn ein Grundeigentümer aus Gewissensgründen die Duldung des Tötens von Tieren auf seinem Grundstück ablehnt, kann er beantragen, dass sein Grundstück zum befriedeten Besitztum erklärt wird (§ 6a BJagdG 2013).[596] Es besteht aber nur ein Anspruch auf Abwägung dieses Belangs, nicht auf Freistellung selbst.[597] Die Jagdgenossenschaft ist eine öffentl.-rechtl. Körperschaft.[598] Das ihr zukommende **Jagdausübungsrecht** unterfällt gleichwohl Art. 14 GG. Das Ausübungsrecht ist aber auch öffentlich-rechtlicher Natur.[599]
- Die **Jägerprüfung** muss in Deutschland abgelegt sein; eine im EU-Ausland bestandene genügt nicht (anders als im Fahrerlaubnisrecht[600]).[601]

592 VGH BW, Beschl. v. 05.12.2017 – 5 S 1711/17.

593 BVerwG DVBl. 2016, 577.

594 NdsOVG, Urt. v. 19.04.2011 – 11 LC 255/10, BeckRS 2011, 50013; HessVGH, Urt. v. 03.09.2008 – 5 A 991/08, BeckRS 2008, 39911.

595 SächsOVG, Beschl. v. 14.03.2018 – 3 B 43/18; BayVGH, Beschl. v. 06.03.2018 – 21 CE 17.2547.

596 Vgl. EGMR NuR 2012, 698.

597 HmbOVG, Urt. v. 12.04.2018 – 5 Bf 51/16, BeckRS 2018, 9453; OVG RP RdL 2013, 341.

598 HessVGH, Beschl. v. 17.02.2016 – 4 A 961/14.

599 BVerwG NVwZ-RR 2011, 711; BGHZ 84, 261; HmbOVG AUR 2017, 468.

600 Zusammenfassend: Koehl NZV 2015, 7.

601 NdsOVG NdsRpfl. 2015, 29.

5. Teil: Immissionsschutzrecht

498 Bei umweltrechtlichen Klausuren – etwa im Immissionsschutzrecht – werden **keine Detailkenntnisse** vorausgesetzt. Bis auf einige wenige Kernnormen, die Sie kennen müssen, wird alles Wesentliche im Klausurtext zu finden sein. Umweltrecht hat wenig mit Ökologie, dafür umso mehr mit Gewerbe, Industrie und Verkehr zu tun. Immissionsschutzrechtliche Fragestellungen werden in Klausuren **selten alleiniger Prüfungsgegenstand** sein. Ganz überwiegend sind sie in andere rechtliche Zusammenhänge eingebettet. Ein wesentlicher Anwendungsfall in der Klausur ist das Nachbarrecht, oft in Gestalt des **Baurechts.** Um sich bei solchen Aufgaben eine günstige Ausgangslage zu verschaffen, sollten Sie sich bereits in der Examensvorbereitung mit den Grundstrukturen und Begrifflichkeiten des BImSchG vertraut machen. Wer erstmals in der Klausur auf das Gesetz trifft, ist schnell überfordert.

499 Das Bundes-Immissionsschutzgesetz **(BImSchG)** schützt v.a. gegen Lärm und Luftverunreinigungen. Als Faustregel gilt: Das BImSchG schützt vor **Emissionen** (Definition: § 3 Abs. 3 BImSchG), die von Anlagen ausgehen, und auf Dritte als **Immissionen** (Definition: § 3 Abs. 2 BImSchG) einwirken.

1. Abschnitt: Kernwissen BImSchG

BImSchG
■ **Anlagenbegriff**, § 3 Abs. 5 BImSchG
■ **Genehmigungsbedürftige Anlagen**, § 4 BImSchG i.V.m. 4. BImSchV
■ **Nicht genehmigungsbedürftige Anlagen**, §§ 22 ff. BImSchG
■ Bedeutsam im Baugenehmigungsverfahren
■ **Einzelanordnung**, auch nachträglich, § 24 BImSchG, ggf. § 25 Abs. 1 BImSchG („dynamische Betreiberpflichten")
■ **Untersagung**, § 25 Abs. 2 BImSchG
■ **Schädliche Umwelteinwirkungen**,
■ Legaldefinition in § 3 Abs. 1 BImSchG
■ TA Luft und TA Lärm: **normkonkretisierende Verwaltungsvorschriften** (§ 48 Abs. 1 BImSchG)

Rn. 510

A. Anlage

500 Was eine **Anlage** ist, ergibt sich aus § 3 Abs. 5 BImSchG:

- **Betriebsstätten** und sonstige **ortsfeste Einrichtungen** (Gewerbebetriebe, Fabriken),

- **Maschinen**, **Geräte** und sonstige **ortsveränderliche** technische Einrichtungen (einschl. bestimmter Fahrzeuge) und

- **Grundstücke**, auf denen Stoffe gelagert oder abgelagert oder **Arbeiten durchgeführt werden, die Emissionen verursachen können**, ausgenommen öffentliche Verkehrswege.

> **Hinweis:** Fast alles Stationäre, was sich irgendwie in der Umgebung bemerkbar macht, stellt eine Anlage im immissionsschutzrechtlichen Sinne dar.

B. Genehmigungsbedürftige Anlagen

> **Hinweis:** Genehmigungsbedürftige Anlagen sind für das Examen zu kompliziert. Genehmigungsbedürftige Anlagen werden kaum Hauptgegenstand einer Klausur sein. Über etwas Basiswissen zu den §§ 4–21 BImSchG sollten Sie verfügen.

Das BImSchG unterscheidet nach genehmigungsbedürftigen und nicht genehmi- 501
gungsbedürftigen Anlagen. Mit **genehmigungsbedürftigen Anlagen** befasst es sich in §§ 4–21 BImSchG. Es handelt sich um große und/oder gefährliche Anlagen, die ihre Umgebung besonders belasten. Welche das sind, bestimmt sich ausschließlich nach § 4 Abs. 1 BImSchG i.V.m. der **4. BImSchV** (Sartorius 296a). Werfen Sie einen Blick in die **konstitutiv** wirkende dortige Liste.

Beispiele: Kraftwerke, große Steinbrüche, Eisenhütten, Stahlgießereien, Raffinerien, Papierfabriken, große Tiermastanlagen und Schlachthöfe, Futtermittelfabriken, Rennstrecken.

Anspruchsgrundlage für die erforderliche immissionsschutzrechtliche Anlagenge- 502
nehmigung ist § 6 Abs. 1 BImSchG. Danach müssen zunächst die **allgemeinen Betreiberpflichten** (§ 5 BImSchG) eingehalten werden, insbesondere darf die Anlage keine schädlichen Umwelteinwirkungen, sonstige Gefahren, erhebliche Nachteile oder Belästigungen für die Nachbarschaft herbeiführen (§ 6 Abs. 1 Nr. 1 BImSchG). Nach § 6 Abs. 1 Nr. 2 BImSchG dürfen außerdem **andere öffentlich-rechtliche Vorschriften** nicht entgegenstehen. Die Vorschrift führt dazu, dass bei immissionsschutzrechtlich genehmigungsbedürftigen Anlagen das **gesamte** betroffene **öffentliche Recht mitgeprüft** werden muss (in der Praxis: durch Einschaltung der Fachbehörden und -ämter), also etwa Baurecht, Wasserrecht, Gewerberecht usw. Im Gegenzug verleiht § 13 BImSchG der immissionsschutzrechtlichen Genehmigung **Konzentrationswirkung**, d.h. sie ersetzt alle anderen anlagenbezogenen (Fach-)Genehmigungen (z.B. die Baugenehmigung). Ist die Genehmigung in einem **förmlichen** (§ 10 BImSchG) und nicht in einem **vereinfachten** (§ 19 BImSchG) Genehmigungsverfahren erteilt worden, hat sie außerdem nach § 14 BImSchG **privatrechtsgestaltende** Wirkung: sie schließt privatrechtliche Einwendungen von Nachbarn gegen den **genehmigungskonformen** Anlagenbetrieb aus.

Von der **Baugenehmigung** unterscheidet sich die Anlagengenehmigung nach BIm- 503
SchG u.a. dadurch, dass sie nur **eingeschränkten Bestandsschutz** gewährt. Anders als im Baurecht, wo das genehmigte Bauvorhaben weiter legal bleibt, wenn die technischen Anforderungen steigen (z.B. Altbau bleibt baurechtmäßig, auch wenn er heutige Energieeinsparungsstandards eklatant unterschreitet), sind die immissionsschutzrechtlichen Pflichten **dynamisch**. Die Behörde kann nach § 17 BImSchG trotz bestandskräftiger Genehmigung **nachträgliche Anordnungen** erlassen, wenn die genehmigte Anlage gegen heute geltende Vorschriften verstößt, die etwa wegen technischen Fortschritts oder besserer naturwissenschaftlicher Erkenntnisse verschärft oder neu eingeführt worden sind. Verschließt sich der Anlagenbetreiber der nachträglichen Anordnung, kann ihm der Betrieb **vorläufig untersagt** (§ 20 Abs. 1 BImSchG) werden. Alternativ kann die Aufsichtsbehörde die Genehmigung – allerdings gegen Entschädigung – vollständig **widerrufen** (§ 21 BImSchG, der § 49 VwVfG verdrängt) oder zurücknehmen (§ 48 VwVfG) und anschließend die Anlage **stilllegen** und **beseitigen** (§ 20 Abs. 2 BImSchG). Bei **Unzuverlässigkeit** des Betreibers bzgl. speziell immissionsschutzrechtlicher Pflichten kann die Behörde den Betrieb nach § 20 Abs. 3 BImSchG untersagen. **§ 35 Abs. 1 GewO** bleibt daneben anwendbar, soweit sich die Unzuverlässigkeit auf andere (allgemeine) gewerberechtliche Pflichten bezieht.

C. Nicht genehmigungsbedürftige Anlagen

504 Die **nicht genehmigungsbedürftigen Anlagen**, also alle, die nicht in der 4. BImSchV aufgeführt sind, regeln die §§ 22 ff. BImSchG. Sie sind öfter Klausurgegenstand. Anlagen in diesem Sinne sind keine „Großvorhaben", sondern bspw. Gebäude, Sportplätze, Glascontainer, Sirenen usw. Der Betreiber einer solchen Anlage muss die **Grundpflichten** des § 22 BImSchG und der untergesetzlichen Rechtsverordnungen zum BImSchG („BImSch-VOen") einhalten. Auch diese Pflichten sind **dynamisch**. Es handelt sich um **Dauerpflichten**, die nicht nur bei der Errichtung der Anlage, sondern während ihrer gesamten Betriebsdauer erfüllt werden müssen. Verbessern sich aufgrund technischer Weiterentwicklung die Möglichkeiten zur Emissionsminderung, kann dem Anlagenbetreiber eine ggf. kostspielige **Nachbesserung** aufgegeben werden. Das gilt auch, wenn für den ursprünglichen Betrieb eine Baugenehmigung erteilt worden ist. Die §§ 22–25 BImSchG **beschränken** insofern den baurechtlichen **Bestandsschutz**, sofern die betroffenen Emissionen nicht **ausdrücklich** legalisiert worden sind.

Siehe auch Kasten Rn. 507

505 Anlagen i.S.v. § 22 BImSchG sind oft zugleich **Bauvorhaben**. Die Baugenehmigung darf nach der jeweiligen Erteilungsnorm der LBauO (vgl. Rn. 19) regelmäßig nur erteilt werden, wenn dem Vorhaben keine öffentlich-rechtlichen Vorschriften entgegenstehen. Zu diesen zählt auch § 22 BImSchG. Über diese „Scharniernorm" findet das BImSchG Eingang in das Baugenehmigungsverfahren. Emittierende Bauvorhaben müssen natürlich auf ihre Nachbarschaft **Rücksicht** nehmen, vgl. § 15 Abs. 1 BauNVO und § 34 Abs. 1 BauGB (einfügen = nicht rücksichtslos sein). Was das konkret heißt, ergibt sich aus § 22 BImSchG, der in diesem Rahmen als Ausprägung des Gebots der Rücksichtnahme zu prüfen ist[602] (vgl. unten „schädliche Umwelteinwirkungen" Rn. 510 ff.).

> *„Von der Baubehörde zu prüfende Vorschriften des Immissionsschutzrechts stehen dem Vorhaben nicht entgegen. Der Sendemast ist als ortsfeste Einrichtung zwar eine Anlage i.S. des § 3 Abs. 5 Nr. 1 BImSchG. Diese Anlage ist aber weder nach § 4 Abs. 1 BImSchG i.V.m. der 4. BImSchV genehmigungspflichtig noch rufen ihre Errichtung oder Betrieb schädliche Umwelteinwirkungen i.S. des § 22 Abs. 1 S. 1 Nr. 1 und 2 BImSchG hervor. § 22 Abs. 1 BImSchG verlangt …"*

D. Eingriffsgrundlagen bei nicht genehmigungsbedürftigen Anlagen

I. Einzelanordnungen, §§ 24, 25 Abs. 1 BImSchG

506 Durch Ordnungsverfügungen, die auf § 24 S. 1 BImSchG gestützt sind, kann die zuständige Behörde bei immissionsschutzrechtlich **nicht genehmigungsbedürftigen** Anlagen die **Anordnungen** treffen, die zur Erfüllung der Grundpflichten aus § 22 BImSchG bzw. speziellen immissionsschutzrechtlichen RechtsVO erforderlich sind. Die tatsächliche **Durchsetzung** erfolgt entweder dadurch, dass die Behörde den Anlagenbetrieb nach § 25 Abs. 1 BImSchG so lange (zeitweilig/teilweise[603]) **untersagt**, bis die Anordnungen erfüllt sind, oder (wahlweise[604]) mit den Mitteln des Verwaltungszwangs. **Beseitigungsverfügungen** können **nicht auf § 25 Abs. 1 BImSchG** gestützt werden; hierzu muss z.B. auf Bauordnungsrecht zurückgegriffen werden.

602 BVerwG NVwZ 2018, 509; 2013, 372; BVerwGE 109, 314; 98, 235, 246 f.

603 BVerwGE 91, 92; ThürOVG NVwZ-RR 2015, 373.

604 OVG NRW, Beschl. v. 14.06.2018 – 8 B 594/18; VGH BW NVwZ-RR 2015, 650.

§ 24 S. 1 BImSchG ist selbst **nicht nachbarschützend**. Er wird aber drittschützend und verleiht dem Dritten die Klagebefugnis, wenn die Durchsetzung ihrerseits nachbarschützender Normen verlangt wird, etwa § 22 Abs. 1 S. 1 Nr. 1 und 2 i.V.m. § 3 Abs. 1 BImSchG. Einzelfallanordnungen sind anlagenbezogen und gehen auf den **Rechtsnachfolger** über.[605] 507

„§ 22 BImSchG gestattet das Errichten und Betreiben von Anlagen nur, wenn nach dem Stand der Technik vermeidbare schädliche Umwelteinwirkungen verhindert und unvermeidbare auf ein Mindestmaß beschränkt werden. Er gebietet, dass die Anlage an diese Anforderungen auf Dauer angepasst wird. § 24 BImSchG ermächtigt deshalb die Behörde, zur Durchführung dieser Anforderungen auch bei einer baurechtlich bereits genehmigten Anlage nachträglich die erforderlichen Anordnungen zu treffen. Es bedarf keiner (teilweisen) Aufhebung der ursprünglich für die Anlage erteilten Baugenehmigung."

§ 24 S. 1 BImSchG bleibt **neben anderen Eingriffsgrundlagen**, wie z.B. § 5 Abs. 1 Nr. 3 GaststG, anwendbar; z.B. sind Gaststättenaufsichts- und Immissionsschutzbehörde parallel zuständig.[606] Der öffentl.-rechtl. Abwehr- und Unterlassungsanspruch (s. Rn. 678) kann insgesamt durchsetzungsstärker sein, weil er einen gebundenen Anspruch verleiht und nicht nur einen auf ermessensfehlerfreie Entscheidung.[607] 508

II. Untersagung, § 25 Abs. 2 BImSchG

Unter den (engen) Voraussetzungen des § 25 Abs. 2 BImSchG soll (= „muss", außer in atypischen Fällen) die zuständige Behörde den Betrieb der Anlage **untersagen**, ohne dass vorher eine Einzelanordnung nach § 24 S. 1 BImSchG als milderes Mittel ergehen musste. Da Anlagen nach § 22 BImSchG nicht genehmigungsbedürftig sind, muss vorher auch keine Genehmigung aufgehoben werden. § 25 Abs. 2 BImSchG wirkt **drittschützend**, weil er die Nachbarschaft eigens erwähnt. Auf ihn kann der Nachbar eine Verpflichtungsklage auf Untersagung stützen. Da die Hürden des § 25 Abs. 2 BImSchG sehr hoch sind, ist die ordnungsrechtliche **Generalklausel** neben ihm anwendbar, wenn sonst unerträgliche Schutzlücken aufträten. 509

E. Schädliche Umwelteinwirkungen

Die für Klausuren aller Art wichtigste Norm des BImSchG ist die Definition der **„schädlichen Umwelteinwirkungen"** in § 3 Abs. 1 BImSchG: „Schädliche Umwelteinwirkungen im Sinne dieses Gesetzes sind Immissionen, die nach Art, Ausmaß oder Dauer geeignet sind, Gefahren, erhebliche Nachteile oder **erhebliche Belästigungen** für die Allgemeinheit oder die **Nachbarschaft** herbeizuführen." 510

Beachte: Verlangen Gesetze außerhalb des BImSchG, „schädliche Umwelteinwirkungen" zu vermeiden, müssen Sie zur Definition dieses Tatbestandsmerkmals stets auf § 3 Abs. 1 BImSchG zurückgreifen. Dieser erweitert den Rechtskreis und damit die Anfechtungsmöglichkeiten von Drittbetroffenen deutlich. Die Vorschrift wirkt ausdrücklich **drittschützend** („Nachbarschaft"), verschafft also die Klagebefugnis (§ 42 Abs. 2 VwGO). Außerdem kann der Nachbar nicht nur Rechtsverletzungen rügen, sondern es genügen – anders als sonst – „erhebliche Belästigungen".

605 HessVGH NVwZ-RR 1993, 22; VG Halle/S, Urt. v. 23.09.2011 – 4 A 47/11, BeckRS 2012, 45305.

606 VG Bayreuth, Urt. v. 22.03. 2012 – B 2 K 10.483, BeckRS 2012, 26044; BayVGH NVwZ 1995, 1021.

607 Frank JuS 2018, 56, 57.

„Die von der Straßenlaterne ausgehende Lichtbelastung ist hier geeignet, schädliche Belästigungen für die Nachbarschaft herbeizuführen und kann deshalb als schädliche Umwelteinwirkung (§ 3 Abs. 1 S. 2 BImSchG) Abwehransprüche auslösen. Die Lichtimmissionen erreichen auch die Erheblichkeitsschwelle. Eine erhebliche Belästigung ist gegeben, wenn eine Lichtquelle zu vermeidbaren Lichtimmissionen auf dem Anliegergrundstück führt, welche die in der LUX-Richtlinie angegebenen Höchstwerte übersteigen."

511 Auf § 3 Abs. 1 BImSchG wird in folgenden **klausurrelevanten Normen** verwiesen:

- § 22 BImSchG
- § 35 Abs. 3 S. 1 Nr. 3 BauGB
- § 15 Abs. 1 S. 2 BauNVO
- §§ 4, 5 GaststG
- §§ 33a, 33i GewO
- § 3 BBodSchG
- § 15 KrWG

512 In der **Klausurpraxis** sollten Sie die schädlichen Umwelteinwirkungen folgendermaßen prüfen (Bsp.: Baurecht):

- Ist die Betätigung nach dem Bauplanungsrecht (§§ 30-35 BauGB/BauNVO) in dem Gebiet allgemein oder ausnahmsweise zulässig?
- Sind die Grenzwerte nach TA Luft/TA Lärm oder anderen Richtlinien eingehalten?
- Falls nein, gibt es sonstige gute Gründe, die die Emissionen für die Nachbarschaft trotzdem als zumutbar erscheinen lassen?

Die Frage, ob die Grenze zwischen **zumutbaren** (diese sind hinzunehmen) und **schädlichen** Umwelteinwirkungen überschritten ist, bleibt stets eine Einzelfallfrage. Maßgeblich sind Gebietsart, Schutzwürdigkeit und -bedürftigkeit der Umgebung, Herkömmlichkeit, soziale Adäquanz und Akzeptanz.[608]

„Für Belästigungen und Störungen durch Umwelteinwirkungen legt das BImSchG das Maß der gebotenen Rücksichtnahme auch für § 15 Abs. 1 BauNVO grundsätzlich allgemein fest. Bewertungsmaßstab für die Luftverunreinigungen durch Geruchsstoffe (§ 3 Abs. 2 und 4 BImSchG) ist daher im Grundsatz, ob sie nach Art, Ausmaß oder Dauer geeignet sind, Gefahren, erhebliche Nachteile oder erhebliche Belästigungen herbeizuführen (§ 3 Abs. 1 BImSchG). Diese Frage ist, sofern rechtlich verbindliche Grenzwerte fehlen, in umfassender Würdigung aller Umstände des Einzelfalls zu beantworten."

F. TA Luft und TA Lärm

513 Ob die Emissionen im Einzelfall als „schädliche Umwelteinwirkungen" einzustufen sind, richtet sich vielfach danach, ob bestimmte Grenzwerte überschritten werden. Diese können in Rechtsverordnungen festgesetzt sein; so gibt es über 30 durchnummerierte, thematisch spezielle **Verordnungen zum BImSchG**, z.B. zum Geräte- und Maschinen- oder zum Sportplatzlärm. Grenzwerte können sich aber auch aus bloßen Verwaltungsvorschriften ergeben. Besonders bedeutsam sind die Technischen Anleitungen zur Reinhaltung der Luft **(TA Luft)** und zum Schutz gegen Lärm **(TA Lärm)**. In der Klausur werden dem Aufgabentext Auszüge aus dem jeweils einschlägigen Regelwerk beigefügt.

514 Zu dem Erlass der TAen ermächtigt § 48 Abs. 1 BImSchG. Da sie wissenschaftlich fundiert und unter umfassender Beteiligung erlassen worden sind, nehmen diese **norm-**

608 BVerwG KirchE 61, 219; VGH BW NVwZ-RR 2017, 566.

konkretisierenden Verwaltungsvorschriften die Subsumtion unter den Begriff der „schädlichen Umwelteinwirkungen" vorweg. Sie binden grundsätzlich Verwaltung, Bürger und Gerichte, obwohl es sich nicht um Rechtsnormen handelt.[609]

„Die TA Luft, die als normkonkretisierende Verwaltungsvorschrift grundsätzlich auch in gerichtlichen Verfahren beachtlich ist, schreibt nicht vor, dass eine Biogasanlage zum Schutz vor Geruchsemissionen einen bestimmten Abstand zur Wohnbebauung einhalten muss. Die TA Luft umfasst neben dem Schutz vor schädlichen Umwelteinwirkungen auch den Vorsorgebereich, sodass sie regelmäßig höhere Anforderungen stellt, als es der Schutz vor schädlichen Umwelteinwirkungen als solcher erfordert. Der nach der TA Luft geforderte Mindestabstand bei der Errichtung von Anlagen zur nächsten vorhandenen oder in einem Bebauungsplan festgesetzten Wohnbebauung von 300 m bei geschlossenen Anlagen (Nr. 5.4.8.6 TA Luft), der nicht unterschritten werden soll, gilt jedoch nur für nach dem BImSchG genehmigungsbedürftige Anlagen und damit nicht für die immissionsschutzrechtlich genehmigungsfreie Anlage des Beigeladenen."

Beachte: Auf technische Regelwerke wird in vielen rechtlichen Zusammenhängen zurückgegriffen. Zur Ausfüllung von technischen Blankettbegriffen („Stand der Technik" [§ 3 Abs. 6 BImSchG], „gute fachliche Praxis") greifen Behörden und Gerichte auf Richtlinien und Standardisierungen aus dem betroffenen Bereich zurück, obwohl deren Urheber nicht demokratisch legitimiert sind und der Aufstellungsprozess ebenfalls rein privat bleibt. Sie werden als eine Art abstraktes Sachverständigengutachten eingeordnet. Nur im Ausnahmefall wird daher von ihnen abgewichen (z.B. DIN-Normen, VDI-Richtlinien, Empfehlungen von Fachgesellschaften). Dahinter steckt der richtige Gedanke, dass dem gleichmäßigen Verwaltungsvollzug und seiner Vorhersehbarkeit mit solchen privaten Regelwerken besser gedient ist, als wenn jeder behördliche Sachwalter oder jedes Gericht mangels gesetzlicher Vorgaben nach eigenem Gutdünken entscheidet.

G. Landes-Immissionsschutzgesetze

Die LImSchGe (z.B. in Bayern, Berlin, Brandenburg, Bremen, NRW, Rheinland-Pfalz, Sachsen), regeln vor allem den **verhaltensbezogenen Immissionsschutz** bei **privaten Betätigungen** (Verbrennen im Freien, Schutz der Nachtruhe, Feuerwerkskörper, Benutzung von Tonwiedergabegeräten). Entweder verfügen die LImSchGe über eigene Eingriffsermächtigungen (z.B. § 15 Abs. 1 LImSchG NRW) oder es wird auf die allgemeine ordnungsrechtliche Generalklausel zurückgegriffen. Nach h.M. folgt aus § 22 Abs. 2 BImSchG, dass die Länder die Anforderungen an nicht genehmigungsbedürftige Anlagen **verschärfen** dürfen (Öffnungsklausel). **515**

2. Abschnitt: Störender Hoheitsträger

Unter dem Begriff des **„störenden Hoheitsträgers"** finden sich Fallkonstellationen, die für Klausuren gerne ausgewählt werden, weil sie bekannte Alltagssituationen aufgreifen, über die man sich vorher selten rechtliche Gedanken gemacht hat. **516**

609 BVerwG, Beschl. v. 08.11.2017 – 4 B 19.17; BVerwGE 145, 145; 129, 209.

Beispiele: Die gemeindliche Kläranlage stinkt,[610] die Leuchtreklame scheint nachts ins Schlafzimmer,[611] Nachbarn wollen gegen den Lärm vorgehen, der von einem städtischen Bolzplatz/Kinderspielplatz/Schulhof/Altkleidercontainerplatz ausgeht,[612] Kirchenglocken,[613] Feuerwehrsirenen.[614]

A. Anspruch gegen den störenden Hoheitsträger selbst

> **Beachte:** Das öffentliche Ordnungsrecht gilt **nie unmittelbar** zwischen Störer und Gestörtem. Im Verhältnis zwischen zwei Privaten liegt das auf der Hand: Der Nachbar kann vom Bauherrn nie direkt etwas aus den Normen des öffentl. Baurechts verlangen, sondern muss die Bauaufsichtsbehörde zum Einschreiten veranlassen. Nichts anderes gilt, wenn die öffentliche Hand selbst Emittent (= Störer) ist. § 22 BImSchG verleiht dem Nachbarn daher keinen direkten Abwehranspruch gegen den störendem Hoheitsträger.

517 **Anspruchsgrundlage** ist vielmehr der allgemeine **öffentlich-rechtliche Abwehr- und Unterlassungsanspruch.**[615] Der gewohnheitsrechtlich anerkannte Anspruch setzt lediglich einen andauernden **rechtswidrigen hoheitlichen Eingriff** in ein subjektiv-öffentliches Recht voraus (s.u. Rn. 676 ff.).

518 Das verletzte **subjektiv-öffentliche Recht** ist zumeist das Eigentum (Art. 14 GG) oder die Gesundheit (Art. 2 Abs. 2 GG). **Hoheitliches Handeln** liegt auch dann vor, wenn das Verhalten Privater dem Hoheitsträger **zuzurechnen** ist. Das ist es v.a., wenn der Hoheitsträger eine **typische Gefährdungssituation** für die subjektiven Rechte des Betroffenen schafft (Spiel- und Grillplätze, Altglascontainer) und die bestimmungsgemäße (nicht: exzessive[616]) Nutzung zu Störungen führt. Eine **Duldungspflicht**, die die Rechtswidrigkeit entfallen lässt, besteht nur, wenn die Emissionen genehmigt sind. Bei einer Baugenehmigung ist das häufig nicht der Fall, weil sie nur Errichtung und Nutzung genehmigt, ansonsten aber „unbeschadet privater Rechte Dritter“ ergeht. Bei **schlichtem Verwaltungshandeln** (z.B. Betrieb eines Spielplatzes) fehlen meist genauere gesetzliche Vorgaben. Die Rspr. behilft sich mit der Formel, dass „das Handeln der Behörde **verhältnismäßig**“ sein muss und **„nicht aus sonstigen Gründen rechtswidrig“** sein darf. Dazu gehört, dass von der Anlage keine **schädlichen Umwelteinwirkungen** hervorgerufen werden dürfen (§§ 22, 3 Abs. 1 BImSchG). § 22 BImSchG ist also letztlich doch anwendbar, allerdings über den Umweg des öffentlich-rechtlichen Unterlassungsanspruchs.[617]

> *„Dem Kläger steht kein öffentlich-rechtlicher Unterlassungsanspruch zu. Die beklagte Kirchengemeinde ist nach BImSchG nicht zur Unterlassung des morgendlichen Läutens verpflichtet. Zwar kommt dem Verbot des § 22 Abs. 1 Nr. 1 u. 2 i.V.m. den Begriffsbestimmungen des § 3 Abs. 1 BImSchG drittschützender Charakter zu. Die Voraussetzungen für die Annahme einer schädlichen Umwelteinwirkung i.S.d. § 22 Abs. 1 Nr. 1 BImSchG liegen aber nicht vor. Das streitgegenständliche Glockengeläut der Beklagten begründet keine erheblichen Nachteile oder erhebliche Belästigungen für den Kläger.*

---

610 BGHZ 97, 97.

611 VGH BW NVwZ-RR 2012, 636.

612 BVerwGE 81, 197; OVG Saar NVwZ-RR 2018, 381; BayVGH BauR 2015, 1978; NdsOVG NordÖR 2015, 25.

613 BVerwGE 90, 163; OVG LSA LKV 2016, 378; BayVGH BayVBl 2013, 693. Nicht staatlich: Gebetsruf des Muezzin, VG Gelsenkirchen, KommJur 2018, 251.

614 BayVGH NVwZ-RR 2018, 482.

615 BayVGH NVwZ-RR 2018, 482; OVG Saar NVwZ-RR 2018, 381; Jarass, BImSchG, § 22 Rn. 66.

616 VGH BW NVwZ-RR 2017, 653; VBlBW 2012, 469; BayVGH BauR 2015, 1978.

617 BVerwGE 79, 254; OVG Saar NVwZ-RR 2018, 381.

Eine schädliche Umwelteinwirkung ist nicht gegeben, wenn die Immission herkömmlich, sozial adäquat und allgemein akzeptiert ist. So liegen die Dinge hier. Das morgendliche Läuten ist eine kirchliche Tradition, die im vorliegenden Fall bereits seit Jahrhunderten besteht. Da das morgendliche Betläuten jedenfalls seit langem den Tageslauf der Gemeinde prägt, ist es herkömmlich, sozialadäquat und allgemein akzeptiert im Sinne des Immissionsschutzrechts. Vor allem in der ländlichen Bevölkerung wird dem Glockengeläut nämlich keineswegs nur eine religiöse, sondern auch eine den Tag gliedernde soziale Funktion zugeschrieben."

B. Verpflichtung der Immissionsschutzbehörde

Der gestörte Nachbar kann sich auch an die zuständige **Immissionsschutzbehörde** wenden und bei ihr beantragen, immissionsschutzrechtlich gegen den störenden Hoheitsträger vorzugehen. Das BImSchG geht einem (wohl) ungeschriebenen Verbot vor, in den Aufgabenbereich anderer Verwaltungsträger einzugreifen (zur fehlenden formellen Polizeipflichtigkeit[618] von Hoheitsträgern s.o. Rn. 190). Daher kann die Immissionsschutzbehörde auch **gegen hoheitliche Anlagenbetreiber Ordnungsverfügungen** nach §§ 24 f. BImSchG erlassen.[619] Der gestörte Nachbar hat zwar grundsätzlich nur einen Anspruch auf ermessensfehlerfreie Entscheidung. Bei der Überschreitung anerkannter Grenzwerte verdichtet sich dieses aber regelmäßig auf Null (= Einschreiten).[620] **519**

3. Abschnitt: Prozessuales

Wehrt sich der **Betreiber** einer Anlage gegen eine **belastende Verfügung**, liegt eine Anfechtungssituation ohne Besonderheiten vor. Verlangt ein sich gestört fühlender **Nachbar** von der Behörde, dass sie nach § 24 S. 1 oder § 25 Abs. 2 BImSchG gegen den Anlagenbetreiber (auch den störenden Hoheitsträger) **einschreitet**, muss er Verpflichtungsklage erheben. In der Klagebefugnis ist die nachbarschützende (drittschützende) Wirkung der verletzten Norm darzulegen (z.B. § 3 Abs. 1 BImSchG). Wendet sich der Kläger **unmittelbar** gegen den **störenden Hoheitsträger**, muss er eine allgemeine Leistungsklage auf Unterlassen erheben. **520**

4. Abschnitt: Wissenswerte Einzelheiten

- § 22 Abs. 1a BImSchG **privilegiert** den Lärm, der von **Kindertagesstätten, Kinderspielplätzen** und ähnlichen Einrichtungen[621] hervorgerufen wird (vgl. auch § 3 Abs. 2 Nr. 2 BauNVO), in zweifacher Hinsicht. Zunächst verbietet § 22 Abs. 1a S. 2 BImSchG, bei der Beurteilung der Geräuscheinwirkungen der Kinder auf die Werte technischer Regelwerke abzustellen. Für die infolgedessen notwendige Einzelfallabwägung normiert § 22 Abs. 1a S. 1 BImSchG für den „Regelfall" ein absolutes Toleranzgebot (gesetzliche Normierung der bisherigen Rspr.).[622] **521**
- Der Nachbar hat gegen den Betreiber einer öffentlichen Einrichtung (Spielplatz für Kinder) einen öffentlich-rechtlichen Unterlassungsanspruch, soweit der **bestimmungswidrige Gebrauch** erhebliche Belästigungen (abendliche Nutzung durch **522**

618 Schoch Jura 2005, 324.

619 BVerwG NVwZ 2009, 588; HmbOVG BauR 2018, 1251; VGH BW NVwZ-RR 2017, 566 (ohne Erwähnung).

620 BVerwGE 117, 1.

621 BayVGH BayVBl. 2015, 564 (Freibad); OVG RP, Beschl. v. 08.03.2018 – 8 A 11829/17 (nicht: Schulsportplatz).

622 BVerwG, Beschl. v. 05.06.2013 – 7 B 1/13; OVG RP KommJur 2018, 78; BayVGH DVBl 2017, 709.

Jugendliche als Feierplatz) verursacht und der Betreiber einen besonderen Anreiz zum Missbrauch geschaffen hat (seltene Ausnahme).[623]

523 ■ Auch wenn § 22 BImSchG **Lichtemissionen** (Scheinwerfer, Lampen) nicht erwähnt, unterfallen sie dieser Vorschrift. Maßgebliche Kriterien für die Zumutbarkeit sind die „Raumaufhellung" und die „psychologische Blendwirkung".[624]

524 ■ § 15 Abs. 1 VersammlG erlaubt zum Schutz der öffentlichen Sicherheit, Lärmschutzauflagen zu erlassen, um einem Verstoß der **Versammlung** gegen § 22 BImSchG vorzubeugen (maximale Lautstärke von eingesetzten Lautsprechern).[625]

■ Der Nachbar einer Baustelle kann die Einhaltung der Grenzwerte für **Baulärm** gegen den Bauherrn über §§ 24 S. 1, 25 BImSchG per einstweiliger Anordnung nach § 123 VwGO durchsetzen.[626] Baumaschinen und mehrmonatige Baustellen sind nicht genehmigungsbedürftige Anlagen (§ 3 Abs. 5 Nr. 2 bzw. 3 BImSchG).[627]

623 OVG NRW BauR 2018, 796; VGH BW NVwZ 2012, 837.
624 VGH BW VBlBW 2011, 228.
625 NdsOVG NVwZ-RR 2011, 141.
626 VGH BW NVwZ-RR 2015, 650.
627 OVG NRW, Beschl. v. 14.06.2018 – 8 B 594/18; Jarass, BImSchG, § 3 Rn. 83 sowie § 22 Rn. 11.

6. Teil: Straßen- und Straßenverkehrsrecht

Das Straßen- und Straßenverkehrsrecht liefert häufiger Prüfungsgegenstände, weil darin Alltagssituation, juristisch eingeordnet und bewertet werden müssen. Das Assessorexamen prüft, ob Sie gelernt haben, das juristische „Tagesgeschäft" zu bewältigen (z.B. Zivilrecht: Verkehrsunfall). Das Straßen- und Straßenverkehrsrecht bietet diese Überprüfungsmöglichkeit im öffentlichen Recht. **525**

Die Nutzung von öffentlichen Straßen wird durch das Straßenrecht (FStrG, LStrG) als Materie des öffentlichen Sachenrechts und durch das Straßenverkehrsrecht (StVG, StVO) als Sonderordnungsrecht geregelt. Das Straßenrecht regelt die Straße als **Verwaltungsleistung der Daseinsvorsorge** (Widmung, Gemeingebrauch und Sondernutzung). Das Straßenverkehrsrecht dient dagegen der **Gefahrenabwehr** (Sicherheit und Leichtigkeit des Verkehrs). Straßen- und Straßenverkehrsrecht sind verschiedene Gesetzesmaterien, die teilweise verzahnt sind, die sich aber nicht überschneiden.[628] Könnte ein Sachverhalt beiden Rechtsregimen unterfallen, gelten der „Vorbehalt des Straßenrechts" und der „Vorrang des Straßenverkehrsrechts".[629] **526**

- **Vorbehalt des Straßenrechts**: Die Widmung legt den Nutzungsrahmen der Straße fest. In seinen Grenzen darf das Straßenverkehrsrecht den zugelassenen Verkehr gefahrenabwehrrechtlich regeln.

  Ein durch Widmung nicht zugelassener Verkehr kann also auch nicht im Wege des Straßenverkehrsrechts, z.B. durch Ausnahmegenehmigung nach § 46 StVO, zugelassen werden.[630] Die Vollsperrung einer gewidmeten Straße nach StVO ist nur bei einer besonderen Gefahrenlage möglich.[631]

- **Vorrang des Straßenverkehrsrechts:** Zur Gefahrenabwehr (Verkehrssicherheit) kann auch widmungsrechtlich zulässiger Verkehr durch das Straßenverkehrsrecht begrenzt werden. Das Straßenverkehrsrecht schränkt insofern den widmungsrechtlich zulässigen Gemein- oder Sondergebrauch ein.

  Die Einschränkung darf aber nicht zu einer faktischen Entwidmung oder einer dauernden Einschränkung des widmungsrechtlich zulässigen Verkehrs führen.

> **Merke:** Das Straßenrecht regelt das Recht **an** der Straße („Ob" der Benutzung), das Straßen*verkehrs*recht das Recht **auf** der Straße („Wie" der Benutzung).

1. Abschnitt: Straßenrecht

A. Straßenrechtliche Klausuren

In straßenrechtlichen Klausuren geht es oft um die Abgrenzung zwischen **Gemeingebrauch** und **Sondernutzung**. Die Grenzlinie zieht die Widmung. Die Widmung macht aus einer privaten Sache eine **öffentliche Sache** und weist ihr einen bestimmten (beschränkten) Zweck zu (vgl. Rn. 329). Öffentliche Sachen begegnen Ihnen vielfach in Klausuren. Das Wissen zur straßenrechtlichen Widmung, die hier exemplarisch behandelt wird, benötigen Sie also auch in anderen Zusammenhängen. **527**

Beispiele: gemeindliche öffentliche Einrichtungen (Marktplatz, Rathausbalkon, Stadthalle, Stadthafen, Volksfest); Wasserstraßen; Universitätsgebäude; Kirchenglocken.

Handelt es sich um eine **Sondernutzung** (an der Straße), wird meist um deren Erteilung (konkurrierende Anträge), Verbot oder Kostenpflichtigkeit gestritten. **528**

---

628 BVerwGE 62, 376, 378; 34, 241, 243; HmbOVG NordÖR 2017, 288.

629 Rebler SVR 2017, 246.

630 OVG Bln-Bbg NVwZ-RR 2016, 36 (Wasserski-Strecke).

631 NdsOVG VerkMitt 2017, Nr. 74; BayVGH Beschl. v. 19.01. 2017 – 8 ZB 15.811.

Klausuren im Straßenrecht
■ Erteilung einer **Sondernutzungserlaubnis**
■ Abwehr einer **Ordnungsverfügung**, die eine unerlaubte Sondernutzung untersagt
■ **Kostenerstattung** für die Beseitigung einer unerlaubten Sondernutzung

B. Kernwissen

Zur besseren Lesbarkeit wird im Folgenden das Bundes-FStrG (Sart. 932) zugrunde gelegt. Für die Landesstraßen gelten die jeweiligen LStrG, die mit dem FStrG weitestgehend übereinstimmen. Die wichtigsten Vorschriften zur Sondernutzung und zum Gemeingebrauch sind:

13, 16 StrG	14, 18 StrG	10, 11 StrG	13, 18 StrG	15, 18 LStrG	16, 19 HWG	14, 16 HStrG	21, 22 STrWG	14, 18 NStrG	14, 18 StrWG	34, 41 LStrG	14, 18 StrG	14, 18 StrG	13, 18 StrG	20, 21 StrG	14, 18 StrG

I. Widmung

529 Die **Widmung** ist eine Allgemeinverfügung (§ 35 S. 2 VwVfG), mit der festgelegt wird, dass eine bestimmte Sache einem bestimmten **öffentlichen Zweck** dienen soll. Der Widmungszweck beschränkt also den Gebrauch der öffentlichen Sache. Die Sache unterliegt nunmehr sowohl dem Privat- als auch dem öffentlichen Recht (= sog. „modifiziertes Privateigentum"). Im **Kollisionsfall** setzt sich allerdings das öffentliche Recht durch: der Widmungszweck darf nicht beeinträchtigt werden. Die straßenrechtliche Widmung ist in § 2 FStrG geregelt. Die allgemeine Widmung kann auch konkludent erfolgen, z.B. durch Eröffnung eines Schwimmbades.

> **Beachte:** Will ein Bürger eine öffentliche Sache nutzen, prüfen Sie immer zuerst, ob die Nutzung vom Widmungszweck erfasst ist. Dazu müssen Sie die Widmung selbst untersuchen. Ob überhaupt wirksam gewidmet worden ist, prüfen Sie nur, wenn der Sachverhalt dies eindeutig problematisiert.

II. Gemeingebrauch und Sondernutzung an Straßen

1. Gemeingebrauch und Sondernutzung

530 Der **Gemeingebrauch** ist der Gebrauch der Straße zum Widmungszweck (§ 7 Abs. 1 FStrG). Wird dieser überschritten, liegt eine **Sondernutzung** vor (§ 8 Abs. 1 FStrG), soweit sie den Widmungszweck beeinträchtigt. Im Gegensatz zum erlaubnisfreien Gemeingebrauch ist die Sondernutzung immer **erlaubnispflichtig** (§ 8 Abs. 1 S. 2 FStrG) und meist auch **gebührenpflichtig** (§ 8 Abs. 3 S. 1 FStrG). § 8 Abs. 7a S. 1 FStrG ermächtigt dazu, die unerlaubte Sondernutzung durch Ordnungsverfügung zu **untersagen**. Die **formelle** Rechtswidrigkeit der Sondernutzung genügt für eine Untersagung, falls nicht offensichtlich ein Anspruch auf Erteilung besteht.[632] Weitergehend kann die Behörde durch Sofortvollzug/unmittelbare Ausführung die rechtswidrige Sondernutzung **beseitigen** (§ 8 Abs. 7a S. 2 FStrG).[633]

632 OVG NRW NJW 2018, 803.

633 Zusammenfassend: Siegel NVwZ 2013, 479.

„Die Untersagungsverfügung hat ihre Rechtsgrundlage in § 8 Abs. 7a S. 1 FStrG. Danach kann die für die Erteilung der Sondernutzungserlaubnis zuständige Behörde dann, wenn eine Bundesfernstraße ohne die erforderliche Erlaubnis benutzt wird, die erforderlichen Maßnahmen zur Beendigung der Benutzung anordnen. Der Antragsteller übt durch den Verkauf von Klebstoffen aus einem mobilen Verkaufsstand auf dem Randstreifen der B 9 bei Bonn eine erlaubnispflichtige Sondernutzung aus (§ 8 Abs. 1 FStrG). Er benutzt den öffentlichen Straßenraum (§ 1 Abs. 4 Nr. 1 FStrG) nämlich zu gewerblichen Zwecken und damit über den in § 7 FStrG definierten Gemeingebrauch hinaus.

Die zum Erlass der angefochtenen Ordnungsverfügung führende Ermessensentscheidung des Antragsgegners ist rechtmäßig. Denn hierzu genügt bereits die formelle Illegalität der Tätigkeit des Antragstellers, also der Verkauf ohne die dafür erforderliche Sondernutzungserlaubnis. Es ist dem Antragsgegner auch nicht verwehrt, sich auf das Fehlen der förmlichen Erlaubnis zu berufen. Denn der Antragsteller hat jedenfalls keinen offensichtlichen Anspruch auf Erteilung einer Sondernutzungserlaubnis. Eine solche steht nach § 8 Abs. 1 FStrG im Ermessen des Antragsgegners als Straßenbaubehörde. Dessen im angefochtenen Bescheid erwähnte ständige Praxis, mobile gewerbliche Aktivitäten an Bundesfernstraßen grundsätzlich nicht zuzulassen, lässt keinen Ermessensfehler erkennen und steht damit einem Anspruch des Antragstellers entgegen."

Der Gemeingebrauch an Straßen besteht in ihrer **Nutzung zum Verkehr** (Fortbewe- **531**
gung), und zwar im Rahmen der Widmung und der verkehrsbehördlichen Vorschriften (§ 7 Abs. 1 FStrG). Die Widmung schränkt die Verkehrs**arten** manchmal ein, z.B. auf den Fußgänger- und Anlieferverkehr bei einer Fußgängergeschäftsstraße (Fußgängerzone). Der Gemeingebrauch umfasst daneben außerdem ein **kommunikatives Element**.[634]

Manche Landes-Straßengesetze weichen von dieser Definition in Randbereichen ab. Teilweise wird der Gemeingebrauch ausdrücklich ausgeschlossen, wenn die Straße nicht vorwiegend zum widmungsgemäßen Verkehr genutzt wird.

Die Verquickung von Straßenrecht und Straßenverkehrsrecht führt (nur) dazu, dass **532**
die Art der Benutzung, die nach der **StVO** noch zum **fließenden und ruhenden (= parkenden) Verkehr** zählt, bundesrechtlich dem Gemeingebrauch zu Verkehrszwecken zugeordnet ist. Das gilt aber nicht umgekehrt: nicht alles, was die straßen**verkehrs**rechtlichen Regeln der StVO überschreitet, ist eine **straßen**rechtliche Sondernutzung. Vielmehr muss nach allgemeinem Straßenrecht geprüft werden, ob der Fortbewegungszweck noch im Vordergrund steht. Aus den Einzelfallumständen müssen Sie bewerten, welcher Zweck die Nutzung prägt. Kommt eine Verkehrserschwerung oder -gefährdung hinzu, kann nicht nur aufgrund von straßenrechtlichen Normen, sondern auch aufgrund von § 32 StVO eingeschritten werden.

Kasten S. 161: wer die StVO einhält, hält sich im Gemeingebrauch

Beispiel: Wer die zulässige Höchstgeschwindigkeit überschreitet, verstößt zwar gegen die StVO, da die Fortbewegung im Vordergrund steht, liegt aber keine Sondernutzung vor.

2. Klausurprobleme

- **Werbeaufdrucke auf Kraftfahrzeugen und Anhängern:** § 12 StVO erlaubt das **533**
Parken auf öffentlichen Straßen („ruhender Verkehr"). Es ist Gemeingebrauch, weil der Wille im Vordergrund steht, bald wieder loszufahren. Ein Anhänger, der nur zu Reklamezwecken als „Werbetafel auf Rädern" an einer vielbefahrenen Kreuzung abgestellt wird, parkt auch dann nicht i.S.d. Gemeingebrauchs, wenn er vor Ablauf der Zweiwochenfrist des für ihn geltenden § 12 Abs. 3b StVO umgesetzt werden

634 BayVGH Beschl. v. 15.12.2017 – 8 ZB 16.1814; OVG NRW NWVBl 2014, 447.

soll (kein dominierender Fortbewegungszweck, verkehrsfremder Werbezweck; Anhaltspunkte: Ort und Art der Aufstellung, Aufmachung [Dachaufbauten]).[635] Der **Werbeaufdruck** auf einem Firmenfahrzeug oder die **Verkaufsofferte** an der Seitenscheibe eines zugelassenen Pkw erfolgt dagegen nur gelegentlich der Fortbewegung und stellt den dominierenden Fortbewegungszweck nicht infrage.[636]

534 ■ **Gemeingebrauch und Grundrechte:**[637] Wer **meinungsäußernde Flugblätter** in einer Fußgängerzone aus der Hand verteilt, übt (erweiterten) Gemeingebrauch aus. Art. 5 GG nötigt zu einer **erweiterten** Auslegung des Gemeingebrauchs; eine Sondernutzungserlaubnis ist nicht erforderlich.[638] **Kommerzielle Werbezettel** („Werbe-Flyer") fallen dagegen nur unter die Berufsfreiheit (Art. 12 GG). Ihre Ausübung darf durch jeden vernünftigen Zweck eingeschränkt werden; Art. 12 GG führt daher zu keiner Ausweitung des Gemeingebrauchsbegriffs.[639] Auch **Straßenkunst** (z.B. Pflastermalerei) ist trotz Art. 5 Abs. 3 GG Sondernutzung. Die Erlaubnispflicht ermöglicht es dem Staat, die Grundrechte der Straßennutzer und des Künstlers durch Einzelregelungen zum Ausgleich zu bringen. Die Kunstfreiheit wirkt sich bei der Ermessensausübung allerdings zugunsten der Genehmigung aus.[640] Bei **öffentlichen Versammlungen** i.S.v. Art. 8 GG sind die Straßengesetze neben §§ 14, 15 VersammlG nicht anwendbar (keine Sondernutzungsgenehmigung),[641] soweit es sich nicht um reine Begleiterscheinungen der Versammlungen (z.B. Toilettenhäuschen) handelt.[642]

535 ■ Wer **Gegenstände** auf die Straße stellt, behindert regelmäßig den Verkehr. Tische, Stühle, Markisen, Zigarettenautomaten oder Werbeausleger über der Straße usw. sind daher Sondernutzungen.[643] Das gilt auch für die **Stände politischer Parteien** (Art. 21 GG ändert nichts), nicht aber für das bloße Ansprechen von Passanten.[644] Im Wahlkampf ist das Ermessen bzgl. der Erlaubniserteilung aber in der Regel auf Null, nämlich auf Erteilung, reduziert.[645]

536 ■ Bei den flachen **„Stolpersteinen"**, die zum Gedenken an die Opfer des Nationalsozialismus als Kunstobjekte in den Straßenkörper eingelassen werden, liegt zwar eine Sondernutzung vor. Da diese den Gemeingebrauch nicht beeinträchtigt, ist keine öffentlich-rechtliche, sondern eine privatrechtliche Sondernutzungserlaubnis nötig.[646]

537 ■ Die Sondernutzungserlaubnis kann ermessensfehlerfrei nur aus Gründen versagt werden, die mit dem **Schutz des Widmungszwecks** der Straße zusammenhängen (§ 40 VwVfG)[647] – Straßenzustand, Sicherheit und Leichtigkeit des Verkehrs, Anliegerbelange (Lärm, Abgase), städtebauliche Belange, sofern auf einem konkreten Gestaltungskonzept beruhend (Stadtbild) –[648] und nicht aus anderen Gründen. Dasselbe gilt für **Nebenbestimmungen** zur Sondernutzungserlaubnis (z.B. kein Verbot von Schockfotos).

---

635 OVG NRW GewArch 2018, 209; OVG Hamburg NVwZ-RR 2010, 34.
636 OVG NRW VRS 100, 228.
637 Rebler SVR 2017, 246, 250 f.
638 BVerfGE 128, 226; VGH BW NVwZ-RR 2003, 238, 240.
639 BVerwGE 35, 326, 332.
640 BVerwGE 84, 71; OVG NRW NJW 2018, 803; BayVGH NVwZ 2018, 511; VG Berlin, Urt. v. 11.01.2016 – 1 K 136.14, BeckRS 2016, 42307.
641 BVerwGE 84, 34; BVerfG NVwZ 2014, 1453 (Lautsprecher); BayVGH, Urt. v. 22.09.2015 – 10 B 14.2240.
642 BVerwGE 82, 34; OVG Bln-Bbg, Beschl. v. 16.08.2012 – 1 S 108.12.
643 OVG LSA NVwZ-RR 2017, 977; OVG RP NVwZ-RR 2016, 263; OVG NRW NWVBl. 2002, 310.
644 OVG NRW NJW 2014, 2892.
645 OVG MV NordÖR 2017, 459; OVG SH, Beschl. v. 13.09.2017 – 4 MB 52/17; OVG Bln-Bbg NVwZ-RR 2011, 992.
646 BayVGH NVwZ 2018, 511.
647 Burgi NVwZ 2017, 257, 261.
648 OVG RP NVwZ-RR 2015, 281; OVG NRW NVwZ-RR 2014, 710; NdsOVG NVwZ-RR 2014, 670.

- Bei der **Konkurrenz** von Gemeingebrauch, Sondernutzung und mehrerer Sondernutzungsinteressenten untereinander, kommt der Sondernutzungserlaubnis eine „Ausgleichs- und Verteilungsfunktion" zu. Im Rahmen des Ermessens muss die Straßenbehörde die widerstreitenden Interessen ausgleichen. Dabei kommt Art. 3 GG besondere Bedeutung zu.[649] Das Prioritätsprinzip ist grds. tragfähig.[650] **538**

- Vorschriften über den Gemeingebrauch und die Sondernutzung entfalten **keinen Drittschutz**, weil sie nur straßenbezogen sind.[651] Es besteht kein Anspruch auf Einschreiten, wenn ein Dritter den erlaubten Sondernutzer stört.[652] **539**

III. Anliegergebrauch und Anliegerrecht

Der Anspruch auf **Anliegergebrauch** ist eine Ausprägung des Eigentums an einem Grundstück (Art. 14 Abs. 1 GG): Soweit zur Nutzung seines Grundstücks unbedingt erforderlich, muss dem **Anlieger die Benutzung der Straße erlaubnisfrei** ermöglicht werden.[653] Beispiel: Heranfahren an das Grundstück über den Bürgersteig.[654] Der Anliegergebrauch ist entweder speziell im jeweiligen LStrG geregelt oder das Recht des Anliegers auf Teilhabe am Gemeingebrauch wird über Art. 14 Abs. 1 GG erweiternd ausgelegt. **540**

Das **Anliegerrecht** umfasst den Anspruch auf **freien Zugang** zum Grundstück (eng auslegen; nur Kontakt nach außen überhaupt, kein Vorfahren mit dem Kfz.; vorübergehende Zugangshindernisse wie Bauarbeiten sind hinzunehmen, auch wenn sie ein Ladengeschäft in wirtschaftliche Schwierigkeiten bringen). Es folgt wie der Anliegergebrauch aus einfachem Recht. Prozessual verleiht das Anliegerrecht dem Anlieger die **Klagebefugnis** (§ 42 Abs. 2 VwGO) gegen straßen- oder straßenverkehrsrechtliche Maßnahmen, wenn diese seine Anliegersituation verschlechtern. **541**

> *„Die Anordnung der Sonderparkzone für Bewohner (umgangssprachlich: ‚Anwohnerparken') ist nicht rechtswidrig. Die durch Verkehrsschilder angeordneten **Sonderparkzonen** (§ 45 Abs. 1b S. 1 Nr. 2a StVO) dünnen den widmungsgemäßen Gemeingebrauch zulässig aus. Auf die ungeschmälerte Aufrechterhaltung des Gemeingebrauchs besteht auch dann kein Anspruch, wenn das im LStrG nicht ausdrücklich geregelt ist. Parken gehört auch nicht zum Anliegergebrauch. Der Kläger, der eine Anwaltskanzlei in der Zone unterhält, ist kein ‚Bewohner' in diesem Sinne. Nur wer in der Zone tatsächlich wohnt (eng auslegen), ist Bewohner. Großflächige Sonderparkzonen sind erlaubt soweit sie – wie hier – nicht die gesamte Innenstadt erfassen."*

C. Wissenswerte Einzelheiten

- Das Befahren öffentlicher Straßen einer rollenden „Eventfläche" **(Bier-Bike, Big-Bike)** ist Sondernutzung. Der Fortbewegungszweck tritt hinter dem Zweck der rollenden Feierfläche zurück;[655] ebenso: umhergetragene **Werbetafeln**.[656] **542**

- **Prostitution** im **Wohnmobil** mit wechselnden Standorten ist Sondernutzung.[657]

---

649 Grundlegend: BVerwG NJW 1981, 472; OVG NRW NVwZ-RR 2015, 830; Burgi NVwZ 2017, 257, 262.

650 OVG NRW NVwZ-RR 2017, 855; BayVGH BayVBl. 2010, 306, 308; andere Kriterien: Hartwig/Sterniczuk NVwZ 2017, 1375, 1377 f.

651 OVG NRW Beschl. v. 06.07.2016 – 11 B 602/16; NVwZ-RR 2015, 830; 2014, 800; BayVGH BayVBl. 2010, 306.

652 HessVGH ESVGH 65, 254; OVG NRW, Beschl. v. 03.07.2014 – 11 B 553/14; VGH BW VRS 116, 311.

653 BVerwG NJW 2018, 2067; NVwZ 1999, 1341; BayVGH BayVBl. 2016, 100; OVG LSA NJW 2015, 2281.

654 VGH BW VBlBW 2016, 384; OVG Saar LKRZ 2014, 297 (nicht bei Haus in Fußgängerzone).

655 BVerwG NWVBl. 2013, 20; OVG NRW Beschl. v. 14.03.2017 – 11 A 1582/14; GewArch 2012, 93.

656 OVG NRW NWVBl. 2014, 447.

657 VG Hamburg NVwZ-RR 2010, 370.

- Sondernutzungserlaubnisse für Werbeträger können von der Einhaltung von örtlichen **Gestaltungsvorschriften** abhängig gemacht werden.[658]
- Eine Sondernutzungserlaubnis für Straßengastronomie kann aus Klimaschutzgründen (= „öffentliches Interesse", vgl. Art. 72 Abs. 1 Nr. 24 GG) mit der Auflage verbunden werden, dass keine **Heizpilze** aufgestellt werden dürfen (str.).[659]
- **Alkoholgenuss**[660] und **stilles Betteln** sind keine Sondernutzung (vgl. Rn. 282).
- **Altkleidercontainer** werfen abfallrechtliche (§§ 17, 18 KrWG – Zuverlässigkeit)[661] und straßenrechtl. Fragen auf, seitdem die Kommunen die etablierten gewerblichen Sammler verdrängen wollen. Eine Sondernutzung ist auch gegeben, wenn der Container auf Privatgrund steht, der Einwurf aber von der öffentlichen Straße aus erfolgt.[662] Die Erlaubnis darf nicht zum Schutz des gemeindeeigenen Entsorgers versagt werden, sondern nur aus straßenrechtlichen Gründen (nicht: Zuverlässigkeit, „bekannt und bewährt", nur Gemeinnützige usw.).[663]

2. Abschnitt: Straßenverkehrsrecht

A. Straßenverkehrsrechtliche Klausuren

543 Straßenverkehrsrechtliche Klausuren haben ganz überwiegend Verkehrszeichen (einschl. Abschleppen von verbotswidrig geparkten Kfz) nach StVO und StVG, Fahrerlaubnismaßnahmen nach der FahrerlaubnisVO oder Fahrtenbücher (§ 31a StVZO) zum Gegenstand. Es handelt sich um völlig selbstständige Materien, die wenig miteinander zu tun haben. Bei **Verkehrszeichen** macht das Zusammenspiel mit dem Straßenrecht mitunter Schwierigkeiten. Straßenverkehrsrechtliche Fälle können Sie oft lösen, indem Sie allgemeine Prinzipien des Polizei- und Ordnungs- sowie des Verwaltungsvollstreckungsrechts anwenden.

Klausuren im Straßenverkehrsrecht

- Anfechtung eines **Verkehrsschildes** oder Anspruch auf dessen Aufstellung
- **Kostenerstattung für das Abschleppen** eines verbotswidrig geparkten Kfz
- **Entziehung der Fahrerlaubnis** wegen Alkohol, Drogen, Punkten, nicht vorgelegten Gutachtens einer medizinisch-psychologischen Untersuchung
- **Fahrtenbuchanordnung**, wenn der Täter einer Verkehrszuwiderhandlung unerkannt geblieben ist

658 OVG RP NVwZ-RR 2015, 281.

659 *Ja:* OVG Bln-Bbg NVwZ-RR 2012, 217; 2010, 370 für Landesrecht Berlin; Schaks JuS 2014, 149; Hebeler JA 2012, 879; *Nein:* Ingold GewArch 2010, 89.

660 NdsOVG NdsVBl. 2013, 68; DWW 2002, 137.

661 NdsOVG ZuR 2018, 434; Bühs LKV 2018, 49; Dippel/Ottensmeier AbfallR 2017, 13.

662 OVG NRW, Urt. v. 25.04.2018 – 11 A 2142/14, BeckRS 2018, 7992; Beschl. v. 14.12.2016 – 11 B 1346/16; a.A. SächsOVG NVwZ-RR 2018, 479.

663 OVG NRW NVwZ-RR 2015, 830; 2014, 748; NdsOVG DVBl. 2015, 717; Bühs LKV 2018, 49; Hebeler JA 2016, 719.

B. Kernwissen StVG und StVO

Straßenrecht
■ **Widmung**: Sache wird zur öffentlichen Sache mit definierter Zweckbestimmung, z.B. § 2 FStrG
■ **Gemeingebrauch** an Straßen ▪ Nutzung zum Verkehr (Fortbewegung) ▪ kommunikatives Element eingeschlossen ▪ wer die StVO einhält, hält sich im Gemeingebrauch
■ **Sondernutzung** an Straßen ▪ erlaubnispflichtig, § 8 Abs. 1 S. 2 FStrG ▪ Probleme: parkender Werbeanhänger, Flugblätter (politisch, kommerzielle Werbung), Straßenkunst, Gegenstände auf der Straße, Nebenbestimmungen zu straßenfremden Zwecken
■ **Anliegergebrauch** und Anliegerrecht

Rn. 532

Auch wenn die StVO und das StVG im Schönfelder abgedruckt sind, handelt es sich bei diesen Gesetzen weitgehend um öffentliches Recht.

Verkehrszeichen
■ **Ermächtigungsgrundlage:** § 45 StVO
■ **Bekanntgabe** durch Aufstellung, § 45 Abs. 4 StVO als Spezialnorm
■ **einschränkende Verkehrszeichen** ▪ Klagebefugnis: jeder ▪ Klagefrist: ein Jahr ab erstmaliger individueller Wahrnehmbarkeit
■ **begehrtes Verkehrszeichen** (Parkverbot, Durchfahrtsbeschränkungen, usw.) ▪ regelmäßig keine Klagebefugnis, da § 45 StVO nur öffentlichen Interessen dient (Ausnahme: § 45 Abs. 1 S. 2 Nr. 3 StVO)

I. Verkehrszeichen („Verkehrsschilder")

Ermächtigungsgrundlage zum Erlass (= Aufstellung) verkehrsbeschränkender Verkehrszeichen ist § 45 Abs. 1–1e), Abs. 2 ggf. i.V.m. Abs. 9 StVO. Soweit Verkehrszeichen **Vorschriftszeichen** nach § 41 StVO sind, handelt es sich um benutzungsregelnde Allgemeinverfügungen gemäß § 35 S. 2 Fall 3 VwVfG, also **Verwaltungsakte** mit **Dauerwirkung**. Verkehrszeichen werden nach der Spezialvorschrift des § 45 Abs. 4 StVO durch ihre **Aufstellung** bekannt gegeben. Die allgemeine Bekanntgabenorm des § 41 Abs. 4 VwVfG ist nicht anwendbar (s.u. zum Abschleppfall Rn. 549 ff.). Solange die Behörde das Verkehrszeichen anordnet, bleibt es ihre Maßnahme (§ 35 VwVfG), wenn ein Privater es tatsächlich aufstellt (Bauunternehmer, Veranstalter).[664] **544**

Jeder Verkehrsteilnehmer kann jedes Vorschriftszeichen in ganz Deutschland mit der **Anfechtungsklage** angreifen.[665] Die **Klagebefugnis** besteht nach der Adressaten- **545**

664 BVerwG NJW 2016, 2353.

665 Kümper JuS 2017, 833 („Verpflichtungsklagen nicht prüfungsrelevant").

theorie (Art. 2 Abs. 1 GG).[666] Die **Klagefrist** beginnt wegen Art. 19 Abs. 4 GG für jeden Verkehrsteilnehmer erst beim ersten Eintritt in den Sichtbereich des Schildes und läuft mangels Rechtsbehelfsbelehrung ein Jahr (§ 58 Abs. 2 VwGO),[667] sodass eine Fristversäumung praktisch nur im unmittelbaren Lebensumfeld nachweisbar ist.

> *„Die wegen des Fehlens einer Rechtsmittelbelehrung einjährige Widerspruchsfrist (Klagefrist) nach § 58 Abs. 2 VwGO begann gegenüber dem Kläger nicht schon mit dem Aufstellen der angegriffenen Verkehrszeichen zu laufen, sondern erst zu dem Zeitpunkt, in dem er erstmals auf diese Verkehrszeichen traf. Das Verkehrsverbot ist eine Allgemeinverfügung (§ 35 S. 2 VwVfG). Seine Bekanntgabe erfolgt nach der StVO durch Aufstellen des Verkehrsschildes (vgl. § 39 Abs. 1 und § 45 Abs. 4 StVO). Die Anfechtungsfrist läuft damit aber nicht bereits gegenüber jedermann. Sie wird vielmehr erst dann ausgelöst, wenn sich der betreffende Verkehrsteilnehmer erstmals der Regelung des Verkehrszeichens gegenübersieht. Jedes andere Verständnis geriete in Konflikt mit der Rechtsweggarantie des Art. 19 Abs. 4 GG und würde den Rechtsschutz unzumutbar erschweren."*

546 Nach dem Ablauf der **Anfechtungsfrist** kommt nur noch eine Verpflichtungsklage auf Wiederaufgreifen und Rücknahme gemäß §§ 51, 48 VwVfG in Betracht (§ 45 Abs. 1 S. 1, Abs. 3 S. 1 StVO sind nicht abschließend). Analog § 80 Abs. 2 S. 1 Nr. 2 VwGO sind Vorschriftszeichen **kraft Gesetzes sofort vollziehbar**;[668] Rechtsbehelfe haben **keine aufschiebende Wirkung**.

547 In materieller Hinsicht ist zu beachten, dass eine Beschränkung des fließenden Verkehrs nach § 45 Abs. 9 S. 2 StVO nur möglich ist, wenn aufgrund der **besonderen örtlichen Verhältnisse** eine **erhebliche und konkrete Gefahr** vorliegt; die allgemeine Gefährlichkeit des Straßenverkehrs genügt nicht (Gefahrbegriff eher eng auslegen). Die besondere Gefahrensituation muss nicht nur am Tag des Aufstellens, sondern dauerhaft vorliegen, weil es sich um einen Dauer-VA handelt. Die Behörde muss jedes Verkehrszeichen unter Kontrolle halten.[669]

Praxishinweis: Faktisch ist damit jedes Verkehrszeichen von jedermann unbeschränkt anfechtbar. Die strengen materiellen Voraussetzungen lassen außerdem vermuten, dass ein Großteil der beschränkenden Verkehrszeichen rechtswidrig ist. Das gilt nicht zuletzt, weil sie als DauerVA auch allen späteren Rechtsänderungen genügen müssen.[670]

548 **Beachte:** In der Klausur kann es ratsam sein, die Klagebefugnis auch in zweifelhafteren Fällen zu bejahen und den Anspruch erst in der Begründetheit abzulehnen.

II. Abschleppfälle

549 Das Abschleppen von verbotswidrig geparkten Fahrzeugen gehört zu *den* **Klassikern** des öffentlichen (Examens-)Rechts. Es taucht in den unterschiedlichsten Gestalten immer wieder in Klausuren auf.[671] In Abschleppfällen laufen Polizei- und Ordnungsrecht, allgemeines Verwaltungsrecht und Verwaltungsvollstreckungsrecht zusammen, in Assessorklausuren oft angereichert mit Beweisrecht. Wie solche Fälle kor-

666 BVerwG NJW 2004, 698; Kümper JuS 2017, 833, 834.
667 BVerwGE 138, 21 (ab dem zweiten Passieren: nur Erinnerungsfunktion des Verkehrszeichens).
668 Bereits BVerwG NJW 1978, 656.
669 Kümper JuS 2017, 833, 836 m.w.N.
670 BVerwG NVwZ-RR 2018, 12.
671 Waldhoff JuS 2015, 92; Hebeler JA 2015, 317.

rekt zu lösen sind, ist **heillos umstritten.**[672] Halten Sie sich im Assessorexamen daher an das Vorgehen der Rspr., denn daran orientiert sich auch der Prüfervermerk.

Beachte: Unterliegen Sie nicht dem Irrtum, Abschleppfälle für simpel zu halten, weil sie Ihnen grundsätzlich geläufig sind. Bedenken Sie, dass das Prüfungsamt und die Prüfer ohnehin voraussetzen, dass Sie den Standardabschleppfall kennen (das sollten Sie auch).

Abschleppfälle spielen sich auf der Straße ab, nicht in Papierakten, für die die verwaltungsrechtlichen Verfahrensvorschriften eigentlich gemacht sind. Gemeinsam mit den unvorhersehbaren Wendungen des praktischen Lebens ergeben sich immer neue ungelöste Fragen. Geraten Sie in der Klausur in eine Sackgasse, bleiben Sie nach angemessener Überlegungszeit nicht in ihr stecken, sondern schreiben Sie über sie hinweg, um den Fall unbedingt zu Ende zu lösen.

1. Grundschema

Damit Ihnen die Lösung eines Abschleppfalls auch dann gelingt, wenn viele rechtliche Klippen zu umschiffen sind, müssen Sie unbedingt „Kurs halten". Dazu sollten Sie das **Grundschema** verinnerlicht haben. In dieses bauen Sie nacheinander an der jeweiligen Stelle die verschieden Rechtsprobleme ein. Das Grundschema geht davon aus, dass der Bürger sich gegen einen Kostenbescheid wehrt, mit dem Abschleppkosten gegen ihn geltend gemacht werden. **550**

a) Prozessual

Prozessualer Anknüpfungspunkt ist die (in der Regel unproblematische) **Anfechtungsklage gegen den Kostenbescheid** nach dem Abschleppen. **551**

b) Materiell

Ermächtigungsgrundlage für den Kostenbescheid ist die Vorschrift über die Kostenerstattung bei Ersatzvornahme im Landes-VwVG (vgl. §§ 10, 19 BVwVG). Die Prüfung der formellen Rechtmäßigkeit des Kostenbescheids ist unproblematisch. **Materiell** ist der Kostenbescheid nur rechtmäßig, wenn die **Ersatzvornahme ihrerseits rechtmäßig** war. Dazu prüfen Sie anhand der landesrechtlichen Vorschriften über die Ersatzvornahme, ob deren Voraussetzungen erfüllt waren. In Betracht kommen das gestreckte Vollstreckungsverfahren und der Sofortvollzug bzw. die unmittelbare Ausführung. **552**

- Zum **gestreckten Verfahren** gelangen Sie, wenn ein Verkehrsschild (VA) das Parken verbietet. Es enthält nämlich zugleich ein Wegfahrgebot, also eine Handlungspflicht, die analog § 80 Abs. 2 S. 1 Nr. 2 VwGO sofort vollziehbar ist. Soweit Androhung/Festsetzung nötig sind, können sie wegen Eile unterbleiben. **553**
- Ansonsten sind Sie im **Sofortvollzug**/unmittelbare Ausführung (s. Rn. 261 ff.). Hier prüfen Sie die Rechtmäßigkeit eines **hypothetischen Wegfahrgebots** (Grund-VA) nach der Generalklausel des Ordnungsrechts, und zwar einschließlich der Verhältnismäßigkeit. Anschließend stellen Sie fest, ob die übrigen Vollstreckungsvoraussetzungen nach dem Landes-VwVG vorlagen, insbes. das Vollstreckungsverfahren ordnungsgemäß war (richtiges Zwangsmittel, Androhung entbehrlich, Festsetzung entfällt). Ist das der Fall, ist die Kostenforderung gerechtfertigt, soweit ihre konkrete Höhe nicht zu beanstanden ist. **554**

672 Koehl SVR 2014, 98.

2. Prozessuale Problemstellungen

555 ■ Ist auf den Kostenbescheid bereits gezahlt, kann die **Anfechtungsklage** gegen diesen mit einem **Annexantrag** (§ 113 Abs. 1 S. 2 VwGO) auf Rückzahlung (= allgemeine Leistungsklage, deren Zulässigkeit nicht gesondert geprüft wird) verbunden werden. Der Rückzahlungsanspruch ergibt sich aus dem allg. **öffentlich-rechtlichen Erstattungsanspruch** oder spezialgesetzlich (z.B. § 21 GebG NRW i.V.m. § 77 Abs. 4 S. 1 VwVG NRW). Der Kostenbescheid ist **nicht erledigt** (Anfechtungsklage bleibt statthaft), weil der Staat auf dieser Grundlage das Geld behält. Der Fall kann auch im vorläufigen Rechtsschutz spielen (§ 80 Abs. 5 S. 3 VwGO). In Anwaltsklausuren müssen Sie bei der Zweckmäßigkeit auf den Annexantrag hinweisen; vergessen Sie die Prozesszinsen (§ 291 BGB) nicht.

556 ■ **Fehlt** ein **Kostenbescheid** gänzlich, etwa weil der Betroffene an den von der Behörde beauftragten Abschleppunternehmer direkt gezahlt hat, um sein Fahrzeug auszulösen, kommt nur eine **allg. Leistungsklage** gegen die Ordnungsbehörde auf Rückzahlung infrage. Der Unternehmer hat als Bote der Behörde, die das Abschleppen veranlasst hat, deren Zurückbehaltungsrecht am Kfz geltend gemacht.[673]

3. Materielle Problemstellungen

in BW Beschlagnahme

a) Rechtsnatur: Sicherstellung oder Ersatzvornahme

557 Stellen Sie vor der Prüfung der allgemeinen Ersatzvornahmevorschriften immer kurz fest, dass es sich nicht um die polizeiliche/ordnungsrechtliche Standardmaßnahme der **Sicherstellung** handelt, weil es der Behörde nicht darum geht, die Gefahr durch die Verwahrung abzuwehren.[674]

b) Bekanntgabe/Wirksamkeit des Verkehrsschildes

558 ■ Ein Verkehrsschild ist nach der Spezialvorschrift des § 45 Abs. 4 StVO (öffentlich)[675] **bekannt gegeben**, wenn es für den Verkehrsteilnehmer mit einem „raschen und beiläufigen Blick" wahrnehmbar ist **(Sichtbarkeitsprinzip)**.[676] Daran fehlt es z.B., wenn es überwachsen, zugeschneit oder weggedreht ist.[677] Die materielle Beweislast für die Bekanntgabe trifft die Behörde.[678]

559 ■ Ist das **Parkverbotsschild** erst **nach** dem **Abstellen** des Kfz aufgestellt worden („Wanderbaustelle"), konnte der Autofahrer es zwar nicht selbst wahrnehmen, was nach § 45 Abs. 4 StVO eigentlich Bekanntgabevoraussetzung ist. Der Dauerparker bleibt aber (ruhender) Verkehrsteilnehmer und gerät so in den Wirkungsbereich des Schildes.[679] Auch das nachträglich aufgestellte Schild führt zum gestreckten Verfahren. Der **Kostenbescheid** (und nicht das Abschleppen = Gefahrbeseitigung an sich) ist nur ermessensfehlerhaft (§ 114 S. 1 VwGO), wenn zwischen dem Aufstellen des Schildes und dem Abschleppen nicht mindestens **zwei**[680] oder **drei volle Tage** gelegen haben (Interessenausgleich nur auf der **Sekundärebene**).[681]

673 VGH BW NJW 2010, 1898; HessVGH VRS 111, 454.

674 SächsOVG NJW 2016, 181; anders: Hamburg (Spezialgesetz).

675 BVerwGE 102, 316, 318; 138, 21.

676 BVerwG NJW 2016, 2353.

677 OVG Bln-Bbg DAR 2015, 712; Stelkens/Bonk/Sachs, VwVfG, § 35 Rn. 336: „mit Sichtbarkeit auflösend bedingt".

678 BVerwG NJW 2016, 2353; NJW 2011, 246, 247.

679 BVerwGE 102, 316; a.A. Kümper JuS 2017, 731, 735.

680 OVG NRW NWVBl 2017, 164.

681 BVerwGE 102, 316; SächsOVG NJW 2009, 2551, 2551; OVG Hamburg NordÖR 2009, 156, 157.

- Diskussionsbedürftig ist die Bekanntgabe, wenn **Fahrer und Halter** des Kfz **auseinanderfallen**, aber der Halter herangezogen wird: Der Halter war nie Verkehrsteilnehmer.[682] Ihm gegenüber kommt daher nur ein Sofortvollzug bzw. eine unmittelbare Ausführung in Betracht. **560**

- Lässt die **Polizei** bei einem Verstoß gegen ein Verkehrsschild abschleppen, kann das nur im Sofortvollzug eines fiktiven GrundVA nach der polizeirechtlichen Generalklausel geschehen (Eilzuständigkeit). Denn die Polizei hat das Verkehrsschild nicht aufgestellt, ist also nicht die Erlassbehörde des GrundVA, die diesen vollzieht.[683] Dasselbe gilt, wenn die **örtliche Ordnungsbehörde** nicht zugleich die Straßenverkehrsbehörde ist.[684] **561**

c) Verhältnismäßigkeit des Abschleppens

- An der **Erforderlichkeit** des Abschleppens kann es fehlen, wenn der Fahrer ohne Weiteres und sicher ausfindig gemacht werden kann, z.B. bei eindeutigen Passantenhinweisen; ein (universell einsetzbarer) Zettel mit der Mobilfunknummer hinter der Windschutzscheibe reicht nicht.[685] Es besteht aber keine Suchpflicht. **562**

- Das Abschleppen ist in aller Regel **angemessen**, nicht nur, wenn das falsch geparkte Kfz konkret gefährdet (Feuerwehrzufahrt, Blockade des Bürgersteigs), sondern z.B. auch zur Sicherung knappen Kurzzeitparkraums[686] oder zur Verhinderung von Parksuchverkehr. Gehwegparker ohne behindernde Wirkung (bloßer Formalverstoß) abzuschleppen ist dagegen unangemessen, und zwar trotz der negativen Vorbildwirkung.[687] **563**

d) Schäden

Verursacht ein Behördenmitarbeiter beim Abschleppen einen Schaden am Kfz, haftet der Träger quasivertraglich aus Verletzung des hoheitlich begründeten Verwahrungsverhältnisses und nach Amtshaftungsgrundsätzen. Hat die Behörde einen Unternehmer beauftragt, ist dieser **Verwaltungshelfer**, und damit Beamter im haftungsrechtlichen Sinne, für den der Behördenträger einstehen muss, und zwar nach § 839 BGB/Art. 34 GG und § 278 BGB als Erfüllungsgehilfe im Verwahrungsverhältnis.[688] Deliktische Ansprüche gegen den Verwaltungshelfer sind ausgeschlossen. Der Vertrag zwischen Behörde und Unternehmer hat keine Schutzwirkung zugunsten des Kfz-Halters.[689]

e) Andere Ermächtigungsgrundlagen

- Bei unerlaubter **Sondernutzung** (z.B. nur zu Werbezwecken parkendes Auto; ersichtlich stillgelegtes Kfz ohne Kennzeichen) kann das Abschleppen als Ersatzvornahme einer straßenrechtlichen Beseitigungsverfügung oder deren Sofortvollzug sein (vgl. § 8 Abs. 7a S. 1 und 2 FStrG bzw. die entsprechenden Vorschriften des **564**

---

682 VGH BW NJW 2007, 2058, 2059; VBlBW 1996, 32; OVG Hamburg NJW 1992, 1909.

683 OVG Bremen NVwZ-RR 2014, 849; Singbartl/Zintl JuS 2017, 543, 545.

684 *Ja:* VGH BW VBlBW 2004, 213; *Nein:* OVG MV 2006, 225, 226.

685 BVerwG NJW 2002, 2122, 2123; HessVGH, Beschl. v. 05.03.2014 – 8 D 2361/13.

686 BVerwG JA 2015, 317 m. Anm. Hebeler (Taxenstand).

687 BVerwG NJW 2002, 2122; großzügiger OVG MV DAR 2015, 715 (Fußgängerzone).

688 BGHZ 121, 161; 200, 188.

689 BGHZ 200, 188; Waldhoff JuS 2015, 92.

Landes-Straßengesetzes).[690] Behindert es den Verkehr nicht, scheidet Sofortvollzug aus. Zunächst muss versucht werden, den (ehem.) Halter zu ermitteln.[691]

565 ■ Ein straßenverkehrsrechtlich an sich ordnungsgemäß abgestelltes **Autowrack** kann **Abfall** i.S.v. § 3 Abs. 1 KrWG sein. Sein Besitzer kann nach § 62 i.V.m. § 17 KrWG und § 4 der AltfahrzeugVO verpflichtet werden, dieses der Autoverwertung zuzuführen (vgl. § 20 Abs. 3 KrWG).[692]

566 ■ **Fahrräder** unterfallen den Parkverboten der StVO regelmäßig nicht. Nur wenn sie den Verkehr im Einzelfall konkret behindern, können sie nach der polizei- oder ordnungsrechtlichen Generalklausel entfernt bzw. umgestellt werden.[693]

567 ■ Wer unberechtigt auf einem (städtischen) **Privatgrundstück** parkt, das keine zumindest tatsächlich öffentliche Verkehrsfläche ist, begeht verbotene Eigenmacht (§ 858 Abs. 1 BGB). Die Stadt kann allerdings nur privatrechtlich abschleppen lassen (Selbsthilfe, § 859 BGB). Die Kosten kann sie sich nach § 823 Abs. 1 und 2 BGB und berechtigter GoA (§§ 677, 683 S. 1, 670 BGB) ersetzen lassen. Sie handelt aber nicht hoheitlich und kann keinen VA über zu erstattende Kosten erlassen.[694]

C. Kernwissen Fahrerlaubnis

im Gesetz kommentieren

Fahrerlaubnis
■ **Ermächtigungsgrundlage** Entziehung der Fahrerlaubnis: § 3 Abs. 1 S. 1 StVG i.V.m. § 46 Abs. 1 S. 1 FeV
■ **Anordnung** zur medizinischen oder medizinisch-psychologischen Untersuchung, §§ 11–14 FeV
■ kein VA, sondern unselbstständige Verfahrenshandlung
■ nicht isoliert anfechtbar, § 44a VwGO
■ **Feststellungen im Strafurteil** binden im Fahrerlaubnisverfahren, § 3 Abs. 4 StVG
■ **Entziehung der Fahrerlaubnis** bei Alkohol bzw. Drogen
■ Alkoholabhängigkeit (alkoholisiertes Fahren allein reicht nicht)
■ Einmaliger Konsum einer harten Droge (Heroin, Kokain, Amphetamin usw.) auch ohne Verkehrsteilnahme
■ Gelegentlicher Cannabiskonsum und Fahrt unter Cannabiseinfluss

§ 3 I StVG iVm § 46 I FeV ist gebundene Entscheidung

vgl. Rn. 575

I. Entziehung der Fahrerlaubnis

568 Die **Fahrerlaubnisbehörde** muss die Fahrerlaubnis zum Führen von Kraftfahrzeugen (der „Führerschein" dokumentiert die Fahrerlaubnis nur, § 2 Abs. 1 S. 3 StVG) aus **präventiven** Gründen entziehen, wenn der Inhaber nicht (mehr) fahrgeeignet ist. Verwaltungsrechtliches Fahrerlaubnisrecht ist reines **Gefahrenabwehrrecht**.

Die Entziehung der Fahrerlaubnis dürfen Sie nicht mit einem Fahrverbot (§§ 44 StGB, 25 StVG) im Straf- oder OWi-Verfahren oder einer maßregelnden Entziehung im Strafverfahren gemäß §§ 69, 69a StGB verwechseln.

---

690 BayVGH BayVBl 2018, 31; OVG NRW NWVBl 2018, 168 (offen); VGH BW NJW 2007, 1375, 1376.

691 OVG NRW NWVBl 2018, 168; a.A. BayVGH BayVBl 2018, 31.

692 OVG RP NVwZ 2009, 1508; NdsOVG NVwZ 2010, 111.

693 BVerwG DVBl. 2004, 519, 520; NdsOVG NordÖR 2010, 8.

694 BGH NJW 2014, 3727; 2012, 528 ff.; NJW 2009, 2530, 2531; Schmidt JuS 2015, 269.

> **Hinweis:** Lesen Sie bei Fahrerlaubnisfällen immer §§ 2–4 StVG zusammen mit der FahrerlaubnisVO (FeV). Die FeV muss im Aufgabentext auszugsweise abgedruckt sein, weil sie nicht in den zugelassenen Gesetzessammlungen enthalten ist.

Prüfen Sie in der **Begründetheit** der (unproblematischen) **Anfechtungsklage** als Ermächtigungsgrundlage § 3 Abs. 1 S. 1 StVG i.V.m. § 46 Abs. 1 S. 1 FeV. Maßgeblicher Zeitpunkt ist die letzte Behördenentscheidung (Wiedererteilungsverfahren sind in § 20 FeV gesondert geregelt). Widerspruch und Anfechtungsklage gegen die Entziehungsverfügung haben **aufschiebende Wirkung** (Ausnahme: Entziehung nach der Punkteregelung, § 4 Abs. 5 und 9 StVG und in der Probezeit, § 2a Abs. 6 StVO). Bei sofortiger Vollziehung wird **Eilrechtsschutz** nach § 80 Abs. 5 VwGO erlangt. Das besondere Vollzugsinteresse (§ 80 Abs. 3 VwGO) fällt regelmäßig mit dem Erlassinteresse der Entziehungsverfügung zusammen (in der Praxis sehr großzügiger Maßstab). Die Pflicht zur Abgabe des **Führerscheindokuments** folgt aus § 47 Abs. 1 FeV. 569

II. Untersuchungsanordnung

§ 46 Abs. 3 i.V.m. §§ 11–14 FeV erlaubt der Behörde, bei bestimmten Anlässen eine **ärztliche** oder eine **medizinisch-psychologische Untersuchung** (MPU – „Idiotentest") vom Fahrerlaubnisinhaber zu verlangen. Das Begutachtungsverhältnis zwischen Fahrerlaubnisinhaber und Begutachtendem ist privatrechtlich. Die Kosten muss der Fahrerlaubnisinhaber tragen (§ 11 Abs. 6 S. 2 und 5 FeV). 570

Kommt er der rechtmäßigen Aufforderung zur Vorlage des Gutachtens nicht fristgemäß nach, schließt die Fahrerlaubnisbehörde gemäß § 11 Abs. 8 FeV auf die fehlende Fahreignung und entzieht die Fahrerlaubnis.[695] Eine prozessuale Besonderheit besteht darin, dass die **Untersuchungsaufforderung kein VA** ist, sondern nur eine unselbstständige Verfahrenshandlung. Sie kann nach § 44a VwGO **nicht isoliert angefochten** werden.[696] Im Gegenzug kann die Behörde eine fehlerhafte oder unvollständige Untersuchungsaufforderung **nicht mehr nachbessern**. Erst im Klageverfahren gegen die Fahrerlaubnisentziehung wird geprüft, ob die **Aufforderung rechtmäßig** war, insbes. anlassbezogen und verhältnismäßig. War sie es nicht, durfte die Behörde aus der Verweigerung der Gutachtenvorlage keine negativen Schlüsse ziehen, die Fahrerlaubnisentziehung ist dann rechtswidrig. Legt der Fahrerlaubnisinhaber ein (für ihn negatives) Gutachten vor, obwohl die Untersuchungsaufforderung rechtswidrig war, greift **kein Verwertungsverbot** ein, weil er selbst eine neue Tatsachengrundlage geschaffen hat.

> *„Der Antragsgegner durfte auf die fehlende Fahreignung des Antragstellers schließen, weil dieser einer rechtmäßigen und wirksamen Gutachtenanforderung nicht nachgekommen ist. Die Fahrerlaubnisbehörde darf nach § 46 Abs. 3 FeV i.V.m. § 11 Abs. 8 S. 1 FeV auf die Nichteignung des Betroffenen schließen, wenn der Betroffene sich weigert, sich einer angeordneten Untersuchung i.S.v. § 11 FeV zu unterziehen, oder er das von der Fahrerlaubnisbehörde geforderte Gutachten nicht fristgerecht beibringt. Das von dem Antragsgegner geforderte medizinisch-psychologische Gutachten hat der Antragsteller nicht vorgelegt.*
>
> *Aus dem Verstoß gegen die Gutachtenanforderung darf aber nur auf die Nichteignung des betroffenen Fahrerlaubnisinhabers geschlossen werden, wenn die Gutachtenan-*

695 BVerwG NJW 2016, 179; 2010, 3318.

696 BVerwG NJW 2017, 1765; seit: BVerwGE 34, 248, 250; näher: Geiger SVR 2014, 92.

forderung ihm gegenüber wirksam geworden ist und zudem in formeller und materieller Hinsicht rechtmäßig war. Denn als bloße Verfahrenshandlung ist sie nicht selbstständig anfechtbar. Diesen Voraussetzungen genügte die Anforderung des medizinisch-psychologischen Gutachtens."

Zweckmäßigkeit in der Anwaltsklausur: Das Rechtmäßigkeits-Risiko ist bei der Untersuchungsaufforderung dem Fahrerlaubnisinhaber aufgebürdet. Hält der Anwalt die Aufforderung für rechtswidrig und bleibt der Mandant der Untersuchung fern, kann er das erst gerichtlich geltend machen, wenn dem Mandanten die Fahrerlaubnis (mit Sofortvollzug) schon entzogen worden ist. Hält das Gericht die Aufforderung wider Erwarten für rechtmäßig, hat der Mandant die Chance auf ein positives Gutachten vergeben. Deswegen sollte der Anwalt aus Vorsichtsgründen dazu raten, sich der Begutachtung zu stellen. Fällt sie negativ aus, kann man das Gutachten immer noch zurückhalten und argumentieren, die Gutachtenaufforderung sei rechtswidrig gewesen.

III. Zusammenspiel von Strafverfahren und Fahrerlaubnisentziehung

Da dem Straf- und dem nachfolgenden Fahrerlaubnisentziehungsverfahren oftmals derselbe tatsächliche Sachverhalt zugrunde liegt, besteht die Gefahr sich widersprechender Entscheidungen. Denn sowohl der Strafrichter als auch die Fahrerlaubnisbehörde entscheiden über die Fahreignung des Betroffenen. Um Widersprüche zu vermeiden, darf die Fahrerlaubnisbehörde nach § 3 Abs. 3 StVG einen Sachverhalt, der Gegenstand eines noch **laufenden Strafverfahrens** ist, nicht verwerten (weder zur Entziehung noch für Untersuchungsaufforderungen u.ä.), wenn im Strafverfahren die Entziehung der Fahrerlaubnis nach § 69 StGB in Betracht kommt.[697]

571 Tatsächliche Feststellungen in einem **rechtskräftigen Strafurteil** binden die Fahrerlaubnisbehörde nach § 3 Abs. 4 StVG zugunsten und nach der Rspr. faktisch auch zulasten des Fahrerlaubnisinhabers, solange die Unrichtigkeit des Strafurteils nicht offensichtlich ist.[698] Sieht das Strafurteil von einer Entziehung nach § 69 StGB ab, bindet es die Fahrerlaubnisbehörde nur, wenn es das Fortbestehen der Fahreignung nachvollziehbar begründet (fehlt meist bei abgekürzten Urteilen nach § 267 StPO).

572 Sind **Beweismittel** (straf-)verfahrensfehlerhaft erlangt worden (z.B. Blutprobe ohne richterliche Anordnung, § 81a Abs. 2 StPO), bleiben sie im präventiven Fahrerlaubnisentziehungsverfahren **verwertbar**. Das öffentliche Interesse an der Sicherheit des Straßenverkehrs überwiegt.[699]

IV. Alkohol und Drogen

573 Wer ärztlich festgestellt (§ 13 S. 1 Nr. 1 FeV) **alkoholabhängig** ist, verliert die Fahrerlaubnis (Nr. 8 der Anlage 4 zur FeV). Bei Anzeichen für **Alkoholmissbrauch**, also wenn Alkoholgenuss und Kraftfahren nicht getrennt werden können (nicht: sozial unmäßiges Trinken), oder andere Anlässe bestehen, wird eine MPU angeordnet (§ 13 S. 1 Nr. 2 FeV). Auch wer als Fahrerlaubnisinhaber nur **betrunken Fahrrad** fährt, muss zur MPU, wenn er 1,6 Promille oder mehr Alkohol im Blut hat. Er muss seine Kraftfahr-

---

697 Ausgeschlossen bei einer Straftat als Fahrradfahrer: OVG Bln-Bbg NJW 2016, 3385.

698 NdsOVG DAR 2017, 159; VGH BW VRS 130, 256.

699 ByVGH Beschl. v. 05.02.2018 – 11 ZB 17.2069; OVG NRW Beschl. v. 26.09.2016 – 16 B 685/16; BA 2016, 78; kritisch: BVerfG NJW 2015, 1005; zum Ganzen: Rebler JA 2017, 59.

eignung prüfen lassen, weil solche Blutwerte regelmäßig nur „trainierte Trinker" (= Anzeichen für Alkoholmissbrauch) erreichen.[700]

„Gemäß § 3 Abs. 2 FeV finden die Vorschriften der §§ 11–14 entsprechend Anwendung, wenn Tatsachen die Annahme rechtfertigen, dass der Führer eines Fahrzeugs zum Führen ungeeignet oder nur noch bedingt geeignet ist. Nach § 13 Satz 1 Nr. 2 Buchstabe c FeV ordnet die Fahrerlaubnisbehörde an, dass ein medizinisch-psychologisches Gutachten beizubringen ist, wenn ein Fahrzeug im Straßenverkehr bei einer Blutalkoholkonzentration von 1,6 Promille oder mehr oder einer Atemalkoholkonzentration von 0,8 mg/l oder mehr geführt wurde.

Die Fahrerlaubnisbehörde ist danach berechtigt, bei einem Inhaber einer Fahrerlaubnis oder früherem Inhaber einer Fahrerlaubnis, der ein Fahrrad (= Fahrzeug) mit einer Blutalkoholkonzentration von 1,6 Promille oder mehr im Straßenverkehr geführt hat, mit einer medizinisch-psychologischen Begutachtung in aller Regel nicht nur die Eignung zum Führen von Kraftfahrzeugen, sondern auch die Eignung zum Führen von fahrerlaubnisfreien Fahrzeugen zu überprüfen."

Weitgehend unbekannt ist, dass die **einmalige** Einnahme einer **„harten Droge"** (He- 574
roin, Kokain, aber auch „Partydrogen" wie Amphetamin, Exstasy, Speed usw.) die Fahreignung entfallen lässt und zwingend zur Entziehung der Fahrerlaubnis führt. Es kommt nur auf die Einnahme an sich an. Nicht nötig ist, dass unter Drogeneinfluss ein Kfz geführt worden ist (Nr. 9.1 der Anlage 4 zur FeV).[701]

Dagegen gefährdet der Konsument von **Cannabis** (Haschisch, Marihuana) seine 575
Fahreignung nicht, solange er nicht „bekifft" (= mit Cannabisrückständen im Blut) Auto fährt. **Gelegentlicher** Konsum von Cannabis hat keine Auswirkungen auf die Fahrerlaubnis. Die Fahrfähigkeit verliert jedoch, wer **regelmäßig**, also täglich oder nahezu täglich, Cannabis konsumiert. Wer allerdings gelegentlich, d.h. mindestens zwei Mal, Cannabis zu sich genommen hat und einmal unter Cannabiseinfluss am Steuer auffällig geworden ist, verliert seine Fahrerlaubnis (Anlage 4 zur FeV, Nr. 9.2).[702] Bei **einmaliger** Cannabisauffälligkeit schließt die Rspr. teils trotzdem auf den mehrfachen Konsum, außer der Betroffene kann einen einmaligen „Probierkonsum" nachweisen (fast nie; falls doch: Drogenscreening nach § 14 FeV[703]).[704] Faktisch ist in diesen Ländern die Fahrerlaubnis verloren, wenn man einmal mit Cannabisrückständen im Blut am Steuer erwischt wird. Diese sind 6 bis 24 Stunden nach Konsumende nachweisbar.

D. Kernwissen Fahrtenbuch

I. Zweck des Fahrtenbuchs, § 31a StVZO

Nur noch selten führen Polizeibeamte selbst **Verkehrskontrollen** durch, bei denen 576
der Fahrer vom Anhalteposten sofort festgestellt wird. Der Straßenverkehr wird heute überwiegend von automatischen Kameras überwacht („Starenkästen" für rote Ampeln, „Blitzer" für Geschwindigkeitsverstöße, Videokameras zur Abstandsmessung usw.). Wegen des in Deutschland geltenden **Schuldprinzips** kann ein Bußgeld bzw.

700 BVerwG NJW 2013, 2696; BayVGH NJW 2015, 1626; OVG MV NJW 2015, 363.

701 OVG Saar ZfSch 2018, 417; VGH BW NJW 2014, 2517; SächsOVG SächsVBl. 2013, 90; OVG Bln-Bbg NJW 2012, 2374.

702 BVerwG NJW 2015, 2439.

703 OVG Hamburg NJW 2014, 3260; Stuttmann NJOZ 2011, 1113; NJW 2011, 1919.

704 OVG RP VerkMitt 2018, Nr. 35; OVG SH, Beschl. v. 23.01.2017 – 4 MB 2/17; OVG NRW NWVBl 2017, 379; a.A. BayVGH NZV 2018, 247; HessVGH NJW 2009, 1523; NdsOVG, Beschl. v. 07.06. 2012 – 12 ME 31/12; OVG Hamburg NJW 2014, 3260; eingehend VG Düsseldorf, Urt. v. 24.03. 2011 – 6 K 1156/11, BeckRS 2011, 49628, Rn. 38 bis 84.

eine Strafe nur verhängt werden, wenn der Täter der Verkehrszuwiderhandlung ermittelt ist. Schlägt die Ermittlung des Fahrers fehl, kann – anders als in anderen europäischen Ländern – nicht ersatzweise der Halter des Kfz sanktioniert werden.

577 Die **Identität des Fahrers** lässt sich der maschinellen Aufzeichnung allerdings nicht entnehmen. Anhand des Kennzeichens können die Verkehrsüberwachungsbehörden dem Kfz-Register nur den eingetragenen **Halter** des Fahrzeugs entnehmen. Der muss jedoch nicht identisch mit dem Fahrer sein. Bestreitet der Halter gefahren zu sein und lässt sich nicht mit wenig Aufwand feststellen, wer stattdessen am Steuer saß, wird das Verkehrsordnungswidrigkeiten- oder Strafverfahren **eingestellt**.

578 Daraus erwachsen Probleme für die Verkehrssicherheit. Wenn man (z.B. durch einfaches Bestreiten der Täterschaft) unerkannt bleiben und damit sanktionslos Verkehrsvorschriften übertreten kann, gefährdet das die Sicherheit des Straßenverkehrs. Dem soll dadurch entgegengewirkt werden, dass dem Kfz-Halter nach **§ 31a StVZO** für eine gewisse Zeit aufgegeben wird, ein **Fahrtenbuch** für das betreffende Kfz zu führen. Wird das Fahrtenbuch ordnungsgemäß geführt (bußgeldbewehrte Pflicht), lässt sich bei der nächsten Verkehrsübertretung aus den Eintragungen entnehmen, wer zur Tatzeit das Kfz geführt hat. Das soll zu verkehrsordnungsmäßigem Fahren anhalten. Das Fahrtenbuch ergänzt als vorbeugende Gefahrenabwehr die Kfz-Kennzeichnungspflicht.[705]

Ob die sog. „Fahrtenbuchauflagen" tatsächlich zur Verkehrssicherheit beitragen, ist empirisch bislang ungeklärt, stellt die Geeignetheit aber nicht in Frage.[706] Betroffene wehren sich oft sehr heftig gegen Fahrtenbuchauflagen, obwohl sie objektiv höchstens lästig sind. Das mag auch daran liegen, dass der Anwalt mit einem (vielleicht dem Mandanten etwas theatralisch verkauften) „Anwaltstrick" zwar die Einstellung des OWi-Verfahrens erreicht hat, das ein paar Wochen später folgende Fahrtenbuch aber nicht bedacht hat. Der Eindruck des „gewieften Anwalts" verblasst schnell, wenn der Mandant mit dessen Hilfe zwar ein Bußgeld von 80 Euro spart, sich aber stattdessen vom Fahrtenbuch über zwölf Monate tagtäglich vom Staat überwacht und im Alltag gegängelt fühlt.

> **Beachte:** Fahrtenbuch-Fälle sind nicht leicht, weil zwei Rechtsgebiete mit gegenläufigen Prinzipien und zwei Behörden mit unterschiedlichen Blickwinkeln zusammenwirken: einerseits sanktionierend und andererseits gefahrenabwehrend. Die ordnungsgemäße Durchführung des Straf- oder OWi-Verfahrens, das seinen eigenen Gesetzen gehorcht, ist Voraussetzung dafür, dass das Fahrtenbuch rechtmäßig auferlegt werden kann. In beiden Verfahrensteilen können Fehler auftreten.

II. Begriffe

1. Fahrtenbuchanordnung = Dauer-VA

579 Die Fahrtenbuchanordnung ist ein **Dauer-VA**. Das bedeutet, dass die Tatbestandsvoraussetzungen für die gesamte Dauer der Fahrtenbuchführungspflicht vorliegen müssen. **Maßgeblicher Zeitpunkt** für die Beurteilung der Rechtmäßigkeit ist trotz der statthaften **Anfechtungsklage** grundsätzlich der Zeitpunkt der gerichtlichen Entscheidung (Tatsacheninstanz), wenn das materielle Fahrtenbuchrecht nichts anderes vorschreibt (z.B. beim Halterbegriff, s.u.). Es ist daher möglich, dass eine Voraussetzung im Laufe des Gerichtsverfahrens wegfällt. Die Fahrtenbuchauflage wird dann ex nunc rechtswidrig; die Behörde muss sie aufheben, der Kläger die Hauptsache für erledigt erklären.

705 BVerwG ZfSch 2015, 594; BVerwGE 152, 188.

706 BVerwGE 152, 188; OVG Hamburg NJW 2018, 1032; VGH BW, Beschl v. 10.08.2015 – 10 S 278/15, BeckRS 2015, 50470.

2. Halter

Es gilt der **einheitliche Halterbegriff** des Straßenverkehrsrechts (z.B. § 7 StVG). **Halter** ist derjenige, der ein Fahrzeug für **eigene Rechnung** in Gebrauch hat und die **Verfügungsgewalt** darüber besitzt, die ein solcher Gebrauch voraussetzt. Maßgeblich ist, wer zur Zeit des Verkehrsverstoßes Halter war. Das Fahrzeugregister mit dem eingetragenen Halter hat Indizwirkung, die allerdings widerleglich ist.[707] **580**

3. Feststellung des Fahrzeugführers unmöglich

Ein Fahrtenbuch kann nach § 31a StVZO verhängt werden, wenn es nicht möglich war, den Fahrzeugführer zu ermitteln. Die Feststellung des Fahrzeugführers war nicht möglich, wenn die Behörde den Täter nicht ermitteln konnte, obwohl sie alle **angemessenen und zumutbaren Maßnahmen** ergriffen hat. Dazu muss sie den Halter innerhalb von **zwei Wochen benachrichtigen**, damit er die Frage, wer sein Fahrzeug zur Tatzeit geführt hat, noch zuverlässig beantworten kann.[708] Hierzu wird ihm in OWi-Verfahren der sogenannte Anhörungsbogen geschickt, der typischerweise ein Frontfoto des Kfz im Moment des Verkehrsverstoßes enthält. Der Halter muss den Fahrer jedoch auch angeben, wenn ihm kein oder nur ein undeutliches Fahrerfoto vorgelegt wird. Eine Fristüberschreitung ist mangels Kausalität unerheblich, wenn der Halter ohnehin nicht mitwirken wollte.[709] **581**

Aus welchen Gründen der Halter den Fahrer nicht benennt, ist unerheblich. Auf Verschulden kommt es nicht an.[710] Im Straf- und OWi-Verfahren darf sich der Halter auf ein **Aussage- oder Zeugnisverweigerungsrecht** berufen, wenn er selbst oder ein naher Angehöriger gefahren ist. Dasselbe gilt für einen Berufsgeheimnisträger und dessen Schweigepflicht.[711] Nimmt er dieses Recht in Anspruch, muss die OWi-Behörde nicht weiter ermitteln. Es kann aber trotzdem ein Fahrtenbuch gegen ihn verhängt werden. Denn durch die Inanspruchnahme des Verweigerungsrechts steht fest, dass von diesem Kfz-Halter eine höhere Gefahr für die Verkehrssicherheit ausgeht als vom durchschnittlichen Halter. Das Fahrtenbuch verstößt in diesen Fällen nicht gegen den **verfassungsrechtlichen** Grundsatz, sich oder nahe Angehörige nicht belasten zu müssen. Es behindert auch die Inanspruchnahme dieser Rechte im Straf- und OWi-Verfahren nicht unzumutbar.[712] Denn die **Fahrtenbuchauflage** ist keine (repressive) Sanktion, sondern dient (präventiv) allein der Abwehr künftiger **Gefahren** für die Sicherheit des Straßenverkehrs.[713] Nennt die Firma bei **Firmen- und Dienstwagen** den Angestellten, dem sie das Kfz überlassen hat, und teilt dieser den Fahrer nicht mit, kann ein Fahrtenbuch gegen die Firma angeordnet werden.[714] **582**

---

707 König in: Hentschel/König/Dauer, Straßenverkehrsrecht, § 7 StVG Rn. 14 m.w.N.

708 BVerwG, Beschl. v. 14.05.1997 – 3 B 28/97; OVG NRW, Beschl. v. 25.01.2018 – 8 A 1587/16.

709 OVG NRW NZV 2012, 148; 2011, 470.

710 OVG Hamburg NJW 2018, 1032.

711 Z.B. Ärzte, Rechtsanwälte usw.: OVG Hamburg NJW 2018, 1032; OVG NRW, Beschl. v. 14.11.2013 – 8 A 1668/13; VGH BW ZfSch 2009, 417; BayVGH, Beschl. v. 22.04.2008 – 11 ZB 07.3149, Beschl. v. 20.07.2009 – 11 ZB 08.3246; SächsOVG, Beschl. v. 01.11.2011 – 3 A 162/11.

712 Grundlegend: BVerfG NJW 1982, 568; BVerwG VRS 90, 70; OVG NRW, Beschl. v. 15.05.2018 – 8 A 740/18; OVG Bln-Bbg NJW 2017, 501.

713 BVerwG VRS 90, 70; BVerfG VRS 62, 81.

714 SächsOVG, Beschl. v. 24.10.2017 – 3 A 37/17; OVG Bln-Bbg NJW 2010, 2743.

„Der Bußgeldbehörde war die Ermittlung des Fahrers unmöglich i.S.v. § 31a Abs. 1 StVZO. Wirkt der Halter eines Geschäftsfahrzeugs an der Feststellung des Fahrzeugführers nicht mit, muss die Bußgeldbehörde keine weiteren Ermittlungen, etwa in der Firma, anstellen. Das gilt zunächst, wenn der Halter nicht mitwirken will. Das gilt aber auch, wenn er zwar mitwirken will, es aber nicht kann. Die Gründe für das Unvermögen des Halters sind unerheblich (z.B. Radarfoto zu undeutlich; keine Aufzeichnungen über die Fahrer der Fahrzeuge).

Wirkt der Halter des Geschäftsfahrzeugs an der Aufklärung des Fahrzeugführers mit, indem er denjenigen benennt, dem er den Firmenwagen überlassen hat, muss die Bußgeldbehörde so gegen diesen vorgehen, als ob er der Halter wäre. Bleiben die gegen den Benannten gerichteten Aufklärungsmaßnahmen jedoch erfolglos, z.B. weil dieser (auch unter Verstoß gegen eine firmeninterne Dienstwagenvereinbarung/-richtlinie) keine Aufzeichnungen geführt hat, keine Auskünfte erteilt oder sich auf ein Zeugnis- oder Aussageverweigerungsrecht beruft, ist die Fahrerermittlung im fahrtenbuchrechtlichen Sinne unmöglich. Im Ergebnis steht daher auch die nach Kräften geleistete Mitwirkung der ‚Firma' einer Fahrtenbuchauflage nicht entgegen, wenn sie zu keinem Erfolg geführt hat. Es verwirklicht sich das Risiko, das damit einhergeht, ein Kfz aus der Hand zu geben. Das ist rechtlich unbedenklich, da das Fahrtenbuch der Abwehr künftiger Gefahren und nicht der Sanktionierung vergangenen Unrechts dient. Dem Halter muss die Unaufklärbarkeit nicht vorwerfbar sein."

7. Teil: Ausländerrecht

Vom Ausländerrecht müssen Sie **keine Einzelheiten** wissen. Zur Prüfungsvorbereitung genügt es, wenn Sie den Regelungsmechanismus überblicken, nach dem das Aufenthaltsrecht funktioniert. Alles Weitere wird sich dem Aufgabentext entnehmen oder durch schlichte Subsumtion der (angegebenen) ausländerrechtlichen Vorschriften bewerkstelligen lassen. Trotzdem sollten Sie die prozessualen Besonderheiten kennen, die immer wieder auftauchen. Von den ausländerrechtlichen Gesetzen ist für Sie nur das **AufenthG** wichtig; das FreizügigkeitsG/EU liegt eher am Rande, das in der Gerichtspraxis sehr bedeutsame Asylrecht können Sie völlig beiseite lassen. 583

Klausuren im Ausländerrecht

- Anspruch auf Erteilung bzw. Verlängerung einer Aufenthaltserlaubnis, insbes. im vorläufigen Rechtsschutz
- – Derzeit eingeschränkt – Abwehr einer Ausweisung, insbes. mit Bezug zur Familie (Art. 6 GG)

Die folgenden **rund 20 Paragrafen** des AufenthG sollten Sie sich einmal ansehen. 584

Norm	Inhalt
§ 2 Abs. 1	Begriffsbestimmung Ausländer
§§ 4, 5	Aufenthaltstitel und dessen allgemeine Erteilungsvoraussetzungen
§§ 6–9	Visum, Erteilung und Verlängerung der Aufenthaltserlaubnis, Niederlassungserlaubnis
§ 11	Einreise- und Aufenthaltsverbot
§§ 16, 18	Aufenthaltserlaubnis zur Ausbildung und zur Beschäftigung
§§ 27–31, jew. nur Abs. 1	Aufenthaltserlaubnis aus familiären Gründen
§ 50	Ausreisepflicht bei fehlendem/weggefallenem Aufenthaltstitel
§ 51 Abs. 1	Erlöschen des Aufenthaltstitels
§ 52 Abs. 1 u. 3	Nachträglicher Widerruf des Aufenthaltstitels
§§ 53–55	Ausweisung
§ 71 Abs. 1 u. 2	Behördliche Zuständigkeit
§ 81 Abs. 3 u. 4	Fiktionswirkung des Antrags auf Erteilung und Verlängerung eines Aufenthaltstitels
§ 84	Keine aufschiebende Wirkung von Rechtsbehelfen, Wirksamkeit trotz aufschiebender Wirkung

Hinweis: Wenn im Folgenden zur besseren Lesbarkeit verkürzt von „Ausländern" die Rede ist, sind stets die **Nicht-EU-Ausländer** gemeint. Für EU-Ausländer gelten Sonderregeln (s. Rn. 597).

1. Abschnitt: Kernwissen

A. Einreise und Aufenthalt von Ausländern in Deutschland

585 Nach § 2 Abs. 1 S. 1 AufenthG ist **Ausländer**, wer kein Deutscher i.S.v. Art. 116 Abs. 1 GG ist. Jeder Ausländer, der nach Deutschland einreisen und sich hier aufhalten will, benötigt einen sog. **Aufenthaltstitel** (§ 4 Abs. 1 AufenthG), also einen begünstigenden VA (→ Verpflichtungsklage). Er wird in der Form eines Visums, einer Aufenthalts- oder einer Niederlassungserlaubnis erteilt.

586 Vor der Einreise nach Deutschland muss der Ausländer bei der deutschen Vertretung (Botschaft/Konsulat) in seinem Heimatland (§ 71 Abs. 1 AufenthG) die Einreiseerlaubnis (**Visum** = VA) beantragen. Die Auslandsvertretung erteilt es, indem sie einen fälschungssicheren Aufkleber im Reisepass anbringt, § 6 AufenthG (→ Verpflichtungsklage gegen den Bund [Auswärtiges Amt]). Das Visum erlaubt die **Einreise** und den **Aufenthalt** im Inland, letzteren normalerweise für drei Monate. Wer ohne Visum (illegal) eingereist ist, kann im Regelfall keine Aufenthaltserlaubnis erhalten, § 5 Abs. 2 AufenthG; er muss wieder ausreisen und mit einem Visum erneut (legal) einreisen. Nur so behält das Visum seine Funktion als Instrument zur Steuerung des Zutritts von Ausländern ins Bundesgebiet. **Transportunternehmen** dürfen Ausländer ohne Einreisepapiere nicht befördern und haften bei Zuwiderhandlung für die Kosten (§§ 63 ff. AufenthG).[715]

Wenn der Ausländer im Visumsantrag „Verwandtenbesuch" angibt, nach Einreise aber eine Aufenthaltserlaubnis zur Beschäftigung (§ 18 AufenthG) beantragt, verwirklicht er den Versagungsgrund des § 5 Abs. 2 S. 1 Nr. 1 AufenthG. Der **wirkliche Aufenthaltszweck** muss schon im Visumsantrag mitgeteilt werden, damit die Steuerungsfunktion des Visums erhalten bleibt.[716]

587 Wer länger in Deutschland bleiben will, muss eine **Aufenthaltserlaubnis** bei der zuständigen Ausländerbehörde (§ 71 AufenthG i.V.m. Landesrecht) beantragen. Die Aufenthaltserlaubnis ist ein VA (→ Verpflichtungsklage gegen die Landesbehörde). Sie wird nach § 7 AufenthG grundsätzlich **befristet** und **zweckgebunden** erteilt. Der Zweck besteht z.B. in Ausbildung/Studium (§§ 16 ff. AufenthG), Erwerbsarbeit (§§ 18 ff. AufenthG), Forschung (§ 20 AufenthG) oder in der Zusammenführung einer Familie (§§ 27 ff. AufenthG). § 7 Abs. 1 S. 3 AufenthG stellt die Erteilung einer Aufenthaltserlaubnis zu anderen Zwecken ins ausländerbehördliche Ermessen. Nach fünf Jahren rechtmäßigen Aufenthalts kann gemäß § 9 AufenthG eine **Niederlassungserlaubnis** erteilt werden, die an **keinen Zweck** mehr gebunden und außerdem **unbefristet** ist.

588 Vor Ablauf der befristeten Aufenthaltserlaubnis muss der Ausländer ihre **Verlängerung** beantragen (§ 81 Abs. 1 AufenthG). Es gelten im Prinzip dieselben Voraussetzungen wie bei der Ersterteilung, allerdings mit gewissen Einschränkungen, vgl. § 8 Abs. 1 und 2 AufenthG.

715 BVerwG ZAR 2018, 37 (EuGH-Vorlage zur Kontrollpflicht an EU-Binnengrenzen).

716 BVerwG NVwZ 2011, 495, 497.

Prüfungsfolge Aufenthaltstitel
A. Formelle Voraussetzungen
I. Antrag, § 81 Abs. 1 AufenthG
II. Zuständige Behörde, § 71 AufenthG ggf. i.V.m. Landesrecht
B. Materielle Voraussetzungen
I. Allgemeine Erteilungsvoraussetzungen aller Aufenthaltstitel gemäß § 5 AufenthG
II. Besondere Erteilungsvoraussetzungen des jeweiligen Aufenthaltstitels (§§ 9, 16 f., 18 ff., 22 ff., 27 ff. AufenthG)
III. Versagungsgründe
1. Bestimmte Regelausweisungsgründe liegen vor, § 5 Abs. 4 AufenthG
2. Sperrwirkung wegen früherer Ausweisung/Abschiebung (§ 11 Abs. 1 AufenthG)
3. Spezielle Versagungsgründe der jeweiligen Aufenthaltserlaubnis (§§ 16 f., 18 ff., 22 ff., 27 ff. AufenthG)
C. Rechtsfolge
Erteilung des Aufenthaltstitels im Ermessen, ausnahmsweise gebundener Anspruch (z.B. §§ 28 Abs. 1, 30 Abs. 1 AufenthG) Familien- u. Ehegattennachzug

„Dem Kläger steht kein Anspruch auf Neubescheidung seines Antrags auf Erteilung einer Aufenthaltserlaubnis nach § 16 Abs. 1 AufenthG zur Aufnahme des Studiums der BWL an der Universität X zu. Denn der spezielle Versagungsgrund des § 16 Abs. 2 AufenthG ist erfüllt, nach dem während eines Aufenthalts nach § 16 Abs. 1 AufenthG in der Regel keine Aufenthaltserlaubnis für einen anderen Aufenthaltszweck erteilt werden soll. Die Erteilung einer Aufenthaltserlaubnis nach § 16 Abs. 1 AufenthG knüpft beim Studium an die Fachrichtung an. Schon bei einer Änderung der Fachrichtung liegt ein anderer Aufenthaltszweck vor. Ein solcher Wechsel liegt bei der Änderung von Medizin auf BWL vor." §16b

B. Beendigung des Aufenthalts von Ausländern

Um einen erlaubt im Inland befindlichen Ausländer zu verpflichten, aus Deutschland **auszureisen**, muss die Behörde dessen Aufenthaltstitel zum Erlöschen bringen. **589**

Gründe: Ablauf der Geltungsdauer, begangene Straftaten, Gefährdung der öffentlichen Sicherheit, falsche Angaben im ausländerrechtlichen Verfahren, Rauschgiftsucht, Inanspruchnahme öffentlicher Fürsorgemittel, „Isolation" von (meist weiblichen) Familienangehörigen.

Sobald das geschehen ist, wird der Ausländer nach § 50 Abs. 1 und 2 AufenthG **gesetzlich** („automatisch") **ausreisepflichtig**; eine evtl. Ausreiseaufforderung wirkt nur deklaratorisch (→ Feststellungsklage). Eine befristete Aufenthaltserlaubnis erlischt mit Zeitablauf (§ 7 Abs. 1 S. 1 AufenthG). Eine Aufenthaltserlaubnis zu Studienzwecken erlischt, wenn sie durch die Exmatrikulation oder Studienfachwechsel auflösend bedingt ist (zulässig, § 12 Abs. 2 S. 1 AufenthG). **590**

591 Die Aufenthaltserlaubnis erlischt in den Fällen des § 51 Abs. 1 AufenthG, u.a. bei dauerhafter Ausreise[717] oder Asylantragstellung nach Aufnahme aus humanitären Gründen. Gem. § 51 Abs. 1 Nr. 3 AufenthG, § 48 LVwVfG kann der Aufenthaltstitel nach den allgemeinen Regeln **zurückgenommen** werden, z.B. bei falschen Angaben im Antrag. Ein Widerruf wegen nachträglich veränderter Umstände ist nur nach dem abschließenden § 52 AufenthG möglich, der § 49 VwVfG sperrt.[718]

> **Hinweis:** Erläuterungen zum Verhältnis der speziellen Vorschriften des AufenthG zu den allgemeinen Aufhebungsnormen nach dem VwVfG finden Sie in der Klausur bei Kopp/Ramsauer, VwVfG, § 48 Rn. 40 und § 49 Rn. 18c.

592 Der wichtigste Erlöschensgrund ist die **Ausweisung** des Ausländers, §§ 53–55 AufenthG. Mit diesem VA wird ein bestandskräftiger Aufenthaltstitel anders als durch Rücknahme und Widerruf beseitigt. Die Ausweisung ist keine Strafe, sondern eine besondere Form der Gefahrenabwehr; sie dient der Abwehr einer Gefahr, die von dem Ausländer ausgeht (vgl. frühere Terminologie: „Ausländerpolizei").[719] Die Ausweisung hat verschiedene Wirkungen, sie:

- lässt den Aufenthaltstitel **erlöschen**, § 51 Abs. 1 Nr. 5 AufenthG,
- verpflichtet den Ausländer zur unverzüglichen **Ausreise**, § 50 Abs. 1 und 2 AufenthG; der weitere Aufenthalt ist strafbar, § 95 Abs. 1 Nr. 2 AufenthG, besonders gefährliche Ausländer werden gemäß §§ 56 f. AufenthG polizeilich überwacht,
- führt bei Vollziehbarkeit zur **Abschiebung**, § 58 Abs. 1 AufenthG,
- **verbietet** dem Ausländer die **Wiedereinreise**, § 11 Abs. 1 S. 1 AufenthG, an der Grenze wird er zurückgewiesen (§§ 15 Abs. 1, 14 Abs. 1 Nr. 3 AufenthG),
- sie **verhindert** die Erteilung eines neuen **Aufenthaltstitels**, § 11 Abs. 1 AufenthG.

593 Das von § 11 Abs. 1 AufenthG ausgelöste Einreise- und Aufenthaltsverbot ist nach § 11 Abs. 2 S. 1 AufenthG von Amts wegen zu befristen; die Länge der Frist liegt im Ermessen, § 11 Abs. 3 AufenthG.[720] Die **Befristung** ist ein eigener sofort vollziehbarer VA (vgl. § 84 Abs. 1 S. 1 Nr. 7 AufenthG), der – bzgl. der Länge – mit der Anfechtungsklage (teil-)anzugreifen ist.[721] Bei isolierter Klage gegen die Ausweisung ist die Befristung hilfsweise angefochten.[722]

Hinweis: Im Ausländerrecht ist durch die große Migrationskrise, die im Herbst 2015 begonnen hat, alles in Bewegung. Laufend werden neue Gesetzesverschärfungen beschlossen.[723] Da auch zur neu geregelten Ausweisung keine gefestigte Rspr. existiert – die zur alten Ausweisung ergangene Rspr. ist weitgehend überholt –, dürfte dieses Thema auf absehbare Zeit **kaum klausurgeeignet** sein. Strukturkenntnisse, v.a. für die mündliche Prüfung, sind gleichwohl ratsam.

Aufgrund europarechtlicher Vorgaben[724] wurde die **Ausweisung** mit Wirkung zum **01.01.2016 völlig neu geregelt**. Die bisherige dreifache Stufung der Ausweisungstatbestände (1. zwingend, 2. in der Regel, 3. nach Ermessen) ist entfallen. § 53 AufenthG n.F. verlangt nunmehr allgemein, dass alle für und gegen eine Ausweisung sprechenden Gründe abgewogen werden, und zwar bereits auf Tatbestandsebene (!). Die Ausweisung ist nach der gesetzgeberischen Konzeption damit eine **reine Rechts-**

717 BVerwG NVwZ-RR 2017, 670.
718 OVG NRW InfAuslG 2006, 427.
719 BVerwGE 35, 291, 293 f.; 42, 133, 138.
720 BVerwG NVwZ 2018, 88.
721 Brühl JuS 2016, 23, 29.
722 BVerwGE 143, 277, 297.
723 Vgl. nur Huber NVwZ 2017, 1160.
724 BR-Drs. 642/14; näher: Bauer/Beichel-Benedetti NVwZ 2016, 416; Huber NVwZ 2015, 1178.

entscheidung, die gerichtlich voll überprüfbar ist (kein Ermessensspielraum der Ausländerbehörde, keine Verpflichtung zur Neubescheidung unter Beachtung der Rechtsauffassung des Gerichts, vgl. § 113 Abs. 5 S. 2 VwGO).[725] Daraus folgt auch, dass das (rechtskräftige) Urteil abschließend ist.[726] Das Gericht muss alle Rechts- und Tatsachenänderungen berücksichtigen, die bis zu seiner Entscheidung eintreten.

Wie das Ausweisungsinteresse der Bundesrepublik zu bewerten ist, ergibt sich aus **594**
§ 54 AufenthG. § 54 Abs. 1 benennt **besonders schwerwiegende** Interessen (z.B. Nr. 1: vorsätzliche Straftaten mit Freiheitsstrafe von mehr als zwei Jahren, Nr. 5: „Hassprediger") und Absatz 2 **schwer wiegende** Gründe (z.B. Nr. 3, 4: Drogen, Nr. 5: Isolation [weiblicher] Familienangehöriger). Vergleichbar strukturiert enthält § 56 AufenthG in seinen Absätzen 1 und 2 die besonders schwerwiegenden und schwerwiegenden **Bleibeinteressen** des Ausländers. Die Ausweisung ist nicht sofort vollziehbar, vgl. § 84 AufenthG, kann aber für sofort vollziehbar erklärt werden.

Prüfungsfolge Ausweisung

Ermächtigungsgrundlage: § 53 Abs. 1 AufenthG

A. Formelle Rechtmäßigkeit

- **I.** Zuständigkeit (sachlich: § 71 Abs. 1 AufenthG), örtlich (allg. POR)
- **II.** Form
  - **1.** schriftlich, § 77 Abs. 1 S. 1 Nr. 2, 9 AufenthG
  - **2.** Verbindung mit Befristung, § 11 Abs. 2 S. 2 AufenthG
  - **3.** Rechtsbehelfsbelehrung, § 77 Abs. 1 S. 2 u. 3 AufenthG
- **III.** Verfahren (v.a. Anhörung mit Ausschlusswirkung § 82 AufenthG)

B. Materielle Rechtmäßigkeit – Tatbestand

- **I.** Ausländer, § 2 Abs. 1 AufenthG
- **II.** Aufenthalt gefährdet
  - **1.** die öffentliche Sicherheit und Ordnung, § 54 Abs. 1 Nr. 1 und Abs. 2 Nr. 1–4, 8 u. 9 AufenthG
  - **2.** die freiheitl. demokr. Grundordnung, § 54 Abs. 1 Nr. 2 ff., Abs. 2 Nr. 5–7 AufenthG
  - **3.** sonstige erhebliche Interessen der Bundesrepublik
  - **4.** ggf. Privilegierungen nach § 53 Abs. 3 AufenthG (Asylberechtigte, Türken mit besonderem Aufenthaltsrecht)
- **III.** Abwägung der Ausweisungs- und Bleibeinteressen, § 53 Abs. 2 AufenthG
  - **1.** Ausweisungsinteressen nach § 54 Abs. 1 oder 2 AufenthG
  - **2.** Bleibeinteressen nach § 55 Abs. 1 oder 2 AufenthG

C. Rechtsfolge (zwingend): Ausweisung oder keine Ausweisung

725 Grundlegend zu § 53 ff. AuslG n.F.: BVerwGE 157, 325; BVerwG NVwZ 2018, 409.

726 BR-Drs. 642/14 S. 56; BT-Drs. 17/4097 S. 1, 23, 49 ff.; Brühl JuS 2016, 23, 24.

595 Gegen die Ausweisung sind **Widerspruch** (je nach Landesrecht) und **Anfechtungsklage** statthaft. Beide Rechtsbehelfe haben aufschiebende Wirkung (§ 84 Abs. 1 AufenthG erfasst Ausweisungen nicht). Trotz aufschiebender Wirkung bleibt die Ausweisung ausnahmsweise wirksam, § 84 Abs. 2 S. 1 AufenthG, bringt also den Aufenthaltstitel zum Erlöschen. Sie muss nur bekannt gegeben sein, auf Vollziehbarkeit oder Bestandskraft kommt es nicht an.

596 Erfüllt der Ausländer seine Ausreisepflicht nicht freiwillig, wird sie zwangsweise durch **Abschiebung** durchgesetzt: Der Ausländer wird (zwangsweise) außer Landes gebracht. Die Abschiebung (§§ 58 ff. AufenthG) ist eine besondere Form des **unmittelbaren Zwangs** und trägt daher diese Sonderbezeichnung. Die Abschiebung ist eine bundesrechtlich geregelte Maßnahme der Verwaltungsvollstreckung, und bislang der einzige Anwendungsfall von § 80 Abs. 2 **S. 2** VwGO. Nach § 58 Abs. 1 AufenthG wird abgeschoben, sobald die Ausreisepflicht vollziehbar ist. Das ist in der Regel der Fall, wenn der VA, der die Ausreisepflicht begründet (z.B. Ausweisung) vollziehbar ist, also bestandskräftig oder sofort vollziehbar. Besteht ein Abschiebungsverbot nach § 60 AufenthG, z.B. Krankheit oder Reiseunfähigkeit, wird die Abschiebung gemäß § 60a Abs. 2 S. 1 AufenthG ausgesetzt (sog. **Duldung**).

§ 58a AufenthG erlaubt – verfassungsgemäß[727] – bei Gefährdern (v.a. Terrorgefahr) eine Verfahrensverkürzung durch eine **Abschiebungsanordnung**, die Ausweisung und Androhung entbehrlich macht. Es ist keine i.S.d. POR konkrete Gefahr nötig.[728] Zuständig ist das Landesministerium, erste und letzte Instanz das BVerwG (§ 50 Abs. 1 Nr. 3 VwGO).[729]

C. EU-Ausländer

597 Einreise und Aufenthalt von EU-Ausländern und deren Familienangehörigen[730] richten sich nicht nach dem AufenthG, sondern nach dem **FreizügG/EU** (§ 1 Abs. 2 Nr. 1 AufenthG). Auf der Grundlage der **Unionsbürgerschaft** (Art. 20, 21 AEUV) haben EU-Ausländer ein **gesetzliches Aufenthaltsrecht** (§ 2 Abs. 1 FreizügG/EU), benötigen also weder Visum noch Aufenthaltstitel (§ 2 Abs. 4 FreizügG/EU). Sie erhalten eine **deklaratorische Bescheinigung** über ihr Aufenthaltsrecht (§ 5 Abs. 1 FreizügG/EU). EU-Bürger können **nicht ausgewiesen** werden. Stattdessen kann durch VA nach § 6 Abs. 1 S. 1, Abs. 3 FreizügG/EU aufgrund einer umfassenden Ermessensbetätigung festgestellt werden (→ Anfechtungsklage), dass sie das **Aufenthaltsrecht** aus Gründen der öffentlichen Sicherheit, Ordnung und Gesundheit **verloren** haben (Art. 45 Abs. 3, 52 Abs. 1 AEUV). Die **Ausreisepflicht** folgt dann aus § 7 Abs. 1 FreizügG/EU.

2. Abschnitt: Prozessuales

A. Fiktionswirkung

598 Der **Antrag** auf Erteilung oder Verlängerung eines Aufenthaltstitels kann nach § 81 Abs. 3 und 4 AufenthG dazu führen, dass der Aufenthalt bis zur Entscheidung der Ausländerbehörde **als erlaubt**, oder dass der bisherige Aufenthaltstitel **als fortbestehend** gilt. Der versagende Bescheid lässt neben der Ablehnung des Antrags auch diese **Fiktionswirkung** erlöschen.

599 Das zieht eine ungewöhnliche **prozessuale Folge** im Eilrechtsschutz nach sich. Zwar muss die Ablehnung in der Hauptsache grundsätzlich mit der Verpflichtungsklage angegriffen werden. Im **Eilrechtsschutz** ist aber kein Antrag auf Erlass einer einstwei-

727 BVerfG NVwZ 2017, 1526; NVwZ 2017, 1530; BVerwG NVwZ 2017, 1057; 2017, 1531.
728 BVerwG DVBl. 2017, 1435.
729 BVerwG NVwZ 2018, 345 (nicht: Einreiseverbot); NVwZ 2017, 1798.
730 BVerwG NVwZ 2018, 736.

ligen Anordnung nach § 123 VwGO statthaft, sondern ein Antrag nach **§ 80 Abs. 5 VwGO**. Denn wenn das Gericht die aufschiebende Wirkung gegen den gesetzlich sofort vollziehbaren Ablehnungsbescheid (§ 84 Abs. 1 S. 1 Nr. 1 AufenthG) anordnet, ist der VA, der die Ausreisepflicht entstehen lässt, nicht mehr vollziehbar. Die Fiktion lebt zwar nicht wieder auf, d.h. der Aufenthalt wird nicht wieder rechtmäßig, weil § 84 Abs. 2 AufenthG das trotz des gerichtlichen Beschlusses verhindert. Die Ausreisepflicht wird aber **nicht mehr vollzogen** (vgl. § 58 Abs. 2 AufenthG), solange das Klageverfahren dauert. Damit ist der Rechtsschutzgarantie des Art. 19 Abs. 4 GG genügt, der allein das Verfahren des Eilrechtsschutzes bis zu einer rechtskräftigen Entscheidung im Klageverfahren dient.

Liegen die Voraussetzungen von § 81 Abs. 3 oder 4 AufenthG nicht vor, fehlt es also materiell an der Fiktionswirkung, ist ein Antrag nach § 123 Abs. 1 VwGO auf vorläufige **Aussetzung der Abschiebung** (§ 60a AufenthG) statthaft (ggf. als Hilfsantrag stellen). Ein Antrag auf vorläufige Erteilung eines Aufenthaltstitels würde gegen das Verbot der Vorwegnahme der Hauptsache verstoßen. 600

„Der Antrag auf Erlass einer einstweiligen Anordnung nach § 123 Abs. 1 VwGO ist nach § 123 Abs. 5 VwGO unstatthaft. Nach der ausländerrechtlichen Konzeption wird Eilrechtsschutz allein nach § 80 Abs. 5 VwGO gewährt, soweit Ausländern – wie hier – durch die sofort vollziehbare (§ 80 Abs. 2 S. 1 Nr. 3 VwGO, § 84 Abs. 1 Nr. 1 AufenthG) Ablehnung eines Antrags auf Erteilung oder Verlängerung des Aufenthaltstitels ein Aufenthaltsrecht nach § 81 Abs. 3 oder 4 AufenthG genommen wird. Rechtsschutz nach § 123 VwGO kommt nur in Betracht, wenn die Fiktion nicht gegeben war und daher die Ablehnungsverfügung keinen ‚Eingriff' darstellt, der im Wege des vorrangigen § 80 Abs. 5 VwGO korrigierbar ist."

B. Entscheidungserheblicher Zeitpunkt

Bei Klagen auf Erteilung eines Aufenthaltstitels kommt es wie bei **Verpflichtungsklagen** üblich auf den Zeitpunkt der letzten mündlichen Verhandlung an. Dasselbe gilt bei einer **Feststellungsklage**, mit der der Ausländer feststellen lassen will, dass sein Aufenthaltstitel nicht von selbst (z.B. durch Eintritt einer auflösenden Bedingung) erloschen ist und dass er die ihm von der Behörde gesetzte Ausreisefrist (§ 50 Abs. 2 S. 1 AufenthG) nicht beachten muss. 601

Ausnahmsweise ist bei Anfechtungsklagen gegen Befristung, Rücknahme und Widerruf des Aufenthaltstitels oder gegen eine Ausweisung auch der Zeitpunkt der **letzten mündlichen Verhandlung** maßgebend, und nicht der bei **Anfechtungsklagen** grundsätzlich übliche Zeitpunkt der letzten Behördenentscheidung. Anders als sonst sind Rechts- und Tatsachenänderungen nach Erlass des Bescheids im Gerichtsverfahren zu berücksichtigen. Der Grund liegt weniger darin, dass die **Ausweisung** (auch) ein DauerVA (vgl. § 11 Abs. 1 AufenthG) ist. Er ist vielmehr im materiellen Recht zu suchen, das stets allen prozessrechtlichen Auffangregeln vorgeht: Nach Europarecht ist eine Ausweisung, ein Widerruf usw. zurückzunehmen bzw. eine neue Ermessensentscheidung zu treffen, wenn die ursprüngl. Gründe bei der gerichtlichen Entscheidung nicht mehr vorhanden sind oder sich neue Tatsachen ergeben haben.[731] 602

Hinweis: Erläuterungen zum entscheidungserheblichen Zeitpunkt im Ausländerrecht finden Sie in der Klausur bei Kopp/Schenke, VwGO, § 113 Rn. 45.

731 BVerwGE 141, 253.

C. Keine Erledigung der Ausweisung durch Abschiebung

603 Die Abschiebung führt nicht zur Erledigung der Ausweisung, weil von letzterer weiterhin die Sperrwirkung des § 11 Abs. 1 S. 1 AufenthG abhängt.

D. Ehegatten, Kinder, Lebenspartner

604 Wegen des grundrechtlichen Schutzes von **Ehe und Familie** (Art. 6 GG) ist z.B. auch der deutsche Ehegatte eines Ausländers nach § 42 Abs. 2 VwGO klagebefugt, wenn diesem der Aufenthaltstitel verweigert oder dieser ausgewiesen wird: Die Ausreisepflicht des Ausländers (§ 50 AufenthG) greift in die Ehe ein. Bei gleichgeschlechtlichen **Lebenspartnern** vermittelt Art. 8 EMRK eine vergleichbare Rechtsstellung. In keinem der Fälle liegt allerdings eine notwendige Beiladung (§ 65 Abs. 2 VwGO) vor.

3. Abschnitt: Wissenswerte Einzelheiten

605
- Die von den §§ 27 ff. AufenthG bezweckte Zusammenführung von Familien setzt voraus, dass die familiäre bzw. eheliche Lebensgemeinschaft tatsächlich hergestellt werden wird. Daran fehlt es bei **Schein- oder Zwangsehen**. Für sie ist die Ausländerbehörde darlegungs- und beweisbelastet.[732]
- Vom **Visumserfordernis** kann nur nach § 5 Abs. 2 S. 2 Alt. 1 AufenthG abgesehen werden, wenn der Ausländer tatsächlich einen gebundenen Anspruch hat, also wenn er alle zwingenden und regelhaften Tatbestandsvoraussetzungen erfüllt.[733]
- Die **Kostenübernahmeerklärung** gemäß §§ 23 Abs. 1, 68 AufenthG umfasst auch Leistungen nach dem Asylbewerberleistungsgesetz, selbst wenn dem Ausländer die Flüchtlingseigenschaft zuerkannt wird.[734]
- Ein Ausländer haftet nach §§ 66, 67 AufenthG nicht für die **Kosten** einer **Sicherungshaft**, die auf einer rechtswidrigen Haftanordnung beruht. Bei der Überprüfung eines Kostenerstattungsbescheids muss das Verwaltungsgericht die Rechtmäßigkeit der (amts-)gerichtlichen Haftanordnung inzident prüfen, auch wenn der Ausländer gegen diese kein Rechtsmittel eingelegt hat.[735]

---

732 BVerwGE 136, 222; BVerwG NVwZ 2012, 52.

733 BVerwG NVwZ-RR 2015, 313.

734 BVerwG NVwZ 2017, 1200; BVerwGE 149, 65.

735 BVerwG NVwZ 2015, 830.

8. Teil: Beamtenrecht

Trotz der vielen rechtlichen Eigenheiten des Beamtenrechts entnehmen die Prüfungsämter ihm immer wieder Aufgabenstellungen. Die Besonderheiten des Rechtsgebiets führen zu Abweichungen von den allgemeinen Regeln des **Verwaltungsprozesses** und des materiellen Verwaltungsrechts, v.a. bei Beförderungsfragen. Das **Dienstunfallrecht** eignet sich zudem dafür, Subsumtionsfähigkeiten am (vermeintlich) unbekannten Gesetz zu prüfen. Wer allerdings ohne jede Vorstellung von den Grundlagen des Beamtentums und den in der Rspr. etablierten Lösungswegen in solche Klausuren geht, wird voraussichtlich Schiffbruch erleiden. **606**

Klausuren im Beamtenrecht

- Rechtsschutz gegen Abordnung, Versetzung, Umsetzung
- Beförderung eines konkurrierenden Bewerbers
- Anerkennung von Dienstunfällen
- Rückforderung von überzahlten Bezügen

Beachte: Die meisten Ihrer Prüfer werden persönlich dem Beamtenrecht i.w.S. unterliegen. Für Verwaltungsbeamte, Staatsanwälte, Professoren und Richter gilt das Beamtenrecht in etwa gleichermaßen. Was Ihnen am Beamtenrecht exotisch erscheinen mag, gehört für sie zum praktischen Alltagswissen. Es ist schon deswegen sinnvoll, dass Sie sich zur Prüfung mit dem Beamtenrecht etwas vertraut machen. Einzelheiten müssen Sie aber nicht kennen.

1. Abschnitt: Kernwissen

A. Einfachgesetzliche Grundlagen

Für Bundes- und Landesbeamte gelten (teilweise) unterschiedliche Vorschriften. **607** Bundesbeamter ist, wessen Dienstherr der Bund ist, Landesbeamter ist v.a., wessen Dienstherr ein Land oder eine Gemeinde ist. In beamtenrechtlichen Fällen müssen Sie deswegen unterscheiden: für **Bundesbeamte** gilt das **BBG** und für **Landesbeamte** das **BeamtStG** zusammen mit dem jeweiligen **LBG**. Hinzu kommen Spezialgesetze wie das BBesG oder das BeamtVG bzw. deren landesrechtliche Entsprechungen. Die Rechtsverhältnisse der Beamten können nur durch Gesetz geregelt werden; Verträge einschl. Tarifverträge sind ausgeschlossen.[736] Nur der Beamte darf als Repräsentant des Staates den Bürgern „Befehle geben"[737] (vgl. Art. 33 Abs. 4 GG), und muss deswegen in besonderer Weise Gewähr für Verlässlichkeit und Rechtsstaatlichkeit bieten.[738]

736 BVerwG NVwZ 2014, 736.

737 BVerfGE 9, 268, 282.

738 BVerwG NJW 2018, 1185.

Beachte: Üblicherweise werden Ihnen die nicht allgemein bekannten einschlägigen Vorschriften der Beamtengesetze im Aufgabentext mitgeteilt werden. Deswegen genügt es, wenn Sie sich in der Examensvorbereitung durch aufmerksame Lektüre (nur) des Inhaltsverzeichnisses der Gesetze einen Überblick verschaffen. Im Ernstfall müssen Sie aber immer prüfen, ob die angegebene Norm den Fall wirklich (vollständig) erfasst oder auf zwei Paragrafen davor und danach bzw. auf allgemeine Vorschriften zurückzugreifen ist.

B. Verfassungsrechtliche Grundlagen

608 Anders als in anderen verwaltungsrechtlichen Materien findet das **Verfassungsrecht** regelmäßig Eingang in gewöhnliche beamtenrechtliche Fälle. **Art. 33 Abs. 2 GG** gibt das Prinzip der **Bestenauslese** bei Einstellung und Beförderung vor (vgl. § 9 BBG). Im Beförderungsrechtsstreit folgt aus ihm die Antrags- bzw. Klagebefugnis des unterlegenen Bewerbers.

609 **Art. 33 Abs. 5 GG** verleiht den sog. **„hergebrachten Grundsätzen des Berufsbeamtentums"** Verfassungsrang. Dabei handelt es sich um die Strukturprinzipien, die seit der Weimarer Verfassung gelten.[739] Entgegenstehendes einfaches Recht oder Einzelmaßnahmen sind rechtswidrig. Zu diesen **hergebrachten Grundsätzen** gehören:

- **Lebenszeit:** Zur Sicherung der Unabhängigkeit der Beamten gegenüber ihren (wechselnden politischen) Vorgesetzten wird ein Amt immer auf Lebenszeit verliehen.
- **Hauptberuflichkeit:** Teilzeittätigkeit ist nur erlaubt, solange der Beamte die Arbeitszeit freiwillig reduziert.[740]
- **Alimentation:** Der Dienstherr bezahlt den Beamten und seine Familie lebenslang. Während des aktiven Dienstes besoldet er ihn (BBesG), nach der Pensionierung erhält der (Ruhestands-)Beamte eine (niedrigere, ca. 70 %) Versorgung (BeamtVG). Die Höhe der Bezahlung richtet sich nach dem bekleideten Amt. Sie ist keine Gegenleistung für die geleistete Arbeit, sondern für die Verpflichtung, dem Staat lebenslang und vollständig zu dienen (Treuepflicht).[741]

C. Amt

Ein Zentralbegriff im Beamtenrecht ist der des „Amtes".[742]

610
- Das **Amt im statusrechtlichen Sinne** („Oberstudienrat") ist gekennzeichnet durch die Laufbahn (einfacher, mittlerer, gehobener, höherer Dienst[743]), die Amtsbezeichnung und die damit verbundene Besoldungsgruppe („A 14 BBesO"). Das Amt wird durch Aushändigung einer Ernennungsurkunde (= VA) und Einweisung in eine im Haushalt(-sgesetz) ausgewiesene Stelle („Planstelle") verliehen. Bei der Beförderung wird um das Amt im statusrechtlichen Sinne gestritten.

---

739 BVerfG NVwZ 2017, 871; BVerfGE 117, 330.

740 BVerwG NVwZ 2013, 953.

741 BVerfG NVwZ 2017, 1689; 2016, 223; NJW 2015, 1935; BVerwG NVwZ 2018, 260; ZBR 2018, 161; Stuttmann NVwZ 2018, 552; 2016, 184; 2015, 1007.

742 BVerwG NVwZ-RR 2015, 465; 2015, 1066; Kenntner NVwZ 2017, 417, 418.

743 In Ländern teilweise abweichende Gliederungen/Bezeichnungen.

- Daneben gibt es noch das **Amt im funktionalen Sinne.** **611**
  - Damit ist **abstrakt** die Stellung beschrieben, die einem Beamten mit einem bestimmten Status in einer Behörde („Oberamtsrat im Innenministerium") zukommt. Hierum geht es, wenn der Beamte rügt, er sei nicht amtsangemessen,[744] sondern unterwertig beschäftigt (also „kaltgestellt").
  - **Konkret** ist mit dem Amt im funktionalen Sinne der einzelne Dienstposten („Stadtamtmann in der Stadtkasse S"), also der Aufgabenbereich nach der internen behördlichen Geschäftsverteilung beschrieben. Um dieses geht es, wenn die Umsetzung innerhalb einer Behörde streitig ist.

2. Abschnitt: Prozessuale Besonderheiten

A. Verwaltungsrechtsweg durch aufdrängende Sonderzuweisung

Der Verwaltungsrechtsweg ist durch **aufdrängende Sonderzuweisungen** und nicht durch § 40 Abs. 1 S. 1 VwGO für Klagen „aus dem Beamtenverhältnis" eröffnet: nach **§ 126 Abs. 1 BBG** für Bundes- und nach **§ 54 Abs. 1 BeamtStG** für Landesbeamte. Die Vorschriften sind **weit** auszulegen und erfassen z.B. auch ein künftiges oder ehemaliges Beamtenverhältnis, weil es nur darauf ankommt, ob der Streit seine Grundlage im Beamtenrecht hat.[745] **612**

B. Statthafte Klage- und Antragsart

In beamtenrechtlichen Fällen ist stets die Frage aufzuwerfen, welcher Handlungsform sich der Dienstherr bedient hat. In der statthaften Klage- oder Antragsart ist daher zu untersuchen, ob die umstrittene Maßnahme ein **VA** i.S.v. § 35 S. 1 VwVfG ist oder nicht. Das ist oft fraglich, weil das Beamtenverhältnis ein **Sonderstatusverhältnis** (vgl. Rn. 641 ff. zum Schulrecht) ist. Die erforderliche **Außenwirkung** haben daher nur Maßnahmen, die die **persönliche Rechtsstellung** des Beamten betreffen. Nur insoweit sind Anfechtungs- und Verpflichtungsklagen statthaft. **613**

Beispielsweise: Abordnung (§ 27 Abs. 1 BBG); Versetzung (§ 28 Abs. 1 BBG); Ablehnung Urlaubsgesuch; Verbot, ein Kopftuch im Dienst zu tragen.

Unabhängig von der Handlungsform gelten auch im Beamtenverhältnis die **Grundrechte**, sodass Grundrechtseingriffe der parlamentsgesetzlichen Grundlage, zumindest hinreichend bestimmten Verordnungsermächtigung bedürfen.[746]

Betrifft die Maßnahme nur die **Amtsführung**, also das Amt im konkret-funktionalen Sinne, fehlt es an der Außenwirkung und am VA. Abgrenzung: Träfe die Maßnahme auch den Vertreter des erkrankten Amtsträgers? Falls ja, liegt nur eine **innerdienstliche Weisung** vor. Es ist nur die allgemeine Leistungs- oder die Feststellungsklage statthaft. **614**

Beispielsweise: Änderung der Geschäftsverteilung, Weisungen zur Amtsführung (eindeutig: wie in einem bestimmten Fall zu verfahren ist; umstritten: äußere Erscheinung des Beamten im Dienst); aber auch: Umsetzung innerhalb der Behörde, da es sich letztlich nur um einen Geschäftsverteilungswechsel mit umgekehrtem Bezugspunkt handelt.

---

744 BVerwGE 132, 40; BVerwG NVwZ 2015, 625.

745 Bäcker JA 2017, 694, 695.

746 BVerfGE 139, 139; 108, 282, 310; BVerwG NJW 2018, 1185 (Tätowierung); BVerwGE125, 85; 133, 143; 156, 180.

„Die vom Kläger erhobene Anfechtungsklage ist nicht statthaft, weil die angegriffene Umsetzung keinen Verwaltungsakt darstellt. Wird einem Beamten (vorübergehend oder auf Dauer) ein anderer Aufgabenbereich zugewiesen, kann es sich entweder um eine Abordnung bzw. Versetzung mit Verwaltungsaktqualität (§§ 14, 15 BeamtStG; §§ 27, 28 BBG) oder aber um eine – gesetzlich nicht geregelte – Umsetzung handeln, die als bloße interne Organisationsmaßnahme keinen Verwaltungsaktcharakter aufweist. Die Annahme einer Abordnung bzw. Versetzung setzt dabei grundsätzlich voraus, dass mit der Übertragung des neuen Aufgabenbereichs auch ein Wechsel der Behörde verbunden ist. Maßnahmen, bei denen der Beamte ohne Wechsel der Behörde seine Tätigkeit im Rahmen seines beamtenrechtlichen Statusamtes auf einem anderen Dienstposten auszuführen hat, sind dagegen als Umsetzung anzusehen."

C. Widerspruch

615 Beachten Sie, dass der Beamte gemäß § 126 Abs. 2 BBG bzw. § 54 Abs. 2 BeamtStG grundsätzlich gegen **jede Maßnahme** zunächst Widerspruch erheben muss. Das gilt auch, wenn er keinen VA angreift oder erstrebt. § 54 Abs. 2 S. 3 BeamtStG erlaubt jedoch den Ländern, Abweichendes für ihre Landesbeamten zu regeln. Vergewissern Sie sich, in wieweit ihr Bundesland davon Gebrauch gemacht hat.

Vgl. z.B. Art. 15 Abs. 1 S. 1 Nr. 5 BayAGVwGO, § 93 Abs. 1 LBG Bln, § 105 Abs. 1 S. 1 NBG, § 104 Abs. 1 S. 1 LBG NRW.

D. Keine aufschiebende Wirkung

616 Widerspruch und Anfechtungsklage gegen **Abordnung** und **Versetzung** haben nach § 126 Abs. 4 BBG (Bundesbeamte) bzw. § 54 Abs. 4 BeamtStG keine aufschiebende Wirkung, § 80 Abs. 2 S. 1 Nr. 3 VwGO.

Beachte: Besonders in Anwaltsklausuren müssen Sie bei Abordnung und Versetzung auf die Möglichkeit verweisen, einen Antrag nach § 80 Abs. 5 VwGO auf Anordnung der aufschiebenden Wirkung zu stellen.

3. Abschnitt: Beförderungskonkurrenz

Beachte: Nur wenn Sie vor der Klausur wissen, wie Beförderungskonkurrenzen von der Rspr. behandelt werden, können Sie diese Art Aufgaben lösen. Es ist fast unmöglich, sich die Lösung selbst zu erschließen.

617 Die Besonderheiten des Beamtenrechts treten besonders bei der **Beförderungskonkurrenz** hervor. Prüfungsaufgaben[747] sind zumeist als Anwaltsklausuren angelegt. Tatsächliche Ausgangslage: Zwei Beamten haben sich auf eine Beförderungsstelle beworben. Der Mandant erfährt durch die Mitteilung seines Dienstherrn, warum – die Begründung kann nicht erst im Prozess nachgeholt werden[748] – nicht er, sondern der andere Bewerber für die Beförderung ausgewählt worden ist. Diese Mitteilung muss der Dienstherr machen, bevor er die Beförderung nach zwei bis drei Wochen[749] vollzieht, um dem Unterlegenen Gelegenheit zu geben, Rechtsschutz zu suchen (Art. 19 Abs. 4 GG). Der Anwalt erläutert ihm, dass die **Konkurrentenmitteilung**

747 Brinktrine JuS 2015, 1192: „nicht selten Prüfungsgegenstand im Staatsexamen".

748 BVerfG NJW 2016, 309; BVerfGK 11, 398.

749 Kopp/Schenke, VwGO, § 42, Rn. 50 m.w.N.

ein VA ist, gegen den er als übergangener Bewerber (ggf.) **Widerspruch** einlegen bzw. klagen muss (s.o.), um seinen Anspruch auf Ernennung offen zu halten.

A. Beförderungsverfahren

618 Dreh- und Angelpunkt des Beförderungsrechtsstreits ist der Grundsatz der **Ämterstabilität**. Er besagt, dass eine einmal ausgesprochene Beförderung (Aushändigung der Ernennungsurkunde) grundsätzlich **nicht mehr rückgängig** gemacht werden kann.[750] Die Vorschriften über die Aufhebung von Verwaltungsakten (§§ 48, 49 VwVfG) sind auf die Ernennung/Beförderung nicht anwendbar (§ 12 BeamtStG ist abschließend). Der nicht zum Zuge gekommene Bewerber kann die vollzogene Beförderung (= VA) bei ordnungsgemäßer Information auch nicht mit der Anfechtungsklage angreifen, um sie gerichtlich aufheben zu lassen.[751] Sein Antrag auf Beförderung (= Bewerbung) hat sich regelmäßig i.S.v. § 43 Abs. 2 VwVfG erledigt.[752]

619 In materieller Hinsicht kommt erschwerend hinzu, dass der Bewerber nur einen Anspruch darauf besitzt, dass der Dienstherr über seinen Antrag fehlerfrei entscheidet (sog. **„Bewerbungsverfahrensanspruch"**).[753] Es gibt keinen Anspruch auf Beförderung. In der Hauptsache kann ein Bewerber also nicht Verpflichtungsklage auf Beförderung erheben, sondern nur auf ermessensfehlerfreie Entscheidung über seine Bewerbung (vgl. § 113 Abs. 5 S. 2 VwGO). Die Entscheidung ist nur ermessensfehlerfrei, wenn der Dienstherr die Bewerbung nur aus Gründen des Art. 33 Abs. 2 GG (grundrechtsähnliches subj.-öffentl. Recht,[754] § 9 BBG) zurückweist. Der Dienstherr muss zwar den Bewerber befördern, der für das ausgeschriebene Amt am qualifiziertesten ist (Grundsatz der **„Bestenauslese"**). Die Auswahl muss v.a. auf der Grundlage der aktuellen **dienstlichen Beurteilungen** der Bewerber erfolgen.[755] Bei der Frage, welcher der Bewerber das nach den Kriterien des Art. 33 Abs. 2 GG ist, steht ihm allerdings ein gerichtlich nur eingeschränkt überprüfbarer Beurteilungsspielraum zu.[756]

B. Rechtsschutz im Beförderungsverfahren

620 Der Grundsatz der Ämterstabilität und der beschränkte Bewerbungsverfahrensanspruch wirken sich auch prozessual aus. Der Rechtsschutz des nicht ausgewählten Bewerbers muss darauf abzielen, die Durchführung der **Ernennung/Beförderung** des Konkurrenten zu **verhindern**, weil sie im Nachhinein nicht mehr beseitigt werden kann. Im Hauptsacheverfahren wäre das mittels einer allgemeinen Leistungsklage auf Unterlassen der Ernennung (vorbeugende Leistungsklage) zu erreichen, die allerdings kaum je erhoben wird, weil sie den Dienstherrn nicht hindert, während des ggf. Jahre dauernden Klageverfahrens die Ernennung vorzunehmen (keine aufschiebende Wirkung der Leistungsklage). Der Unterlegene ist daher auf den **Eilrechtsschutz** angewiesen. Er muss einen Antrag auf Erlass einer **einstweiligen Anordnung** nach § 123 Abs. 1 VwGO stellen, der darauf gerichtet ist, dem Dienstherrn, die Ernennung/Beförderung des Konkurrenten so lange zu untersagen, bis über die Bewerbung des Antragstellers fehlerfrei entschieden ist.[757] Die **Antragsbefugnis** (§ 42

750 BVerwGE 138, 102; 80, 127, 130.

751 § 113 Abs. 1 S. 1 VwGO ist nach stRspr. nicht anwendbar; eine gesetzliche Grundlage dafür gibt es aber nicht, vgl. Kenntner NVwZ 2017, 417, 420.

752 Zu einer Ausnahme, wenn der verfassungsgerichtliche Rechtsschutz vereitelt wird: BVerwGE 138, 10.

753 BVerfG NVwZ 2017, 472; BVerwGE 141, 361.

754 Jarass, in: Jarass/Pieroth, Grundgesetz, Art. 33, Rn. 7.

755 BVerfG NVwZ 2017, 1133; BVerfGE 110, 304, 332; 141, 56, 79 f.

756 BVerwGE 141, 271.

757 Die fundamentale Kritik der Lit. konnte sich bislang nicht durchsetzen: Schenke DVBl. 2015, 137.

Abs. 2 VwGO analog) ergibt sich aus dem Bewerbungsverfahrensanspruch (Art. 33 Abs. 2 GG). Der Antrag im Eilrechtsschutz lautet:

„... beantrage ich,

dem Antragsgegner im Wege der einstweiligen Anordnung nach § 123 Abs. 1 S. 1 VwGO vorläufig zu untersagen, die am ... ausgeschriebene Stelle eines Kriminalhauptkommissars beim Polizeipräsidenten P mit einem Mitbewerber zu besetzen, solange nicht fehlerfrei über die Bewerbung des Antragstellers entschieden worden ist."

621 Der **Anordnungsanspruch** ist glaubhaft gemacht, wenn der Dienstherr die Auslese zwischen den Bewerbern verfahrensrechtlich oder materiell-rechtlich fehlerhaft getroffen hat und zumindest die **Möglichkeit** besteht, dass der Fehler für das Auswahlergebnis **kausal** geworden ist. Dann ist der Bewerbungsverfahrensanspruch des Unterlegenen verletzt worden.

622 Mit einer Prüfungstiefe wie im Klageverfahren (vgl. Art. 19 Abs. 4 GG) prüft das Verwaltungsgericht im Verfahren nach § 123 VwGO, ob die Auswahlentscheidung des Dienstherrn rechtmäßig war. Den Bewerbervergleich muss dieser nach dem **Leistungsprinzip**[758] v.a. auf der Grundlage der **dienstlichen Beurteilungen**[759] der Beamten anstellen. Ergeben diese, dass mehrere Bewerber gleich qualifiziert sind, erfolgt die Auswahl nach **Hilfskriterien** (z.B. Dienstalter, Lebensalter, Frauenförderung usw.).[760] Der **Anordnungsgrund** ist ohne Weiteres glaubhaft, weil die Ernennung nicht mehr rückgängig zu machen ist, also Rechtsschutzvereitelung droht (Art. 19 Abs. 4 GG).[761]

Beachte: Einzelheiten des Beurteilungswesens oder gar des Beurteilungsvergleichs müssen Sie nicht wissen. Im Klausurfall wird Ihnen eine handgreiflich fehlerhafte Auswahl vorgesetzt werden (müssen).

623 Bei der **Verpflichtungsklage** auf erneute Bescheidung des Beförderungsbegehrens ist folgendermaßen zu beantragen:

„... beantrage ich, den Beklagten unter Aufhebung des Bescheides vom ... (Konkurrentenmitteilung) und des Widerspruchsbescheids vom ... zu verpflichten, über die Bewerbung des Klägers auf die am ... ausgeschriebene Stelle eine Kriminalhauptkommissars beim Polizeipräsidenten P unter Beachtung der Rechtsauffassung des Gerichts neu zu entscheiden."

624 Hat der Eilrechtsschutz (endgültig) keinen Erfolg, wird der Konkurrent befördert und die Verpflichtungsklage **erledigt sich**, weil die Ernennung nicht rückgängig zu machen ist und die eine konkrete Planstelle, auf die sich die Bewerbung nur bezieht, nun endgültig besetzt ist. Will der Kläger weiter prozessieren, muss er auf **Fortsetzungsfeststellungsklage** umstellen (Fortsetzungsfeststellungsinteresse z.B.: Schadensersatz wegen entgangener höherer Besoldung und Versorgung).

Hinweis: Genaueres zum Rechtsschutz finden Sie bei Kopp/Schenke, VwGO, § 123 Rn. 5 und § 42 Rn. 49 ff.

758 BVerfGE 56, 146, 153; Hufen JuS 2014, 471.

759 BVerwG NVwZ 2015, 526.

760 Schenke DVBl. 2015, 137.

761 BVerwGE 151, 14; VGH BW VBlBW 2012, 224.

C. Schadensersatz

Ist die Planstelle besetzt, müssen Sie den übergangenen Beamten als Anwalt zu seinen Möglichkeiten beraten, **Schadensersatz** zu verlangen. Der Beamte kann sich materiell auf die Verletzung des **beamtenrechtlichen Schuldverhältnisses** und auf **Amtshaftung** (§ 839 BGB/Art. 34 GG) stützen. Er muss den Schadensersatz allerdings erst beim Dienstherrn beantragen (und ggf. Widerspruch gegen den abschlägigen Bescheid einlegen), bevor er klagt. Die Pflichtverletzung (Verstoß gegen Bestenauslese, Pflicht zur ermessensfehlerfreien Bescheidung des Beförderungsantrags) hat im beamtenrechtlichen Schuldverhältnis den Vorteil der **Verschuldensvermutung** (§ 280 Abs. 1 BGB) für sich. Hat der Beamte vor der Ernennung des Konkurrenten nicht um Eilrechtsschutz nachgesucht, entfallen Schadensersatzansprüche (Amtshaftung: § 839 Abs. 3 BGB, beamtenrechtliches Schuldverhältnis: Mitverschulden, § 254 BGB). Hat ein Kollegialgericht, also nicht der Einzelrichter (§ 6 VwGO), den Eilantrag abgelehnt, fehlt es in der Regel am Verschulden des Dienstherrn (er muss das Recht nicht besser als ein Kollegialgericht kennen; Eilrechtsschutz genügt wegen ausnahmsweise voller Prüfungstiefe im Konkurrentenstreit).[762] **625**

Schwierigkeiten ergeben sich stets in der **Kausalität**: Anders als beim Konkurrentenstreit reicht nicht die bloße Möglichkeit, dass sich die Pflichtverletzung auf die Auswahlentscheidung ausgewirkt hat, sondern sie muss – wie im Zivilrecht üblich – adäquat kausal für den Schadenseintritt sein. Es muss also praktisch feststehen, dass der Kläger befördert worden wäre, wenn der Dienstherr den Fehler vermieden hätte.[763] Der Beweis lässt sich oftmals nur schwer führen, wenn es mehr als zwei Bewerber gab. **Beweiserleichterungen** kommen dem übergangenen Bewerber zugute, wenn dem Dienstherrn zahlreiche Fehler unterlaufen sind oder er zur Aufklärung des Kausalverlaufs nichts beiträgt. Dann ist der Auswahlfehler kausal für den Schaden, wenn bereits die **ernsthafte Möglichkeit** bestand, dass der Übergangene bei einem fehlerlosen Verfahren befördert worden wäre. In solchen Fällen können sogar mehrere Bewerber Schadensersatzansprüche besitzen.[764] **626**

„Der Kläger kann keinen Schadensersatz dafür verlangen, dass er noch nicht im Jahr 2017 zum Polizeioberkommissar befördert wurde. Ein Beamter kann von seinem Dienstherrn Ersatz des ihm durch Nichtbeförderung entstandenen Schadens verlangen, wenn der Dienstherr bei der Vergabe eines Beförderungsamts den aus Art. 33 Abs. 2 GG folgenden Anspruch auf leistungsgerechte Einbeziehung in die Bewerberauswahl schuldhaft verletzt, ihm das Amt ohne diesen Rechtsverstoß voraussichtlich übertragen worden wäre und er es nicht schuldhaft unterlassen hat, den Schaden durch Gebrauch eines Rechtsmittels abzuwenden. Diese Voraussetzungen sind nicht erfüllt.

Zwar hat die Beklagte den Bewerberverfahrensanspruch des Klägers dadurch schuldhaft verletzt, dass sie ihm andere schlechter beurteilte Beamte bei der Beförderungsauswahl allein deshalb vorgezogen hat, weil diese anders als er über eine siebenjährige Verweildauer im bisherigen Amt verfügten. Jedoch kann nicht festgestellt werden, dass die Beklagte den Kläger in einem rechtmäßigen Auswahlverfahren befördert hätte. Es fehlt die erforderliche adäquate Kausalität zwischen der schuldhaften Verletzung seines Bewerberverfahrensanspruches und dem behaupteten Schaden durch eine verspätete Beförderung. Diese setzt die Annahme voraus, dass die Behörde, wenn sie den Fehler im Auswahlverfahren vermieden hätte, voraussichtlich zugunsten des Beamten entschieden hätte."

762 BVerwGE 141, 361.

763 BVerfG BayVBl. 2010, 303.

764 BVerwGE 141, 361; 124, 99.

627 Da für Amtshaftungsansprüche ausschließlich die **Zivilgerichte** zuständig sind, müssen Sie als Anwalt dem Beamten erläutern, dass er Ansprüche aus **beiden** Anspruchsgrundlagen dort anhängig machen (vgl. § 17 Abs. 2 GVG) oder Schadensersatz wegen Verletzung des beamtenrechtlichen Schuldverhältnisses beim Verwaltungsgericht und Schadensersatz aus Amtshaftung beim Landgericht verlangen kann.

„… beantrage ich, den Kläger im Wege des Schadensersatzes dienst-, besoldungs- und versorgungsrechtlich so zu stellen, als ob er am … zum Kriminalhauptkommissar ernannt worden wäre."

4. Abschnitt: Dienstunfall

628 Etwas überraschend werden häufiger Dienstunfall-Klausuren ausgegeben. In diesen Fällen geht es praktisch nie um Wissen, sondern in erster Linie darum, unter eine unbekannte Norm zu subsumieren und die allgemeinen Beweisgrundsätze im Verwaltungsprozess anzuwenden. Das **Dienstunfallrecht** ist in §§ 30 ff. BeamtVG geregelt (bzw. entsprechendem Landesrecht). Der Beamte kann das Vorliegen eines Dienstunfalls nach **§ 31 BeamtVG** förmlich vom Dienstherrn feststellen lassen.[765] Liegt ein Dienstunfall vor, kann der Beamte Unfallfürsorgeleistungen nach § 30 Abs. 2 BeamtVG beanspruchen (z.B. Erstattung von Sachschäden und besonderen Aufwendungen, Unfallausgleich, -ruhegehalt, Hinterbliebenenversorgung). Da der Dienstunfall durch VA festgestellt wird (§ 45 Abs. 3 S. 2 BeamtVG), ist **Verpflichtungsklage** zu erheben.

„… beantrage ich, den Beklagten unter Aufhebung des Bescheids vom 06.07.2017 in Gestalt des Widerspruchsbescheids vom 2603.2018 zu verpflichten, das von Regierungsdirektor Schmidt am 03.03.2016 geführte Personalgespräch mit dem Kläger als Dienstunfall anzuerkennen.

Herr Schmidt ist den Kläger in einer unhaltbaren Art und Weise angegangen. Dem Kläger sind dadurch Gesundheitsschäden in der Form von Schlafstörungen, einem Erschöpfungssyndrom mit Schwindel, einem depressiv ausgestalteten Symptomkomplex sowie Angststörungen und Traumatisierungen entstanden."

629 **Anspruchsgrundlage** für den Antrag auf Erlass des entsprechenden feststellenden VA ist §§ 45 Abs. 3 S. 2, 31 Abs. 1 S. 1 BeamtVG. In formeller Hinsicht sind die Meldepflicht und die Antragsfrist in § 45 Abs. 1 BeamtVG zu beachten. Materiell gilt es, unter die Voraussetzungen des **Dienstunfalls** zu subsumieren, die in § 31 Abs. 1 S. 1 BeamtVG legal definiert sind. Die Einzelmerkmale der Definition dienen dazu (möglichst viel) aus dem Dienstunfallbegriff auszuscheiden. Sie sollten sie in etwa kennen, damit Sie entschlüsseln können, worauf bestimmte Umstände im Aufgabentext abzielen.

Hinweis: Nehmen Sie notfalls Anleihen bei der Unfalldefinition des Kommentars von Fischer, StGB, § 142.

765 OVG RP NVwZ-RR 2015, 822.

Dienstunfall (§ 31 Abs. 1 S. 1 BeamtVG)
■ **Äußere Einwirkung:** keine bloßen Vorgänge im Körperinnern (z.B. Müdigkeit)
■ **Plötzlich:** keine länger andauernde Einwirkung (max. eine Schicht)
■ **Örtlich und zeitlich bestimmbar:** kurzer Zeitraum, der die Prüfung zulässt, ob das Ereignis im Dienst stattgefunden hat
■ **Auf äußerer Einwirkung beruhend:** keine innere Einwirkung, also nicht auf körperlich-seelischer Veranlagung beruhend (Krankheit, Überarbeitung, Alkohol); kein eigener Willensentschluss
■ **Körperschaden:** wie § 223 StGB
■ **Ereignis in Ausübung des Dienstes eingetreten:** 1. besonders enge ursächliche Verknüpfung mit dem Dienst, also in den Diensträumen; 2. es hat sich nicht das allgemeine Lebensrisiko verwirklicht

630 In Dienstunfall-Fällen spielen in Praxis und Examen **Beweisfragen** eine große Rolle, v.a. wenn es darum geht festzustellen, ob bestimmte Symptome auf den Dienstunfall zurückzuführen sind.[766] Für die **haftungsbegründende** Kausalität, also die oben genannten Anspruchsvoraussetzungen, ist die an Sicherheit grenzende Wahrscheinlichkeit erforderlich.[767] Bei der **haftungsausfüllenden** Kausalität, also der Frage, ob das Unfallereignis gerade zu dem Körperschaden geführt hat, ist kein Vollbeweis erforderlich. Es genügt hinreichende Wahrscheinlichkeit.

Beachte: Die Darlegungs- und Beweislast trifft den Beamten und wird streng gehandhabt. Vielfach kann er ihr nicht genügen und seine Klage wird abgewiesen, obwohl es gut sein kann, dass ein Dienstunfall vorlag.

„Ihren Antrag auf Anerkennung als Dienstunfall lehne ich ab. Gemäß § 31 Abs. 1 BeamtVG können Körperschäden nur dann als Folgen eines Dienstunfalls anerkannt werden, wenn sie durch den Dienstunfall verursacht worden sind. Der Geschädigte trägt die materielle Beweislast dafür, dass diese anspruchsbegründenden Voraussetzungen vorliegen. Das gilt sowohl für das Vorliegen des behaupteten Körperschadens als auch für den Kausalzusammenhang mit dem Dienstunfallgeschehen. Gemessen daran kann ich bei Ihnen keine Körperschäden als Folgen des Dienstunfalls vom 29.06. 2017 feststellen.

Es fehlt an dem erforderlichen Ursachenzusammenhang zwischen dem Dienstunfall und den psychisch vermittelten Folgewirkungen. Ein solcher Ursachenzusammenhang im rechtlichen Sinne besteht dann nicht, wenn ein anlagebedingtes Leiden durch den Dienstunfall nur zufällig ausgelöst worden ist und der Dienstunfall mithin nur als Gelegenheitsursache anzusehen ist. Das Leiden ist in derartigen Fällen rechtlich nicht auf den Dienstunfall, sondern – wie bei Ihnen – auf die Veranlagung des Beamten zurückzuführen. Denn der Dienstherr soll nur die spezifischen Gefahren der Beamtentätigkeit tragen und mit den auf sie zurückzuführenden Unfallursachen belastet werden. Dem Beamten sollen dagegen diejenigen Risiken verbleiben, die sich aus anderen als dienstlichen Gründen, insbesondere aus persönlichen Anlagen, Gesundheitsschäden und Abnutzungserscheinungen ergeben."

766 BVerwG NVwZ 2014, 1325.

767 BVerwG NJW 2001, 1878; BVerwGE 80, 123, 125.

5. Abschnitt: Rückforderung überzahlter Dienstbezüge

631 Fordert der Dienstherr vom Beamten oder dessen Erben zuviel geleistete Dienstbezüge zurück, wird der Aufgabentext die **Rechtsgrundlage** für die Rückzahlungsaufforderung (z.B. § 12 Abs. 2 BBesG, § 52 Abs. 2 BeamtVG bzw. entspr. Landesrecht) nennen. Die besoldungsrechtlichen Vorschriften verdrängen den allgemeinen öffentlich-rechtlichen Erstattungsanspruch. Die beamtenrechtlichen Spezialvorschriften sind umgekehrt aber nicht die Rechtsgrundlage für die Aufhebung eines fehlerhaften Bescheids über die Bezüge, sondern die allgemeinen **§§ 48, 49 VwVfG**. Übersehen Sie nicht, dass in einem Rückzahlungsbescheid eine konkludente Aufhebung des Bewilligungsbescheids enthalten sein kann. Eine „Beamtenrechts"-klausur kann sich bei näherem Hinsehen dann als solche entpuppen, deren **Schwerpunkt im allgemeinen Verwaltungsrecht** liegt. Beachten Sie allerdings, dass schlichte Besoldungs- und Versorgungsmitteilungen (nachrichtliche Gehaltsbescheinigung), verwaltungsinterne Zahlungsanordnungen oder Texte auf Überweisungsträgern keine VAe sind.[768]

632 Wenn der Dienstherr einen **Leistungsbescheid** auf Rückzahlung erlässt, müssen Sie die VA-Befugnis am Beginn der Begründetheitsprüfung untersuchen. Die VA-Befugnis wird (zumindest gewohnheitsrechtlich) aus dem laufenden Beamtenrechtsverhältnis als Sonderstatusverhältnis hergeleitet.[769] Gegen den **Erben** des verstorbenen Beamten kann der Dienstherr dagegen keinen eigenständigen Leistungsbescheid erlassen. Ein gegen den Beamten zu Lebzeiten erlassener Bescheid kann aber nach allgemeinen Vorschriften über die Rechtsnachfolge in Bescheide auf den Erben übergehen.[770]

„Der Rückforderungsbescheid ist schon deshalb rechtswidrig, weil der Beklagte nicht berechtigt war, die Rückforderung mittels Verwaltungsakts durchzusetzen, ihm also die so genannte VA-Befugnis fehlte. Nach dem Vorbehalt des Gesetzes bedarf der Einsatz der Handlungsform ‚Verwaltungsakt' als solcher einer eigenen Rechtsgrundlage, wenn eine für den Adressaten ungünstige Entscheidung getroffen werden soll.

Für die Frage, aus welchen Bestimmungen sich die so genannte ‚Verwaltungsaktbefugnis' ergibt, ist das materielle Recht maßgebend. Danach bedarf es für den Erlass eines Leistungsbescheides nicht ausnahmslos einer ausdrücklichen gesetzlichen Grundlage. Durch Verwaltungsakt gewährte Leistungen können anerkanntermaßen ohne spezielle Ermächtigung durch Verwaltungsakt wieder zurückgefordert werden, wenn sie zu Unrecht erbracht worden sind (Kehrseitengedanke). Gleiches gilt in dem von Über- und Unterordnung geprägten Beamtenverhältnis.

Die aufgrund solcher Sonderbeziehungen begründete Befugnis zum Einsatz der Handlungsform Verwaltungsakt scheidet demzufolge gegenüber Personen aus, die außerhalb des fraglichen Rechtsverhältnisses stehen. So liegt es hier, weil die Klägerin keine Beamtin ist, sondern nur die Schwester und Erbin des Beamten, dem zuviel Besoldung ausgezahlt worden ist."

633 Erhebt der Dienstherr sogleich eine **Zahlungsklage** gegen den Beamten, also eine allgemeine Leistungsklage, ist in der Zulässigkeit beim **Rechtsschutzbedürfnis** zu untersuchen, ob dieses fehlt, weil es einfacher gewesen wäre, einen Leistungsbescheid zu erlassen. Das ist nach der Rspr. nicht der Fall, wenn es Anhaltspunkte dafür

768 BVerwGE 13, 248.
769 BVerwGE 21, 270, 271; 28,1, 2; 71, 354, 357.
770 BVerwG NVwZ 1991, 168; HessVGH ZBR 1992, 220.

gibt, dass der Rückzahlungspflichtige sich auch gegen den Bescheid gewährt hätte, die Gerichte also sowieso mit der Sache befasst worden wären.[771]

634 Schließlich kann der Dienstherr noch mit seinem Rückzahlungsanspruch **aufrechnen**. Die Aufrechnung ist eine (zulässige) öffentlich-rechtliche Willenserklärung, die kein VA ist – ebenso wenig wie sonst die Erfüllung einer Forderung ein VA ist.[772] Anfechtungsklage und vorläufiger Rechtsschutz nach § 80 Abs. 5 VwGO scheiden also aus. Der Beamte kann nur allgemeine Leistungsklage auf vollständige Auszahlung seiner Besoldung erheben, wenn er die Rechtmäßigkeit der Aufrechnung (inzidenter) gerichtlich prüfen lassen möchte.

635 In der Begründetheit des Rückforderungsverlangens werden Ihnen vermutlich **Entreicherungsgründe** u.Ä. präsentiert. Zwar verweisen die beamtenrechtlichen Rückforderungsvorschriften auf die §§ 812 ff. BGB. Es handelt sich allerdings um **Rechtsfolgenverweisungen** auf §§ 818–822 BGB und nicht um Rechtsgrundverweisungen.[773] § 814 (Kenntnis des mangelnden Rechtsgrundes) und § 817 (Sittenwidrigkeit) BGB gelten also nicht. Der Ausschluss des Entreicherungseinwandes bei positiver Kenntnis vom fehlenden Rechtsgrund **(§ 819 BGB)** wird dagegen beamtenrechtlich auf das Kennenmüssen erweitert (vgl. § 12 Abs. 2 S. 2 BBesG).

Beachte: Vgl. auch Palandt, BGB, Rn. 9 vor § 812.

636 Im Rückforderungsbescheid muss der Dienstherr zugleich über einen (teilweisen) **Billigkeitserlass** z.B. nach § 12 Abs. 2 S. 3 BBesG, entscheiden, sonst ist der im Ermessen stehende Bescheid ermessensfehlerhaft (§ 40 VwVfG, § 114 S. 1 VwGO).[774]

6. Abschnitt: Wissenswerte Einzelheiten

- 637 Die Anordnung an den Beamten, sich **amtsärztlich untersuchen** zu lassen, ist kein VA. Folgt der Beamte ihr nicht, können daraus negative Schlüsse gezogen werden (Gedanke der Beweisvereitelung). Die Anordnung ist allerdings trotz § 44a VwGO anfechtbar, weil sie mit disziplinarischen Mitteln durchgesetzt werden kann und damit vollstreckbar i.S.v. § 44a S. 2 VwGO ist.[775]
- 638 **Unterläuft** der Dienstherr bei einer Beförderungskonkurrenz den **Rechtsschutz**, indem er eine einstweilige Anordnung missachtet oder indem er den von ihm ausgesuchten Bewerber schnell ernennt, obwohl der Unterlegene angekündigt hat, (weiteren) gerichtlichen Rechtsschutz zu suchen, kann der Beamte die Ernennung ausnahmsweise mit der Anfechtungsklage angreifen. (Ganz) ausnahmsweise kann der Beförderte dann sein Amt nachträglich wieder verlieren. Der Ernannte ist zu dem Verfahren notwendig beizuladen (§ 65 Abs. 2 VwGO). Solche krassen Ausnahmefälle lassen sich nicht verallgemeinern.[776]
- 639 Der Dienstherr kann (anteilige) **Ausbildungskosten und Dienstbezüge** zurückfordern, wenn der Beamte entgegen vorher eingegangener Verpflichtung nach Ausbildungsende nicht die Mindestdienstzeit ableistet (z.B. Zahnmedizinstudium bei der Bundeswehr → freier Zahnarzt; Steuerinspektor → Steuerberater).[777]

771 BVerwGE 25, 280.
772 BVerwG, Beschl. v. 11.08.2005 – 2 B 2/05; BayVGH, Beschl. v. 08.03.2013 – 3 CE 12.1928.
773 BVerwGE 116, 74; BayVGH, Urt. v. 18.08.2017 – 3 BV 16.132, BeckRS 2017, 136969; OVG NRW NVwZ-RR 2014, 65.
774 BVerwGE 95, 94; NdsOVG NVwZ-RR 2016, 105; DVBl. 2015, 919; OVG NRW NWVBl. 2015, 103.
775 BVerwG NVwZ 2012, 1483; BayVGH, Beschl. v. 12.12.2012 – 3 CE 12.2121.
776 BVerwGE 138, 102.
777 BayVGH NVwZ-RR 2015, 268; näher: BVerwGE 91, 200; 74, 78.

640 ■ Das BVerwG meint, dass der Dienstherr seinen favorisierten Bewerber trotz eines laufenden Konkurrentenrechtsstreits **„kommissarisch“** mit den Aufgaben des streitbefangenen Amts betrauen darf, wenn er den dort erarbeiteten Erfahrungsvorsprung bei einer evtl. Neuauswahl „ausblendet“.[778] Manche OVG/VGH[779], die im einstweiligen Rechtsschutz faktisch das letzte Wort haben, halten das für unmöglich und sehen weiter einen Anordnungsgrund i.S.d. § 123 VwGO, die „Beförderung auf kaltem Wege“ zu verhindern.[780]

■ Ob und unter welchen Bedingungen **Tätowierungen** mit dem Beamtenstatus verträglich sind, muss wegen der gewandelten gesellschaftlichen Anschauungen zum Körperschmuck durch Parlamentsgesetz geregelt werden, weil ein Verbot in die Lebensführung eingreift (Art. 2 Abs. 1, ggf. auch Abs. 2 GG).[781]

---

778 Ausgangsentscheidung: BVerwG NVwZ 2016, 1650, 1653; Veränderung: BVerwG NVwZ-RR 2018, 395.

779 OVG RP DÖD 2017, 162; NdsOVG DÖD 2017, 75, OVG NRW NWVBl. 2016, 499; IÖD 2016, 223 – in NRW sind zwei Senate zuständig); OVG Bremen NVwZ-RR 2017, 294.

780 Kommissarische Wahrnehmung möglich (= Kein Anordnungsgrund): VGH BW NVwZ-RR 2018, 115; BayVGH Beschl. v. 09.01.2017 – 6 CE 16.2310; OVG Bln-Bbg, Beschl. v. 05.01.2017 – OVG 4 S 40.16; HessVGH NVwZ 2017, 1144; OVG Saar, Beschl. v. 09.09.2016 – 1 B 60/16; OVG LSA NVwZ-RR 2017, 335.

781 BVerwG NJW 2018, 1185; BVerfGE 139, 19.

9. Teil: Schulrecht

641 Das Schulrecht bezieht seinen Reiz als Prüfungsgebiet daraus, dass die Prüfer anders als in allen anderen Verwaltungszweigen voraussetzen können, dass die **tatsächlichen Verhältnisse**, die im „Verwaltungsbereich Schule" herrschen, jedem Referendar im Detail **bekannt** sind. Außerdem spielen im praktischen Schulalltag rechtliche Überlegungen, gar verfahrensrechtlicher Art, schon deswegen kaum eine Rolle, weil normalerweise weder die Lehrer noch der Schulleiter über eine juristische (Grund-) Bildung verfügen. Dennoch lassen die ausführlichen **landesrechtlichen Schulgesetze** erkennen, dass die Schulverwaltung (Verpflichtung zum Schulbesuch, Unterrichtserteilung, Prüfungen und Zeugnisse sind nichts anderes als Verwaltungstätigkeit) oft bis in die Einzelheiten gesetzlich vorgeordnet ist. Der Klausurbearbeiter wird vor die Aufgabe gestellt, einen Sachverhalt, der ihm so oder ähnlich aus der eigenen Schulzeit geläufig ist, juristisch zu würdigen.

Schulrechtliche Klausuren

- Maßnahmen im Schulalltag (Bewertung Klassenarbeit, Zeugnisnote, Klassenwechsel, Versetzung)
- Ordnungsmaßnahmen (Verweis, Ausschluss vom Unterricht, zeitweise Wegnahme von Sachen)
- Unterrichtsbefreiung aus privaten oder religiösen Gründen
- Kosten von Klassenfahrten

642 Schulrechtliche Klausuren verlangen idealtypisch in einem ersten Schritt, die einschlägige **Norm** im Landes-Schulgesetz **aufzufinden** (nicht selten wird sie auch im Aufgabentext angegeben). Sie ist meist aber nur der Aufhänger. In der Hauptsache wird einerseits die Anwendung allgemeiner verwaltungsverfahrensrechtlicher Grundsätze (VA, Anhörung, Behördenbegriff) verlangt. Andererseits können schulrechtliche Klausuren auch verkappte **verfassungsrechtliche** Klausuren sein, in denen es schwerpunktmäßig darum geht, den **Bildungs- und Erziehungsauftrag des Staates** (Art. 7 Abs. 1 GG) mit dem **Erziehungsrecht der Eltern** (Art. 6 Abs. 2 und 3, Art. 7 Abs. 2 GG) und/oder der **Glaubensfreiheit** (Art. 4 GG) in Ausgleich zu bringen. Spätestens bei der Prüfung des schulgesetzlich eingeräumten Ermessens oder der Verhältnismäßigkeit muss eine Grundrechtsprüfung erfolgen. Sie wird vielfach mit der Herstellung der **praktischen Konkordanz** – letztlich also einem sachgerechten Kompromiss – zwischen den widerstreitenden Rechtspositionen enden.

1. Abschnitt: Kernwissen

Schulrecht

- Schulpflicht konkretisiert staatlichen Erziehungsauftrag, Art. 7 Abs. 1 GG
- Schulverhältnis = Sonderstatusverhältnis
  - Regelungs- und Außenwirkung von Maßnahmen (VA)?
  - VA-Befugnis der Schule
- Schulordnungsmaßnahmen sind keine VAe
- Ausnahmen von der Schulpflicht: Abwägung von Art. 7 GG und Art. 4 GG, z.B. Schwimmunterricht für Muslima, „Home-Schooling", Sexualkunde
- Kosten von Klassenfahrten aufgrund öffentlich-rechtlichen Vertrages

A. Schulpflicht

643 Nach st.Rspr. wird vom GG ein **staatlicher Erziehungsauftrag** vorausgesetzt (vgl. Art. 7 Abs. 1 GG), der durch die einfachgesetzliche **allgemeine Schulpflicht** konkretisiert wird.

B. Schulverhältnis

644 Das Schulverhältnis stellt ein **Sonderrechts- oder Sonderstatusverhältnis** zwischen Schüler (= Bürger) und Schule (= Staat) dar (ähnlich: Beamte, Soldaten, Strafgefangene). Es unterscheidet sich vom allgemeinen Gewaltverhältnis, in dem jedermann auf deutschem Staatsgebiet zum Staat steht, durch die größere Nähe der Beteiligten. Anders als früher, als man noch von einem „besonderen Gewaltverhältnis" sprach, gelten nach heute h.M. sowohl die **Grundrechte** als auch der **Vorbehalt des Gesetzes** in Sonderstatusverhältnissen grundsätzlich uneingeschränkt.

645 Gleichwohl ergeben sich durch die enge Beziehung zwischen Bürger und Staat im Sonderstatusverhältnis rechtliche Besonderheiten. Einer nachteiligen schulischen Maßnahme wird wegen des Sonderstatusverhältnisses oft die **VA-Qualität** abgesprochen. Daher ist bei solchen Maßnahmen stets zu **prüfen**, ob ein **VA** vorliegt.

646 Für die Frage, ob die notwendige **Außenwirkung** gegeben ist, gilt: Greift eine Maßnahme in die **persönliche Rechtsstellung** des Schülers ein, kommt ihr Außenwirkung zu und es liegt ein VA vor (z.B. Aufnahme in der Schule, Entscheidung über die Versetzung, Schulabschlusszeugnis). VAe sind auch bestimmte Schulorganisationsmaßnahmen, die sich unmittelbar auf die Rechtsstellung des Schülers, der Eltern oder des gemeindlichen Schulträgers auswirken (z.B. Schulschließung – Klagebefugnis der Gemeinde aus Art. 28 Abs. 2 GG). Regelt die Schule nur den **internen Schulbetrieb**, fehlt es an der Außenwirkung und damit am VA (Wechsel des Klassenlehrers, Umsetzung in Parallelklasse, Stundenplan).

zur Unzumutbarkeit bei Schulschließung Rn. 661

647 Vielfach fehlt es bereits an der **Regelung**, die ein VA voraussetzt. Die Maßnahme wird jedenfalls von der Rspr. so aufgefasst, dass es am Willen zur Herbeiführung einer Rechtsfolge fehlt (Hausaufgaben, erzieherische Maßnahmen). So wird mit den Bewertungen von einfachen **Klassenarbeiten** nichts geregelt, sondern Schüler und Eltern werden über den derzeitigen Leistungsstand informiert. Gleiches gilt für **Einzelnoten** im einfachen Versetzungszeugnis.

zum Schulabschlusszeugnis vgl. aber Rn. 660

648 **Klage- oder Antragsbefugnis** ergeben sich aus Art. 2 Abs. 1 GG oder bei wesentlichen Eingriffen wie Schulverweisung, aus Art. 12 GG („Ausbildungsstätte").

Beachte: Ob ein VA vorliegt oder nicht, wirkt sich v.a. bei der statthaften Klage- oder Antragsart aus und muss bereits in der Zulässigkeit im Einzelnen geprüft werden. Liegt ein belastender VA vor, ist die Anfechtungsklage bzw. der Antrag nach § 80 Abs. 5 VwGO statthaft. Bei Klausuren aus der Sicht der Schulleitung oder -aufsichtsbehörde muss über die Anordnung der sofortigen Vollziehbarkeit gemäß § 80 Abs. 2 S. 1 Nr. 4 VwGO nachgedacht werden. Fehlt es am VA, muss auf die allgemeine Leistungsklage bzw. auf die einstweilige Anordnung nach § 123 VwGO zurückgegriffen werden.

C. Erziehungs- und Ordnungsmaßnahmen

649 Die Schulgesetze sehen Erziehungs- und Ordnungsmaßnahmen vor, wenn Schüler ihre schulischen Pflichten verletzen. Auf Fehlverhalten soll wegen des jungen Alters der Schüler zunächst pädagogisch mit **Erziehungsmaßnahmen** reagiert werden.

Solche sind z.B. Ermahnung/Tadel, Ausschluss von der laufenden Unterrichtsstunde, Nacharbeit unter Aufsicht („Nachsitzen"), besondere Aufgaben zur Verdeutlichung des Fehlverhaltens („Strafarbeiten") oder die schriftliche Information der Eltern. Diese Erziehungsmaßnahmen sind Teil des laufenden Unterrichts. Ihnen fehlt bereits die Regelungswirkung, sie sind daher **keine VAe**[782] und bedürfen keiner besonderen gesetzlichen Grundlage.[783]

Auch die zeitweise **Wegnahme von Sachen** („Einsammeln" von Handys, Spielkonsolen, Messern usw.) ist eine Erziehungsmaßnahme. Es entsteht ein Verwahrungsverhältnis an den Sachen; die Verletzung hieraus folgender Pflichten kann zu Schadensersatzansprüchen führen. Auch **Amtshaftungsansprüche** (§ 839 BGB/Art. 34 GG, zuständig ist das Landgericht nach § 71 Abs. 2 Nr. 1 GVG) gegenüber den Lehrern sind möglich. Jeweils wird auf das **Mitverschulden** des Schülers durch das offensichtlich unzulässige Mitbringen der Gegenstände einzugehen sein. **650**

Erst wenn die Erziehungsmaßnahmen nicht fruchten, kann die Schule tiefer eingreifende **Ordnungsmaßnahmen** verhängen, die schulgesetzlich abschließend geregelt sind: z.B. Verweis, Umsetzung in eine Parallelklasse oder andere Schule, tageweiser Ausschluss vom Unterricht, Verweisung von der Schule (keine „Schulstrafen" → Art. 103 Abs. 3 GG greift nicht). Diese greifen in die persönliche Rechtsstellung des Schülers ein. Es handelt sich um **VAe**,[784] die der **Gefahrenabwehr** dienen, nämlich dem Schutz der Funktionsfähigkeit der staatlichen Einrichtung „Schule" (Art. 7 Abs. 1 GG) und ggf. von Mitschülern und Lehrern, und die einer gesetzlichen Grundlage bedürfen. Ordnungsmaßnahmen setzen ein Fehlverhalten des Schülers voraus.[785] Die Tat muss in der Regel schulbezogen sein. Außerschulisches Verhalten muss den Schulbetrieb stören (Mobbing/Hetze/Beleidigungen von Mitschülern oder Lehrern im Internet[786]). Der Schüler muss ausreichend steuerungs- und einsichtsfähig sein,[787] aber weder ADHS noch (angebliche) Hochbegabung stellen einen Freibrief aus.[788] **651**

Beispiele: Verkauf von Drogen;[789] Erpressung, Diebstahl, Sachbeschädigung;[790] kompromittierendes Video über einen Lehrer auf Facebook;[791] gewaltverherrlichende/pornografische Handyvideos.[792]

Die Schulgesetze sehen oftmals ein differenziertes Verfahren (Anhörung, Klassenkonferenz, Beteiligung der Schulaufsichtsbehörde) vor, dessen Verletzung zu meist nicht mehr korrigierbaren (vgl. § 46 VwVfG, § 114 S. 2 VwGO) Verfahrens- und Ermessensfehlern führt; da etwa eine Konferenz von der Schulaufsichtsbehörde nicht „nachgeholt" werden kann, kann der Fehler auch nicht in einem evtl. Widerspruchsverfahren (vgl. z.B. § 110 Abs. 2 S. 1 Nr. 3a JustG NRW) geheilt werden.[793]

---

782 BayVGH VGHE 63, 122; Steenhoff NVwZ 2013, 1190 f.

783 Faßbender/Herbrich DVBl. 2016, 216; VGH BW DVBl 1985, 65.

784 OVG NRW Beschl. v. 05.07.2018 – 19 E 509/18 (Verweis); Beschl. v. 18.04.2018 – 19 B 463/18 (vorübergehender Unterrichtsausschluss); NVwZ-RR 2017, 498 (Verweis); OVG Bre, Urt. v. 18.05.2018 – 1 B 101/18 (Überweisung an andere Schule).

785 Faßbender/Herbrich DVBl. 2016, 216, 220.

786 Steenhoff NVwZ 2013, 1190, 1192.

787 Vgl. dazu §§ 20, 21 StGB nebst Kommentierung.

788 Steenhoff NVwZ 2013, 1190, 1194 m.w.N.

789 OVG RP NVwZ-RR 2013, 963.

790 BayVGH NVwZ-RR 2013, 614.

791 OVG NRW NVwZ-RR 2015, 34.

792 OVG NRW Beschl. v. 17.06.2014 – 19 B 679/14.

793 BVerfGE 41, 251, 265; OVG NRW NWVBl 2015, 157; a.A. Faßbender/Herbrich DVBl. 2016, 216, 219 f.

> **Beachte:** Soweit der Ordnungsmaßnahme eine (Lehrer-)Konferenz vorgeschaltet ist, können in der Klausur dort alle aus dem Kommunalrecht (Ratsbeschlüsse) geläufigen Probleme untergebracht werden (s. Rn. 368 ff.): Tagesordnung, Einladungsfrist, Befangenheit, Abstimmungsfehler usw.

652 **Materiell** ist regelmäßig eine sorgfältige **Ermessens- und Verhältnismäßigkeitsprüfung** anzustellen, weil die Sanktionsnorm keine Einzelvorgaben macht. Die unbestimmten Rechtsbegriffe wie „schwere Verfehlung" oder „wichtiger Grund" sind gerichtlich voll überprüfbar (Art. 19 Abs. 4 GG). Die Auswahl der Ordnungsmaßnahme ist eine pädagogische Ermessensentscheidung. Diese kann das Gericht nur auf Verfahrens- oder Ermessensfehler untersuchen.

653 **Prozessual** spielen sich die Dinge im Eilrechtsschutz ab, weil das Schuljahr schnell vergeht (§§ 80 Abs. 5, 123 VwGO). Die Maßnahmen erledigen sich rasch (§ 43 Abs. 2 VwVfG). Eine Umstellung in der Hauptsache auf eine Fortsetzungsfeststellungsklage wird zumindest bei Unterrichtsausschluss wegen evtl. nachteiliger Auswirkungen auf die Schullaufbahn oder wegen eines Rehabilitationsinteresses großzügig bejaht.[794]

D. Befreiung von der Schulpflicht (Unterrichtsbefreiung)

654 Schulpflicht und **Elternrecht** (Art. 6 Abs. 2 GG) können in Konflikt geraten. Letzteres erlaubt den Eltern, auch im Schulbereich den Gesamtplan der Erziehung des Kindes zu bestimmen. I.V.m. **Art. 4 GG** dürfen sie ihre Kinder auch **religiös** und weltanschaulich erziehen, also auch die Lebensführung nach der Religion ausrichten. Der Staat ist dagegen zu **weltanschaulicher Neutralität** auch im Schulunterricht verpflichtet. Eltern und Schule haben jedoch eine **gemeinsame Erziehungsaufgabe**. Der staatliche Erziehungsauftrag aus Art. 7 Abs. 1 GG wirkt sich als verfassungsimmanente Schranke der Grundrechte von Schülern und deren Eltern aus. Die widerstreitenden Rechtspositionen sind durch praktische Konkordanz zum Ausgleich zu bringen.

Prozessuale Besonderheiten

- Prozessfähigkeit (§ 62 VwGO): minderjährige Schüler werden von beiden Eltern (§ 1629 Abs. 1 BGB) vertreten.
- Fühlen Eltern und Schüler sich in ihren Rechten verletzt (z.B. Glaubensfreiheit und Elternrecht), können beide Klage erheben.

  Klage

  des Herrn und der Frau X, als Eltern des minderjährigen Schülers Y,

  Kläger zu 1),

  des minderjährigen Schülers Y, vertreten durch seine Eltern, die Kläger zu 1),

  Klägers zu 2),
- Ab 14 Jahren sind Kinder nach § 5 RKEG religionsmündig und damit insofern selbst geschäfts- und prozessfähig.

E. Kosten von Klassenfahrten

655 Die **Eltern** haben in der Regel ihr Kind **schriftlich** bei der Schule zur Teilnahme an der Klassenfahrt angemeldet. Nun kommt es zum Streit über die Kosten, bspw. weil der Schüler erkrankt und nicht mitfahren kann oder weil er wegen Fehlverhaltens früher nach Hause geschickt wird.[795]

794 OVG NRW, Beschl. v. 08.03.2016 – 19 A 108/14; kritisch: Steenhoff NVwZ 2013, 1190, 1191.

795 OVG Hamburg NJW 2015, 2059; vgl. auch Fehnemann DÖV 1987, 657.

Über **Schülerfahrten** schließen Schulträger und Eltern einen **öffentlich-rechtlichen Vertrag** nach §§ 54 ff. VwVfG. Die Schulfahrt ist eine schulische Bildungsveranstaltung und nimmt am öffentlich-rechtlichen Charakter des Schulverhältnisses teil.[796] Die **Reisevertragsvorschriften** der §§ 651a ff. BGB gelten wegen der Besonderheiten des Schulverhältnisses nicht.[797] Für Zahlungs- und Rückzahlungsansprüche ist daher der **Verwaltungsrechtsweg** nach § 40 Abs. 1 S. 1 VwGO eröffnet (§ 40 Abs. 2 S. 1 VwGO gilt nur für Ansprüche des Bürgers gegen den Staat). Das Problem müssen Sie also bereits bei der Rechtswegeröffnung am Anfang der Zulässigkeit prüfen. 656

Statthaft ist die **allg. Leistungsklage**. Klagt die Schule auf Zahlung, fehlt ihr das Rechtsschutzbedürfnis nicht, auch wenn sie ggf. einen Leistungsbescheid erlassen könnte, sofern erkennbar ist, dass die Eltern gegen diesen Anfechtungsklage erheben werden (vgl. Rn. 633 ff.). 657

§ 2 Abs. 2 VwVfG vieler **Länder** nimmt die Schule aus dem **Geltungsbereich** des LVwVfG heraus. Die Ausschlussvorschrift ist einschränkend auszulegen, sofern es nicht um den regulären Unterrichtsbetrieb, sondern um Veranstaltungen wie Schülerfahrten ohne Teilnahmepflicht geht. Für letztere sind die §§ 54 ff. VwVfG anwendbar.[798] 658

Das Fehlen der **Unterschrift der Schule** lässt den Vertrag über die Teilnahme an der Klassenfahrt nicht unwirksam werden. §§ 57, 62 VwVfG i.V.m. § 126 Abs. 2 S. 1 BGB (Schriftform: zwei Unterschriften auf einer Urkunde) gilt nicht, wenn die Warn- und Beweisfunktion auch bei einseitiger Unterschrift (eines Elternteils – Anscheinsvollmacht) erfüllt ist.[799] Die erforderliche Annahmeerklärung kann im Schulverhältnis auch durch einen Elternabend o.Ä. erfolgen.[800] 659

2. Abschnitt: Wissenswerte Einzelheiten

- Für **Prüfungsarbeiten** gilt das Gebot der **Chancengleichheit** (Art. 3 Abs. 1 i.V.m. Art. 12 Abs. 1 GG). Alle Prüflinge sollen möglichst gleiche Chancen haben, die Leistungsanforderungen zu erfüllen. Die Prüfungsbedingungen müssen daher möglichst gleich sein, und zwar nach Regeln und tatsächlicher Durchführung.[801] Einzelnoten im **Schulabschlusszeugnis** haben Regelungswirkung (= VA), wenn sie berufsrelevant sein können.[802] Bemerkungen auf dem Zeugnis zur abweichenden Bewertung wegen Legasthenie/Dyskalkulie (= schlicht hoheitl. Handeln) verstoßen nicht gegen Art. 3 Abs. 2, 3 GG, bedürfen aber einer gesetzlichen Grundlage.[803] 660
- Vom Schulbesuch kann nicht vollständig zugunsten von **Heimunterricht** („Homeschooling") befreit werden. Das Elternrecht entfaltet sich nur innerhalb der Grenzen der Schulpflicht. Der Schulbesuch dient auch der sozialen Bildung, der Integration und soll Parallelgesellschaften verhindern.[804]
- Das Wahlrecht zwischen der Teilnahme am Religionsunterricht und am **Ethikunterricht** diskriminiert die Schüler nicht, die sich gegen den Religionsunterricht

796 VG Köln, GB v. 05.04.2018 – 10 K 6140/17; BayVGH NVwZ-RR 2006, 545; OVG NRW NJW 1988, 1872.

797 VG Saarlouis, Urt. v. 10.03.2006 – 1 K 21/05; VG Berlin NJW 2000, 2040.

798 VG Berlin NJW 2000, 2040; VG Gelsenkirchen, GB v. 02.04.2007 – 4 K 3929/04 Rn. 19; VG Hannover, NdsVBl. 2002, 272, 273; VG Braunschweig NJW 2005, 698; differenzierend: VG Hmb, Urt. v. 05.12. 2017 – 1 K 3929/16.

799 OVG NRW, Beschl. v. 20.11.2015 – 19 A 1585/13.

800 VG Augsburg, Urt. v. 22.01.2013 – 3 K 12.1175; VG Berlin GB v. 25.07.2012 – 3 K 119.12; VG Minden, Urt. v. 17.05.2013 – 8 K 2772/12, BeckRS 2013, 51721.

801 BVerwG NVwZ 2016, 541; BVerwGE 87, 258, 261 f.

802 OVG NWVBl 2012, 483; NRW NVwZ-RR 2001, 384; VG Koblenz, Urt. v. 16.07.2013 – 4 K 180/13.KO, BeckRS 2013, 57957.

803 BVerwG NVwZ 2016, 541; Quapp, DVBl 2018, 80; Götz BayVBl. 2018, 190; Cremer/Kolok, DVBl 2014, 333.

804 BVerwG NVwZ 2010, 525; BayVGH NVwZ-RR 2010, 606.

entscheiden.[805] Es besteht auch aus den Grundrechten kein Anspruch auf Einführung von Ethikunterricht.[806]

661 ▪ Der staatliche Bildungs- und Erziehungsauftrag sowie das staatliche Bemühen um Integration[807] stehen als Werte mit Verfassungsrang der Glaubensfreiheit muslimischer Mädchen und dem Elternrecht entgegen, die Mädchen vom **gemeinsamen Schwimmunterricht** zu befreien. Die praktische Konkordanz wird dadurch hergestellt, dass die Mädchen in islamischer Schwimmbekleidung („Burkini", Haschema) teilnehmen dürfen (und müssen). Dadurch entfällt der für eine Befreiung vom Schwimmunterricht erforderliche wichtige Grund.[808] Für **männliche Schüler** besteht kein wichtiger Grund, vom Anblick spärlich bekleideter Mädchen im Sportunterricht verschont zu werden, weil sie dem im Sommer auch sonst nirgends entgehen können.[809] Dieselben Maßstäbe gelten für andere Unterrichtsinhalte, die aus religiösen Gründen abgelehnt werden.[810]

- Ein gesichtsverhüllender **Schleier** (Niqab) kann verboten werden, weil er die offene Kommunikation unmöglich macht, die zum Lehren und Lernen nötig ist.[811]
- **Sexualkunde** nach staatlichen Lehrbüchern mag individuellen religiösen Scham-, Keuschheits- oder Schöpfungsvorstellungen widersprechen. Das stellt aber keinen Befreiungsgrund dar.[812]
- Übersteigt die Zahl der Anmeldungen die schulische **Kapazität**, erfolgt die Auswahl nach Ermessen,[813] bei Fächerwahlen auch nach Los.[814] Bei **schulorganisatorischen Maßnahmen** (Schul-/Klassenschließungen) können Schüler und Eltern sich erst ab Unzumutbarkeit wehren.[815]
- Aus **generalpräventiven** Gründen kann eine Schulordnungsmaßnahme ergriffen werden, wenn ein Schüler ein Video, das einen Lehrer kompromittiert („bühnenreifes Ausrasten"), auf Facebook veröffentlicht.[816]

805 OVG Bln-Bbg OVGE 27, 280.
806 BVerwG NVwZ 2014, 1163; VGH BW DVBl. 2013, 519.
807 BVerwG NVwZ 2014, 81; Uhle NVwZ 2014, 541.
808 BVerfG NVwZ 2017, 227; BVerwG NVwZ 2014, 81 m. Anm. Uhle; HessVGH NVwZ 2013, 159; OVG Bremen NVwZ-RR 2012, 84; OVG NRW NVwZ-RR 2009, 923; Heinze/Heinze JA 2017, 210; anders noch: BVerwG NVwZ 1994, 578; OVG NRW NJW 2003, 1754 („Gefährdung der seel. Gesundheit" auf einer Klassenfahrt).
809 VG Düsseldorf NWVBl. 2006, 68.
810 NVwZ 2014, 237 („Krabat").
811 BayVGH NVwZ 2014, 1109; Hufen JuS 2015, 186.
812 BVerwG NVwZ 2009, 56.
813 Grünberg LKV 1014, 433, 434; OVG LSA NVwZ-RR 2013, 998 (Geschwisterbevorzugung erlaubt).
814 HessVGH ESVGH 64, 88.
815 NdsOVG NdsVBl. 2013, 243.
816 OVG NRW NVwZ-RR 2015, 34.

10. Teil: Informationsfreiheitsrecht

Das Informationsfreiheitsrecht ist ein relativ neues Rechtsgebiet. Die Informationsfreiheit ist in Art. 5 Abs. 1 S. 1 2. Hs. GG zwar grundrechtlich geschützt,[817] aber die Norm vermittelt keinen eigenen Anspruch auf Zugänglichmachung von Informationen,[818] sondern allenfalls vermittelt durch die einfachen IFGe.[819] Weil es sich sprunghaft entwickelt und viele Rechtsfragen noch ungeklärt sind, kommt ihm Klausurrelevanz zu. Im Zentrum steht das **Informationsfreiheitsgesetz** des Bundes (IFG). 662

Daneben gibt es auf Bundesebene v.a. noch das Umweltinformationsgesetz (UIG), das sich auf Umweltinformationen bezieht, und das VerbraucherinformationsG (VIG, v.a. Lebensmittel, Haushaltsgeräte, Möbel) sowie auf Landesebene weitere 13 IFGe[820] und 16 UIGe. Spezialgesetze sind das BArchG und das Stasi-Unterlagengesetz (StUG).

Traditionell galt in Deutschland der Grundsatz der beschränken Aktenöffentlichkeit („Aktengeheimnis“).[821] Daher konnte nur unter den engen Voraussetzungen des **§ 29 VwVfG** Einsicht in Behördenakten verlangt werden. Die IFGe haben das grundlegend geändert:[822] Jeder hat **ohne** irgendeine **Voraussetzung** Anspruch auf **Zugang zu amtlichen Informationen**. Die IFGe sollen die Durchschaubarkeit (Transparenz) staatlichen Handelns verbessern, so dessen Akzeptanz erhöhen und Missbrauch eindämmen, der nur verborgen möglich ist.[823] Der Zugang zu Informationen, die (nur) bei einer Behörde vorhanden sind, ist in der heutigen „Mediendemokratie“ oft von entscheidender Bedeutung für die Verfolgung politischer Ziele. Schlichter soll oft aber auch nur ein Schadensersatzanspruch vorbereitet werden.[824] 663

Hinweis: Die Informationsgesetze des Bundes sind bei Kopp/Ramsauer, VwVfG, kommentiert: § 29 Rn. 45 ff. (Allgemeines und IFG), Rn. 76 ff. (UIG), Rn. 83 ff. (VIG). Kommentar

Klausuren im Informationsfreiheitsrecht

- Klage oder Eilantrag auf Informationserteilung
- Drittanfechtung einer Informationserteilung

1. Abschnitt: Kernwissen

A. Allgemeines Akteneinsichtsrecht, § 29 VwVfG

Die Beteiligten (§ 13 VwVfG) eines laufenden Verwaltungsverfahrens haben ein **allgemeines Akteneinsichtsrecht** nach **§ 29 Abs. 1 VwVfG.** Es ist lediglich an die Voraussetzung geknüpft, dass der Akteninhalt für den Beteiligten zur Verteidigung oder Geltendmachung seiner rechtlichen Interessen erforderlich ist. Allerdings gibt es Versagungsgründe (§ 29 Abs. 2 VwVfG). Wird die Akteneinsicht zu Unrecht versagt, liegt zwar ein Verfahrensfehler (rechtliches Gehör) vor. Dieser Fehler kann aber nach § 45 Abs. 1 Nr. 3 VwVfG geheilt werden oder sich nach § 46 VwVfG als unbeachtlich erweisen. Da Verfahrenshandlungen nicht isoliert angreifbar sind **(§ 44a VwGO)**, kann die 664

817 BVerfGE 27, 71 („Leipziger Volkszeitung“); 90, 27 („Parabolantennen für ausl. Mieter“); 103, 44 („Übertragung aus dem Gerichtssaal“).

818 BVerwG NVwZ 2015, 823; 2015, 1388; NJW 2013, 2538.

819 Nolte NVwZ 2018, 2018, 521, 523.

820 Keine IFG haben erlassen: Bayern, Niedersachsen und Sachsen.

821 Fehling DVBl. 2017, 79.

822 Schoch, IFG (2016), Einl. Rn. 259 („Paradigmenwechsel“); Schoch NVwZ 2017, 97.

823 BVerwGE 121, 122.

824 Ruttloff/Brosende DVBl. 2015, 1482 („pre-trial discovery“); Scholz NVwZ 2015, 1111.

Verletzung des allgemeinen Akteneinsichtsrechts nur zusammen mit dem Hauptsacherechtsbehelf geltend gemacht werden.

665 Verlangt ein **Nichtbeteiligter** Akteneinsicht oder ist das Verwaltungsverfahren bereits **beendet**, besteht ein gesetzlich nicht näher ausgestalteter Anspruch auf ermessensfehlerfreie Entscheidung über die Einsicht. Ist das Interesse des Einsichtsbegehrenden berechtigt, kann der behördliche Ermessensspielraum ausnahmsweise auf Null schrumpfen.

666 **Dritte** können die Gewährung von Akteneinsicht stets selbstständig anfechten, wenn sie die Verletzung eigener Rechte geltend machen können (z.B. Geschäftsgeheimnisse). Auch vorbeugende Unterlassungsklagen sind möglich.

B. Informationsfreiheitsgesetz (IFG)

I. Materielles

667 Zunächst ist die **Anwendbarkeit** des IFG (Sartorius 113) zu prüfen, weil es nach § 1 Abs. 3 IFG den Fachgesetzen den Vorrang einräumt, soweit sie abstrakt den gleichen Regelungsgegenstand haben[825] und abschließend sind[826] (eng auszulegen; nicht: LPresseG, beamtenrechtl. Personalaktenrecht[827]). Besteht danach kein Akteneinsichtsrecht, kann nicht auf das IFG zurückgegriffen werden. In **formeller** Hinsicht ist ein Antrag bei der zuständigen (§ 7 IFG) Behörde nötig. **Anspruchsberechtigt** ist nach § 1 Abs. 1 IFG „jeder", also natürliche und juristische Personen,[828] auch öff.-rechtl., wenn sie sich in vergleichbarer Lage befinden[829] (nicht: bloße Bürgerinitiative). Verpflichtet sind alle **Behörden des Bundes**, also Stellen, die funktionell[830] öffentliche Aufgaben wahrnehmen (weit), vgl. § 1 Abs. 4 VwVfG. Hier kommt es oft darauf an, materielle Verwaltungstätigkeit von Gesetzgebung oder Rspr. abzugrenzen.[831]

„§ 1 Abs. 1 S. 1 IFG legt keinen organisationsrechtlichen, sondern einen funktionellen Behördenbegriff zugrunde. Eine Behörde ist demnach jede Stelle i.S.e. eigenständigen Organisationseinheit, die öffentlich-rechtliche Verwaltungsaufgaben wahrnimmt. Dies wiederum bestimmt sich nach materiellen Kriterien. Auf den Anwendungsbereich des VwVfG kommt es nicht an. Verwaltung erfasst als Auffangtatbestand vielmehr alle Staatstätigkeit, die nicht der Rechtsetzung oder Rspr. zuzurechnen ist."

668 Von den Behörden ist gemäß § 7 Abs. 1 IFG diejenige verpflichtet, die über die Informationen **verfügen** kann. Der **Anspruchsinhalt** richtet sich auf Auskunft, Akteneinsicht oder Herstellung eines Aktenauszugs (§ 1 Abs. 2 S. 2 IFG). Die einzige positive Voraussetzung des Anspruchs besteht darin, dass es sich um eine **amtliche Information** i.S.v. § 2 Nr. 1 IFG handelt, die bei Antragstellung[832] vorhanden war. Warum der Anspruchsteller die Information erhalten möchte, ist unerheblich; es müssen **keine besonderen Interessen und Rechte** geltend gemacht werden.

---

825 BVerwG NVwZ 2013, 431.

826 BVerwG NVwZ 2013, 431, 434.

827 BVerwG NVwZ 2017, 1862.

828 BVerwG NVwZ 2011, 1012.

829 BayVGH NVwZ 2016, 1107.

830 BVerwGE 152, 241; 151, 1; 141, 122; BVerwG NVwZ 2013, 431; 2012, 251.

831 Vgl. dazu auch Kopp/Ramsauer, VwVfG, § 1 Rn. 17 ff.

832 BVerwGE 154, 231.

Oft liegt der Schwerpunkt einer IFG-Klausur auf der Frage, ob der Anspruch ausnahmsweise **ausgeschlossen** ist, nämlich zum Schutz 669

- besonderer öffentlicher Belange (§ 3 IFG),[833]
- behördlicher Entscheidungsprozesse (§ 4 IFG),
- personenbezogener Daten (§ 5 IFG),
- geistigen Eigentums und von Betriebs- und Geschäftsgeheimnissen (§ 6 IFG),[834]
- oder wenn die Informationen anderweitig zumutbar zu beschaffen sind (§ 9 Abs. 3 IFG).

„Der gegen das Bundeskanzleramt gerichtete Anspruch auf Überlassung einer ungeschwärzten Gästeliste des Abendessens, das für den Bankvorstand B ausgerichtet worden ist, wird nicht von § 5 Abs. 1 S. 1 IFG ausgeschlossen. Mit der Annahme der Einladung haben sich die Gäste freiwillig in die Sphäre der einladenden staatlichen Stelle begeben. Anders als in dem typischen Anwendungsfall dieses Ausschlussgrundes hat die Behörde die Informationen nicht in Anwendung hoheitlicher Befugnisse erlangt. Die freiwillige Annahme der Einladung kann bei der Beurteilung der Schutzwürdigkeit ihres Geheimhaltungsinteresses nicht unberücksichtigt bleiben."

Weitere **ungeschriebene** Ausschlussgründe bestehen, wenn der Verwaltungsaufwand völlig unverhältnismäßig würde[835] oder der (enge) Kernbereich exekutiver Eigenverantwortung betroffen wäre. Bei Letzterem handelt es sich um das innerste Regierungshandeln, also die politische Führung auf höchster Staatsebene, die auch parlamentarischen Untersuchungsausschüssen verschlossen bleibt. Es gibt aber für Regierungshandeln keine generelle Ausnahme von der Informationspflicht.[836] 670

II. Rechtsschutz

Bei Streitigkeiten ist nach § 40 Abs. 1 S. 1 VwGO (§ 9 Abs. 4 IFG ist nicht eindeutig genug[837]) stets der **Verwaltungsrechtsweg** eröffnet, auch wenn Finanzbehörden[838] oder Sozialversicherungsträger[839] Auskunft geben sollen. Die **Entscheidung** über den Informationsanspruch ergeht als **VA**, es wird nämlich **regelnd** über die Gewährung oder Versagung der Information entschieden, wie aus §§ 8 Abs. 2 S. 2, 9 Abs. 4 S. 1 IFG abzuleiten ist.[840] Widerspruch (§ 9 Abs. 4 IFG, auch bei Entscheidungen oberster Bundesbehörden) und Anfechtungsklage eines Dritten haben aufschiebende Wirkung (§ 80 Abs. 1 VwGO). Die Behörde kann aber Sofortvollzug anordnen (§ 80 Abs. 2 S. 1 Nr. 4 VwGO). Sind Rechte Dritter betroffen, wie personenbezogene Daten nach § 5 IFG oder (Betriebs-)Geheimnisse (§ 6 S. 2 IFG), muss die Behörde den Dritten nach § 8 IFG beteiligen und um Einwilligung ersuchen; unterlässt sie das, ist die Auskunftsklage nicht spruchreif, bis die Beteiligung nachgeholt ist (§ 113 Abs. 5 S. 1 VwGO).[841] Die ablehnende Entscheidung kann der Anspruchsteller mit der **Verpflichtungsklage** angreifen. Im **Eilrechtsschutz** muss der Anspruchsteller eine einstweilige **Regelungsanordnung** (§ 123 Abs. 1 S. 2 VwGO, Rechtskreiserweite- 671

833 BVerwG NVwZ 2018, 179; NVwZ 2017, 1621; NVwZ 2015, 675; 2015, 823; Schoch NVwZ 2017, 97, 100 ff.
834 BVerwG NVwZ 2015, 823.
835 BVerwG NVwZ 2016, 1014 (anlehnend an § 7 Abs. 2 S. 1 IFG).
836 BVerwG NVwZ 2017, 1621; BVerwGE 141, 122; BVerfGE 124, 78, 121 f.; Schoch NVwZ 2015, 1; 2013, 1033, 1035.
837 OVG Hamburg NordÖR 2009, 258.
838 BFH NZA-RR 2013, 897.
839 BSG NZS 2012, 786.
840 BVerwG AfP 2016, 564; Schoch, IFG (2016), § 9 Rn. 84.
841 BVerwG NVwZ 2016, 1814; 2017, 1862.

rung) beantragen. Die **Vorwegnahme der Hauptsache** ist nur ausnahmsweise zulässig (drohende Rechtsvereitelung; unzumutbare Nachteile bei Abwarten des Hauptsacheverfahrens). Da die Informationsverschaffung der Hauptverfahrensgegenstand ist, greift **§ 44a VwGO** anders als bei § 29 VwVfG nicht ein.

> **Beachte:** Da behördliche Akten lange Zeit prinzipiell „geheim" waren und sich dem ein teils übersteigertes Bemühen um „Datenschutz" beigesellt hat, tun sich deutsche Behörden oft schwer, das IFG zu befolgen. Das führt in der Praxis – und damit der Klausur – tendenziell dazu, dass IFG-Klagen Erfolg haben. Insofern stellt das Informationsfreiheitsrecht eine Ausnahmematerie dar, weil ansonsten die meisten Klagen vor den Verwaltungsgerichten abgewiesen werden.

C. Umweltinformationsgesetz (UIG)

672 Das UIG (Sartorius 294) ist gegenüber dem IFG spezieller, erfasst allerdings nur umweltrelevante Daten, vgl. § 3 Abs. 2 UIG. Diese sind aber weit zu verstehen. Wie beim IFG spielen Geheimhaltungsfragen, v.a. von Betriebs- und Geschäftsgeheimnissen (Industrie), eine Hauptrolle bei der Versagung von Informationsbegehren. Die Länder haben eigene UIGe erlassen.

D. Verbraucherinformationsgesetz (VIG)

673 Das VIG (Sartorius-E 862a) dient nach seinem § 1 dem **Verbraucherschutz** und der **Markttransparenz**. Es hat Auffangcharakter, vgl. § 2 Abs. 4 VIG. Der Informationsanspruch erstreckt sich auf Lebensmittel nebst Zusatzstoffen, Futtermittel, kosmetische Mittel und Bedarfsgegenstände (z.B. Gegenstände, die dazu bestimmt sind, mit Lebensmitteln, Kosmetik oder der Mundschleimhaut in Berührung zu kommen, Spielwaren, Kleidung, vgl. näher § 2 Lebens- und Futtermittelgesetzbuch (LFGB) sowie Verbraucherprodukte i.S.d. § 2 Nr. 26 ProdSG (z.B. Haushaltsgeräte, Möbel, usw.). Es statuiert ebenfalls einen **voraussetzungslosen** Informationsanspruch, Betriebs- und Geschäftsgeheimnisse (§ 3 S. 1 Nr. 2c VIG) entgegenstehen können. In bestimmten Fällen haben Widerspruch und Anfechtungsklage (des betroffenen Dritten) keine aufschiebende Wirkung, § 5 Abs. 4 S. 1 VIG.

674 Thematisch zusammenhängend erlauben § 6 Abs. 1 S. 3 VIG, § 10 UIG und speziell § 40 Abs. 1 und 1a LFGB der Behörde, die **Öffentlichkeit** unter Namensnennung der betroffenen Unternehmen über „Lebensmittelskandale" zu **informieren**. Voraussetzungen und Grenzen solcher staatlichen Informationen der Öffentlichkeit sind noch umstritten.

2. Abschnitt: Wissenswerte Einzelheiten

675 - Ein **Bundesministerium** kann sich auf § 3 Nr. 3b IFG (Beeinträchtigung der Beratung der Behörde) bzgl. eines Gesetzgebungsvorgangs nur bis zu dessen Abschluss berufen, danach ist das Beratungsergebnis mitzuteilen, sofern es nicht darlegen kann, dass seine künftige Arbeit gefährdet wird, etwa weil es angesichts der nachträglichen Offenlegung künftig keine vertraulichen Informationen mehr erhalten wird.[842]

842 BVerwG NVwZ 2017, 1621; 2012, 1619.

- In Gutachten des **wissenschaftlichen Dienstes** des Bundestages besteht ein Einsichtsanspruch.[843] Wie die Sachleistungspauschale der BT-Abgeordneten verwendet wird, unterfällt dem Ausschluss nach § 5 Abs. 2 IFG nicht, soweit die Angaben anonymisiert erfolgen sollen.[844]
- **Telefondurchwahlen** von Behördenmitarbeitern oder Richtern müssen nicht mitgeteilt werden, weil das die Funktionsfähigkeit der Behörde/des Gerichts beeinträchtigen kann.[845]
- **Verfassungsunmittelbare** Ansprüche auf Informationszugang, etwa nach Art. 5 Abs. 1 S. 1 GG, bestehen nicht.[846] Nur **Pressevertreter** haben einen Auskunftsanspruch aus Art. 5 Abs. 1 S. 2 GG, soweit – wie im Bund – kein einfaches Gesetz diesen Anspruch regelt;[847] für diesen mit der allg. Leistungsklage[848] durchzusetzenden Anspruch gelten dieselben materiell-rechtlichen Maßstäbe wie nach dem IFG.

---

843 BVerwG NJW 2015, 3258.

844 BVerwG NVwZ 2015, 669 (Beschaffung von iPods).

845 BVerwG NVwZ 2017, 625; 2017, 624; BayVGH ZD 2016, 34; OVG NRW DVBl. 2015, 1262; 2015, 1133.

846 BVerfGE 103, 44, 59 f.; 119, 309, 319.

847 BVerwG NVwZ 2016, 945; BVerwGE 146, 56; BVerwG NVwZ 2017, 1862: § 111 BBG ist abschließend (Personalakteneinsicht).

848 BVerwG AfP 2016, 564; BVerwGE 146, 56 (Rn. 15).

11. Teil: Staatshaftungsrecht

676 Staatshaftungsrechtliche Klausuren fallen im Assessorexamen meist ziemlich mäßig aus. Sollte Ihnen das Thema ebenfalls Unbehagen verursachen, befinden Sie sich zwar in guter, aber unnötiger Gesellschaft. Die verbreitete Unsicherheit liegt in erster Linie daran, dass die staatshaftungsrechtlichen Ansprüche nur teilweise im Gesetz zu finden sind. Von Amtshaftungsansprüchen (§ 839 BGB/Art. 34 GG) und der öffentlich-rechtlichen GoA (§ 683 BGB analog) einmal abgesehen, steht wenig im Gesetz. Der Wunsch, unter eine Norm zu subsumieren, verführt dazu, den Fall „mit Gewalt" unter eine Norm zu bringen, die nur in die gewünschte Richtung geht, die aber nicht einschlägig ist. Das beruht oft darauf, dass die ungeschriebenen Anspruchsgrundlagen unbekannt sind. Deswegen gilt für das Staatshaftungsrecht auch im Assessorexamen: **Prüfungsschema auswendig lernen.**

Hinweis: In den meisten Ländern verfügen Sie glücklicherweise mit den Kommentaren zum VwVfG und zur VwGO sowie dem *Palandt* über wertvolle Hilfsmittel, die viel zum Staatshaftungsrecht enthalten. Die nachfolgenden Erläuterungen weisen Sie deswegen eingangs auf die jeweiligen Kommentarfundstellen hin. Sie sollten sich vor dem Ernstfall ansehen, wo was zu finden ist. In der Klausur erstmals danach zu suchen, dürfte zu spät kommen.

677 Der Begriff des Staatshaftungsrechts kann in die Irre leiten. Zwar gehören auch Schadensersatzansprüche in Geld zum Staatshaftungsrecht. Im Assessorexamen stehen jedoch Ansprüche im **Vordergrund**, die darauf gerichtet sind, staatliche Beeinträchtigungen **abzuwehren**, die Folgen (rechtswidrigen) hoheitlichen Handelns **rückgängig** zu machen oder Gelder zu **erstatten**. Vor allem Ansprüche auf Abwehr, Unterlassung und Rückgängigmachen sind eher ungewohnt und daher schwieriger. Ansprüche auf Zahlung, Aufhebung eines Verwaltungsakts oder dessen Erlass sind Ihnen vertrauter als solche auf Unterlassen einer hoheitlichen Betätigung oder auf Rückgängigmachen von bestimmten Eingriffsfolgen. Dem lässt sich aber abhelfen.

Weitere Schwierigkeiten bestehen gerade in der öffentlich-rechtlichen Assessorklausur darin, dass häufig der **Zivilrechtsweg** und nicht der Verwaltungsrechtsweg eröffnet ist (vgl. Art. 34 S. 3 GG, § 40 Abs. 2 S. 1 VwGO). Daher kommen hier nur rein materiell-rechtliche Klausuren in Betracht, denen dann aber der eigentlich für das zweite Examen typische prozessuale Teil fehlt. Gelangen Sie bei Ihrer Lösung also dazu, dass der Zivilrechtsweg eröffnet ist, sollten Sie doppelt prüfen, ob Sie keinem Irrtum unterlegen sind.

Die erwiesenermaßen **wenig** examensrelevanten folgenden staatshaftungsrechtlichen Themen bleiben vorliegend ausgeklammert: Ansprüche aus öffentlich-rechtlichen Verträgen (§§ 54 ff. VwVfG) oder verwaltungsrechtlichen Schuldverhältnissen, Entschädigung wegen „echter" Enteignung (Art. 14 Abs. 3 GG), enteignenden Eingriffs (Eigentumsbeeinträchtigung als atypische, unvorhergesehene Folge rechtmäßigen Verwaltungshandelns) und wegen allgemeiner Aufopferung (Eingriffe in nichtvermögenswerte Rechte wie Leben, Gesundheit, Freiheit).[849]

Klausuren im Staatshaftungsrecht

- Öffentlich-rechtlicher Abwehr- und Unterlassungsanspruch
- Folgenbeseitigungsanspruch (FBA)
- Öffentlich-rechtlicher Erstattungsanspruch
- Öffentlich-rechtliche GoA
- Amtshaftung, § 839 BGB/Art. 34 GG

849 Kurzdarstellung: Lege JA 2016, 81.

1. Abschnitt: Öffentlich-rechtlicher Abwehr- und Unterlassungs- anspruch

---

Hilfestellungen in der Klausur:

Palandt, BGB, § 906 Rn. 39 ff.; *Kopp/Schenke*, VwGO, vor § 40 Rn. 35, § 40 Rn. 28 f.

A. Materielles

Geht es dem Bürger darum, einen noch **andauernden** oder **bevorstehenden** rechts- **678** widrigen hoheitlichen Eingriff abzuwehren, ist der gewohnheitsrechtliche öffentlich-rechtliche Abwehr- und Unterlassungsanspruch die Anspruchsgrundlage.[850] Der Folgenbeseitigungsanspruch (FBA, s. Rn. 686 ff.) ist dagegen auf die Beseitigung eines rechtswidrigen Zustandes nach einem beendeten Eingriff gerichtet.

Fallgruppen des öffentlich-rechtlichen Abwehr- und Unterlassungsanspruchs sind **679**

- Immissionen durch hoheitlich betriebene Einrichtungen[851]

    Lärm vom Bolzplatz; nächtliches Einwerfen in Glascontainer; Straßenlaterne leuchtet ins Schlafzimmer; Anwaltsklausur: § 24 Abs. 1 BImSchG gewährt nur einen Anspruch auf ermessensfehlerfreie Entscheidung, der Unlassungsanspruch ist gebunden[852]

- Staatliches Informationshandeln: Warnungen, Empfehlungen, Hinweise[853]

    verunreinigte Lebensmittel; vereinnahmende Psychogruppen

- Ehrschutz gegen Äußerungen von Hoheitsträgern[854]

    behauptete Stasi-Kontakte; abfällige Kommentare

Tatbestandsmerkmale: „andauernder oder bevorstehender rechtswidriger hoheitlicher Eingriff in ein subjektives Recht"

Prüfungsfolge öffentl. Abwehr- und Unterlassungsanspruch
I. Feststellung: gewohnheitsrechtlich anerkannt
II. Subjektives Recht betroffen, also Grundrecht oder einfaches Recht
III. Hoheitlicher Eingriff, der bevorsteht oder andauert
IV. Rechtswidrigkeit des Eingriffs, also kein Duldungsgrund aus Gesetz oder VA
V. Rechtsfolge: Unterlassen oder Beendigung des Eingriffs, aber nicht Beseitigung der Störungsquelle oder Ergreifen von Schutzmaßnahmen

→deshalb z.B. kein Widerruf ehrverletzender Äußerungen

Ein **Eingriff** liegt nach heutigem Verständnis bei jedem staatlichen Handeln vor, das **680** grundrechtlich geschützte Verhaltensweisen verkürzt (auch mittelbar, auch unbeabsichtigt).[855] **Unterlassen** hat nur beim Verstoß gegen besondere öffentlich-rechtliche Handlungspflichten Eingriffsqualität.

---

850 BVerwG NVwZ 2018, 73; Kranz NVwZ 2018, 864.

851 OVG RP DVBl. 2012, 1052; VGH BW NVwZ 2012, 837; HessVGH NVwZ-RR 2012, 21.

852 Frank JuS 2018, 56, 57.

853 BVerfG NJW 2002, 2621, 2622; OVG NRW DVBl. 2012, 781, 782.

854 BVerfG NJW 2011, 511; 2002, 2626; OVG Bremen NVwZ 2000, 342.

855 BVerfG NJW 2002, 2621, 2622; OVG NRW NVwZ 2001, 824, 825; Ossenbühl NVwZ 2011, 1357, 1359.

„Der Beklagte hat durch positives Tun in das Eigentumsrecht des Klägers eingegriffen. Der Einwand des für den Bolzplatz zuständigen Beklagten, ihm könne höchstens ein Unterlassen vorgeworfen werden, weil er wegen Personalmangels lediglich keine Kontrollen durchführe, verfängt nicht. Bei der erforderlichen (be-)wertenden Betrachtung liegt der Schwerpunkt des behördlichen Verhaltens nämlich im Betreiben des Bolzplatzes, also einem aktiven Tun."

681 Der Eingriff ist **rechtswidrig**, wenn den Bürger keine **Duldungspflicht** trifft. Die Duldungspflicht kann sich aus einem Gesetz (staatl. Warnungen, z.B. § 40 Abs. 1, 1a LFGB, § 26 Abs. 2 Nr. 9 ProdSG, § 6 Abs. 1 S. 3 VIG) oder einem VA ergeben. Der Anspruch unterliegt der dreijährigen Verjährung nach § 195 BGB analog.[856]

B. Rechtsschutz

I. Verwaltungsrechtsweg

682 Erfolgt – wie meist – der Eingriff durch ein tatsächliches Verhalten (Realakt, kein VA), ist diskussionsbedürftig, ob der **Verwaltungsrechtsweg** überhaupt eröffnet ist (§ 40 Abs. 1 S. 1 VwGO). Realakte sind nämlich „neutral", können für sich betrachtet also privatrechtlich oder hoheitlich sein. Da aber private Eingriffe nur privatrechtlich (z.B. §§ 906, 1004 BGB) und nur hoheitliche Eingriffe öffentlich-rechtlich abgewehrt werden können, richtet sich die Anspruchsgrundlage der Abwehr nach der Rechtsnatur des Eingriffsaktes. Entsprechend dem actus-contrarius-Gedanken („Kehrseitentheorie") können nur **hoheitliche Eingriffe** mithilfe des **öffentlich-rechtlichen** Abwehr- und Unterlassungsanspruchs bekämpft werden (näher *Kopp/Schenke*, VwGO, § 40 Rn. 8 f.). Anders als sonst in der Assessorklausur ist § 40 Abs. 1 S. 1 VwGO genauer daraufhin abzuklopfen, ob das abzuwehrende Verhalten öffentlich-rechtlich oder privatrechtlich erfolgt, also der Verwaltungsrechtsweg eröffnet ist.

683 Dafür kommt es darauf an, in welchem **Zusammenhang** oder mit welcher **Zielsetzung** die Handlung erfolgt. Sind Zusammenhang oder Zielsetzung öffentlich-rechtlich geprägt, ist auch der Realakt öffentlich-rechtlich (hoheitlich).

- Sachzusammenhang mit **öffentlich-rechtlicher Aufgabenerfüllung**

  Straßenbeleuchtung scheint ins Schlafzimmer; wegspringende Steinchen bei der Straßenreinigung; Betrieb einer (stinkenden) Kläranlage

- Immissionen, die von **hoheitlich betriebenen Einrichtungen** ausgehen

  Nutzen **Private** hoheitlich betriebene Einrichtungen (Bolzplatz, Glascontainer, Schwimmbad), müssen Sie erörtern, inwieweit deren Handeln **dem Staat zugerechnet** wird. Dabei gilt: soweit sich die Privaten an die Regelungen über die Nutzung halten, z.B. Schwimmbadordnung, Einwurfzeiten, wird ihr Verhalten dem staatlichen Einrichtungsbetreiber zugerechnet. Verstoßen sie dagegen, wird ihr Verhalten dem Staat zugerechnet, soweit er **zumutbare Sicherungsmaßnahmen** (Schilder, ggf. Kontrollen) unterlassen hat (s. Rn. 518, 522).

- **Ehrverletzungen** durch Hoheitsträger

  Ehrverletzende oder rufschädigende Äußerungen, die Amtsträger in dieser Eigenschaft tätigen (Abgrenzung zur Äußerung als „Privatmann" nach den Gesamtumständen)[857]

Hilfestellungen in der Klausur:

Palandt, BGB, § 823 Rn. 83 ff.; Fischer, StGB, § 185/§ 193.

---

856 Kranz NVwZ 2018, 864; BVerwG NVwZ 2018, 969 (zum Erstattungsanspruch nach § 49a VwVfG).

857 VGH BW VBlBW 2018, 244.

Zu unterscheiden ist wie bei den Ehrdelikten im StGB zwischen Tatsachenbehauptungen (= dem Beweis zugänglich) und Werturteilen. Zur Abgrenzung können Sie die Kommentierung bei heranziehen. **Tatsachenbehauptungen** sind rechtswidrig, wenn sie nicht wahr sind. **Werturteile** sind rechtswidrig, wenn der Äußernde keinen legitimen öffentlichen Zweck verfolgt oder das Werturteil unsachlich, besonders aggressiv oder diffamierend (schmähend) ausfällt. Beachten Sie auf der **Rechtsfolgenseite:** mit dem allg. öff.-rechtl. Abwehr- und Unterlassungsanspruch kann erreicht werden, dass die Tatsachenbehauptung oder das Werturteil **künftig** nicht mehr wiederholt werden dürfen. Einen **Widerruf** kann man nur mit dem Folgenbeseitigungsanspruch erreichen. Mit ihm kann auch nur ein Widerruf von Tatsachenbehauptungen verlangt werden („Herr X hat kein Schmiergeld an den Leiter des Bauamts bezahlt"), nicht aber von Werturteilen (die gerichtliche Verpflichtung zur Erklärung „Ich finde doch nicht, dass Herr X ein abstoßender Zeitgenosse ist" würde dessen Rechtsverletzung noch vertiefen).

II. Klageart

Statthafte Klageart ist die **allgemeine Leistungsklage**. Denn der Bürger begehrt stets ein Realhandeln (Unterlassen, Widerruf oder Nichterlass eines VA). **684**

Eine Klage, mit der einer Behörde der Erlass eines VA verboten werden soll **(vorbeugende Unterlassungsklage)**, ist selten zulässig. Für sie fehlt in der Regel das Rechtsschutzbedürfnis. Denn die VwGO ist mit Anfechtungsklage auf den nachträglichen Rechtsschutz ausgelegt. Eiligen Angelegenheiten kann durch Gewährung vorläufigen Rechtsschutzes nach § 80 Abs. 5 VwGO Rechnung getragen werden. Nur bei irreversiblen Folgen eines VA ist die vorbeugende Unterlassungsklage möglich (z.B. Beamtenernennung, die nicht rückgängig zu machen ist, s. Rn. 618).

III. Eilrechtsschutz

Eilrechtsschutz wird nach § 123 Abs. 1 VwGO durch Erlass einer **einstweiligen Anordnung** gewährt. Wegen des **Verbots der Vorwegnahme der Hauptsache** kann in Anwaltsklausuren überlegt werden, eine weniger weitgehende Einschränkung der störenden Einwirkung zu beantragen als im Klageverfahren. **685**

2. Abschnitt: Folgenbeseitigungsanspruch (FBA)

Hilfestellungen in der Klausur:

Kopp/Ramsauer, VwVfG, § 49a Rn. 29 ff. (Herleitung, Tatbestandsmerkmale, Rechtsfolgen) und *Kopp/Schenke*, VwGO, § 113 Rn. 80 ff.

A. Materielles

Mit dem gewohnheitsrechtlichen FBA soll der **rechtswidrige Zustand** (Erfolgsunrecht; Amtshaftung: Handlungsunrecht[858]) beseitigt werden, der auf einen abgeschlossenen hoheitlichen Eingriff zurückzuführen ist, indem der frühere Zustand wiederhergestellt wird. Anders als beim Abwehr- und Unterlassungsanspruch geht es nicht darum, einen bevorstehenden oder noch andauernden Eingriff abzuwehren. Da die beiden Ansprüche sich lediglich auf verschiedene Zeitabschnitte beziehen, sind viele Tatbestandsmerkmale gleich. Im Folgenden werden daher nur die Abweichungen behandelt. **686**

Beispiele: Ein Obdachloser wird in eine Wohnung eingewiesen. Nach Ablauf der Einweisungszeit zieht der Obdachlose nicht aus. Der Eigentümer verlangt von der Einweisungsbehörde die Herausgabe der geräumten Wohnung;[859] nach Anfechtung der Baugenehmigung verlangt der Nachbar, dass die Bauaufsicht eine Abrissverfügung bzgl. des jetzt ungenehmigten Baus gegen den Bauherrn erlässt;[860] die A-Partei verlangt die Löschung der sie herabwürdigenden Pressemeldung des

858 Lege JA 2016, 81.

859 BGHZ 130, 332; vgl. auch Voßkuhle/Kaiser JuS 2012, 1079, 1081.

860 Schoch Jura 2004, 317, 325.

Bürgermeisters auf dem städt. Facebook-Account (FBA; Wiederholungsverbot: ö-rl. Unterlassungsanspruch).[861]

vgl. auch Rn. 695, 704

687 Der FBA überschneidet sich mit dem **öffentlich-rechtlichen Erstattungsanspruch** (s. Rn. 696 ff.), wenn aufgrund eines VA gezahlt worden ist, dieser Bescheid nun aufgehoben wird und der staatliche Empfänger den Betrag zurückzahlen muss. Die Ansprüche verdrängen sich nicht, sondern stehen wegen ihrer unterschiedlichen Zielrichtung und Ausschlussgründe selbstständig nebeneinander.

Rn. 697: § 49a I 1 VwVfG, wenn der Bürger der Empfänger ist

> **Tatbestandsmerkmale:** „hoheitlicher Eingriff in ein subjektives Recht, der einen noch andauernden rechtswidrigen Zustand geschaffen hat"

Prüfungsfolge Folgenbeseitigungsanspruch
I. Feststellung: gewohnheitsrechtlich anerkannt
II. Hoheitliche Maßnahme
VA oder Realakt (Ziel und Zusammenhang müssen öffentlich-rechtlich sein), Unterlassen nur bei öffentlich-rechtlicher Handlungspflicht
III. Eingriff in ein subjektives Recht
Grundrechte (Eigentum, Gesundheit, allg. Persönlichkeitsrecht), einfaches Recht wie z.B. nachbarschützende Bauvorschriften
IV. Rechtswidriger Zustand geschaffen
Rechtswidrigkeit des Erfolgs (= herbeigeführter Zustand) ist entscheidend, nicht Rechtswidrigkeit der Handlung; diese ist aber regelmäßig ein Indiz für die Rechtswidrigkeit des Erfolgs
V. Zustand durch den hoheitlichen Eingriff geschaffen
Haftungsbegründende Kausalität, Zurechnung des unmittelbar geschaffenen Zustandes; bei mittelbaren Folgen wird bei besonderer Nähe, typischem Geschehensablauf zugerechnet, aber nicht bei atypischen Verläufen oder dem Dazwischentreten eines Dritten
VI. Beeinträchtigung dauert noch an
Nicht erledigt, keine nachträglich geschaffene Duldungspflicht, z.B. durch VA; ggf. Einschränkung durch allg. Rechtsgedanken des Mitverschuldens (vgl. § 254 BGB)
VII. Anspruch ausgeschlossen
V.a. rechtliche oder tatsächliche Unmöglichkeit

→ Folgenentschädigungsanspruch, vgl. § 251 Bc

FBA ist keine EGL ggnüber dem Dritten; gibt es tel. ist Ermessen mglw. wg. Folgenbeseitigungslast auf Null reduziert

688 Die Feststellung, worin genau der **rechtswidrige Zustand** besteht, kann mitunter schwierig sein.

> *„Die fortwährende Benutzung der Wohnung des Klägers durch den vorübergehend eingewiesenen X stellt einen rechtswidrigen Zustand dar, nachdem die Einweisungszeit verstrichen ist. Denn obgleich der Kläger gegen X einen vollstreckbaren Räumungstitel erworben hat, zieht X auch nach dem Ablauf seiner Einweisungszeit nicht aus der klägerischen Wohnung aus. Anstatt des rechtmäßigen Zustandes ‚geräumte Wohnung' besteht der rechtwidrige Zustand ‚X in der Wohnung.'"*

689 Ob ein Zustand gerade **durch** den hoheitlichen Eingriff geschaffen worden ist, der rechtswidrige Zustand dem Staat also zugerechnet werden kann, ist beim Dazwischentreten privater Dritter oft nur (be-)wertend zu bestimmen.

---

861 HessVGH HGZ 2017, 289.

Beispiel: Grds. sind Zerstörungen, die ein eingewiesener Obdachloser nach der Einweisungszeit verübt, keine zurechenbare Folge der Einweisung, wenn es dafür keine Anhaltspunkte aus der Vorgeschichte gab (z.B. Rachsucht gegen ehemaligen Vermieter).[862] Der FBA ist dann nicht Anspruchsgrundlage. Hier kommt nur ein Ersatzanspruch aus den polizei- und ordnungsrechtlichen Vorschriften in Betracht, die die Entschädigung bei Inanspruchnahme als Nichtstörer regeln.

Obwohl der FBA weder auf Entschädigung gerichtet ist noch fehlendes Verschulden des Betroffenen voraussetzt, gilt der allgemeine Rechtsgedanke des **Mitverschuldens**, der in § 254 BGB zum Ausdruck kommt. Hat der Betroffene naheliegende und zumutbare Maßnahmen zur Verhinderung des Eingriffs oder zur Milderung der Folgen unterlassen, ist ihm also untechnisch gesprochen ein „Mitverschulden" vorzuwerfen, kann sich der FBA in einen **Folgenentschädigungsanspruch** (vgl. § 251 BGB) verwandeln, der allerdings prozessual genauso wie der FBA behandelt wird.[863] 690

In **Dreieckskonstellationen** ist auf eine evtl. rechtliche Unmöglichkeit der erstrebten Folgenbeseitigung und damit einen Ausschluss des FBA zu achten. 691

Beispiel: Die Bauaufsichtsbehörde A erteilt dem Bauherrn B eine Baugenehmigung, die aber rechtswidrig ist, weil sie die Abstandsflächen zum Nachbarn N nicht beachtet. B beginnt zu bauen. Damit sind alle Voraussetzungen des FBA erfüllt: Mit der Baugenehmigung hat A hoheitlich den B zurechenbar veranlasst, in das Eigentumsrecht (Art. 14 GG) und das baugesetzliche Recht auf Abstandseinhaltung des N einzugreifen. Der begonnene Bau in der Abstandsfläche ist ein (materiell) rechtswidriger Zustand, der als unmittelbare Folge der Baugenehmigung der A zuzurechnen ist. Solange die Baugenehmigung nicht aufgehoben ist, muss N den Zustand zwar noch dulden. Hebt A oder das von N angerufene Gericht die Genehmigung auf, werden der Bau und damit der geschaffene Zustand rechtswidrig. N kann die Wiederherstellung des früheren Zustands verlangen, also die Beseitigung des Baus. N kann von A den Erlass einer Abrissverfügung verlangen, wenn A diese nicht von sich aus erlässt (z.B. um Schadensersatzansprüche des B abzuwenden).

Verlangt wie im Beispiel ein Bürger, in dessen Rechte die Behörde zugunsten eines Dritten eingegriffen hat, von der Behörde, gegen diesen Dritten vorzugehen, kann gegenüber der Behörde der Anspruch auf Einschreiten zwar aus dem FBA folgen. Der **FBA** selbst ist aber **keine Eingriffsermächtigung** gegenüber dem Dritten; der FBA wirkt vielmehr nur im Verhältnis zwischen Bürger und Behörde. Falls keine gesetzliche Ermächtigungsgrundlage für das begehrte Vorgehen gegen den Dritten besteht, ist der FBA wegen **rechtlicher Unmöglichkeit** ausgeschlossen. Im Beispielsfall ist die Wiederherstellung vorherigen Zustandes nicht rechtlich unmöglich, weil es eine bauordnungsrechtliche Ermächtigungsgrundlage zum Erlass der Abrissverfügung gibt. Häufig kann in solchen Dreiecksfällen auch auf die allgemeine polizei- und ordnungsrechtliche Generalermächtigung zurückgegriffen werden. Diese Ermächtigungsgrundlagen müssen dann übrigens vollständig durchgeprüft werden. Dabei kann das dort eröffnete Ermessen auf Null reduziert, also nur das beantragte Einschreiten ermessensfehlerfrei sein, weil die Behörde für den rechtswidrigen Zustand verantwortlich ist (sog. **„Folgenbeseitigungslast"**). 692

B. Prozessuales

In prozessualer Hinsicht gilt das oben zum allgemeinen öffentlich-rechtlichen Abwehr- und Unterlassungsanspruch Ausgeführte ebenso beim FBA, allerdings mit folgenden Abweichungen: 693

- **Statthafte Klageart** ist beim FBA normalerweise die allgemeine Leistungsklage (ggf. als Unterlassungsklage). Erstrebt der Kläger den Erlass einer Ordnungsverfügung gegen einen Dritten, ist Verpflichtungsklage zu erheben. 694

862 BGH NVwZ 2006, 963; NJW 1996, 315, 316.

863 BVerwGE 82, 24.

vgl. Rn. 687, 704 **695**

■ Der Anspruch auf Folgenbeseitigung kann nach § 113 Abs. 1 S. 2 VwGO als **Annexantrag** auch gleichzeitig mit der Anfechtungsklage gegen den rechtswidrigen VA erhoben werden;[864] in der Anwaltsklausur sollte dazu geraten werden, weil so der gesamte Streit in einem Klageverfahren erledigt wird. Dasselbe gilt für einen (seltenen) Annexantrag im vorläufigen Rechtsschutz nach § 80 Abs. 5 S. 3 VwGO.

> **Beachte:** Weder § 113 Abs. 1 S. 2 noch § 80 Abs. 5 S. 3 VwGO sind materiell-rechtliche Grundlagen des FBA. Sie ermöglichen nur, ihn gleichzeitig mit dem Anfechtungsbegehren prozessual durchzusetzen.

3. Abschnitt: Öffentlich-rechtlicher Erstattungsanspruch

> **Hilfestellungen in der Klausur:**
>
> *Kopp/Ramsauer*, VwVfG, § 49a Rn. 27 ff. (Herleitung, Tatbestandsvoraussetzungen, Entreicherung); *Palandt*, BGB, Einf. v. § 812 Rn. 9 f. (Herleitung, Tatbestandsvoraussetzungen, Entreicherung und Rechtsweg); *Kopp/Schenke*, VwGO, § 113 Rn. 82 (Verhältnis zum allg. FBA).

A. Materielles

696
Der öffentlich-rechtliche Erstattungsanspruch dient dazu, **rechtsgrundlose Vermögensverschiebungen** auf öffentlich-rechtlichem Gebiet **rückgängig** zu machen. Auf ihn kann sowohl der Staat Rückforderungsansprüche gegen den Bürger als auch der Bürger Ansprüche gegen den Staat stützen.

Bsp.: Rückforderung gegen die Erben von irrig überzahltem Wohngeld,[865] Forderung von verauslagten Kosten für Unterrichtsmaterialien durch den Lehrer gegen seinen Dienstherrn.[866]

Der Sache nach entspricht der öffentlich-rechtliche Erstattungsanspruch weitgehend § 812 BGB. Sie dürfen § 812 BGB aber nicht schematisch übertragen. Denn alles, was mit **Entreicherungseinwänden** im weiteren Sinne zu tun hat, richtet sich nicht nach §§ 818 Abs. 3 und 4, 819 BGB, sondern nach den allgemeinen Grundsätzen des öffentlich-rechtlichen Vertrauensschutzes, vgl. § 49a Abs. 2 S. 2 VwVfG.

> **Tatbestandsmerkmale:** „Tatbestandsvoraussetzungen wie § 812 BGB, aber Entreicherung nur nach Vertrauensschutz wie in § 49a Abs. 2 S. 2 VwVfG"

Prüfungsfolge öffentlich-rechtlicher Erstattungsanspruch
I. Feststellung: gewohnheitsrechtlich anerkannt, nicht § 812 BGB analog
II. Vermögensverschiebung durch Leistung oder in sonstiger Weise
III. in einer öffentlich-rechtlichen Rechtsbeziehung
IV. ohne Rechtsgrund
V. Rechtsfolge: Herausgabe des Erlangten, einschl. Nutzungen und Wertersatz (vgl. § 818 Abs. 1 u. 2 BGB), Entreicherung nur bei schutzwürdigem Vertrauen (vgl. § 49a Abs. 2 S. 2 VwVfG, nicht: §§ 818 Abs. 3 und 4, 819 BGB)

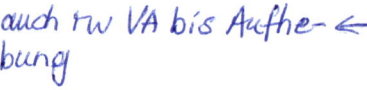 *auch rw VA bis Aufhebung*

---

864 BVerwG NVwZ-RR 2016, 225.

865 BVerwGE 84, 274.

866 OVG NRW NVwZ-RR 2013, 759; NdsOVG NdsVBl 2017, 180 (Innenausgleich Schulträger/Dienstherr).

Der öffentlich-rechtliche Erstattungsanspruch ist **nicht anwendbar**, wenn spezial- **697**
gesetzliche Anspruchsgrundlagen eingreifen. Auch die spezialgesetzlich abschließende Lastenverteilung kann durch den Erstattungsanspruch nicht unterlaufen werden.[867]

- **§ 49a Abs. 1 S. 1 VwVfG** geht immer vor, wenn der Staat aufgrund eines VA an den Bürger geleistet hat. vgl. Rn. 687

  Konstruieren Sie keinen VA, wo keiner ist, nur um in den geschriebenen § 49a VwVfG zu kommen. Kein VA ist z.B. die schlichte Auszahlung des Beamtengehalts/eines Vorschusses darauf.

- Im **Beamtenrecht** gibt es vorrangige Spezialnormen für die Rückforderung von überzahltem Gehalt oder überzahlter Pension (§ 12 Abs. 2 BBesG, § 52 BeamtVG), s. Rn. 631 ff.

- Im **Kostenrecht** (Gebühren, Zustellkosten) müssen Sie die Erstattungsnorm des § 21 BGebG und die entsprechende landesrechtliche Norm kennen.

Hat die Behörde den Erstattungsanspruch durch einen „Leistungsbescheid" festge- **698**
setzt, müssen Sie in der **Begründetheit** (nicht etwa bei der Klageart oder -befugnis) prüfen, ob sie durch Verwaltungsakt handeln durfte (VA-Befugnis), vgl. Rn. 632.

Ob eine **Leistung** zwischen Bürger und Staat vorliegt, bestimmt sich insbesondere in **699**
Mehrpersonenverhältnissen nach dem **Zweck** der Zuwendung.

> *„Der Kläger hat an die beklagte Stadt geleistet. Unmittelbar hat er die Abschleppkosten zwar an den Abschleppunternehmer gezahlt, der sonst sein Kfz nicht herausgegeben hätte. Leistungsempfänger ist nach dem für alle Beteiligten erkennbaren Leistungszweck aber die Beklagte, die das Abschleppen des in der Fußgängerzone geparkten Kfz angeordnet hatte. Der Unternehmer ist lediglich der Mittler der Leistung, die der Kläger auf öffentlich-rechtlicher Grundlage an die beklagte Stadt zu erbringen hatte (Ersatzvornahmekosten)."*

Ohne Rechtsgrund erfolgte die Vermögensverschiebung, wenn sie dem materiellen **700**
Recht widerspricht. Liegt ein Verwaltungsakt zugrunde, ist er Rechtsgrund, auch wenn er rechtswidrig ist, bis er behördlich oder gerichtlich aufgehoben ist.

Ist das Erlangte nicht mehr vorhanden (**Entreicherung**; überzahltes Geld für Luxus- **701**
aufwendungen ausgegeben), dürfen Sie nicht auf §§ 818 Abs. 3 und 4, 819 BGB zurückgreifen. Vielmehr gilt:

- Der **Staat** kann sich wegen seiner **Gesetzesbindung** (Art. 20 Abs. 3 GG) nie auf Entreicherung berufen.

- Der Bürger kann sich auf Entreicherung berufen, wenn sein **Vertrauen** auf die Beständigkeit der Leistung nach dem Maßstab des **§ 49a Abs. 2 S. 2 VwVfG schutzwürdig** war. Strenger als bei § 819 BGB ist schon grob fahrlässige Unkenntnis vertrauensschädlich.

  Achten Sie unbedingt darauf, denn es ist überraschend, dass zwar die Tatbestandsvoraussetzungen der §§ 812, 818 Abs. 1 und 2 BGB zwar gelten, aber nicht die Ausschlussgründe. In der oben angegebenen Kommentierung im *Palandt* ist dies ausführlich erläutert.

---

867 NdsOVG, Urt. v. 22.11.2017 – 7 LC 35/17, BeckRS 2017, 143748.

B. Prozessuales

I. Rechtsweg

702 Wird die **Erstattung durch Verwaltungsakt** verlangt, ist stets der Verwaltungsrechtsweg nach § 40 Abs. 1 S. 1 VwGO eröffnet, denn das streitbegründende Rechtsverhältnis ist schon aufgrund der Handlungsform öffentlich-rechtlich.

703 Wird dagegen vom Bürger oder der Behörde **allgemeine Leistungsklage** mit einem (schlichten) Zahlungsantrag erhoben, muss bereits bei der Eröffnung des Verwaltungsrechtswegs eingehend geprüft werden, ob die Bereicherung des Empfängers im Rahmen einer öffentlich-rechtlichen Rechtsbeziehung erfolgte. Denn der Erstattungsanspruch könnte auch privatrechtlicher Natur sein. Er ist nach der Kehrseitentheorie öffentlich-rechtlich, wenn auch die Leistung/Vermögensverschiebung öffentlich-rechtlich erfolgte. In der Begründetheit können Sie dann nach oben verweisen.

> *„Der Verwaltungsrechtsweg ist – wegen Ausklammerung des BBG/BeamtStG im Bearbeitervermerk – nach § 40 Abs. 1 S. 1 VwGO eröffnet. Gehaltszahlungen an den Erben des dem Dienstherrn unbekannt verstorbenen Beamten/Pensionärs sind wegen des Zwecks der Leistung als öffentlich-rechtlich einzuordnen. Das Gericht tritt der abweichend davon vertretenen Ansicht der Beklagten nicht bei, die Zahlung sei privatrechtlich, weil zwischen ihr und dem Kläger kein Rechtsverhältnis bestehe, weil dieser nur Erbe ihres Beamten sei."*
>
> **Hinweis:** Entscheiden Sie sich in der öffentlich-rechtlichen Assessorklausur stets für die öffentlich-rechtliche Rechtsbeziehung.

II. Klageart

704 Statthafte Klageart ist die **allgemeine Leistungsklage** auf Zahlung eines Geldbetrages. Gegen einen Rückforderungsbescheid ist die Anfechtungsklage gegeben. Hat der Bürger auf den ursprünglichen, aber nun angefochtenen Leistungsbescheid bereits gezahlt, kann er die Anfechtungsklage mit einem Rückzahlungsantrag nach § 113 Abs. 1 S. 2 VwGO verbinden, soweit sich der öffentlich-rechtliche Erstattungsanspruch mit dem FBA überschneidet und beide Ansprüche nebeneinander stehen.

> **Beachte:** In Anwaltsklausuren sollten Sie bei Zahlungsanträgen, auch Annexanträgen nach § 113 Abs. 1 S. 2 VwGO, stets **Prozesszinsen** beantragen. § 291 BGB gilt bei Zahlungsklagen im Verwaltungsprozess analog.

4. Abschnitt: Öffentlich-rechtliche Geschäftsführung ohne Auftrag (GoA)

Hilfestellungen in der Klausur:

Kopp/Schenke, VwGO, § 40 Rn. 26 und *Palandt*, BGB, Einf. v. § 677 Rn. 13-16 (Anwendbarkeit, Fallgruppen, Rechtsweg) – die dort genannten Beispiele für die Anwendbarkeit im öff. Recht sind eher als Ausnahmen zu verstehen.

Die Abgrenzung zwischen privat- und öffentlich-rechtlicher GoA erfolgt nicht nach der Rechtsnatur der vom Geschäftsführer ergriffenen Maßnahme. Maßgeblich ist, welche Natur es gehabt hätte, wenn der Geschäftsherr es ausgeführt hätte.[868]

A. Materielles

Ein Hauptanwendungsfall der öffentlich-rechtlichen GoA liegt vor, wenn ein **Hoheitsträger für** einen anderen **Hoheitsträger** gehandelt hat und es ausschließlich um den Ersatz seiner Aufwendungen geht. **705**

Die gemeindliche Feuerwehr beseitigt nachts eine Ölspur auf einer Landesstraße und verlangt Kostenersatz vom Land; die Gemeinde säubert eilig ein Flussufer von Öl und verlangt Ersatz von der Landeswasserstraßenbehörde.[869] Privater sichert Ufer zum Schutz seines Tanklagers.[870]

Im Regelfall verweist einer der Beteiligten lediglich hilfsweise darauf, dass er jedenfalls einen Anspruch **auch aus öffentlich-rechtlicher GoA** habe. Es muss dann nur kurz dargelegt werden, warum die öffentlich-rechtliche GoA unanwendbar ist; meistens, weil sonst abschließende **Kostenerstattungs- oder Zuständigkeitsvorschriften unterlaufen** würden. **706**

Die Ordnungsbehörde verlangt die Kosten der Ersatzvornahme nach dem Verwaltungsvollstreckungsgesetz, z.B. wegen ihrer Beseitigung von Abfällen auf dem Privatgrundstück des X. Sie trägt rechtsirrig vor, auch wenn die Ersatzvornahme rechtswidrig gewesen sei, habe sie Ansprüche aus öffentlich-rechtlicher GoA, weil sie für den X als Geschäftsherren den eigentlich von ihm zu beseitigenden Abfall entsorgt habe.[871]

Lernsatz: „Die GoA (§§ 677 ff. BGB) ist grundsätzlich im öffentlichen Recht anwendbar. Oft ist sie ausgeschlossen, weil sie die Zuständigkeitsordnung und spezielle Kostenerstattungsvorschriften unterliefe."

Die **Prüfungsfolge** der öffentlich-rechtlichen GoA entspricht der GoA im Zivilrecht (*Palandt!*). Es gibt zwei Abweichungen: **707**

- die öffentlich-rechtliche GoA muss überhaupt **anwendbar** sein (ausführlich prüfen und begründen)
- das geführte **Geschäft** muss dem **öffentlichen** Recht zuzuordnen sein, es müsste also öffentlich-rechtlich gewesen sein, wenn es der Geschäftsherr selbst geführt hätte (in Zweifelsfällen: Zusammenhang, verfolgter Zweck)

Der einfachste und sicherste Weg beim Umgang mit der öffentlich-rechtlichen GoA besteht darin, sich zu den drei **Fallgruppen** jeweils einen Satz zu merken. **708**

---

868 BGH NVwZ 2016, 870, 872; NdsOVG NdsVBl. 2017, 374.

869 OVG NRW NWVBl. 2007, 437, 439; NdsOVG NVwZ 2009, 1050, 1051.

870 BVerwGE 80, 170.

871 BGH NVwZ 2008, 349, 350; 2004, 373, 374; VGH BW VBlBW 2002, 252, 254.

■ **Bürger für Hoheitsträger**

709 Hauptanwendungsfall; aber: die staatliche Zuständigkeitsordnung lässt nicht zu, dass ein Bürger ohne Weiteres staatliche Aufgaben erfüllt und diese dem Staat anschließend noch in Rechnung stellt. Daher: Gesamtabwägung aller Umstände, ob die Aufgabenerfüllung ganz konkret wirklich im öffentlichen Interesse stand.[872]

Gewässerunterhaltung durch Privaten;[873] Tierarztbehandlung einer aufgefundenen, schwer leidenden Katze (keine wirksame Dereliktion wegen § 134 BGB, § 967 BGB [Fund] ist öff. Recht, Tierschutzbehörde ist zuständig, weil die Aussetzung gegen TierSchG verstößt);[874] Kanalherstellung durch Privaten.[875]

■ **Hoheitsträger für Hoheitsträger**

710 **Nicht anwendbar;** gesetzliche **Zuständigkeits- und Kompetenzordnung** darf nicht auf der finanziellen Ebene unterlaufen werden („Ausgaben folgen Aufgaben"); oft ist der handelnde Hoheitsträger zumindest **eilzuständig** (Polizei, Ordnungsbehörde, Feuerwehr, Rettungsdienst), handelt also nicht „ohne Auftrag". Ausnahme: außergewöhnliche Notfälle.[876]

■ **Hoheitsträger für Bürger**

711 Hoch umstritten zwischen BGH (GoA anwendbar) und öffentlich-rechtlicher Lit. (GoA ausgeschlossen, da fehlende gesetzliche Eingriffsgrundlage unterlaufen).

Als Klausurfall unwahrscheinlich, soweit keine abschließende gesetzliche Spezialregelung besteht, die die GoA offensichtlich ausschließt (z.B. Ersatzvornahmeregelungen).

B. Prozessuales

712 In der Zulässigkeitsprüfung müssen Sie bereits in der Eröffnung des **Verwaltungsrechtswegs** nach § 40 Abs. 1 S. 1 VwGO untersuchen, ob das Geschäft öffentlich- oder privatrechtlich war. Da es sich stets um rechtsformneutrale Realakte handelt, stellen sich hier dieselben Fragen wie beim öffentlich-rechtlichen Abwehr- und Unterlassungsanspruch bzw. beim FBA.

Rn. 682 f.

5. Abschnitt: Amtshaftung (§ 839 BGB, Art. 34 GG)

713 Amtshaftungsansprüche aus § 839 BGB, Art. 34 GG werden seltener in öffentlich-rechtlichen Assessorklausuren thematisiert, weil für sie der **Zivilrechtsweg** eröffnet ist (Art. 34 S. 3 GG). Wenn überhaupt erscheinen sie in Klausuren als Rand- oder Zusatzfragen (z.B. beim Fortsetzungsfeststellungsinteresse) bzw. sind nur der Aufhänger für den Schwerpunkt der Arbeit, der darin besteht zu prüfen, ob das behördliche Handeln rechtswidrig (= amtspflichtwidrig) war, was Sie wieder ins gewohnte öffentlich-rechtliche Fahrwasser führt.

Dies gilt z.B. auch für die **Drittbezogenheit** der Amtspflicht. Hier können Sie auf die allgemeinen Grundsätze zurückgreifen, die Sie aus dem Prozessrecht zu § 42 Abs. 2 VwGO kennen: Die die Amtspflicht begründende Vorschrift muss zumindest auch dem Schutz der Interessen des Geschädigten zu dienen bestimmt sein (Schutznormtheorie). So fällt z.B. der Grundstücksnachbar nur insoweit in den Schutzbereich der Amtspflicht zur Erteilung einer rechtmäßigen Baugenehmigung, als die verletzte Norm des Baurechts nachbarschützenden Charakter hat (s.o. Rn. 113).

---

872 BVerwG KommJur 2018, 292; BVerwGE 80, 170, 173.

873 BVerwG NVwZ 2004, 764, 765.

874 BVerwG KommJur 2018, 292; KommJur 2018, 331; Felde JA 2017, 609.

875 BGHZ 138, 281; BVerwG NVwZ 1992, 672.

876 BVerwG KommJur 2018, 292.

Prüfungsfolge Amtshaftung (§ 839 BGB, Art. 34 GG)

I. **Anwendbarkeit**: kein Ausschluss durch Spezialgesetz

II. **Voraussetzungen**

1. **hoheitliches Handeln** (§§ 823 ff. BGB bei privatrechtl. Handeln)
2. **Verletzung einer einem Dritten gegenüber obliegenden Amtspflicht** (= Inzidentprüfung der Rechtmäßigkeit des behördlichen Handelns)
3. **Verschulden** (Vorsatz, Fahrlässigkeit)
4. **kein Haftungsausschluss** (§ 839 Abs. 1 S. 2, Abs. 3 BGB)

III. **Rechtsfolge**: Ersatz des zurechenbar verursachten Schadens, ggf. gekürzt bei Mitverschulden (§ 254 BGB)

Hinweis: Die genaue Vorbereitung auf das umfangreiche Amtshaftungsrecht erscheint entbehrlich. Vor den Klausuren sollten Sie sich aber mit der Struktur der ausführlichen Kommentierung des § 839 BGB im *Palandt* vertraut machen.

Stichwortverzeichnis

Die Zahlen verweisen auf die Randnummern.

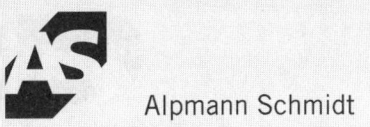

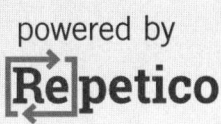

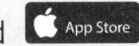

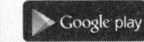

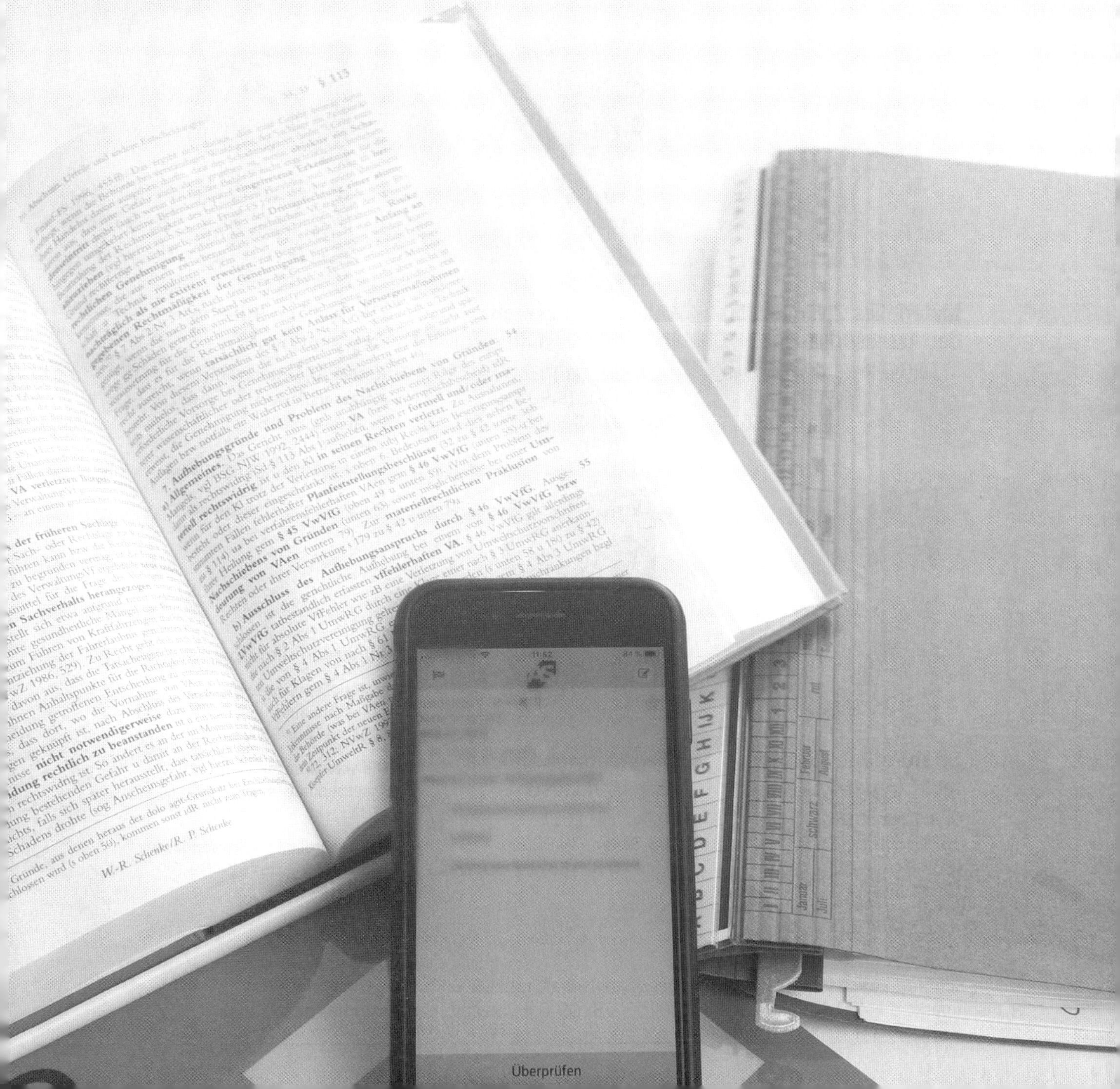

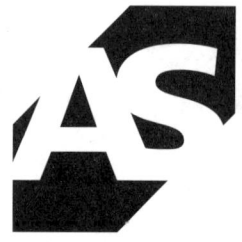

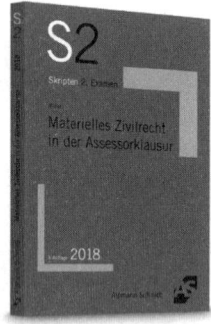

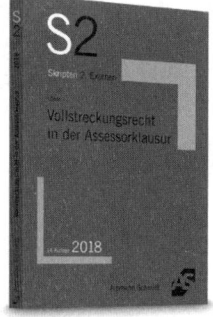

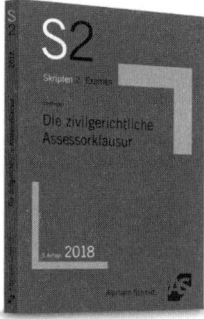

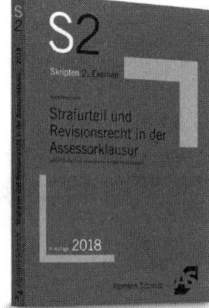

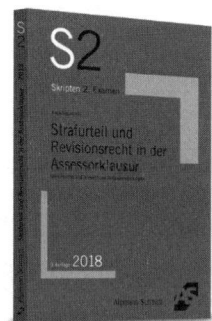